나는
전라도 사람
이다

나는
전라도 사람

논픽션 전라도 1000년

이다

정남구 지음

라의눈

나는 전라도 사람이다.

전라도 어디냐고 더 묻는다면 '옛 전라우도全羅右道의 고부사람'
이라고 대답하겠다.

하늘이 넓어서 좋았다. 누가 시켰는지 큰 산들은 저 멀리 떨어
져 벌을 서듯 쪼그려 앉아 있었다. 동서를 가로지른 산줄기가 남
쪽에 서니, 물길이 북쪽으로 났다. 그 모양새를 보고 말 지어내기
좋아하는 이들이 '거스른다逆'고 하였다. 말귀 어두운 척 산은 늘
그대로였고, 속 깊은 산이 열어준 물길은 함부로 마르는 일이 없
었다. 한때는 신선이 되어보겠다고 '저어기 산 너머'로 간 이들이
더러 있었다 한다.

낮은 구릉의 남쪽 사면에는 소나무 숲으로 뒤태를 가린 작은
마을들이 있었다. 뒷동산에 올라서면, 마을 앞에서 작은 냇물 둘

이 몸을 섞어 강을 이루고 마을을 굽이 돌아 바다를 향해 느릿느릿 흘러가는 것을 한눈에 다 볼 수 있었다. 가르마 같은 강을 사이에 두고 넓은 들이 끝 모르게 이어졌다. 날마다 나는 해가 두승산에서 뜨는 것을 보았고, 붉은 노을을 남기고 변산 너머로 사라지는 것도 보았다. 그것은 내가 믿는 종교의 유일한 의식이었다.

봄이면 뚝새풀과 청보리가 온 들녘을 뒤덮었다. 바람에 맞춰 춤을 추고 낮은 목소리로 노래를 불렀다. 애써 배우지 않아도 그 가락은 곧 몸에 배어들었다. 백중사리 무렵에 큰비가 내리면, 마을 앞까지 바다가 쳐들어왔다가 물러갔다. 그래도 가을 들녘은 황금보다 더 반짝거렸고, 흉년이든 풍년이든 사람들은 추수가 끝난 빈들에 연기를 피워 고마운 마음을 하늘에 실어 보냈다. 겨울이면 눈이 펑, 펑 소리를 내며 내려서 온 세상을 눈부신 고요 속에 며칠씩 가두어두었다. 너무 아름다운 것은 슬픈 것임을 아무도 가르쳐 주지 않았다.

어느 해 늦은 여름 날, 어른들을 따라 줄포의 개펄에 게를 잡으러 다녀온 미아美兒가 삶은 고둥을 가득 담은 바가지를 들고 찾아왔다. 내가 물었다.

"바다는 어떻디?"

미아는 말했다.

"작년보다 더 짜졌어."

어린 미아는 바다 속에 소금맷돌이 돌고 있다는 이야기를 곧이 믿었던 것일까?

나는 바다를, 산 위에서 처음 보았다.

맑은 날, 들녘 한가운데 우뚝 솟은 두승산에 오르니 은갈치의 비늘처럼 반짝이는 곰소만이 눈에 들어왔다. 산꼭대기 절에 치성을 드리러 온 이들은 바다를 향해서도 두 손을 모아 절했다. 그렇지! 사시사철 들녘을 적신 땀과 저마다 사연이 있어 숨어 흘린 눈물이 다 어디로 갔겠는가. 가끔 참게가 무리를 지어 수십 리 강을 거슬러 마을 앞까지 올라왔다. 그런 날엔 하늘에 무지개가 떴다.

1970년대, 읍내에서 가까운 마을엔 전기가 들어오고, 버스가 지나가는 곳도 생겼다. 그러나 사람들이 먹고살고 노는 방식은 1천 년 전 조상들과 큰 차이가 없었다. 소를 몰아 쟁기질을 하여 논밭을 일구고, 용두레 것두레로 도랑물을 퍼 올리고, 낫으로 베고 도리깨나 홀태로 곡식을 거둬들였다. 내 할아버지의 할아버지, 그 할아버지의 할아버지도 크게 다르지는 않았을 것이다.

보릿고개가 사라진 것은 얼마나 다행인가. 그러나 사람들은 더욱 앞을 다퉈 마을을 떠났다. 어린 미아도 중학교를 마치지 못한 채 서울의 어느 공장에 돈 벌러 떠났다. 가면서, 뒤를 돌아보기는 했을까? 정에 약한 이들이 '하늘 넓은 것 하나는 좋다'고 남았다가, 이제는 늙은 호박 하나 들어 올리지 못하는 가벼운 몸으로 땅 귀신을 밟는다. 아, 수백 년 오롯이 마을을 지키고 긴 수염 휘날리며 서 있던 마을 앞 신작로의 그 조선 버드나무들 그리워라!

"나는 전라도 사람이다."

이번에는 훗날 '정조'라고 불린 조선의 22대 임금 이산李祘이 '나는 사도세자의 아들이다'라고 한 그 어조로 이 말을 하고 싶다.

그렇다. 전라도는 천대받은 땅이다. 차별받은 사람들의 땅이다. 그래야 할 이유는 없었다. 전혀 없었다. 그러나 지금도 '나는 전라도 사람'이라고 말하기 어려워하는 이들이 많다.

농사짓는 사람들은 빠하다. 그들은 기껏해야 벼를 베는 낫을 다룰 줄 알 뿐이지, 남의 것을 빼앗을 줄 모른다. 그러니 늘 당하고, 울 뿐이다. 울다가는, 또 웃고 노래하는 것이 그들이 상심을 벗어나는 방법이다.

하지만, 빼앗는 자들은 상대를 '악'으로 만들어야 한다. 그래야 양심을 달래고 편한 잠을 잘 수 있을 테니까. 전라도에는 빼앗아갈 것이 너무 많았다. 전라도가 폄훼를 당한 진짜 이유가 이것이다.

이 책은 전라도 천년의 이야기를 쓴 것이다.

전라도는 고려 현종 9년(1018년) 강남도와 해양도를 합쳐 만든 지방행정구역이다. 전주와 나주의 앞 글자를 따 이름을 지었다. 한반도에서 벼농사를 위한 대규모 수리시설을 가장 먼저 만들고, 넓은 땅을 개간한 곳이다. 그런 노력이 쌓이고 쌓여, 언제부턴가 이 나라를 먹여 살리는 곡창이 된 곳이다.

수탈당하고 반역한 땅이란 인식은 전라도를 한쪽 면만 본 것이다. 문제에 먼저 직면하였기에, 앞서 해결책을 모색하고 제 몸을 부셔 벽을 깨뜨리려 애쓴 사람들의 땅이라 해야 맞는다. 전라도 천년은 '한국 현대사'의 표층 바로 아래 의미심장한 지층을 이루어 쌓여 있다. 그것을 보여주고자 이 글을 쓴다.

1장은 임진전쟁 때 전라도 이야기다. 조선이 일본을 물리치는 마지막 보루가 된 곳이 전라도다. 그러는 동안 '코 베임'을 당하면서 이 나라와 백성을 지킨 사람들의 이야기다. 2장은 조선 불교 이야기, 그리고 '부처의 화신' 진묵대사 이야기다. 3장은 신선을 꿈꾼 사람들의 이야기다. 허균이 소설로 써 남긴 '남궁선생'과 청하자 권극중이 주인공이다. 4장은 전라도 농경지를 일군 피땀 어린 역사를 다룬다. 벽골제, 눌제와 개간, 간척 이야기다. 5장은 전라도 선비, 유학자의 계보를 다룬다. 6장은 갑오년 동학농민전쟁과 항일 의병 이야기다. 그 전사로서 1862년 임술년 민란 이야기로 시작한다. 7장은 동학의 창시자 최수운에서 시작해, 증산 강일순, 보천교의 차경석으로 이어지는 '개벽' 사상을 다루고 있다. 마지막 8장은 조선 말에서 1950년까지 토지를 둘러싼 갈등과 그 부분적 해결책으로서 농지개혁 이야기를 다룬다.

설명하기보다는 보여주는 쪽이 좋겠다고 생각했다. 그런 서술 방식을 취하면서, 근거가 불충분한 이야기나 사료 비판이 충실하지 못한 주장을 담는 것은 배제했다. 기자가 현장 취재하듯 접근했다는 점을 먼저 밝혀두고 싶다.

이 글을 본격적으로 쓰기 전에 많은 곳을 답사했다. 가장 먼저 간 곳은 서울 조계사다. 대웅전을 보러 갔다. 경복궁의 근정전에 버금가는 크기의 웅장한 그 건물은 1937년 정읍에서 실어온 것이다. 보천교의 성전인 십일전을 해체해 실어다가 한국 불교 총본산 건물로 다시 지은 것이다. 거기에도 참으로 많은 이야기가 있다. 그러나 아는 사람은 극히 드물다. 전라도 이야기는 알맹이 없이 빈껍데기만 유통된다는 안타까운 마음이 이 책을 쓰게 했다.

나는 내 고향의 역사를 미화할 생각이 없다. 그런다고 내 얼굴에, 우리 고장 사람들의 얼굴에 무슨 빛이 나는 것이 아님을 잘 알기 때문이다. 영광과 치욕은 어찌 보면 같은 것의 두 얼굴이다. 그러므로 나는 '왜 그런 일이 벌어졌을까' 하는 질문에 정면으로 마주하려 애쓸 뿐, 장엄한 향토사를 쓰려는 생각은 애초 하지 않았다. 만약 그런 서술이 있다면, 내가 아직 철이 덜 든 까닭이리라.

이 책을 읽은 독자들이 전라도를 어떻게 생각할지 예단할 수 없지만, 나는 독자들이 '전라도 사람들도 우리랑 똑같구만'이라고 생각한다면, 그저 기쁠 것 같다.

이 책을 쓰겠다고 마음을 먹은 게 10년 전이다. 탈고하기까지 애초 생각했던 것보다 훨씬 많은 시간이 걸렸다. 2018년 전라도가 만들어진 지 천년이 되는 해를 맞아 더는 출간을 미룰 수 없었다. 애초 마지막 장은 판소리, 줄풍류, 농악의 발자취를 쓸 생각이었다. 전라도 사람들이 울고 웃던 이야기다. 그러나 공부가 부족하여 채 답을 찾지 못한 질문이 아직 적잖이 남아 있어, 보류하였다. 보완할 기회가 올 것이라 믿는다.

이 책을 쓴다고 많은 이들에게 신세를 졌다. 일일이 여기 거론하지 않고, 그저 눈감고 조용히 한 사람씩 이름을 부르며 감사하려 한다. 복 많이 받으시라.

2018년 10월
두승산 아래 키 작은 나무로 서서
정남구

| 차례 |

1장

———

코 없는 사람

코 없는 자 누구의 자식인고,
홀로 산모퉁이서 얼굴 가리고 우네.
적군의 칼날 번쩍 바람이 일어,
하나 베고 둘 베고
백성 천 명 코가 달아났네.

'하나의 근본에서 만 갈래로 나누어지는 것이 산이요, 만 가지 다른 것이 모여서 하나로 합쳐지는 것이 물이다.'

 조선 영조 때 관리로 지리 전문가이던 신경준(1712~1781)[1] 은 『산수고山水考』 첫머리에 이렇게 썼다. 그 시대의 산수관山水觀을 간결하게 표현한 문장이다. 설명하자면 이렇다.

 '국토는 할아버지 산을 뿌리로 한다. 할아버지 산은 먼저 기둥 줄기를 세우고 곁줄기와 가지를 뻗어가며 수많은 산들로 분화한다. 산의 능선은 물의 흐름을 가른다. 높은 곳에서 낮은 곳으로 흐르는 물은 산이 끝나는 곳에서 만나 물길을 이룬다. 그렇게 합쳐지기를 거듭하여 시내가 되고, 강이 되고, 마침내는 바다에서 모두 만나 하나가 된다.'

 산수 간間에 사람이 산다.

신경준은 우리 국토가 백두산에 뿌리를 둔 12개의 큰 산과, 그 산줄기들이 만드는 12개의 큰 강으로 이뤄져 있다고 했다. 일찍이 신라 말기 풍수사상가 도선국사는 '우리나라 땅은 백두산에서 시작하여 지리산에서 끝난다'[2] 라고 했다. 대동여지전도[3]의 제작자도 이런 생각을 이어받아, 지도 여백의 발문에 이렇게 썼다.

'곤륜산[4]의 한 가지가 큰 사막의 남동쪽으로 가다가 의무려산醫巫閭山이 되는데, 여기에서 크게 끊어져 요동 벌판이 되었다. 벌판을 지나 솟아오른 것이 백두산이다. 조선 산줄기의 큰 할아버지다.'

백두산은 남쪽을 향하여 기둥줄기를 뻗고, 곁가지를 친다.

'산은 분수령分水嶺[5]에서 남북으로 굽이치며 연지봉, 소백산, 설한령 등의 고개가 되고, 철령 한 가지가 동남쪽으로 달려서 솟아오르니 도봉산, 삼각산(일명 화산)이다. 한강이 그 가운데[6]를 지난다.'

우리나라 산줄기를 일목요연하게 보여주는 『산경표山經表』란 책이 있다. 산경이란 산줄기를 말한다. 백두산에서 뻗어나간 우리나라 산들의 족보라 할 수 있다. 최남선이 창설한 조선광문회가 1913년 활자본으로 펴내기 전 『산경표』는 필사본으로 전해져왔다. 저자가 누구인지 명확한 기록이 없으나, 『증보문헌비고』의 「여지고輿地考」를 원전으로 삼은 것 같다.[7] 여지輿地는 '수레같이 만물을 싣는 땅', 즉 국토를 뜻한다. 이 책의 여지고 부분은 신경준이 편찬을 관장했다.

『산경표』는 여지고와 달리, 큰 산줄기들에 이름을 붙여놓았다. 백두산에서 지리산에 이르는 큰 산줄기가 '백두대간'이다. 이 기둥줄기로부터 뻗어나간 곁줄기를 1개의 정간과 13개의 정맥으로 분류했다. 장백정간(장백산에서 이름을 딴 산줄기), 청북정맥(청천강의 북쪽), 청남정맥(청천강의 남쪽), 해서정맥(황해도의 산줄기), 임진북·예성남정맥(임진강 북쪽, 예성강 남쪽), 한북정맥(한강의 북쪽), 낙동정맥(낙동강 동쪽), 한남·금북정맥(백두대간에서 한남정맥과 금북정맥으로 이어지는 산줄기), 한남정맥(한강의 남쪽), 금북정맥(금강의 북쪽), 금남·호남정맥(백두대간에서 금남정맥과 호남정맥으로 이어지는 산줄기), 금남정맥(금강 남쪽), 호남정맥(호남지방의 산줄기), 낙남정맥(낙동강 남쪽)이 그것이다.

백두산 남쪽 분수령에서 남하하던 백두대간은 태백산에서 서쪽으로 방향을 틀어 소백산, 속리산, 덕유산, 영취산을 지나 지리산에 이르러 긴 여정을 마무리한다. 태백산에서 지리산에 이르는 산줄기의 동남쪽이 경상도(영남), 서쪽이 전라도(호남), 서북쪽이 충청도(호서)다.

행정구역으로서 전라도는 고려 성종 때 구획한 전국 10도 가운데 강남도江南道와 해양도海陽道를 현종 9년(1018)에 합쳐 만든 것이다. 전주와 나주에서 이름을 따 처음엔 '전라주도'라 했다. 경상도는 그보다 늦은 1106년에, 충청도는 1172년에 만들어졌다.[8]

영남嶺南, 호남湖南이란 지역 명칭은 고려 말에서 조선 초기에 유학자들이 중국의 지역 명칭을 본떠 쓰기 시작했다.[9]

중국 남부의 가장 큰 산맥인 오령五嶺은 중원과 광동, 광서, 해남을 갈라놓는데, 광동과 광서 해남을 합해 영남嶺南, 영표嶺表, 영외嶺外라 한다.[10] 『고려사』에는 영남이란 표현이 전혀 보이지 않는다. 조선시대에 들어와 세종실록에 영표嶺表, 성종실록에 영외嶺外

란 표현이 보인다. 처음에는 이렇게 영표, 영외와 영남이 함께 쓰이다가 나중에는 영남만 남은 것을 보면, 중국의 지명에서 유래한 것임을 알 수 있다.

중국에서 호남지방은 중국 한복판에 있는 동정호의 남쪽 지방을 가리킨다. 우리나라의 호남, 호서의 유래에 대해선 『증보문헌비고』에 이런 설명이 있다.

'나라 안의 큰 제언提堰[11] 은 이곳(김제 벽골제)과 고부군 눌제와 익산군 황등제인데, 통틀어 3호三湖라고 일컫는다. 충청도 · 전라도를 호서 · 호남이라 일컫는 것도 이 때문이다.'

유형원(1622~1673)은 『반계수록』에서 '호남과 호서의 명칭이 벽골제호에서 유래했다'고 했다. 정조 임금도 그런 말을 한 기록이 정조실록에 남아 있다. [12]

백두대간이 태백산에서 서쪽으로 방향을 튼 뒤 소백산, 속리산, 덕유산을 지나면, 무령고개 근처 해발 1076m 봉우리[13]에서 금남 · 호남정맥이 갈래를 친다. 금남 · 호남정맥은 장안산, 수분현, 팔공산, 성수산, 마이산, 부귀산을 지나 금강과 섬진강의 분수령에서 걸음을 멈춘다. 이곳에서 남쪽을 향하여 만덕산, 내장산, 추월산, 무등산, 사자산으로 이어지는 산줄기가 호남정맥이다. 임금이 앉은 자리에서 보기에 이 산줄기의 왼쪽이 전라좌도, 서쪽이 전라우도다. 좌도를 상도, 우도를 하도라 부르기도 했다.

호남정맥에서 또 몇 개의 산줄기가 뻗어나간다. 내장산의 소죽엄재와 순창새재 사이 530m 봉우리에서 시작해 입암산, 방장산, 고성산, 태청산, 불갑산으로 이어지는 영산강 북쪽의 산줄기를 영

18

산북기맥[14]이라 한다. 전라도를 남도와 북도로 가르는 산줄기다.[15]

1601년 9월 23일, 서른셋의 허균(1569~1618)이 갈재를 넘어가고 있었다.

갈재는 영산북기맥의 입암산에서 방장산으로 이어지는 산줄기의 가장 낮은 곳, 즉 고개(해발 268m)이다.

조선의 사관들은 갈대 위葦나 갈대 노蘆 자를 써서, 위령 또는 노령이라 했다.

서울에서 해남을 거쳐 전라도의 최남단 제주로 가는 길은 조선시대 6개의 큰길大路 가운데 하나다. 동작나루에서 과천, 천안, 공주, 삼례, 금구, 태인, 정읍, 장성, 나주, 영암을 거쳐 해남에 이르고, 해남 관두량에서 제주까지는 바닷길이다. 이 길의 정읍과 장성 사이에 갈재가 있다.

고려 현종은 거란의 침입(1011년)을 당해 나주로 몽진을 떠나는 길에 이 고개를 넘었다. 조선의 개국 공신 정도전도 나주, 광주로 가는 귀양길에 이 고개를 넘었다. 정읍 현감을 지내다 임진전쟁(1592년의 '임진왜란')을 한 해 앞두고 전라좌도 수군절도사에 임명된 이순신도 이 고개를 넘어 여수의 좌수영에 갔을 것이다. 갈재에서 한양까지의 거리는 칠백 리, 이렛 길이다.

갈재는 예로부터 도적의 출몰이 잦았던 곳이다. 가까운 곳에 풍요로운 들이 있고, 급하면 깊은 산으로 숨어들기에도 좋은 곳이라 그랬을 것이다. 백제 가요 가운데 가사 없이 이름만 전하는 '방등산곡'이 있다. 방등산은 고창과 장성 사이에 있는 방장산의 옛 이름이다. 『고려사』 악지에 '신라 말에 도적들이 일어나 전라도 장성의 방등산에 머물고 있었는데, 장일현[16]에 사는 여자도 이곳에 붙잡혀 와 있었다. 이 여자의 남편은 아내를 구출하러 오지 않았는데, 여자가 노래를 지어 남편이 자기를 구출하지 않은 것을 풍자했다'는 기록이 남아 있다.

조선시대에는 산의 절반밖에 오를 수 없을 만큼 험하다 하여 반등산半登山이라 부르기도 했다. 『신증동국여지승람』에는 '노령이 사나워 도적이 떼를 지어 있으면서 백주에도 살육과 약탈을 하여 길이 통하지 않았다'고 쓰여 있다. 방장산 북쪽 고창 사람 황윤산(1729~1791)은 훗날 『해동이적』 증보판에서 조선 전기의 도적 홍길동이 장성 아치실 사람이라고 썼다. 장성이라면 갈재 바로 남쪽이다. 황윤산은 방장산에서 이어지는 축령산 아랫마을에 몇 차례 다녀갈 때, 그런 이야기를 들었던 모양이다.

허균은 봄에도 갈재를 넘은 적이 있다. 호남 각 고을을 돌며 과거를 베풀고 감독하는 시관試官으로 전라도 지방을 순행하는 길이었다.

갈재를 넘어 장성 가는 길은 아름다웠다. 향기로운 풀이 냇둑을 덮고, 활짝 핀 개나리가 꽃잎을 떨구고 있었다. 이따금 접동새가 울어 발걸음을 멈추게 했다. 얼른 세상사 다 잊어버리고 이런 곳에 내려와 숨어 살고 싶었다. 허균은 향시 합격자들에게 술을 따라주고 축하하면서, 그들이 제 등 따습고 배 부르자고 글공부하는 게 아니기를 간절히 바랐다.

벌써 두 계절이 지나, 붉나무 단풍나무가 온 산을 붉게 덮고,

하얀 억새 이삭이 바람에 울었다.

허균은 세금으로 거둔 쌀(세곡)을 서울로 실어 보내는 것을 감독하는 조운판관에 임명돼 7월에 전라도에 왔다. 서울을 출발한 것이 7월 8일이다. 먼저 충청도에서 일을 보고, 22일 전라도 만경에 들어섰다. 부안, 고부, 흥덕, 무장을 거쳐 법성창에 이르러 세곡을 실어 보냈다. 그 뒤 광주에 들렀다가 다시 법성포, 무장, 고창, 정읍, 태인, 금구를 거쳐 전라 감영이 있는 전주로 들어갔다. 마침 큰 형 허성이 전라도 관찰사로 부임해 잠시 함께 지낸 뒤, 갈재를 넘어 장성, 나주로 갔다가 되돌아가는 참이었다.[17]

일본군이 조선 땅을 떠난 지 2년이 채 되지 않았다. 곳곳에 오랜 전쟁의 상흔이 역력했다. 농토는 반 이상이 황폐해 있었다. 전쟁 중에 몸이 상한 사람도 많았고, 게 중에는 코가 없는 사람도 있었다.

조정은 민심을 안정시키려고 신경을 썼다. 7월 27일 허균이 법성포에 도착해보니, 전 관찰사 이홍로와 부체찰사 한준겸이 광주에 와 있는데, 군사들에게 음식을 주어 위로했다는 소식이 들렸다. 민심을 안정시키려 조정에서 두 사람을 파견한 것이다. 춘추관의 기사관 소광진도 농사가 어찌되어 가는지 보고 오라는 왕명을 받고 광주에 와 있었다.

그해 농사는 좋지 않았다. 8월 25일 경연 자리에서 농사 이야기가 나왔다. 임금의 물음에 영사 윤승훈이 대답했다.

"신이 지난번에 (고양시 서오릉에 있는) 창릉과 (남양주시 금곡동에 있는) 유릉을 오가느라 동서 양쪽 교외를 두루 보았는데, 금년은 아주 흉작입니다. 올벼는 바람 피해를 입어 3분의 2는 여물지 못했고, 늦벼 역시 좋지 않았습니다. 하삼도下三道(충청·전라·경상도)는 더욱 흉년이 심하다 하니 내년이 큰 걱정입니다."

임금이 소광진에게 호남지방의 농사 형편을 물었다. 소광진이 대답했다.

"호남은 혹 여물기도 하고 혹 여물지 않기도 하였으며, 호서는 전혀 여물지 않아 아주 흉작이었습니다."

허균은 고을 수령들이 거둬들인 세곡을 서울로 실어 보내는 일만 감독할 뿐이었으나, 세금을 내는 백성들의 고통을 모르는 바 아니었다. 1592년 임진년 4월에 일본군이 침략해 와서 전란이 1599년 말에야 끝났다. 전쟁으로 농토가 황폐하여 농사지을 수 없는 땅이 많았다. 사관은 실록에 이렇게 기록했다.

'당시 천하의 병력이 우리나라에 모인 지가 8년이나 되어 나라 살림이 바닥났는데 문제를 해결할 만한 대책이 없었다. 조정에서는 감사(관찰사)에게 책임 지우고 감사는 군읍郡邑에 책임 지웠으니 군읍에서 가혹하게 거두어들이는 것은 모두가 민간에서 나온 것이었다. 논밭의 면적에 따라 이런저런 이름을 붙여 세금[18]을 걷었는데, 그 종류가 하도 많아 백성들이 기억할 수조차 없었다. 백성들은 땅을 토지대장에서 빼거나 줄이는 것을 상책으로 삼았고, 하급관리들은 이를 기회로 삼아 농간을 했고 수령은 그것을 막지 못했다.'[19]

허균도 잘 알고 있었다. 백성들이 다섯 푼의 세금을 내면 나라에 들어오는 것은 겨우 한 푼이고 나머지는 간사한 놈들에게 어지럽게 흩어진다는 것을. 고을 관청에는 여분의 저축이 없어서 무슨 일만 있으면 일 년에 두 번씩 세금을 부과하고, 고을 수령은 이를 빙자하여 마치 키질을 하듯 가혹하게 거두는 게 끝이 없을 지경이라는 것을.[20]

이틀 전 허균은 나주에서 벗 임탁(1566~1610)을 만나, 그가 지은 정자 창랑정에서 하루를 보냈다. 임탁은 제주 목사, 전라 우수사, 평안 병사, 5도 병마절도사를 지낸 임진(1526~1587)의 막내아들이다. 수많은 호남 선비가 억울하게 희생당한 기축옥사(이른바 정여립 역모사건) 때 옥에 갇힌 적이 있는 임탁은 벼슬길에 아예 나서지 않고, 영산강가에 창랑정과 죽오당을 지어놓고 조용히 살았다.[21]

창랑정은 앞이 탁 트여 멀리까지 볼 수 있었고, 주변 경치가 아주 좋았다. 임탁은 세상을 피해 살며 마음을 닦은 사람인지라, 허균은 조용한 이야기를 나누고 싶었지만 그럴 기회가 없었다. 고을의 벼슬아치들이 음식을 거창하게 마련해 오고, 풍악 소리도 요란해서 눈과 귀만 피로했다.

'석주가 함께 있었다면 좋았을 텐데. 여행길에 언제 또 이런 기회가 있으려나.'

석주는 허균의 절친한 벗 권필(1569~1612)의 호다. 그는 임탁처럼 벼슬을 마다하고 시를 쓰고 살았다. 처가가 장성이었는데, 나주의 임탁 형제들과 두루 친하였다. 허균은 시중드는 이들을 물리치고 하루 저녁이라도 귀를 맑게 하는 이야기를 임탁과 나누지 못한 것이 못내 아쉬웠다.

임탁의 맏형이 시인 백호 임제(1549~1587)다.

둘째 형 허봉(1551~1588)은 임제의 시를 매우 높이 평가했다. 임제가 함경도 고산高山 찰방(역참을 관리하는 종6품 벼슬)으로 있던 1579년께 써서 덕산德山역 벽에 붙여두었다는 '고산역에서高山驛'22) 란 시를 두고 형은 "협기俠氣(호방하고 의협심이 강함)가 펄펄 뛴다" 고 했다.

임제는 젊은 날 자유분방하게 사느라 공부가 늦었다. 스물둘에 충청도 보은의 대곡 성운(1497~1579) 문하에 들어가 비로소 공부를 시작했다. 스승은 그의 마음을 누그러뜨리려고 『중용』을 천 번이나 읽게 했다. 그런 와중에도 스물일곱 살 때(1577년) 전라도에 왜구가 침범했다는 소식을 듣고는 전라감사 박계현 휘하에서 백의종군했다. 전라도는 왜구의 침입이 잦았다. 임제가 일곱 살 때는 왜구가 달량포를 공격해 관군을 격파하고 영암을 거쳐 나주까지 침입해 큰 피해를 입히기도 했다.

임제는 스물아홉 살에 과거에 급제했다. 소식을 알리기 위해 제주 목사로 있는 아버지 임진을 찾아간 일을 기록한 글에 그의 성격이 잘 드러나 있다. 그는 임금이 내린 어사화 두 송이, 거문고, 칼 한 자루로 행장을 꾸리고, 아버지가 기르던 말을 타고 11월 3일 고향 나주를 출발했다. 강진에서 바닷길을 건넜는데, 풍랑이 거친데도 배 띄우기를 고집해 마침내 9일 저녁 제주목 객사에 도착했다. 올 때는 배가 가벼우면 부서진다고 돌을 가득 싣고 왔다고 한다.

이덕형도 『송도기이』란 책에서 임제를 '호걸스런 선비'라고 평했다.

'임제는 호걸스런 선비다. 일찍이 평안도 평사評事가 되어 송도(개성)를 지나다가 닭 한 마리와 술 한 병을 가지고 글을 지어 기생 황진이의 묘에 제사 지냈는데, 그 글이 호방하여 전해오며 사람들이 외우고 있다.'

임제가 그때 지었다는 시조는 이렇다.

청초 우거진 골에 자는다 누엇는다,
(푸른 풀 우거진 골짜기에 자느냐 누웠느냐)
홍안紅顏은 어디 두고 백골만 무첫는이,
(아름다운 얼굴은 어디 두고 백골만 묻혀 있는가)
잔蓋 자바 권ᄒ리 업스니 그를 슬허ᄒ노라.
(잔을 잡아 권할 사람이 없으니 슬프구나.)

이덕형은 덧붙였다.

'임제는 일찍이 문재文才가 있고 협기가 있으며 남을 깔보는 성질이 있으므로, 마침내 예법을 아는 선비들에게 미움을 받아 벼슬이 겨우 정랑正郞(정5품)에 이르고 뜻을 이루지 못한 채 일찍 죽었으니, 어찌 운명이 아니랴? 애석한 일이다.'

『국조인물고』[23]의 설명은 조금 다르다.

'선조 9년(1576) 진사 시험에 3등으로 합격하였고, 그 이듬해 대과大科에 2등으로 합격하여, 문장으로 세상에 이름이 났다. 동인과 서인이 갈라선 뒤, 선비들이 앞을 다투어 명예를 가지고 서로 추켜세우면서 끌어당기었으나 멋대로 행동하고 무리에 가담하지 않았다. 또 몸을 낮추어 사람을 섬기는 것을 좋아하지 않았기 때문에 벼슬이 높게 이르지 못했다.'

임제는 서른여섯 살에 예조 정랑을 지낸 것을 끝으로 산천을 유람하며 술과 기생을 벗하고, 시를 짓고 살았다. 거문고와 칼, 피리를 좋아했다.

어느 날 임제가 말을 타려고 하자 종이 나서며 말했다.

"나리께서 취하셨군요. 한쪽에는 가죽신을 신고, 다른 한쪽에는 짚신을 신으셨어요."

그러자 임제가 꾸짖으며 말했다.

"길 오른쪽으로 지나가는 사람들은 나를 보고 가죽신을 신었다 할 것이고, 길 왼쪽으로 지나가는 사람들은 나를 보고 짚신을 신었다 할 것이니 내가 뭘 걱정하겠느냐?"[24]

이익은 『성호사설』에 '임제는 기개가 호방하여 예법의 구속을 받지 않았다'고 썼다. 영조 때 호남 양전사 원경하가 상소에서 '임제의 호기豪氣'를 거론한 것을 보면, 그의 호방함은 두고두고 화제가 된 모양이다.

임제는 임진전쟁이 일어나기 5년 전인 1587년에 죽었다. 그해 음력 2월에 조총으로 무장한 천여 명의 왜구가 여수 손죽도를 점령한 뒤 전라 좌우 수군을 무너뜨리고 수많은 양민을 죽이고 납치해갔다. 임제는 병이 들어 죽게 됐을 때 자식들이 슬퍼하며 소리 내어 울자 이렇게 말했다.

"사방팔방 오랑캐들이 저마다 황제국이라 칭하는데, 오직 조선만이 기어들어가 중국을 주인으로 섬기고 있다. 내가 더 살면 뭐하고 죽은들 뭐가 아까우랴. 곡하지 말라."[25]

임제가 죽은 그해 9월, 일본의 도요토미 히데요시는 대마도의 가신 유타니 야스히로柚谷康廣[26]를 조선에 보내 사절의 파견을 요구했다. 조선을 일본의 신하국으로 만들고, 나아가 명나라를 정복하러 가는 길에 앞장세우겠다는 생각에서였다. 히데요시는 중국의 조공국인 류큐왕국(현 오키나와)을 굴복시키고, 1591년 조선 출병 준비에 본격 착수했다.

북방 만주에선 1593년 여진 건주좌위의 실권자가 된 누르하치가 빠른 속도로 만주족을 하나의 국가체제 아래 통합해가고 있었다.

갈재를 넘는 길에 허균은 이번 공무 수행 중에 만난 두 사람을 생각했다. 둘 다 전쟁 중에 포로가 되어 일본에 끌려갔다가 살아 돌아온 이들이다.

사흘 전 나주에서 만나 한 숙소에서 지낸 이는 호가 금계요, 이름이 노인魯認(1566~1623)[27]이다. 1592년 임진전쟁이 일어나자, 노인은 평소 알고 지내던 광주 목사 권율의 호소에 응해 가솔 100여 명을 이끌고 나가 의병장이 되었다. 그 뒤 권율을 따라다니며 중요한 전투에 참가했다. 일본군이 전라도를 공략하기 위해 금산에서 이치梨峙를 넘어 전주로 향할 때는 이를 막는 권율 부대의 경계 부대장을 맡았다. 임진전쟁 3대첩[28] 가운데 하나인 행주산성 전투에도 참가했다.

1897년 정유년, 일본이 재차 공격해왔을 때도 그는 계속 권율 휘하에 있었다. 8월에 남원성 전투를 외곽에서 지원하러 갔는데, 성이 함락된 뒤 쫓기다 일본군의 포로가 되었다. 그를 비롯한 포로들은 순천 방답진(현 여수 돌산읍)의 왜군 기지에서 10여 척의 배에 실려 일본으로 끌려갔다.

노인은 규슈를 거쳐 시코쿠四國로 끌려갔다. 거기에서 치밀한 준비 끝에 1599년 3월 17일 다른 조선인 포로 2명과 함께 중국 배를 얻어 타고 탈출해, 중국 푸젠성福建省 푸저우福州에 내렸다. 그 뒤 중국 정부의 도움으로 북경을 거쳐 1599년 12월에 서울에 도착했다. 포로가 된 지 2년 4개월 만이었다.

노인이 일본군에게 붙잡힐 무렵, 허균은 명나라의 도움을 청하러 사신으로 갔다. 돌아와서는 병조 좌랑으로 주로 명나라 장수들을 접대하는 일을 맡았다. 명나라에 있을 때, 조선 수군이 궤멸적 타격을 입었고 남원성이 함락됐다는 소식을 들었다. 그때 온몸이 무너지는 것 같던 절망감은 좀체 잊히지 않았다.

노인을 만나기 두 달 전인 7월 27일, 허균이 법성포에 머물 때 영광 사람 강항(1567~1618)이 찾아와 만나게 되었다. 형조 좌랑을 지낸 강항은 정유년에 의병을 모아 명나라 군대의 군량미를 운반하는 일을 도왔다. 그러다가 일본군이 전라도 초토화 작전에 나서자 배를 타고 일가가 피난하는 도중 일본 수군의 포로가 되고 말았다. 시모노세키, 나가하마를 거쳐 오사카로 끌려갔는데, 거기서 도망치려다 붙잡혀 교토의 후시미성에 억류됐다가 전쟁이 끝나고 귀국할 수 있었다.[29]

"내 형제의 자녀 여섯 명 중에 세 명은 바다에 빠져 죽었고 두 명은 왜의 땅에서 죽었고, 내 작은딸 하나만이 남았소."[30)

강항은 전라도 사람들 가운데 왜 코 없는 사람이 많은지, 그 이유를 허균에게 설명해 주었다.

"히데요시가 정유년에 우리나라를 재침할 적에 여러 장수에게 명하기를 '사람의 귀는 각각 둘이지만 코는 하나다'라면서 군사 한 명이 우리나라 사람의 코를 하나씩 베어서 수급首級을 대신하게 했소. 그것을 일본 수도로 수송하게 하여 쌓아 놓은 것이 하나의 구릉을 이루자 대불사大佛寺 앞에 묻으니 거의 아타고산愛宕山의 산허리와 높이가 같았소."

일본군은 실적을 올리려고 산 사람의 코를 베어가기도 했다.

허균은 정유년에 잠시 사관(예문관 검열 겸 춘추관 기사관)으로 일할 때를 돌아보았다. 임진년 이후의 기록을 다 살펴봤는데, 명나라 장수들이 참전한 일과 우리나라 장수들이 공을 세운 내용, 왜적이 침략해온 일을 어느 하나도 제대로 써놓은 것이 없었다. 마치 전쟁이 없었던 나라처럼 기록돼 있었다. 그래서 왕에게 보고했더니, 기록을 정리하라는 명이 내려와 『동정록』을 편찬했다.[31)

'그렇게 쉽게 잊어버릴 일인가?'

전라도 사람들은 분노의 마음을 잊지 않기 위해, 시 한편을 외웠다.

「코 없는 사람無鼻者」이란 시다.

코 없는 자 누구의 자식인고,

홀로 산모퉁이서 얼굴 가리고 우네.

적군의 칼날 번쩍 바람이 일어,

하나 베고 둘 베고 백성 천 명 코가 달아났네.

아아! 국토가 독종의 발에 짓밟혀서,

살아남은 사람들 반이나 머리 흉측한 괴물 꼴이구나.

거룩한 상제님 인류를 내실 적에 이목구비 갖춰야 온전한 사람이거늘

무고한 백성들을 어찌 베고 자르고,

형벌을 마구 써 피비린내 풍겼더냐.

코 베는 형벌 옛날에 있었다지만, 글에만 보이고 보지는 못했거늘

천심은 인자하여 불인을 미워하시나니,

하늘도 가만있지 않고 천군을 보내사

끝내는 괴수를 태백太白(머리를 베는 형구)에 매달 것이요,

남은 무리 도륙 내서 독수리 밥 되게 하리.

나는 분명히 들었노라,

'네게서 나온 것 네게로 돌아간다'고.[32]

도요토미 히데요시豊臣秀吉(1537~1598)는 1587년 서일본 지역을 평정하고, 1590년 관동지방을 정벌함으로써 마침내 일본 전국을 통일했다. 히데요시는 거기에서 멈추지 않고, 명나라를 포함한 아시아 전역을 손에 넣는 꿈을 꾸었다.

히데요시는 규슈를 평정한 1587년, 대마도주의 가신인 유타니 야스히로를 조선에 보냈다. 그는 대마도주에게 '조선 국왕은 도요

토미에게 복종하고 명나라 정복의 선두에 서라. 사신을 보내 답하라'는 요구를 전하라고 지시했다. 그러나 그 말을 그대로 전할 수 없던 대마도주는 '도요토미 히데요시가 일본의 새 국왕이 됐으니 통신사를 파견해주기 바란다'는 내용으로 바꾸어 조선에 전했다. 조선 조정은 물길을 잘 모른다면서 통신사 파견 요구를 거절하고 사절을 그냥 돌려보냈다. 히데요시는 조선을 두둔하여 거짓말을 한다고 유타니를 죽이고, 대마도의 정무를 소 요시토시宗義智33)에게 맡겨 다시 조선에 보냈다.

소 요시토시는 조선에 들어오면서 공작 한 쌍과 조총·창·칼 등의 물건을 가져다 바쳤다. 임금은 공작은 남양南陽(현 화성) 앞바다의 섬에 놓아 보내고 조총 등은 무기를 관리하는 관청인 군기시軍器寺에서 간수하라고 명하였다.34)

통신사 파견 문제로 조정에서 논란이 분분할 때 홍문관 수찬을 맡고 있던 허균의 맏형 허성(1548~1612)이 말했다.

"히데요시는 원래 일개 필부匹夫(신분이 낮고 보잘것없는 사내)였는데 때를 만나 우뚝 일어선 것입니다. 섬사람들 가운데 잘 복종하지 않는 자가 많으니 우리나라와 수호修好한 힘을 내세워 진정시키려는 것이요, 별다른 뜻은 없을 것입니다. 게다가 우리가 사신을 보내 그들의 허실을 자세히 탐지한다면 우리가 미리 대비하는 데도 도움이 될 것이므로 사신을 보내는 것이 좋겠습니다."

조정이 통신사를 보내기로 하고 상사에 황윤길, 부사에 김성일, 서장관에 허성을 임명했다. 황진이 무관으로 통신사를 수행했다.

통신사 일행은 1590년 3월에 소 요시토시 일행과 함께 일본으로 떠났다.

통신사는 '조선 국왕 이연李昖이 일본 국왕 전하殿下에게 보내는 국서'를 갖고 갔다. 만력萬曆이란 명나라 황제의 연호를 썼다. 3월에 떠나, 그해 7월 일본의 수도 교토에 도착했다.

1591년 3월 1일, 일본에 갔던 통신사 일행이 부산에 도착하자마자 장계를 올렸다. 반드시 병화가 있을 테니, 곧 서울에 올라가 보고하겠다는 것이다.

통신사가 갖고 온 일본 국서는 '일본국 관백 히데요시秀吉가 조선 국왕 합하閤下'에게 보내는 것으로 돼 있었다. 합閤은 정승들이 정사를 보는 다락방에 달린 문을 말한다. 과거 무로마치 막부의 국서에선 '조선 국왕 전하'라 하였으나, 이를 '합하'로 낮춰 썼다. 일본은 또 독자적인 연호 천정天正을 써서, 명나라의 조공국이 아님을 표시했다. 국서는 '대명국에 들어가 풍속을 일본 것으로 바꾸겠다. 귀국이 앞장서 길을 인도하라'는 내용을 담고 있었다.

서울에 도착한 상사 황윤길이 왕에게 보고했다.

"왜적이 반드시 침범해 올 것입니다."

그러나 부사 김성일은 정반대의 말을 했다.

"그런 낌새는 발견하지 못했는데 윤길이 장황하게 아뢰어 인심을 동요하게 하니 옳지 않습니다."

임금이 히데요시의 생김새가 어떻더냐고 물으니 황윤길은 "눈이 광채가 있어 담력과 지략을 갖춘 사람 같았습니다"라고 하였다. 김성일은 "그의 눈은 쥐와 같으니 족히 두려워할 위인이 못 됩니다"라고 하였다.[35]

서장관 허성은 그 중간을 잡아 말하면서도 어느 정도는 황윤길의 말을 두둔하였다. 황윤길은 서인, 김성일은 동인이었다. 허성은 동인임에도 서인 황윤길의 말에 동조했다. 일본의 성에 파리한 군졸만 있는 것을 보고 속임수라고 봤기 때문이다.

무관 황진(1550~1593)은 일본에 가 있을 때, 돈을 털어 보검을 샀다. 그러면서 "오래지 않아 적이 오면 나는 이 칼을 쓰리라" 하였다.

황진은 본래 주색을 좋아했으나, 일본에서 돌아온 뒤 술을 끊고 색을 멀리하고 돈을 들여 좋은 말을 사서 밤낮으로 말 달리기와 활쏘기를 익혔다. 그는 "큰 난리가 장차 일어날 터이니 대장부가 나라에 몸을 바침에 헛되이 죽을 수 없다"고 했다.[36]

당시 조정은 동인 세력이 이끌고 있었다. 전쟁은 없을 것이라고 홀로 주장한 동인 김성일의 의견을 따랐다. 그래도 수비에 밝은 관리를 뽑아 변방에 보내 성곽을 정비하게 했다. 오랜 세월 태평에 익숙해 있던 백성들은 노역이 늘어나는 것을 원망했다. 영남 사민士民들의 원성이 컸다. 일본이 침략해오지 않을 것이라고 한 김성일은 세 번이나 간략한 상소문을 올려 전쟁 준비를 '잘못된 계책'이라 비판했다.[37]

이순신의 품계를 크게 올려 전라좌수사로 발탁한 것도 잘못이라고 비판했다.

1592년 임진년 4월 13일, 고니시 유키나가小西行長가 이끄는 일본군 제1군 선봉부대가 7백 척의 배를 타고와 부산에 상륙했다.

이들은 14일 동이 틀 무렵 첨사 정발이 지키는 부산진을 공격해 무너뜨렸다. 사람을 모두 죽여 곡할 사람 하나 남겨두지 않았고, 가축까지도 모두 죽였다. 일본 쪽 기록엔 3만의 목을 벴다고 되어 있다.

다른 병력은 첨사 윤흥신이 지키고 있던 다대포를 공격해 무너뜨렸다.

일본군은 15일엔 동래성으로 향했다. 왜군이 성 밖에서 나무판에 글을 써 '싸우려면 싸우고, 싸우지 않겠다면 길을 빌려 달라'고 요구했다. 동래 부사 송상현은 '싸워 죽기는 쉬우나 길을 빌려줄 수는 없다'고 답했다. 일본군이 공격을 개시한 지 그리 오래지 않아 동래성도 무너졌다.

일본군 후속 부대가 속속 부산에 상륙했다. 이때 조선에 출병한 일본군은 1군에서 9군까지 총 병력이 15만 8천 7백 명에 이르렀다. 전진 기지인 규슈의 히젠나고야성에는 10만 병력이 따로 대기하고 있었다.[38]

경상좌수사 박홍은 일본군의 형세가 대단한 것을 보고는 성을 버리고 달아났다.[39] 박홍은 부산진 첨사 정발이 죽는 것을 보고 동래로 달려갔으나 성에 들어가지 않고 달아났다.[40]

경상우수사 원균은 전선 100여 척과 화포를 침몰시키고 4척의 배를 타고 곤양으로 퇴각했다. 1만 명에 이르는 수군이 순식간에 무너져버렸다.[41] 경상좌병사 이각은 울산 북쪽에 있는 병영에 있다가 동래성으로 들어갔는데, 부산성이 함락됐다는 비보를 듣고는 다시 병영으로 돌아와 첩을 먼저 피난 보내고는 뒤따라 빠져나갔다.

이각이 보낸 전쟁 소식은 4월 17일 서울에 닿았다. 대신들이 비변사 당상관들과 빈청에 모여 임금에게 직접 아뢰기를 청했다. 임금은 외면했다.

조정에서는 우선 경상도 지역의 지방 수령들이 이끄는 병력을 대구로 집결시키고, 이일을 순변사로 파견해 이들을 지휘해 일본군 선봉대에 맞서도록 했다. 다음으로 충청도 지역 병력을 충주로 집결시켜 서울에서 중앙군을 이끌고 내려가는 신립 지휘 아래 일본군을 격퇴하기로 했다. 이일과 신립은 당대 최고의 무장이었다.

이일은 서울에서 며칠을 허비했다.

"이일이 서울 안에서 날랜 군사 300명을 거느리고 가려고 하므로 병조에서 군사를 뽑은 문서를 가져다가 보았더니, 다 여염집과 시정의 군사 경험이 없는 무리들이었다. 아전과 유생들이 반수를 차지하고 있었다. 임시로 검열을 해보았더니 유생들은 관복을 갖춰 입고 과거시험 볼 때 쓰는 종이를 들고 있었다."[42]

이일이 우선 급한 대로 60여 명의 군관을 이끌고 달려갔을 때, 모여 있던 병력들은 대부분 흩어진 뒤였다. 상주에서 끌어내다시피 해서 800명을 모았으나 대부분 군사훈련을 받지 못한 농민들이었다. 4월 25일 일본군에 맞서 싸우다 대부분이 전사하고, 이일과 2명의 군사만이 문경 새재에 대기하고 있던 신립 진영으로 도망쳤다.

신립이 서울을 떠날 때 임금은 직접 보검을 내리며 말했다.

"이일 이하 그 누구든지 명을 듣지 않는 자는 경이 모두 처단하라."

신립은 서울에서 이끌고 간 기병과 충청도에서 모인 병력을 지휘해, 충주 탄금대에서 배수진을 쳤다. 병력은 수천 명이었다. 신립은 북방 전투를 통해 숙련된 기병으로 적을 무찌를 계획이었다. 일본군은 이미 20년 전부터 조총부대를 주력으로 하여 전투에 임해 왔으나, 신립은 이를 제대로 알지 못했다.

"어떻게 쏘는 대로 다 맞출 수 있겠습니까?"[43]

그것이 신립의 생각이었다. 4월 28일 전투에서 신립의 부대는 제대로 힘을 써보지도 못하고 전멸했다. 신립을 비롯한 장수들은 물에 뛰어들어 죽었다.

임금이 대신들을 불러 파천播遷(임금이 본궁을 떠나 다른 곳으로 옮기는 일)을 거론했다. 대신들이 다들 반대했으나, 영의정 이산해만은 그저 울기만 하다가 나와서 승지 신잡에게 "옛날에도 피난한 사례가 있다"고 말했다.

27일 권필과 생원 구용이 함께 상소했다.

"유성룡이 강화講和를 주장하고 이산해가 나랏일은 그르친 일은 실로 죄가 크니, 청컨대 목을 베어 백성을 위안하소서."

임금은 30일 새벽 창덕궁 인정전을 떠났다. 임금의 행차가 도성을 나서자 백성들이 맨 먼저 노비 문서가 있는 장예원과 형조에 불을 질렀다. 또 왕실의 재물을 보관하는 내탕고에 들어가 금과 비단 같은 것을 끌어냈으며, 경복궁·창덕궁·창경궁에도 불을 질렀다.

5월 2일, 서울이 함락됐다. 전쟁이 시작된 지 불과 18일 만이었다.

전라도 관찰사 이광은 근왕병을 이끌고 올라가다가 공주에 이르러 서울이 벌써 함락되고 임금이 피난을 떠났다는 소문을 듣고는 그대로 철수해버렸다.

5월 6일, 개성에서 임금이 물었다.

"전라도의 원병은 왜 오지 않는가?"

임금이 또 물었다.

"신립이 정말 죽었는가?"

좌의정 최흥원이 말했다.

"죽지 않았다는 말도 있습니다."

임금은 5월 7일 평양으로 들어갔다.

서울 점령에 성공한 도요토미 히데요시는 자신의 꿈이 이뤄질 것을 의심하지 않았다. 5월 19일, 관백직을 맡긴 조카 도요토미 히데쓰구에게 일본과 조선, 중국 3개국을 분할 지배할 계획을 전하고, 준비하도록 지시했다.

"중국을 정벌하고 천황을 중국으로 옮긴다. 일본의 제위는 천황의 아들이나 동생에게 넘긴다. 조선은 내 직할지로 한다."[44]

일본군은 북진을 시작했다.

임금은 임진강 전투에서 관군이 패했다는 소식을 듣고, 5월 27일 예조판서 이덕형을 명나라에 보내 구원병을 요청하게 하였다.

이제 어디로 갈 것인가? 조정은 함흥으로 가기로 했다. 6월 10일 중전이 함흥으로 가기 위하여 궁속들이 먼저 성을 나갔다. 어가가 평양을 떠나는 것을 막으려고 평양 백성들이 난을 일으켰다.

조정이 주동자의 목을 베 내걸고서야 조용해져서, 임금이 이튿날 영변으로 떠날 수 있었다.

임금은 중국 땅 요동으로 피난하고 싶었으나 대신들이 말렸다. 우의정 유홍이 말했다.

"종사宗社가 여기 있는데, 전하께서 어디로 가시겠다는 것입니까?"

왕이 뜻을 굽히지 않자, 유홍은 하직하고 세자(광해군)가 있는 곳으로 가버렸다.[45)

6월 14일, 임금은 요동으로 가기로 계획을 정했다.

15일, 일본군이 평양을 점령했다. 다음날 왕은 정주에 도착했다. 명나라도 다급해졌다.

18일, 요동 유격 사유가 기병 1천 명을 이끌고 왔다. 왕이 말했다.

"한 나라의 존망이 대인들의 진퇴에 달렸으니, 지휘를 받겠소이다."

군 지휘권을 명나라에 넘기겠다는 것이었다.

임금은 6월 22일 의주에 도착했다. 논의 끝에 요동으로 가지 않고, 의주에 머물러 있기로 했다. 명나라가 조선 조정을 요동 관전보의 빈 관아에서 지내라고 했기 때문이다. 여진과 마주한 국경 지대라서 명나라도 버려두고 있던 곳이었다.

임금이 각지에 격문을 보냈다.

"나는 생각하기를, 종사가 망하고 신민을 버릴지언정 (명 황제와 나 사이) 군신의 대의는 하늘이 밝게 내려다보고 있기에…"[46)

이여송이 이끄는 3만의 명나라 군대가 12월 25일 압록강을 건너왔다.

임진년에 일본군이 침략해오자 태인현의 선비 안의와 손홍록이 전주 경기전에 있던 태조의 어진과 왕조실록 등 60궤짝에 담긴 사서를 정읍 내장산으로 옮기고 지켰다. 경기전 참봉 오희길이 함께했고, 내장산 영은사의 희묵 휘하의 승려들이 호위했다. 왕조실록은 전쟁 때 춘추관, 충주, 성주 사고의 것이 모두 불에 타버렸다. 그들이 갖은 노력으로 지킨 전주 사고의 것만 남아, 오늘에 전해지고 있다.

두 사람이 전쟁 발발 이듬해 8월 3일 임금의 행재소가 있는 평안도 강서현에서 상소를 올렸다. 거기에 당시 전라도 사정이 이렇게 묘사돼 있다.

'여러 읍의 수령이 거둔 종자벼는 군량미로 다 없어졌을 뿐 아니라 혹 부족하거나 더러는 썩었기 때문에 아직 씨를 뿌리지 못한 묵은땅이 매우 많습니다. 굶주린 백성들이 먹을 것을 찾아 이리저리 떠돌아다니다가 계속 죽어가고 있습니다. 세금을 내는 사람들에게 오곡을 막론하고 파종할 수 있는 겉곡식을 옛 전례에 따라 계산해서 내게 하셔서 내년 봄 씨앗을 보충하게 하소서.'[47]

임진전쟁 때 전국 8도 가운데 일본군의 침탈을 면한 유일한 곳이 전라도다. 일본군의 초기 진격로에서 벗어나 있기도 했지만, 수군이 건재했고, 의병이 지속적으로 조직돼 활약했다. 전라도 의병은 처음엔 충청도, 이어 경상우도(낙동강의 서쪽)로 넘어가 일본군의 전라도 진출을 막았다. 그렇다고 해서, 전라도 사람들이 고통을 겪지 않았던 것은 아니다. 두 사람의 상소는 이렇게 이어진다.

'백성은 나라의 근본인데, 조선 팔도 중 일곱 개 도의 백성들이 거의 죽거나 이리저리 떠돌고 있습니다. 전라도 한 도는 겨우 이를 모면해 보전할 수 있었지만, 나라의 모든 재정과 군수물자, 명나라 군대에게 제공하는 군량미까지 모두 전라도에서 소출하고 있습니다. 전라도 백성은 괴로움을 견디지 못해 사대부 집안조차도 거의 이리저리 떠돌 지경이니, 특별히 생계의 터전을 보호, 유지하여 나라의 근본을 견고히 하는 것이 시급합니다.'

부산에 상륙한 일본군이 전라도로 넘어가는 가장 쉬운 길은 바닷길을 통하는 것이다. 그러나 바닷길은 전라좌수사 이순신이 이끄는 수군에게 일찌감치 막혔다. 병력 수송을 주임무로 급조된 일본 수군은 해전에는 매우 약했다. 이순신의 수군은 5월 4일 처음으로 출격해, 5월 7일 옥포해전을 시작으로 연전연승을 거뒀다. 7월에는 한산도에서 대승을 거둬, 일본군이 수로를 통해 전라도로 진출하는 것을 막았다. 일본군이 조선 수군을 피해 육로를 이용해 전라도로 가려면 거창·안의를 거쳐 육십령을 넘어 진안·전주로 가거나, 진주·함양에서 팔량치를 넘어 남원으로 가야 한다. 복병이 지키고 있으면, 쉽게 넘기 어려운 길이다.

9개 부대로 편성된 일본군은 처음엔 전군이 서울을 목표로 진격했다. 도성을 점령해 임금의 항복을 받으면 전쟁이 끝날 것이라고 생각했기 때문이다. 그런데 서울을 점령하고 보니 임금은 떠나고 없었다. 일본군은 총대장인 우키타 히데이에宇喜多秀家가 서울을 맡고, 8개 부대가 한 도씩 8도를 나눠 점령하기로 했다. 전라도는 제6군 고바야카와 다카카게小早川隆景가 맡았다.

고바야카와 부대는 경상도에 있던 안코쿠지 에케이安國寺惠瓊 휘하의 별군과 합류해 충청도 금산에 진을 쳤다. 여기에서 병력을 다시 둘로 나누어 한 부대는 진안을 치고 웅치를 넘어 전주로, 다른 한 부대는 이치를 넘어 전주로 진격하기로 했다.

전쟁이 일어나자, 전라도 관군은 조정의 명에 따라 관찰사 이광의 지휘 아래 서울 방어를 위해 북상했다. 그러나 서울이 이미 함락됐다는 소식을 공주에서 듣고 이광이 징을 울려 군대를 퇴각시키자 전열이 무너졌다.[48]

조정이 문책하고 다시 동원할 것을 명령하자, 이광은 5월 19일 군사를 다시 모아 북상했다. 충청, 경상의 병력들도 수원에서 합류했다. 그러나 수만 명의 관군은 6월 5일과 6일 용인에서 적의 공격을 받고 맥없이 무너졌다. 퇴각하는 모양새가 마치 산이 무너지는 것 같았다. 대오를 유지하며 퇴각한 부대는 동복 현감 황진이 지휘하는 광주 목사 권율(1537~1599) 휘하의 부대뿐이었다. 황진은 통신사 황윤길의 무관으로 일본에 다녀온 바로 그 사람이다. 조선 초의 명재상 황희의 5대손으로 남원에서 태어났다.

관군이 무너지자 전라도 곳곳에서 의병이 일어났다.

옥과(현 곡성)의 유팽로(1564~1592)는 전국에서 가장 먼저 의병을 일으켰다. 유팽로는 한쪽 눈을 잃은 장애인이었다. 스물다섯 살 때 과거에 급제해 홍문관 정자에 제수되었다. 이듬해 부친상을 당해 시묘살이를 위해 낙향했다가 1592년 성균관 학유로 임명받아 상경했다. 그는 일찍이 전쟁이 일어날 것을 우려해, 군비를 정비할 것을 몇 차례나 상소했다.

'병마^{兵馬}는 병조의 소관인데 임의로 팔아먹고, 전선^{戰船}은 시기
가 지나도록 고치지를 않아 좌우로 헐어지고 낡아 형체만 있으니
쓸모없는 게 당연합니다. 성도 여러 해 동안 수리를 하지 않아 성
가^{城架}가 무너지고 여우 살쾡이가 길을 내어 다니고 있으니 굳지
못합니다. 포, 활, 화살 등 무기들이 하나도 쓸 수 없게 돼 있는데
도 관리는 태연하게 전례대로 하기만 고집하고 있으니, 만약 급변
이라도 생기는 날엔 군졸을 적에게 줘버리는 일입니다.'⁴⁹⁾

우려했던 대로 일본은 조선을 침략했다. 서울에 있던 유팽로는
4월 16일 진주 판관 김시민의 아들 김치로부터 일본군이 침략해
왔다는 소식을 들었다. 경상좌병사 이각의 장계가 서울에 도착하
기 하루 전이었다.

그는 양주와 용인에 있는 조상의 묘를 둘러보고 고향을 향해
출발해 20일 순창에 도착했다. 그곳에서 먹고살 것이 없어 무리를
지어 떠돌던 부랑배 500명을 만났다. 그들은 성을 점령해서 일본
에 부역하려고 모의하던 무리였다. 유팽로는 이들을 설득해 휘하
군사로 삼고 '전라도 의병 진동^{鎭東}장군 유팽로'라고 쓴 청색 깃발
을 올렸다. 이들을 데리고 21일 옥과로 들어갔다.

유팽로는 군사를 훈련시키면서 병력을 계속 모았다. 5월 7일
화순의 최경회와 광주 김덕령을 찾아갔다. 김덕령은 모친의 노환
때문에 바로 합류하지 못하고 6월에야 합류한다. 유팽로는 50여
명의 노비를 동원해 격문을 각 고을에 돌리는 한편으로 창평(현 담
양), 진원(현 장흥), 장성, 담양, 정읍, 순창, 임실 등지를 직접 돌

며 고을의 수령과 유력인사들을 만나 뜻을 모아 나갔다.

유팽로는 자신의 휘하에 모여든 의병 1천여 명에게 필요한 군량과 무기 등을 스스로 조달했다. 순창 군수를 지낸 아버지에게 적잖은 재산을 물려받기는 했지만, 오랜 기간 준비를 해왔기에 가능한 일이었다. 5월 16일 일기에 이렇게 썼다.

'전일 비축해둔 군복, 군량, 군기를 모조리 꺼내서 입히고 먹이고 사용하게 하였다. 집 세 칸을 지었는데 그중 한 칸에는 56명의 성량쟁이(대장장이)를 두어 날마다 무기를 만들게 하였고, 한 칸에는 56명의 바느질하는 계집종을 시켜 날마다 군복을 만들게 하고, 한 칸에는 곡식 수백 석을 챙겨두었는데 그것들은 해마다 모았다가 오늘날 쓴 것이다. 세상에 아는 사람이 없었다.'[50]

세상이 알게 했다면 역적으로 몰렸을 수도 있는 일이었다. 그렇잖아도 임진전쟁 3년 전, 이른바 '정여립 모반사건'으로 전라도 선비들이 큰 희생을 치른 일이 있었다.

전 수원부사 김천일(1537~1593)은 전라도 관군을 퇴각시킨 이광의 처사에 분개해 5월 16일 나주에서 의병을 일으켰다. 김천일은 고경명(전 동래부사), 최경회(전 영해군수), 박광옥(전 밀양부사) 등에게 거병하자는 편지를 보냈다. 김천일은 인근에서 300명을 모아 6월 3일 근왕을 위해 서둘러 서울로 향했다. 북상하는 동안 수가 700명으로 늘어났다. 김천일의 의병부대는 수원을 거점으로 활약했다. 한때 강화도로 진을 옮겼다가 조정의 재촉으로 뭍으로 나와 한강 연안에서 싸웠다.

남원에서는 유팽로의 이종사촌 형인 양대박(1544~1592)이 가솔

50여 명을 이끌고 깃발을 올렸다. 양대박은 서출이었으나, 일찍이 시로 이름을 날린 인물이었다. 유팽로와 양대박은 담양에서 의병을 일으킨 전 동래부사 고경명(1533~1592) 진영에 5월 29일 합류해 연합의병(담양회맹군)을 구성했다. 고경명을 총대장으로 옹립하고 조직을 정비하니 병력이 6천에 이르렀다. 의병부대는 6월 11일 담양을 출발해 북상했다.

고경명은 관군과 힘을 합쳐 금산의 일본군을 공격하기로 했다. 양대박은 의병을 더 모집하기 위해 전주에서 남원으로 내려갔다가 전주로 올라가는 길에 첨병으로부터 일본군이 운암에 모여 있다는 기별을 들었다. 둘째 아들 형우와 함께 부대를 둘로 나누어 기습 협공을 가해 큰 타격을 입혔다. 호남 최초의 승리였다. 양대박은 과로로 병을 얻어 금산의 진중에서 세상을 떠났다.

전라도를 공격하려는 일본군에 맞서 7월 7일에서 10일까지 웅치와 이치, 그리고 금산성에서 치열한 전투가 벌어졌다. 김제 군수 정담, 함열 의병장 황박, 나주 판관 이복남, 고부 의병장 김제민의 아들 혼과 안이 지휘하는 고부 의병, 해남 현감 변응정 등이 1천여 명의 병력으로 웅치를 지켰다. 남하하는 적을 맞아 수차례 격퇴했지만 역부족이어서 결국은 웅치를 내주고 후퇴했다. 정담이 끝까지 싸우다 죽고, 김제민의 아들 김안이 죽었다. 일본군도 상당한 병력 손실을 보았다.

금산의 이치에서는 도절제사 권율이 1,500명을 이끌고 적을 막았다. 동복현감 황진은 전라감사 이광의 명을 받고 남원에 갔다가 적이 금산에서 내려온다는 소식을 듣고 7월 8일 밤 전주에 도착했다. 황진은 웅치를 넘은 적의 주력부대를 물리쳤으나 추격하지 않고, 곧바로 이치로 와서 선봉장을 맡았다. 정유년에 일본에 포로가 되어 끌려가게 되는 노인은 이 전투에서 경계부대장을 맡았고, 웅치에서 후퇴한 황박 등도 합류했다.

"황진이 나무에 의지하여 총탄을 막으면서 활을 쏘는데 쏘면 안 맞는 것이 없었다. 황진이 탄환에 맞아 다리에 부상을 입고 조금 물러섰더니 적이 우리 편 진陳 속으로 뛰어들어, 우리 군사들이 놀라 흩어져 달아나려고 하므로 권율이 물러나는 자를 베어 죽이니 모두 죽음을 무릅쓰고 싸웠다. 용감하게 종일토록 싸웠으므로 적병이 크게 패하여 병기를 다 버리고 달아났다."[51]

일본 쪽에서 임진전쟁 3대전의 하나로 이치전투를 꼽을 정도로 일본군은 이곳에서 큰 피해를 입고 퇴각했다. 웅치를 돌파한 일본군 부대는 전주성 밖까지 진출했으나, 의병장 이정란(1529~1600)[52] 이 성에 깃발을 잔뜩 세우고 밤에는 봉화를 올리자 함부로 공격하지 못했다. 게다가 고경명 부대가 배후에서 금산성을 친다는 소식을 듣고는 발걸음을 돌려 금산성으로 되돌아갔다.

고경명 의병부대는 곽영이 이끄는 관군과 합세해 7월 9일 금산성을 공격했다. 그러나 관군의 선봉이 무너지면서 싸움이 어려워졌다. 고경명이 아들(인후)과 함께 전사하고, 유팽로도 후퇴 도중 적진에 고립된 고경명을 구하려고 적진으로 되돌아갔다가 죽었다. 이 전투에서 수많은 사상자를 내고 전라도 의병부대의 주력이 무너졌다. 그러나, 일본군도 큰 피해를 입었다.

고경명의 연합의병이 금산에서 패하자, 전라도에도 일본군에 대한 공포가 퍼져 나갔다. 보성에서 임계영이, 장성에서 김경수가, 화순에서 최경회가 각각 중심이 되어 의병을 다시 일으켰다.

고경명이 순절한 열흘 뒤인 7월 20일 보성 관아에서 진보(현 청송군 진보) 현감을 지낸 예순 다섯 살의 임계영(1528~1597)을 의병장으로 하여, 전라좌의병이 깃발을 올렸다. 박광전이 기병을 주도했으나 고령에 몸이 좋지 않아, 임계영을 의병장으로 세웠다.[53] 담양 부사를 지내다 모친상을 당해 사직해 있던 예순 한 살의 최경회(1532~1593)는 7월 26일 광주에서 고경명 휘하의 흩어진 군사를 모아 전라우의병을 조직했다. 좌우의병은 각각 천 명에 가까운 세력을 형성하고, 9월 22일 남원에서 합류해 경상우도로 진출했다.

김경수(1543~1621)는 7월 18일 장성 남문에 의병청을 설치했다. 이튿날 기효간, 윤진과 함께 격문을 써서 전라도 각지의 선비들에게 보냈다. 7월 21일 장성의 김중기 김덕기 형제가 가장 먼저 달려왔고, 이틀 뒤 고창에서 김홍우 김광우 형제와 서홍도, 흥덕의 서연, 담양의 김언욱 김언희 형제가 집안의 젊은이들을 이끌고 왔다. 25일엔 처능 등 백암사 승려 4명이 종이와 새끼줄을 갖고 왔다. 28일에 정읍의 유희진, 태인의 이수일, 무안의 윤황, 나주의 김부 등 100여 명이 동참했다. 8월 4일에는 영광의 이응종이 두 아들과 함께 왔다.

그러나 격문을 보낸 지 1개월이 지난 8월 24일까지 모인 의병이 239명, 군량미는 190석에 그쳤다. 김경수는 장인들을 모아 병기를 제조하면서, 모인 의병들을 각자 고향으로 돌려보내 더 많은 의병과 군량을 모으기로 했다. 10월 20일 장성 남문에 의병들이

재집결하여 훈련을 하면서 추가 모병을 했다. 11월에 고부에서 웅치와 이치 전투에 참가했던 전 전라도사 김제민이 관군과 의병 190명을 이끌고 왔다. 곡식 70석, 말 12마리, 소 9마리, 새끼줄 160통도 가져왔다. 고창에서 김홍우가 82명을 이끌고 말 7마리, 소 3마리를 끌고 왔다. 정읍에서는 유희친, 유희사 형제가 69명을 이끌고 왔다. 고창의 문수사 승려 처한 등도 의승군을 이끌고 합류했다. 그 결과, 11월 24일까지 장성, 나주, 담양, 함평, 영광, 무안, 광주, 정읍, 태인, 고부, 고창, 흥덕, 무장, 부안, 금구, 순창 등 전라도 중서부 16개 고을에서 모두 1,620명이 모였다. 선비 가운데는 전라도의 대유학자 일재 이항, 하서 김인후, 고봉 기대승의 제자들이 많이 참가했는데, 특히 일재 이항의 제자가 많았다. 여러 고을의 사찰 승려도 105명이 합류했다. 군량은 486석을 모았다.

남문 의병은 김경수를 맹주로, 김제민(1527~1599)을 의병장으로 추대하고 부사 기효간, 참모 김홍우, 종사 윤진, 의곡장 기효증, 종사 박경, 도유사 서연 등을 선정하여 대오를 편성했다. 24일 출전하기에 앞서 도체찰사 정철에게 '백성들을 넉넉하게 먹이고 고통을 살펴야 한다'는 10개조의 시국안을 올렸다.

의병에 가로막혀 전라도 공략에 실패한 일본군 제6군의 선봉장 고바야카와는 명나라 군이 참전하자 서울로 불려갔다. 다치바나 무네시게立花宗茂 등이 남아서 전라도 공략을 계속 모색했으나 여의치 않았다. 충청의 의병장 조헌(1544~1592)과 승병장 영규가 이끄는 의병은 충청도 방어사 이옥의 관군과 합세해 8월에 청주를 공격했다. 일본군은 곧 성을 버리고 퇴각했다.

조헌은 청주를 근거로 8월에는 금산성을 공격했다. 함께 공격하기로 한 권율의 관군이 도착하지 않자, 조헌이 이끄는 의병과 영규가 이끄는 승병만으로 공격을 개시했다. 적이 성 밖으로 나와 역공을 가했다. 중과부적이었다. 조헌과 영규가 죽고, 700여 명의 의병이 전사했다. 해남 현감 변응정이 뒤늦게 도착해 일본군을 공격하다 전사했다.

일본군은 금산성을 버리고 북쪽으로 후퇴했다.

진주는 경상도(경상우도)에서 전라도로 가는 관문이다. 서울에서 김해로 남하한 일본군은 진주를 공격하기 위해 움직였다. 일본군은 남해 연안을 따라 진주로 향했다. 병력은 2만 명 가량이었다.

성 안에는 김시민 목사가 지휘하는 관군 3,800명이 있었다. 성 밖에는 전라좌우도 의병장 최경회와 임계영이 이끄는 2,500명이 남원에서 달려와 지원에 나섰다. 경상도 의병들도 달려와, 성 밖에서 4,000명이 지원했다.

전투는 10월 5일부터 10일까지 6일간 벌어졌다. 8일부터 일본군은 연일 총공세를 펼쳤다. 그러나 관과 민이 힘을 합쳐 온몸으로 막아내니 끝내 성을 함락하지 못하고 물러갔다. 김시민 목사는 이마에 총탄을 맞는 부상을 입고 회복하지 못했다.

경상우도 감사 김성일은 진주성 전투에서 승리함으로써 호남을 지킬 수 있게 된 것에 무엇보다 큰 의미를 두었다. 전라좌우도 의병들은 그 뒤에도 경상도에 계속 남아 일본군과 싸웠다. 12월에는 성주와 개령 지역을 탈환하는 성과를 올렸다.

일본군의 침탈을 막아낸 전라도에서 관군이 전열을 정비했다. 전라도 순찰사로 임명 받은 권율은 2만여 명의 병력을 이끌고 서울 수복을 위해 북진했다.

1592년 12월 25일 이여송이 이끄는 5만의 명나라 군대가 압록강을 넘었다. 1월 8일 조명연합군은 마침내 평양성을 되찾았다. 그러나 1월 17일 고양 벽제관 전투에서는 일본군을 얕잡아보다 참패를 당했다.

권율은 전라승병장 처영이 이끄는 의승군 1천 명을 포함하여 정예병 2,300명으로 행주산성에 진을 쳤다. 일본군은 조·명 연합군의 세력이 모이는 것을 우려해 선공을 가했다. 2월 12일 총대장 우키타 히데이에가 이끄는 3만 명의 일본군이 공격해왔다. 9차례에 걸쳐 종일 공격했으나 큰 타격을 입고 물러섰다. 이 전투에 참가했던 노인은 나중에 『금계일기』에 '목을 벤 것이 만이 넘고, 화살에 상한 자가 수를 헤아릴 수 없이 많았다'[54]고 썼다. 권율은 일본군 전사자의 시신을 잘라 나무 위에 내걸어 분노를 달랬다.

서울의 일본군은 겨울의 맹추위에 떨었다. 무엇보다 군량이 떨어져 고전했다. 일본과 명이 본격적인 강화협상을 벌이기로 함에 따라, 일본군은 4월 18일 서울에서 철수해 부산으로 내려갔다.

일본군은 남쪽 지역 지배를 확실히 하고, 전라도 방향으로 진격하기 위해 진주성 공격을 다시 준비했다. 우키타 히데이에 총대장 지휘 아래 전투병 4만 2,500명, 지원 병력을 포함 총 9만 명을 불러 모았으니, 사실상 조선에 있는 병력을 총동원한 셈이다.

진주성은 관군 2,500명 가량이 지키고 있었다. 전라도 의병들이 진주성을 지키기 위해 합류했다. 나주에서 의병을 일으킨 창의사(의병장에게 주던 임시 벼슬) 김천일이 300명, 전라우의병장 출신의 경상우병사 최경회가 500명, 금산전투에서 죽은 의병장 고경명의 장남 고종후가 400명, 전라좌의병 부장이며 사천 현감인 장윤이 300명, 남원 의병장 변사정의 부장 이잠이 300명, 태인 의병장 민여운이 200명을 이끌고 왔다. 그리고 충청 병사를 맡고 있던 황진이 수령들과 함께 700명을 이끌고 합류했다. 의병장 가운데 김천일, 최경회, 고종후, 변사정, 황진은 태인현의 유학자 일재 이항(1499~1576)의 제자들이었다. [55]

전라도 순찰사 권율은 진주성 사수전에 부정적이었다. 그래서 휘하 병력에게 진주성에서 퇴각하라고 지시했다. 권율은 함안에 주둔하다가 일본군이 오자 산음(현 산청)을 거쳐 남원으로 들어갔다. 경상우도 의병장 곽재우도 진주성은 고립된 성이라 지킬 수 없다며, 충청병사 황진이 진주성에 들어가는 것을 만류했다. 황진은 죽는다 해도 이미 한 약속을 깰 수 없다며 합류했다. 조선의 군사는 관군과 의병을 합해 6천~7천 명에 불과했고, 성 안에는 수만 명의 백성이 있었다. 1차 전투 때와 달리, 진주성은 고립된 채 홀로 싸웠다.

일본군은 6월 21일 성을 포위하고 공격을 퍼부었다. 일본군은 성을 무너뜨리기 위해 성벽의 밑바닥을 팠다. 큰 비가 내리면서 성이 무너지기 시작했고, 28일엔 전투를 지휘하던 황진이 적탄에 맞아 숨을 거뒀다.

황윤길 등 통신사를 수행해 무관으로 일본에 다녀온 뒤, 황진은 전쟁이 일어날 것임을 직감하고 숨 가쁘게 전쟁에 대비했다.

'황진이 동복 현감이 되었는데, 그 고을에 협선루挾仙樓가 있었다. 공은 공사만 파하면 준마를 타고 달려가, 혹 가로 뛰거나 위로 치솟으면서 누상樓上에 뛰어올라 스스로 무술을 시험하였다.

임진년에 공이 전라 감사 이광을 따라 근왕병을 이끌고 북상하다가 용인에 이르러 이광과 함께 적에게 대패하게 되었는데, 공만이 거느린 군사를 온전히 하고 화살 하나도 없애지 않았다. 한 편장偏將이 자신의 군사를 다 잃고 찾아와 말하기를 "이 일을 장차 어찌하리까?" 하니, 공이 믿을 만한 사람을 보내 도망한 군사들이 숨어 있는 곳을 두루 찾아다니며 효유하여 한 번 호각을 불자 도망한 군사들이 모두 모여들었다. 그 편장이 황진의 손을 잡고 감탄하며 "공은 참으로 훌륭한 장군입니다"라고 하였다.'[56]

황진은 이치 전투에서도 적탄을 맞은 적이 있었다. 다행히 죽지 않고, 휘하 장병들의 보교에 실려 동복현으로 돌아왔다.

2차 진주성 전투에서 또 한 번 적탄에 맞아 사경을 헤맬 때, 황진은 무슨 생각을 했을까?

그가 동복 현감이 되던 해, 마침 큰물이 졌다. 백성들이 떠내려가기도 하고 빠져 죽기도 해서 친히 나가 구제하였다. 한 늙은 할머니가 죽음을 면하자 소리쳐 말했다.

"내 표주박도 잡아 주시오."[57]

황진은 그날의 일을 생각하며, 웃고 울었을 것이다.

황진이 죽자 성 안의 사기가 크게 떨어졌고 다음날, 성이 끝내 함락됐다. 김천일과 최경회, 고종후 등 의병장들은 남강에 몸을 던졌다. 『연려실기술』은 '적은 본성本城을 무너뜨려 평지를 만들었다. 이때에 죽은 자가 6만여 명이나 되었다'고 기록했다.

진주성이 포위된 날, 이순신은 여수에서 더 동쪽의 한산도로 진을 옮겼다. 사헌부 지평 현덕승에게 이런 편지를 보냈다.

'호남은 나라의 울타리입니다. 만약 호남마저 잃으면 나라를 잃게 될 것입니다(湖南國家之保障 若無湖南 是無國家). 그래서 한산도에 진을 옮겨서 치고 바닷길을 차단할 계획을 세웠습니다.'

그 무렵, 나라를 지키려면 호남을 반드시 지켜야 한다는 것은 이순신만의 생각이 아니었다.

진주성이 함락된 직후 명나라와 일본이 한강을 경계로 하여 북쪽은 명, 남쪽은 일본에 소속시키기로 하고 강화를 할 것이란 소문이 돌았다.

일본군은 7월 5일 구례, 7일 곡성으로 진출해 노략질을 했다. 그러나 남원성의 수비가 단단한 것을 보고는 9일 진주로 돌아갔다. 일본군은 진주성에서도 퇴각해 경상도 남해안에 항구적 거점이 될 성을 짓는 데 주력했다.

그해 윤 11월에 고경명 휘하 의병으로 참가했던 스물여섯 살의 광주 유생 김덕령(1567~1596)이 담양에서 의병을 일으켰다. 용력으로 이름난 이였다. 1593년 모친상을 당해 아직 복상 중이었으나 사람들의 기대와 신망이 크니 저버릴 수 없었다. 호남 각지에서 사람들이 모여드니 한 달 만에 3천 명에 이르렀다. 이듬해 1월 김덕령 부대는 담양을 출발해 경상도로 넘어갔다. 함양을 거쳐 4월에 진주에 진을 쳤다. 임금이 각 도의 의병을 모두 김덕령 휘하의

충용군에 통합하여 그를 팔도의병 총수로 삼았다. [58]

명과 일본의 강화회담은 1596년 9월에 파탄 났다.

도요토미 히데요시는 명나라 황제의 딸을 일본 천황의 후궁으로 보낼 것, 일본 무역선의 왕래를 보장할 것, 조선 팔도를 분할해 경상도, 전라도, 한강 이남의 경기도와 충청도 등 4개 도를 일본에 넘겨줄 것, 조선의 왕자와 대신을 볼모로 보낼 것을 요구했다. 양쪽의 요구가 첨예하게 갈려 애초 강화가 성립하기 어려웠다.

도요토미 히데요시는 조선 재출병을 명령했다. 1597년 정유년의 재침에는 고니시 유키나가를 선봉으로 한 좌군 4만 9,600명, 가토 기요마사를 선봉으로 한 우군 6만 4,300명, 수군 7,200명을 동원했다. 부산성 등 5개 성에 있던 2만 명을 합하면 모두 14만여 명이었다.

2월 21일, 도요토미 히데요시가 지시했다.

"한 고을도 남김없이 전라도를 완전 점령하고, 충청도와 그 밖의 지역으로는 정세에 따라 진격할 것. 작전 목표를 달성한 뒤에는 연안으로 철수해 성을 쌓고, 맡아서 지킬 성주를 정하고, 나머지는 귀국할 것."

도요토미 히데요시는 전라도를 정면으로 겨냥했다. 점령하여 계속 지배하기보다는 인명을 살상하고, 생존 기반을 초토화하여 굴복시키겠다는 전략이었다. 병력을 5~7월에 보낸 것도 수확기를 앞두고 전면 공격을 개시하려는 뜻에서였다. 목표를 달성하면 일부 병력만 남기고 다 귀국시켰다가, 1599년에 다시 한 번 대규모 병력을 보낼 계획이었다.

정유년 2월 초, 임금은 이순신을 잡아들이라고 명했다. 가토 기요마사의 부대가 1월에 조선에 상륙할 것이라는 첩보를 알려줬음에도 나가서 잡으려 하지 않았다는 죄목이었다. 금부도사가 2월 26일 이순신을 붙잡아 서울로 압송했다. 이순신은 한 차례 고문을 당했다. 일흔두 살의 원로대신 정탁이 간곡한 말로 이순신이 다시 공을 세울 수 있도록 살려주라고 상소했다. 이순신은 간신히 목숨을 건졌다. 4월 1일 옥문을 나서, 백의종군하게 됐다. 13일에 어머니의 부음을 들었다.

일본군은 5월부터 7월에 걸쳐 경상도 해안 지역으로 속속 상륙했다. 7월 초에는 일본 전선 600여 척이 부산 앞바다에 정박했다. 조정은 새로 수군통제사가 된 원균에게 일본군을 공격하라고 독촉했다. 도원수 권율은 미적거리는 원균에게 곤장을 쳤다. 원균은 이때 쉰여덟 살이었다. 원균은 전 수군을 이끌고 출격해 부산으로 갔다. 7월 16일 칠천량에서 조선 수군은 궤멸적인 타격을 입었다.

임금은 두려웠다. 도성을 빠져나갈 궁리를 했으나, 신하들이 막았다. 임금이 마침내 역정을 냈다.

"듣건대 벼슬아치들의 가속들이 대부분 도성을 떠났다고 하는데, 그러면서도 내전(왕비)을 떠나지 못하게 강요하는 글을 올리니, 대체 무슨 마음으로 이러는 것인가? 이렇게 하는 것이 충성이란 말인가?"

비변사가 답했다.

"민심이 흉흉하여 일을 처리하기가 어려운 때에 내전이 갑자기

거동하신다면 온 나라 백성이 다시 허물어져 흩어질 염려가 있습니다."

임금이 맞받아쳤다.

"사대부의 가속이 몰래 성을 빠져나갔다는 것을 백성들도 모두 알고 있다."[59]

임금은 수군의 패전 소식을 듣고 7월 22일 이순신을 다시 삼도수군통제사로 임명했다. 이순신에게 파발이 닿은 것은 8월 3일이었다. 얼마 지나지 않아 임금은 '수군의 전력이 너무 약하니 육군과 합류해 전쟁에 임하라'는 밀지를 내렸다. 이순신이 장계를 올렸다.

'임진년 이후 5, 6년간 적이 감히 전라도와 충청도를 돌파하지 못한 것은 수군이 길을 막았기 때문입니다. 신에게는 아직 12척의 배가 있습니다. 죽을힘을 다하여 싸우면 적의 진격을 저지할 수 있을 것입니다.'

칠천량에서 조선 수군을 깨뜨린 일본군은 수로와 육로를 통해 전라도로 향했다. 육군이 하동으로 진출한 뒤, 광양 두치진에 상륙한 수군과 합세해 섬진강 하류에서부터 구례, 남원을 향했다.

이때 규슈 우스키성 성주의 군의관으로 종군한 승려 게이넨慶念은 「일일기日日記」[60]라는 제목의 일기를 남겼다. 수로를 따라 섬진강 하구에 이른 뒤 목격한 참혹한 장면들이 곳곳에 기록돼 있다.

'들도 산도, 섬도 죄다 불태우고 사람을 쳐 죽인다. 그리고 산 사람은 금속 줄과 대나무 통으로 목을 묶어서 끌어간다.'(8월 6일)[61]

'조선 아이들은 잡아 묶고, 그 부모는 쳐 죽여 갈라놓으니 다시는 볼 수 없게 된다. 남은 부모 자식의 공포와 탄식은 마치 지옥의

귀신이 공격해오는 때와 같이 공포와 서러움 속에서 몸을 떨고 있다.'(8월 8일)

일본군 좌군은 지리산을 넘어 8월 13일 남원성 가까이에 진을 치고, 15일 성을 공격했다. 명나라 총병 양원과 전라병사 이복남이 이끄는 4천 명의 조명연합군이 5만여 왜군에 맞서 치열하게 싸웠으나 역부족이었다. 성이 함락될 것 같으니 양원은 말을 타고 달아났다.

게이넨은 이렇게 썼다.

'성 안의 사람들을 남녀노소 할 것 없이 모두 죽여서 생포한 사람이 없다. 그러나 일부는 돈으로 목숨을 건진 사람도 있다.'

8월 18일 일기에는 '성 안으로 진을 이동하다 날이 밝아 성 주위를 둘러보니 길바닥 위에 죽은 자가 모래알처럼 널려 있다. 눈을 뜨고는 볼 수 없는 처참한 상황이다'라고 썼다. 당시 남원성에는 관민을 합해 9천여 명이 있었다.

일본군 우군은 8월 16일 함양의 황석산성을 무너뜨리고 육십령을 넘어 진안으로 향했다. 좌군과 우군이 20일 전주에 도착했다. 전라도 관찰사 황신은 이미 부안으로 피신했고, 전주성을 지키던 명나라 유격 진우충은 남원성이 함락되자 성을 버리고 도망쳤다. 일본군은 무혈입성 했다. 전라도 군현의 수령 대부분이 고을을 버리고 숨었다.

전주에서 일본군은 군을 재편했다. 우군 4만여 명은 충청도로 북상해, 9월 10일 안성 죽산까지 진출했다가 방어에 막혀 후퇴했다. 게이넨은 우군을 따라 충청도로 떠나면서 일기에 이렇게 썼다.

'여기 전주를 떠나가면서 가는 도중의 벽촌에서 남녀를 불문하고 죽이고 있는 참상은 차마 두 눈으로 볼 수 없는 처참한 모습이었다.'

좌군은 우군의 병력 일부를 지원받아, 전라도로 갔다. 9월 16일(일본력 9월 15일) 정읍에 도착한 지휘부가 17일 회의를 열었다. 병력을 잘게 나누어, 전라도 50여 고을을 일시에 공격하기로 결정했다. 상당수 병력이 갈재를 넘어 입암산성을 공격하고, 장성, 광주, 나주 등 남쪽으로 나아갔다.

전열을 재정비한 이순신은 9월 16일 명량에서 13척의 전선으로 133척의 적선을 맞아 싸워 31척을 깨뜨리는 큰 승리를 거뒀다. 그러나 일본 수군은 대선단으로 계속 몰려왔다. 맞서기에 중과부적이었다. 수군은 전라도 서해안을 따라 북상해 법성포, 위도를 거쳐 고구산도(현 옥구군 선유도)까지 후퇴했다.

일본군은 전라도 곳곳을 노략질했다.

'법성포에 이르니 흉악한 적들이 육지로 해서 들어와 집집마다 불을 질렀다.'(『난중일기』 9월 19일)

명량해전 약 1주일 뒤인 9월 24일 강항은 전라우수영 관내 무안현의 한 해안 마을 모습을 『간양록』에 이렇게 묘사했다.

'무수한 적선들이 항구에 가득하여서 홍백기가 햇빛에 번쩍거리는데, 해변 양쪽에 시체들이 산더미처럼 쌓였고, 울부짖는 곡성이 하늘에 사무치고 바닷물도 오열하는 듯했다.'

요시카와 히로이에吉川広家 부대는 9월 7일부터 21일까지 다섯 차례에 걸쳐 전라도에서 벤 코 3,551개를 지휘부에 넘겼다. 9월

26일에는 진원군(1914년 장성군에 병합)과 영광군을 공격하여 확보한 코 1만 40개를 올렸고, 10월 9일에도 3,487개를 올렸다. 일본군은 산 사람의 코까지 마구 베어갔다.

조선 수군은 10월 3일에 다시 남하를 시작해, 법성포를 지나 9일 우수영에 도착했다.

'보이는 것은 참혹뿐이었다.'(『난중일기』 10월 9일)

'해남에는 연기가 하늘을 찌른다고 한다. 이는 반드시 적의 무리들이 달아나면서 불을 지른 것이다.'(『난중일기』 10월 11일)

일본군은 산에 숨어 돌아오지 않는 백성을 쫓아가 살육했다. 무서워서 돌아오는 사람들에게는 항복의 징표로 정부 관리나 의병 지도자들이 어디에 숨어 있는지 정보를 요구했다. 이간책으로 저항의 싹을 자르기 위해서였다. 도공 등 특별한 기술을 가진 사람뿐 아니라, 몸이 성한 백성을 대거 붙잡아 일본으로 보냈다.

이순신은 명량에서 적을 물리치고 선유도로 후퇴해 있을 때, 고향 아산에 왜적이 들이닥쳤다는 소식을 들었다. 얼마 지나지 않아 우수영으로 편지가 왔다. 막내 아들 면이 전사했다는 소식이다. 사람들 앞에서 맘 놓고 통곡조차 할 수 없던 이순신은 소금 굽는 일을 하는 강막지의 집에 가서 숨어 울었다.

수군은 10월 29일 보화도(목포시 고하도)에 진을 치고 새로 집을 지었다. 이듬해 2월에야 동쪽으로 좀 더 세력을 넓혀 고금도로 진을 옮겼다. 전라도 의병은 더는 큰 세력을 이루기는 어려웠으나 구례, 부안, 보성, 흥양(현 고흥), 영암, 강진, 해남 등지에서 소규모 병력으로 치열한 유격전을 계속 펼쳤다.

따뜻한 서일본 지역에서 온 일본군은 혹독하게 추운 겨울을 앞두고 남해안 지역으로 철수해 울산, 양산, 창원, 고성, 사천, 남해, 순천 등지에 거점으로 삼을 성을 쌓았다. 재침을 할 때는 전라도에 성을 쌓을 계획이 없었으나, 9월 정읍 회의에서 순천에도 성을 쌓기로 결정했다. 고니시 유키나가가 맡았다.

이듬해 명의 지원병과 조선 관군이 이들을 공격했으나, 무너뜨리지 못했다. 8월 18일에 도요토미 히데요시가 죽었다. 일본군은 철수 명령에 따라 11월 말 도망치듯 조선을 떠났다.

시 「코 없는 사람」은 나주 사람 임환(1561~1608)이 썼다. 임제의 동생이고, 임탁의 바로 위 형이다. 그들은 5형제였는데, 맏이가 임제, 넷째가 임환, 막내가 임탁이다.

임환은 임진전쟁이 일어나자 김천일 의병부대에 합류했다. 김천일 창의사의 종사관이 되어 부대가 강화에 머물 때는 군무를 총괄했다. 일본군이 퇴각하자 쫓아서 남하하다가 상주에 이르러 큰 병이 들었다. 그래서 들것에 실려 고향 나주로 홀로 왔다. 김천일은 2차 진주성 전투에서 순절했다. 임환은 땅을 쳤다.

"아! 사내대장부가 자신을 제대로 알아준 사람을 혼자 죽게 할수 있단 말인가?"

임환은 고향 나주에서 정유년의 재침을 맞았다. 가만있을 수없었다. 이순신의 수군에 군량이 끊겼다는 소식을 듣고, 집안에 저장한 수백 석 곡식을 실어다주었다. 고을 사람들의 간곡한 요청으로 다시 의병장을 맡았다.[62] 그가 이끄는 부대는 일본군의 공격에도 전열이 전혀 흐트러지지 않으니 사람들이 진사군進士軍이라 불렀다는 이야기가 『대동기문』에 실려 있다.

나주의 양산룡, 양산숙 형제는 임진전쟁이 일어나자 곧바로 의병을 일으켰다. 동생 양산숙은 김천일의 부대에 합류했고, 양산룡은 군량을 모아 보냈다. 양산숙은 2차 진주성 전투에서 순절했다. 양산룡은 정유년에 어머니를 모시고 배를 타고 영산강을 따라 피난하다 삼향포(현 무안군 몽탄)에서 왜적을 만나 어머니와 함께 바다에 투신했다.

양산룡은 임진년에 딸을 임환에게 시집보냈다. 임환의 묘지명에는 '첩'이라고 쓰여 있다. 임환의 아내는 정유년에 집안사람들과 함께 배를 타고 일본 수군에게 붙잡히자 바다에 몸을 던졌다.[63]

허균의 벗, 시인 권필(1569~1612)[64]은 전라도를 자주 찾았다. 1594년에 이어, 1596년 두 번째로 호남에 들렀을 때 장성 사람 송제민(1549~1602)의 딸과 혼인했다. 송제민은 임진전쟁이 일어나자 양산룡 양산숙과 함께 나주의 김천일을 찾아가 함께 거병했고, 김천일의 종사관으로서 충청 수령들에게 격문을 보내 의병을 조직하는 일을 했다. 외가 쪽 친척인 김덕령을 의병장으로 추대한 것도 송제민이다.

권필은 정유년 9월에 나주에서 임환이 의병을 다시 일으키자 그 휘하에 들어갔다. 권필의 큰 처남은 일본군에게 끌려가 싸우다 죽었다. 둘째 처남은 포로가 되어 일본으로 끌려갔다가 나중에 통신사와 함께 귀국했다.

권필의 누이는 장성의 선비 윤진에게 시집갔다. 남문 의병에 참여했던 윤진은 입암산성 축성 책임자로 임명돼 성을 지켰다. 정유년 9월 18일 일본군이 정읍에서 갈재를 넘어 들이닥쳤다. 성을 지키기로 약조했던 수령들은 오지 않았다. 윤진은 달아나지 않고, 의병들과 함께 맞서 싸우다 전사했다. 권필의 누이도 은장도로 목숨을 끊었다.

임진년에 허균은 서울에 있었다. 임금이 서울을 버리고 떠나자 홀어머니를 모시고 만삭의 아내 김씨와 어린 딸을 데리고 북쪽으로 피난길을 떠났다. 함경도 남쪽 바닷가에 있는 단천에 이른 것이 칠석날이었다. 아내는 그곳에서 첫아들을 낳았는데, 일본군이 곧바로 들이닥쳤다. 핏덩이를 안고 밤새도록 고개를 넘어 다시 달아났다. 아내는 사흘 뒤 숨을 거뒀다. 아들도 젖을 못 먹어 죽고 말았다.

전쟁이 끝나고 1601년, 공신들에 대한 포상을 할 때 선조 임금이 말했다.

"이번 왜란의 적을 평정한 것은 오로지 중국 군대의 힘이었고 우리나라 장사將士는 중국 군대의 뒤를 따르거나 혹은 요행히 잔적殘賊의 머리를 얻었을 뿐으로 일찍이 제 힘으로는 한 명의 적병을 베거나 하나의 적진을 함락하지 못하였다. 그중에서도 이순신과 원균 두 장수는 바다에서 적군을 섬멸하였고, 권율은 행주에서 승첩을 거두어 약간 나은 편이다. 그리고 중국 군대가 나오게 된 연유를 논하자면 모두가 호종한 여러 신하들이 어려운 길에 위험을 무릅쓰고 나를 따라 의주義州까지 가서 중국에 호소하였기 때문이며, 그리하여 왜적을 토벌하고 강토를 회복하게 된 것이다."[65]

1607년 조선통신사가 일본의 새 수도가 된 도쿄(에도)에서 국서를 교환함으로써 조선과 일본은 통신 외교를 재개했다. 일본은 조선통신사가 도쿄에 갔다가 귀국 길에 교토로 오면, 코무덤(미미즈카, 귀무덤)이 있는 대불전 앞에서 식사 접대를 했다.[66]

1장 주석

1) 전라도 순창에서 태어났다. 호는 여암(旅菴)이다. 세조가 단종한테서 왕위를 찬탈하자 관직을 버리고 순창으로 낙향한 신말주(신숙주의 동생)의 11세손이다. 마흔세 살 때인 1754년(영조 30년) 증광향시에 급제한 뒤, 성균관 전적, 사간원 정언, 사헌부 장령, 서산 군수, 장연 현감, 사간원 헌납 등을 거쳤다. 1769년 다시 낙향했다가 이듬해 영의정 홍봉한의 천거로 다시 관직에 나갔다. 영조의 명으로 『여지편람』을 감수해 편찬했다. 이를 『동국문헌비고』로 이름을 바꾸고 다시 편찬할 때 「여지고」부분을 맡았다. 1750년 『훈민정음운해』를 썼으며, 『산수고』 외에 『강계지(疆界誌)』 『도로고(道路考)』 등 많은 지리학 저술을 남겼다. 신경준의 『산수고』에 대해서는 양보경, 「신경준의 산수고와 산경표–국토의 산천에 대한 체계적 이해」, 월간 『토지연구』 3권 3호(1992년) 참조

2) '우리나라 땅은 백두산(白頭山)에서 시작하여 지리산(智異山)에서 그치니 그 형세가 수(水)를 뿌리로, 목(木)을 줄기로 삼고 있다.' 고려 공민왕 때 우필흥이 올린 상소에서 도선국사의 비결 『옥룡기(玉龍記)』를 인용해 이렇게 쓰고 있다. 『고려사절요』 세가 권 제39, 공민왕 6년 윤9월 사천소감 우필흥이 토풍에 따라 복색 등을 개정하도록 건의하다.

3) 제작자가 누구인지 명확한 표시가 없으나, 김정호가 1861년 제작한 대동여지도의 축소판으로 만든 것일 가능성이 크다. 22첩으로 된 대동여지도(大東輿地圖)는 합쳐놓고 보면 가로 4m, 세로 7m 크기에 이른다. 대동여지전도(大東輿地全圖)는 가로 67.5㎝, 세로 110㎝의 목판으로 인쇄했다. 현재 2개의 판본이 전해진다. 오상학은 "대동여지도가 제작된 1861년에서 1866년 사이에 제작된 것으로 추정된다"며 "지도의 한반도 윤곽, 지형의 표현, 지명 등으로 볼 때 대축척 지도인 대동여지도를 축소하여 제작한 지도라 할 수 있다"고 말했다. 오상학, 「목판본 대동여지도의 특징과 가치」, 대한지리학회지 제45권 제1호 2010년(184~200) 참조.

4) 한자로 崑崙山이다. 昆侖 · 崑崘이라고도 쓴다. 중국의 전설에서 서쪽 멀리에 있는, 황하의 발원점이 있는 성스러운 산이다. 하늘에 닿을 만큼 높고 보옥(寶玉)이 나는 명산이라고 한다.

5) 이 부분의 원문은 이렇다. 山自分水嶺 南北爲燕脂峰小白山雪寒等嶺 鐵嶺一支東南走起爲道峰三覺(一名華山) 而漢水經其中. 조석필 등은 이 문장에서 산자분수령(山自分水嶺)이란 표현을 '산이 스스로 분수령이 된다', 또는 '산은 물을 가른다'는 뜻으로 해석하고, 이를 전통지리학의 핵

심원리라고 주장한다. 조석필, 『태백산맥은 없다』, 도서출판 산악문화, 2012. 그러나 이 문장에서 분수령은 지명이다. '대동여지도'나 '대동여지전도'의 백두산 부분을 보면 분수령, 연지봉, 소백산이 모두 지도에 표시된 지명이다. 분수령은 백두산 동남쪽 약 4km 지점에 있으며, 1712년 청나라와 국경을 획정한 백두산정계비를 세운 곳이다. 정계비엔 '서쪽으로는 압록강, 동쪽으로는 토문강으로 하여 이 분수령에 비를 세운다'고 새겨져 있다. 고종실록에도 백두산 분수령에 대한 내용이 2차례 나온다.

6) 백두대간과 한북정맥의 가운데를 말한다.

7) 현진상에 따르면, 산경표가 『문헌비고』를 직접 거론하고 있고, '여지고'의 오류를 지적하기도 하고 답습하기도 하였고, 중복된 항목을 삭제한 흔적도 있다고 한다. 현진상, 『한글 산경표 – 우리나라 산에도 족보가 있다』, 풀빛, 2010년

8) 경상도는 상주 관할의 영남도(嶺南道), 경주 · 금주(현 김해) 관할의 영동도(嶺東道), 진주 관할의 산남도(山南道)를 1106년(예종 1년)에 합쳐 '경상진주도'라 한 것에서 시작됐다. 같은 해 중원도(中原道), 하남도(河南道), 관내도(關內道)를 합쳐 양광충청주도(楊廣忠淸州道)라 한 것을 1172년(명종 2년)에 중원 · 하남만 다시 떼어 '충청주도'로 한 것이 충청도의 시초다.

9) 조선왕조실록의 기록으로 보면, 둘 다 세종실록에 처음 등장하고, 성종실록에서부터 아주 흔히 쓰고 있다. 호서는 그보다 나중인 중종실록에서 본격 등장하기 시작했다.

10) 홍승표 외, 『중국유학의 남방전파』, 계명대출판부, 2005년, 19쪽

11) 제(提)는 물을 가두기 위해 쌓은 둑, 언(堰)은 바닷물을 막기 위해 쌓은 둑을 말한다.

12) 정조실록, 22년 6월 3일 을미 첫 번째 기사

13) 산악인들이 영취산이란 이름을 붙여줬다. 『산경표』에선 정맥의 출발점을 장안산이라고 하였다.

14) 산경표에는 산줄기만 표시돼 있고, 이름을 짓지는 않았다. 산경표 연구자인 조석필이 제안한 이름이다. 갈림길 기(岐)자를 써서 기맥이라 이름 짓자 하였다. 불갑산에서 목포 유달산으로 이어지는 산줄기까지 모두 아울러 영산기맥이라 부르자는 제안도 있다.

15) 1896년 전라도를 남도와 북도로 처음 나눴을 때는 구례가 전북에, 고창 무장 흥덕이 전남에 속했다. 1907년에 바꾸었다.

16) 중종 때 편찬된『신증동국여지승람』에 '장일현은 곧 장성(長城)인 듯하다'는 설명이 있다.

17)『성소부부고』제18권 문부(文部) 15, 기행 상(上) 조관기행(漕官紀行)

18) 실록에는 '어떤 것은 호조포가(戶曹布價)라 하고, 어떤 것은 감사수미(監司收米)라 하며, 어떤 것은 어사모곡(御史募穀)이라 이름 붙여 온갖 세금을 걷었다'고 기록되어 있다.

19) 선조실록, 33년 11월 24일 갑자 두 번째 기사

20)『성소부부고』제11권 문부(文部) 8 논, 호민론(豪民論)

21) 최영경이 기축옥사 때 옥에 갇혀 있는데, 호남 사람 임탁이 함께 갇혀 있다가 군자가 몸을 조섭(調攝, 건강이 회복되도록 몸을 보살피고 병을 다스림)하는 방도에 대해 물으니, 선생이 묻기를, '그대의 자(字)는 무엇인가?' 하였다. 대답하기를, '자정(子正)입니다' 하니, 선생이 천천히 말하기를, '그 한 글자면 족하니, 어찌 다른 것을 구할 것이 있겠는가' 하였다. 수우당 선생 최공(최영경) 행장에 나오는 이 기록으로 보면 임탁도 당시 기축옥사에 연루돼 옥에 갇힌 것 같다.『갈암집』제 28권 행장

22) 오랑캐 일찍이 이십 주를 엿볼 적엔 장군은 말 솟구쳐 봉후를 취했는데 지금은 절새에 정벌 싸움 없으니 장사는 옛 역루에 한가로이 잠을 자네 (胡虜曾窺二十州 將軍躍馬取封侯 如今絶塞無征戰 壯士閑眠古驛樓)

23) 조선 정조 때 건국으로부터 숙종 때까지의 주요 인물에 관한 사항을 항목별로 나누어 편집한 책이다.

24) 박지원『연암집(燕巖集)』제7권 별집 종북소선(鍾北小選)

25) 이익,『성호사설』제9권 인사문(人事門)의 선희학(善戲謔)

26)『징비록』등 조선 기록엔 귤강광(橘康廣)으로 나온다.

27) 노인(1566~1623)의 자는 공식(公識), 호는 금계(錦溪)다. 귀국해 부모상을 치른 뒤 무과에 등용돼 선전관을 지냈으며, 1606년 수원부사에 임명됐다.『금계일기』를 남겼다. 전남대학교 출판부에서『임진 의병장 노인의 금계집 국역본』(노기욱 역)을 2008년 출간했다.

28) 이순신이 이끄는 수군의 한산도대첩(1592년 7월), 권율이 이끈 행주대첩(1593년 1월), 진주 목사 김시민이 이끈 1차 진주성 전투(1893년 6월)

를 말한다.

29) 강항은 일본에 붙잡혀 있는 동안, 묘수원(妙壽院)의 승려 후지와라 세이카(藤原惺窩, 1561~1619)에게 조선 유학을 가르쳐 전했다. 후지와라는 1590년 조선통신사 황윤길, 김성일 일행이 교토에 왔을 때 만났는데, 특히 서장관 허성과 접촉하면서 조선 유학에 큰 감명을 받고 배우고자 했으나 기회를 얻지 못하고 있던 참이었다. 강항에게 성리학을 배운 후지와라는 1600년 9월 세키가하라 전투를 거쳐 도쿠카와 이에야스가 정권을 잡자, 승복을 벗고 유학자가 되어 이에야스 앞에서 강론했다. 그의 제자 하야시 라잔(林羅山, 1583~1657)이 일본 주자학을 체계화하고, 에도 시대 관유학을 이끌었다.

30) 강항의 일본 억류기인 간양록(看羊錄)에 자세한 내막이 실려 있다.

31) 『성소부부고』 제23권 설부(說部) 2 성옹지소록 중(惺翁識小錄中)

32) 원문은 이러하다. 번역은 백호문학관(http://baekhomoonhak.or.kr/)의 것을 조금 손질하였다.
無鼻者誰家子 / 掩面坐泣荒山隅 / 賊刀尖利揮生風 / 一割二割千百傷 / 吁嗟湖甸淪毒手 / 子遺半爲巫尫 / 皇矣上帝賦下民 / 耳目口鼻斯全形 / 胡爲割剝無辜人 / 忍逞淫刑發腥刑 / 刑書鼻典雖古有 / 徒見其文無訂援 / 天心仁愛惡不仁 / 威怒又假天家軍 / 終令巨魁懸太白 / 膊磔餘黨分鴟群 / 昭昭天道不可誣 / 出爾反爾吾所聞

33) 조선 기록에는 종의지(宗義智)로 돼 있다. 당시 조선에선 도요토미 히데요시(豐臣秀吉)를 평수길(平秀吉)로, 고니시 유키나가(小西行長)를 평행장(平行長)으로, 가토 기요마사(加籐清正)를 평청정(平清正)으로 기록했다. 일본의 지배 가문을 평(平)씨나 원(源) 씨로 잘못 알았기 때문이다. 『연려실기술』에서는 도요토미 히데요시의 주군이던 오다 노부나가(織田信長)를 원신장(源信長)이라고 쓰고 있다.

34) 김종권 역주, 『징비록』1권 2

35) 선조수정실록, 24년 3월 1일

36) 이긍익, 『연려실기술』 제15권 선조조 고사본말(임진전쟁 임금의 행차가 서도(西道)로 파천(播遷) 가다)

37) 선조수정실록, 24년 11월 1일 계해 1번째 기사

38) 中野 等(나카노 히토시), 『文祿·慶長の役』, 吉川弘文館(도쿄), 2008년

39) 『징비록』1권 9

40) 『연려실기술』 제15권 선조조 고사본말

41) 『징비록』 1권 30. 선조수정실록, 25년 5월 1일 경신 20번째 기사

42) 『징비록』 1권 10

43) 『징비록』에 나오는 이야기다. 전쟁이 일어나기 전, 유성룡이 신립을 만났을 때 이런 이야기를 나눴다고 한다.

44) 三鬼清一郎(미키 세이이치로), 『豊臣秀吉の対外政策』, 韓國史論(大韓民国国史編纂会) 22, 1992년

45) 『성소부부고』 제23권 설부(說部) 2 성옹지소록 중(惺翁識小錄中)

46) 류정, 『송호유집』 하, 임진년 8월 11일

47) 탐진안씨 오성군파 물재공 종중, 『선대유고록』, 2016년(비매품)

48) 조경남, 『난중잡록』 1592년 4월 29일, 5월 4일

49) 『월파집(月坡集)』 권2, 임진년 상소

50) 『월파집』 권3, 일기 5월 16일

51) 『연려실기술』 선조조 고사본말

52) 시호는 충경(忠景)이다. 전주 충경로의 이름은 의병란 이정란을 기려 지은 것이다.

53) 국조보감 제85권, 헌종조 3, 7년(신축, 1841) 조에 이렇게 기록돼 있다. '임진년(1592, 선조 25)에 왜구의 침입으로 여러 고을이 와해되자, 공(박광전)은 마침 향리에 거주하다가 창의(倡義)하여 의병 700여 명을 모집하고는 임계영을 장수로 추대하였는데, 계획과 책략은 모두 공에게서 나왔다. 임계영의 장계(狀啓)로 인해 공의 공로가 기록되어 군자감정(軍資監正)에 제수되었는데, 공은 강력히 사양하고 벼슬을 받지 않았다.'

54) 『금계일기』 기해(1599)년 5월 20일

55) 임진전쟁 때 전라도 의병장 가운데는 일재 이항의 제자가 많았다. 고부 의병장 김제민(1527~1599)도 이항의 제자였다. 경상도(경상우도) 의병장 가운데는 곽재우, 정인홍, 김면 등 남명 조식(1501~1572)의 제자가 많았다.

56) 정약용, 『목민심서』 병전(兵典) 6조 제6조 어구(禦寇)

57) 정약용, 『목민심서』 애민(愛民) 6조 제6조 구재(救災)

58) 김덕령은 적극적인 공세를 취하려 했으나, 조정은 명나라가 일본과 강화협상을 벌이는 것을 이유로 이를 불허했다. 그래서 전공을 세울 기회가 거의 없었다. 반면, 그의 명성을 시기하는 이들이 적지 않았다. 1596년 7월 충청도 홍산에서 이몽학이 반란을 일으키자 김덕령은 도원수 권율의 명을 받아 진주에서 운봉까지 진군했다가 평정됐다는 소식을 듣고 진주로 되돌아갔다. 이몽학은 김덕령이 내응했다는 소문을 퍼뜨렸다. 이 때문에 체포돼 혹독한 고문을 받고 옥사했다. 시호는 충장(忠壯)인데, 광주 충장로는 김덕령의 시호를 따서 이름을 시은 깃이다.

59) 선조실록, 30년 8월 8일

60) 게이넨, 신용태 역주, 『임진전쟁 종군기』, 경서원, 1997년

61) 게이넨의 기록은 일본력을 따랐다. 조선력으로는 8월 9일이다.

62) 국역 『국조인물고』 권52, 이항복의 '임환의 묘지명'

63) 황해 감사 이집(李潗)이 지은 부윤당 양소유 문중의 『제주양씨삼강전(濟州梁氏三綱傳)』에 실려 있다. 백사 이항복이 쓴 임환의 묘지명에는 '(본 부인을 두기에 앞서) 첩을 하나 두었는데, 성은 양씨이고 왜적을 만나 바다에 뛰어들어 죽었다'고 돼 있다.

64) 호는 석주(石洲)다. 서인의 영수로 기축옥사(정여립의 난) 때 수사 책임자였던 송강 정철의 제자다. 권필은 1587년 초시(初試)와 복시(覆試)에서 수석을 했으나, 글자 하나를 잘못 쓴 것이 밝혀져 합격이 취소되었다. 정철이 광해군을 세자로 책봉할 것을 건의한 것이 계기가 되어 삭탈관직 당한 사건(신묘당사)을 겪고는 과거를 포기하고 한평생을 시와 술로 보냈다. 승려들과 깊이 교유하였고, 차를 좋아했다. 강화에서 후학을 가르치기도 했다. 임진전쟁 때는 강경한 주전론을 주장하며, 전쟁에 책임이 있는 정승 이산해와 유성룡을 참수해야 한다고 상소해 이로 인해 정국이 들끓었다. 뒷날 서인(노론)의 영수 송시열이 쓴 묘갈문에는 '이때부터 선생을 좋아하지 않는 자가 많았다'고 쓰여 있다. 임숙영(任叔英)이 광해군의 처남 유희분의 방종을 과거의 책문(策文)에서 공격했다가 광해군에 의해 과거 급제자 명단에서 삭제된 사실을 듣고 분함을 참지 못하여 이른바 궁류시(宮柳詩)를 지어서 풍자했다. 나중에 광해군이 이 시를 발견해 친국할 때 심한 고문을 당하고, 유배 길을 떠나다 술을 많이 마시고 장독이 퍼져 죽었다.

65) 선조실록, 34년 3월 14일 임자 8번째 기사

66) 기무라 리에몬(木村理右衛門)이 지은 『朝鮮物語』에 실린 이야기다. 조선 측의 기록에는 이경직의 『부상록』 1617년 8월 26일 일기에 처음 나온다. 통신사 외교가 정식으로 재개되기 전인 1624년까지의 직책은 '회답겸쇄환사(回答兼刷還使)'라 했다. 박정자, 『조선물어(朝鮮物語)에 그려진 임진왜란』, 일본학보(66), 2006년

2장

불이문 _(不二門)

진묵(震黙)에서 진(震)은 우레요,
묵(黙)은 소리 없음이다.
그 둘조차 다른 것이 아니란
가르침을 주려고
대사께선 그런 자호를 썼던 것일까?

명종 임금 재위 20년째를 맞은 1565년 8월4일, 진사 김우굉 (1524~1590)[1]을 앞세운 경상도 유생들이 서울로 올라와 대궐 앞에 엎드렸다. 유생들은 승려 보우普雨(?~1565)를 죽이라고 입을 모았다.

　임금은 윤허하지 않았다.

　"보우는 벌써 죄를 정했으니 다시는 하는 짓이 없을 것이다."

　유생들은 쉽사리 물러나지 않았다. 8월 25일까지 무려 22일 동안이나 복합상소伏閤上疏를 쉬지 않고 이어갔다.

　보우는 명종 즉위 초, 수렴청정을 하던 문정왕후(성렬대왕대비, 1501~1565)의 명으로 봉은사 주지가 되어, 침체한 불교를 다시 일으키는 데 주도적 역할을 한 승려다.

　명종이 열두 살 어린 나이에 등극한 까닭에, 어머니 문정왕후는 8년간 '발 뒤편에 앉은 사실상의 군주'로 지냈다. 명종이 성인이 되어 친정^{親政}을 시작한 뒤에도 동생 윤원형을 앞세워 막강한 영향력을 행사했다. 임꺽정 패가 황해도에서 크게 세력을 떨친 게 이 무렵이다.²⁾

그런 문정왕후가 넉 달 전인 4월 6일 갑작스런 병으로 세상을 떠났다. 그러자 보우를 죽이라는 상소가 봇물처럼 터져 나오기 시작한 것이다. 먼저 언관^{言官3)}이 죄를 따져야 한다고 나섰고, 이어 성균관 유생을 비롯해 각지의 유생들이 보우를 죽이라고 상소를 올렸다.

사관은 보우를 비판하는 편에 서서, 저간의 사정을 실록에 이렇게 간략히 기록했다.

'(명종의 맏아들 순회세자가 1563년 열세 살 나이로 요절하자) 요승 보우가 복을 기원해야 한다는 말을 떠벌이며 무차대회(승려·속인을 가리지 않고 누구나 자유롭게 참여하여 법문을 듣는 큰 법회)를 베풀기를 청하였다. 문정왕후가 그 말에 혹하여 그대로 따랐다.

승려들이 사방에서 모여들어 몇 천 명이나 되는지 모를 정도로 많았고, 조각 장식의 물건을 극도로 화려하고 사치스럽게 꾸몄다. 또 붉은 비단으로 깃발을 만들고 황금으로 연^輦(임금이 타는 수레)을 꾸미고 앞뒤로 북을 치고 피리를 불어 대가^{大駕}(임금의 가마)가 친히 이곳에 온 것처럼 했으며, 절하는 자리를 만들어 마치 왕이 부처에게 절하는 것처럼 하였으니 흉측하고 어그러짐이 말로 다 할 수가 없었다.

창고의 재정이 고갈되고, 종실과 외척도 곡식과 비단을 내어 그 일을 도왔다. 문정왕후가 그 계율에 따라 목욕재계하고 간단한

채식만 수십여 일 하다가 병이 나기에 이르렀다.'(명종실록, 명종 20년 4월 5일)

보우는 불교 중흥을 도모하여 양주 회암사를 중창하고, 그 무렵 낙성식을 겸한 무차대회를 며칠간 열었다. 그런데 문정왕후의 병이 깊어지자, 임금은 4월 5일 내관을 보내 무차대회를 중단시켰다. 문정왕후는 그 다음날 세상을 떠났다.

문정왕후의 명으로 봉은사 주지가 된 이래로 보우선사는 유생들에게 눈엣가시였다. 그런 보우가 무차대회로 국고를 축내고, 문정왕후의 병을 깊게 했으니 죽이라고, 유생들은 끈질기게 요구했다. 그러나 보우를 죽이는 것은 곧 돌아가신 어머니의 허물을 인정하는 것인지라 명종 임금으로선 받아들이기 어려운 노릇이었다.

4월 24일까지는 초상의례로 잠잠했지만, 25일 마침내 사헌부와 사간원이 합동으로 "보우를 의금부에서 조사해 법대로 다스리라"고 청했다. 문정왕후의 동생으로 영의정 자리에 앉아 있던 윤원형은 자신에게 불똥이 튈 것을 염려해 "일국의 공론은 막을 수 없으니, 공론을 쾌히 따라 여러 사람의 분을 풀어주소서"라고 말하였다.

임금은 "없는 일을 가지고 보우를 다스리면 하늘에 계시는 (문정왕후의) 영혼이 어찌 마음이 편하겠느냐" 하고는, 보우의 승직僧職을 삭제하여 서울 근처의 사찰에 발을 들여 놓지 못하게만 하라고 명하였다.

상소는 계속됐다. 율곡 이이는 언관이 아님에도 소를 올렸다.[4] 이이는 보우를 귀양 보내라는 해법을 제시했다.

"자성(임금의 어머니)께서 나라를 걱정하시는 뜻과 복을 비시는 정성 때문에 보우의 기만행위를 거절하지 못한 지가 20년이나 되었습니다. 하루아침에 승하하셨다고 해서 갑자기 보우를 베어버리면 자성께서 생존해 계실 적의 마음에 어긋나는 일일 것입니다. 또 전하께서는 살리기를 좋아하는 어지심으로 상중에 계시니, 어찌 극형을 사람들에게 가하려 하시겠습니까. … 전하께서 쾌히 공론을 좇아 즉시 극형을 베풀지 못하실 형편이라면, 어찌하여 먼 변방으로 귀양을 보냄으로써 보우를 버리신다는 뜻을 표하지도 않으십니까."

임금은 6월 5일 보우를 제주로 귀양 보내라고 명했다.

신료들과 유생들은 그것으로 만족하지 않았다. 김우굉을 비롯한 경상도 유생들이 서울로 올라와 8월 4일부터 대궐 문 앞에 엎드렸다. 곧 다른 지역 유생들도 합류했다.

8월 14일 전라도 유생 나사성 등의 상소에 임금이 답했다.

"국가를 해롭게 한 중을 토벌하고자 하는 뜻은 간절하다. 그러나 중도 사람인데 어떻게 죽일 수 있겠는가."

8월 22일 김우굉이 쓴 상소는 논조가 매우 격하다.

'형벌과 상은 비록 임금의 권한이라 하더라도, 국가는 한 사람의 사유물이 아닙니다. 온 백성이 모두 보우를 죽이기를 원하는데 임금 혼자 유배로 정하고 그 고집을 굽히지 않는 것은 사사로운 정에 얽매인 것입니다. 임금은 공과 사를 구분해야 할 것입니다. 왕께서 문정왕후 생전에 보우를 감싸고 보호한 것은 어머니에 대한 효성 때문이었다고 생각합니다. 하지만 이제 문정왕후는 돌아가셨고, 온 나라 여론을 거슬러 보우를 극구 감싸는 것을 보니 임금께서 보우를 받들고 모시는 일이 어쩌면 모후(문정왕후)보다 심합니다.'

8월 24일과 25일엔 청홍도[5] 유생 진사 박춘원 등과 성균관 생원 성자심 등이 상소했다. 임금이 윤허하지 않겠다는 의지를 단호하게 밝혔다.

"지난번에 너희가 성균관을 비우기까지[6] 했지만, 내가 윤허하지 않았다. 지금 무엇 때문에 다시 상소를 해서 시끄럽게 하는가. 보우의 죄에 대해선 이미 결정을 하여, 멀리 섬으로 귀양 보냈으니 죄를 더 줄 수는 없다."

김우굉을 비롯한 경상도 유생들은 끝내 보우를 죽이라는 임금의 윤허를 얻지 못하고 고향으로 돌아갔다.

유생 상소는 그 후에도 그치지 않았다. 성균관 진사 성자심 등은 10월 중순까지 모두 17차례에 걸쳐 상소를 했다. 전라도 진사 최덕란 등 유생들도 7차례 상소를 했다. 10월 14일에는 함흥 유생 문한, 수원 유생 어계함, 여주 유생 박원량, 임피 유생 이종룡 등이 소를 올렸다.

조선왕조실록에는 10월 14일을 끝으로 더는 보우를 죽이라는 상소가 보이지 않는다. 그리고 이듬해 4월 20일 임금이 교종·선종 양종의 승려를 뽑는 과거를 혁파하라고 전교했다는 내용과 함께, 보우가 이미 죽었다는 소식이 실려 있다.

'보우는 제주도에 유배되어, 목사 변협(1528~1590)에게 주살 당하였다.'

변협이 제주 목사로 임명된 것은 유생 상소가 한참 쏟아지던 1565년 9월 5일의 일이다. 두 달 뒤인 11월 9일 제주 목사가 곽흘로 바뀌었으니, 변협이 보우를 죽인 것은 그 두 달 사이에 일어난 일이다.

『국조인물고』에는 변협이 보우를 살해한 내막이 이렇게 기록되어 있다.

'(변협이) 제주 목사로 자리를 옮겼는데, 요승 보우가 마침 그곳에 귀양 와서 있었다. 공이 어떤 일로 인하여 그를 장살杖殺(곤장을 쳐서 죽게 함)하니, 유림들이 통쾌해 하였고 더러는 글을 써 보내서 하례했다. 공은 '이 나라 사람들이 죽인 것이지 내가 죽인 것이 아니다'라고 하였다.'7)

변협이 제주 목사에서 물러난 것은 부친상 때문이었다. 그는 상을 치른 뒤, 화량진 첨사, 경상 좌수사, 전라 병사를 거쳐 공조 판서로 순탄한 벼슬길을 이어갔다.

고려 말, 조선 초에 걸쳐 불교가 이단, 사교로 지탄받기 시작한 것은 삼국시대에 불교가 험난한 과정을 거쳐 국가의 공인을 받은 것에 버금가는 격변이다.

인도에서 아시아로 전래된 불교는 아시아 사람들의 기존 관념과 타협을 거쳐 자리를 잡은 뒤 동아시아인의 사고와 행동을 지배해왔다. 고려(918~1392) 태조 왕건의 유훈이라 하는 「훈요 10조」의 제1조는 '국가의 대업이 여러 부처님들의 호위와 지덕地德에 힘입었으니 불교를 잘 위하라'는 것이었다. 송나라(960~1279)는 최초로 한문판 대장경을 인쇄했다. 송나라를 남쪽으로 밀어낸 거란국(916~1125, 요나라 938~)도 독자적으로 대장경을 인쇄한 불교국가였다. 몽고족 쿠빌라이가 세운 원(1271~1368)은 티벳 불교를 신봉했다. 서쪽지역의 대하^{大夏}(1038~1227)[8]도 그들 고유의 문자를 만들고 불경을 자국 문자로 번역했다.

화엄경에 문수보살의 상주처라고 돼 있는 중국 산시성의 청평산(일명 오대산)[9]은 5세기부터 불교의 성지였다. 7세기 무렵엔 동아시아 전역은 물론이고 티베트와 인도의 순례자들도 많이 찾았다. 신라의 승려 자장 율사도 이곳에서 공부를 하고 돌아왔다. 송나라가 남쪽으로 밀려나고 여러 나라가 대륙을 분할 지배할 때, 송나라는 오대산으로 가는 길을 막았다. 그러자 대하, 거란, 몽골은 수도 근처에 오대산을 따로 만들 정도였다.[10] 이렇게 불교문화를 공유했기에, 이들 국가의 외교사절에는 승려가 포함되기도 하고, 승려가 국가 사절로 임명되기도 했다.

송나라 때 유학자 주희(1130~1200)는 한때 불교라는 호수 속에 깊이 몸을 담그고 불교가 제기한 철학적 문제들을 다뤘다. 그는 유학자로서 불교를 벗어난 새로운 답을 제시했다. 주희의 성리학, 곧 주자학은 불교를 배척했다.

조선 왕조의 골격을 설계한 정도전은 『불씨잡변』[11]을 써서, 옛 성현과 주자의 말을 인용해 불교의 사상과 현실을 정면으로 비판했다.

윤회[12]설부터 겨눴다.

'부처의 말에 사람은 죽어도 정신은 멸하지 않으므로 태어남에 따라 다시 형체를 받는다 하였으니, 이에 윤회설이 생겼다. 당치 않다.

천지 음양의 기가 교합하여 사람과 만물을 이룬다. 정精과 기氣가 합하여 물物이 되는 것이니 정은 백魄이요, 기는 혼魂이다.

모임이 있으면 반드시 흩어짐이 있으며, 태어남이 있으면 반드시 죽음이 있다. 혼기魂氣는 다시 하늘로 올라가고, 체백體魄은 땅으로 돌아간다.[13]

하늘과 땅 사이는 큰 화로와 같아서, 비록 생물이라 할지라도 모두 다 녹아 없어진다. 어찌 이미 흩어진 것이 다시 합해지며, 이미 간 것이 다시 올 수 있으랴?'

인과응보론(연기설)에 대해서는 음양오행론으로 비판한다.

'기氣의 통함과 막힘, 치우침과 바름, 맑음과 흐림, 두터움과 얇음, 높고 낮음, 길고 짧음에는 차이가 있다. 그리하여 사람과 만물이 생겨날 때에 마침 그때를 만나 바름과 통함을 얻은 것은 사람이 되고, 치우치고 막힘을 얻은 것은 물物이 된다. 사람과 사물의 귀천이 여기에서 나눠지는 것이다.

맑은 기를 얻은 사람은 지혜롭고 어질며, 흐린 것을 얻은 사람은 어리석고 불초하며, 두터운 것을 얻은 사람은 부자가 되고, 얇은 것을 얻은 사람은 가난하고, 높은 것을 얻은 사람은 귀하게 되고, 낮은 것을 얻은 사람은 천하게 되고, 긴 것을 얻은 사람은 장수하게 되고, 짧은 것을 얻은 사람은 요절하게 되는 법이다.

불씨佛氏의 설에 따르자면 사람의 화복과 질병이 음양오행과 관계없이 모두 인과응보인데, 어찌하여 이 인과응보설을 가지고서 사람의 화복을 정하고 사람의 질병을 진료하는 사람이 한 사람도

없느냐?'

　정도전은 불자들이 부모와 가족, 사회를 버리고 산 속으로 들어가는 것은 자기 한 몸만 편하자는 지극히 이기적인 일이라며, 이렇게 비판한다.

　'육친은 나와 기가 같은 것이요, 사람은 나와 더불어 유類가 같은 것이요, 물物은 나와 더불어 생生이 같은 것이다. 그러므로 어진 마음을 베푸는 순서가 육친에서 사람에게, 그 다음으로 물物에 미치는 것이다. 이것은 흐르는 물이 첫째 웅덩이에 가득 찬 후에 둘째와 셋째 웅덩이로 흘러가는 것과 같다.

　(그런데 불씨는) 지친에 대하여서나 군신과 같은 지극히 공경하여야 할 데에 대하여서는 반드시 끊어 버리려드니 이는 무슨 뜻인가?'

　정도전은 '(불교가) 남녀의 동거를 옳지 않다고 여겨 인륜에서 멀어졌고, 농사짓기를 거부함으로써 생명을 살리는 근본을 끊어버렸'고 비판했다. 또 '(그러면서도 승려들은) 가만히 앉아서 옷과 음식을 소비할 뿐만 아니라, 좋은 불사라고 거짓으로 돈을 우려내 갖가지 공양에 음식이 낭자하고 비단을 찢어 불전을 장엄하게 꾸미니, 평민 열 집의 재산을 하루아침에 다 써버린다'고도 비판했다.

　『불씨잡변』은 정도전이 1398년(태조 7년) 5월에 쓴 글이다. 그러나 그해 9월 정도전이 이방원에 의해 살해되고는 잊혀졌다. 58년 뒤인 1456년(세조 2년) 5월 양양군수 금라 윤기견이 간행해서 마침내 널리 퍼졌다.

　성리학자라고 해서 다 정도전처럼 불교를 이단이나 사악한 학문으로 본 것은 아니다. 이제현(1287~1367)은 '부처의 도는 자비와 희사^{喜捨}(기꺼이 재물을 내놓음)를 근본으로 삼으니 자비는 인이요, 희사는 의가 되는 것이다'라고 하였다.[14] 물론 그도 민생을 해치는 불사의 폐단에 대해서는 비판적이었다.

이곡(1298~1351)은 '불교는 허무한 것으로 세상을 다스리는 일에는 적당하지 않지만 사람들로 하여금 선을 행하게 하는 교화적 구실이 있다'고 인정하고, 유교적 성인의 '삶을 살리는 덕'과 불교가 주창하는 '불살^{不殺}의 계'는 같은 뜻을 가진 인애와 자비라고 하였다.

이색(1328~1396)은 이곡의 아들이요, 정도전의 스승이다. 이색 역시 불교의 사회경제적 폐단은 비판하면서도, 불교와 유교의 도가 다르지 않다고 했다. 그는 '격물치지^{格物致知} 성의정심^{誠意正心15)}'이라는 유교의 수양론과 '지관^{止觀16)}으로 본원^{本原}과 자성^{自性}의 천진함을 본다'는 불교의 수양론이 크게 다르지 않으며, 사람을 생사의 물결 속에서 건져내 적멸^{寂滅}로 돌아가게 하는 것과 유교의 치국평천하^{治國平天下}가 다를 게 없다고 봤다.[17]

함허당 기화^{己和}(1376~1433)[18]는 어려서 성균관에 들어가 공부했다. 해월^{海月}이란 이름의 승려에게 『논어』를 가르쳤는데, 하루는 해월이 '인^仁이란 천지만물을 자기와 하나로 하는 것이다'라는 문장을 놓고 질문을 시작했다.

"맹자는 어진^仁 사람인가?"

"그렇다."

"그렇다면 닭, 돼지, 개, 돼지 새끼는 만물인가?"

"그렇다."

"인仁이란 천지만물을 자기와 하나로 하는 것이라는 말은 참으로 이치에 맞다. 그런데 맹자가 진실로 어진 사람이고 닭, 돼지, 개, 돼지 새끼가 만물이라면 어찌하여 '닭 돼지 개 돼지 새끼를 기르매 그 때를 놓치지 않으면 일흔이 되어도 고기를 먹을 수 있다'[19]고 하는가?"

어진 사람이 어찌 살생을 하여 고기 먹는 것을 즐길 수 있느냐는 질문이었다.

기화는 답이 궁해서 할 말을 찾지 못했다. 몇 해가 지난 뒤 삼각산 승가사의 노승과 밤새 이야기를 하는데, 노승이 "불교에는 열 가지 계율이 있는데, 맨 앞이 불살생이다" 하였다. 기화가 이 말을 듣고 "참으로 어진 사람의 행위이며, 인仁의 도를 깊이 체득한 사람의 말이다"[20]라고 하였다. 기화는 이를 계기로 불교를 새롭게 인식하고, 삶과 죽음의 문제에 답을 주지 못하는 유교를 떠나 마침내 출가하기에 이른다. 유교를 국시로 한 조선 왕조가 개창된 지 4년째 되던 해, 그가 스물한 살 때였다.

관악산 의상암에서 출가해, 이듬해 양주 회암사로 들어가 무학대사 자초에게 가르침을 받고 명산을 두루 편력하다가 스물아홉 살 때 회암사로 돌아와 오도송을 읊었다.

기화는 나중에 14개의 문답으로 된 『현정론顯正論』을 써서 유학자들의 추궁에 맞서 불교를 변호했다. 현정이란 파사현정破邪顯正을 줄인 말이다. 사도邪道를 깨뜨리는 것이 가장 효과적으로 정도正道를 드러내는 길이란 뜻이다.

기화는 먼저 유교, 불교, 도교의 보편성을 말했다. 도교의 현
빈玄牝, 불교의 반야般若, 유교의 태극太極은 겉으로 드러낸 표현이
다르긴 하지만, 실제 의미는 차이가 없다는 것이다.

유교와 불교가 실천적 측면에서도 큰 차이가 없다며, 기화는
이렇게 설명한다.

"유교에서 오상五常(인·의·예·지·신)을 도의 핵심으로 삼는
데, 불교에서 말한 오계五戒는 곧 유교에서 말한 오상이다. 즉 살생
하지 않는 것은 인仁, 도둑질하지 않는 것은 의義, 음탕하지 않는
것은 예禮, 술 마시지 않는 것은 지智, 거짓말하지 않는 것은 신信
에 해당한다."

그러나 치세와 교화의 방식에는 유교와 불교에 차이가 있고,
이 지점에서 유교는 한계가 있다고 주장했다. 불교는 인과응보를
가르쳐 덕과 예를 권장하지만, 유교는 덕행으로 사람을 가르치다
가 안 되면 정치와 형벌로써 다스리는 까닭에, 백성들이 수치심을
잃게 되고 백성을 마음으로 복종시키지 못한다는 것이다.

기화는 윤회설을 옹호했다.

'음양이 합하면 생을 받고 음양이 흩어지면 죽음으로 나가지
만, 고유한 진명眞明은 몸을 따라 나지 않으며 뒤바뀌지도 않는다.
천변만화千變萬化를 하지만, 담담하게 홀로 존재한다.'

고려는 과거로 승려를 선발해 왕사, 국사를 두고 국가가 교단
을 관리했다. 불교는 국가의 정치적 목적에 동원되고 그 대가로
세속적인 번영을 구가했다. 고려 말에 가서는 승려들이 사찰을 근
거로 토지와 노비를 늘려갔고, 상업과 고리대금업에도 종사했다.

불교 교세의 확장은 국가 재정을 어렵게 해, 국가의 존립 기반까지 위태롭게 했다. 유학자들의 공격적인 불교 배척은 이런 시대 상황을 배경으로 했다.

기화는 불교 종단과 승려들이 지탄의 대상이 되고 있는 현실에서 방어적인 태도를 취했다. 숲에는 재목으로 쓰지 못할 나무가 있고, 논밭엔 여물지 못하는 벼가 있듯이 승려들 중에도 제대로 불법을 받들지 못하는 자가 있으니 너무 심하게 나무라서는 안 된다는 것이다. 그러나 불교가 비빌 언덕은 갈수록 좁아지고 있었다.

1392년 7월 17일, 이성계가 조선의 첫 번째 왕이 되었다. 그 사흘 뒤 사헌부가 10개 조목의 상소를 올렸다. 9번째가 승려의 도태를 주장하는 것이었다.

'불법佛法이란 것은 오랑캐의 한 가지 법입니다. (…) 그 법이 본디 마음을 깨끗이 하고 욕심을 적게 하는 것을 가장 중시했으니, 그 무리들은 바위 구멍 속으로 멀리 도망가 숨어서 푸성귀만 먹고 물만 마시면서 정신을 수련하면 될 것인데, 지금은 평민들과 섞여 살면서 혹은 고상한 말과 미묘한 논리로 선비들을 현혹하기도 하고, 혹은 죽고 사는 것을 죄업에 대한 응보라 하여 어리석은 백성을 공갈하기도 합니다. 마침내 세상 사람들을 기분 내키는 대로 놀게 만들어 본업으로 돌아가는 것을 잊게 했으며, 심한 자는 살찐 말을 타고 가벼운 옷을 입으며, 재물을 늘리고 여색女色을 탐하기까지 하니, 나라를 좀먹고 백성을 병들게 함이 이보다 심한 것이 없습니다. 원하옵건대, 그 무리들을 모아 학문과 덕행을 자세히 따져 학문이 정밀하고 덕행을 닦은 사람은 뜻을 이루게 놔두고, 나머지는 모두 머리를 기르게 하여 다른 일을 하게 하소서.'

임금은 "승니僧尼21)를 물리치고 도태시키는 일은 건국 초기에 갑자기 시행할 수 없다"는 말로 이를 물리쳤다.

이성계는 무학대사 자초의 법력을 신뢰하고 있었다. 태소는 그를 왕사로 책봉했다.(10월 9일)

그해 12월에 태조가 대장경을 인쇄하려고 첨서중추원사 정총에게 명하여, 보시布施를 청하는 글을 짓게 하자 정총이 난색을 표시했다.

"전하께서 어찌 불사佛事에 정성껏 하십니까? 청하옵건대, 믿지 마옵소서."

그러자 임금이 말했다.

"이색은 유학의 종사宗師(사람들이 높이 우러러 보는 스승)가 되었는데도 불교를 믿었으니, 만약 믿을 것이 못 된다면 이색이 어찌 이를 믿었겠는가?"

정총이 대답하였다.

"이색은 세상에서 학식이 높은 선비가 되었는데도 남에게 비난을 받는 것은 진실로 이것 때문입니다."

임금이 말했다.

"그렇다면 이색이 도리어 그대에게 미치지 못한다는 말인가? 다시 말하지 말라."

태조는 왕사 자초를 양주 회암사에 머물게 했다. 태조는 회암사에서 불교식 제례를 했고, 시주도 했다.

'의비懿妃(태조의 어머니 최씨)의 제삿날이므로 임금이 회암사에 거동하여 중들을 공양하였다.'(태조 2년 2월 24일)

'회암사에 쌀·콩 1백 70석과 오승포五升布 2백 필을 내려 주었으니, 왕사 자초가 능엄회楞嚴會를 베풀기 때문이었다.'(태조 4년 4월 17일)

'회암사에 쌀과 콩 3백 석을 내려 주었다.'(태조 4년 10월 11일)

이방원(태종)이 왕자의 난을 일으키자 왕위를 내놓고 태상왕으로 물러난 태조는 회암사에 머물렀다. 태종은 아버지가 머물러 지내는 회암사에 토지를 내리고, 승려들의 요역을 면제했다.

태종은 왕비가 병이 나자, 경사 21명을 본궁으로 부르고 승려 100명²²)을 경회루에 모아 불경을 외며 병을 낫게 해달라고 약사여래에게 빌게 했다.(태종 13년 5월 6일)

태종이 말했다.

"내가 본래 불교의 허망함을 알고 있으나, 중전이 이를 믿는 까닭에 이 기도가 있는 것이다."

승려들에게는 이렇게 말했다.

"효험을 보게 되면 내 마땅히 숭상하여 믿겠지만, 만약에 보응報應이 없다면 너희 법(불교)을 모두 폐하여야겠다."

실록엔 '중궁(왕비)의 병이 조금 나으니 임금이 기뻐하여 회암사에 땅 1백 결, 쌀 2백 석을 내려 주었다'고 기록돼 있다. 태종의 비 인경왕후는 몸을 회복했다가, 7년 뒤인 1420년에 세상을 떴다.

세종 1년에 회암사 중들의 간음·절도 사건이 일어난 것을 계기로 사찰의 노비를 혁파하였는데, 상왕인 태종은 "중들은 그 전토도 아울러 혁파할 것을 두려워할 것이다. 그러므로 밭 1백 결을 회암사에 더 주어서 중들을 없애지 않는다는 뜻을 표시하는 것이 어떠한가. 들어보니 회암사의 중 10명이 한 홉의 쌀죽을 함께 마신다 하니, 정말 불쌍하다"라고 하였다.

주자학을 신봉하는 신료와 유생들의 불교 배척에 방어막을 치며 불교를 보호하려 애쓴 것은 왕실이었다. 태조는 불교를 믿었고, 왕실의 여인들도 불교에서 위안을 찾았다. 왕들은 또 할머니, 어머니의 뜻을 거스르지 않으려 애썼다.

그러나 조선이 유교를 국시로 정한 이상, 국가의 불교 지원이 쇠퇴하는 것은 불가피한 일이었다. 조정은 무엇보다 관료 체제의 일부인 승정체제 소속 사찰을 줄여 불교로 인한 재정 지출을 억제하는 데 초점을 맞췄다. 양반 사대부의 처지에서 보면, 승려는 '노동하지 않고 먹는 사람'[23]이라는 점에서 경쟁자였다.

세종 6년(1424년)에 조계종·천태종·총남종을 선종으로 합치고, 화엄종·자은종·중신종·시흥종을 교종으로 통합해 선·교 양종의 승정체제를 마련했다. 국가가 지원하는 사찰의 수는 7종 242개에서 양종의 36개로 제한했다. 선종 도회소는 서울의 흥천사에, 교종 도회소는 흥덕사에 두어 승려의 도첩 발급과 승적 관리, 승과 시행 등을 맡게 했다.

연산군 때는 불교 능멸이라 할 만한 폭정이 이어졌다. 원각사를 비우게 하고, 장악원을 그곳으로 옮겨 기생들의 교육장으로 쓴 것이 대표적이다. 도성 안에 있던 양종의 도회소인 흥덕사와 흥천사는 1년 사이에 모두 불탔다. 3년마다 하기로 돼 있던 승과의 정기적인 시행은 중단됐다.

유교 이념을 체제에 깊이 스며들게 한 중종 대에 이르러서는 선·교 양종과 양종의 도회소를 폐지(중종 7년)하고, 『경국대전』에서 승려가 되는 절차를 규정한 '도승度僧' 조항마저 삭제(중종 11년)[24]했다.

그러나 불교가 국가의 지원과 통제에서 벗어났어도 왕실의 사적인 지원은 계속됐다.

계로가 귀신 섬기는 일을 묻자, 공자는 이렇게 대답했다.

"사람도 제대로 섬기지 못하거늘 어찌 귀신을 섬길 수 있겠느냐."

계로가 또 "감히 죽음에 대해 여쭈고자 합니다" 하자, 공자는 "삶도 아직 모르는데 어찌 죽음을 알겠는가"라고 말했다.

『논어』 선진先進편에 나오는 이야기다.

승려 험허당 기화가 '유교는 내게 삶과 죽음의 문제에 답을 주지 못했다'고 했듯이, 죽음 너머의 세계에 유교는 별 관심을 두지 않았다. 유교의 이념이 정치의 세계에는 깊숙이 뿌리를 내려도, 사람들은 혼례나 장례 풍속에서는 쉽게 전통을 포기하지 않았다. 특히 장례가 그랬다.

연산군은 나중에 불교를 능멸하는 일을 서슴지 않았으나, 즉위 초 사찰에서 성종의 49재齋를 지내는 문제로 대간의 비판에 직면했을 때는 단호했다.

"선왕들께서 다 행하셨다. 대행왕(성종)께서도 비록 불교를 좋아하지 않으셨으나, 선왕(예종)을 위하여 행하셨다. 나도 마땅히

대행왕을 위하여 행하겠다."(연산군 즉위년 12월 25일)

다음날 사헌부와 사간원의 언관이 나서서 성종이 얼마나 불교를 배척하였는지를 이야기했다.

"선왕이 제정하시어 『경국대전』에 실렸음에도 대행대왕(성종)께서는 하루아침에 단호하게 제도를 개혁하여 양민良民으로 하여금 다시 중이 되지 못하게 하셨고, 절을 새로 짓는 것을 일체 금지하였습니다. 또 경연經筵에서도 불사佛事란 말이 나오면 '내가 믿지 않음은 그대들이 아는 바다'라고 늘 하시던 말씀이 귀에 선명합니다. 대행왕이 믿지 않으시던 일을 거행하여 부처에게 아첨하여 복을 구한다면, 하늘에 계신 대행왕의 영령이 과연 옳다 하시겠습니까. 대행왕께서 재를 지내셨음은 마지못해 돌아가신 상왕(예종)의 뜻을 따른 것일 뿐입니다."

연산군은 "이미 얘기 다 했다. 또 하게 하지 말라"라고 물리쳤다.

중종이 승하하고, 서른 살의 인종이 왕위에 오른 지 8개월 만에 후사 없이 세상을 떠났다. 배 다른 동생 명종이 왕위에 올랐다. 임금이 열두 살 어린 나이였으므로, 어머니 문정왕후가 왕실의 가장 큰 어른인 대비로서 수렴청정을 했다.

문정왕후는 왕비 때부터 불교를 가까이하고 마음을 의지했다. 그 이유를 짐작하기 어렵지 않다. 문정왕후는 중종의 제2계비(세번째 왕비)였다. 중종의 첫 번째 왕비인 단경왕후는 '중종반정'에 반대한 신수근의 딸이라 하여 신하들의 강요로 폐위 당했다. 제1계비인 장경왕후는 세자(인종)를 낳고 곧 죽었다. 장경왕후의 집안사람으로서 세자를 보호하라는 뜻에서 제2계비로 간택된 문정왕후는 딸 넷을 낳은 뒤 아들을 낳자, 긴장에 휩싸인 나날을 보냈다. 중종이 매우 아끼던 경빈 박씨와 그 아들 복성군이 세자(인종)에게 위협이 되자, 죽임을 당하는 것도 목격했다. 많은 왕실의 여인들이 그랬듯, 불교와 부처는 문정왕후가 마음을 의지하기에 안성맞춤의 대상이었을 것이다.

아들인 명종이 왕위에 오르자, 문정왕후는 명종 3년(1548) 함경도 감사 정만종이 추천한 보우를 봉은사 주지로 임명했다. 봉은사는 명종의 할아버지 성종의 능인 선릉을 지키고 제사를 지내는 능침사(원찰)다. 애초 선릉 근처에 있던 견성사를 옮겨 짓고 이름을 봉은사로 바꿨다.

1549년(명종 4년) 9월 20일 성균관 생원 안사준 등이 능침사에 관한 일로 상소를 올렸다. 유생의 능침 사찰 출입을 금지한 조치를 비판하면서 '요사스런 중의 목을 베라'고 청했다. 요승이란 봉은사 주지 보우를 두고 말한 것이다.

그 무렵 유생들이 사찰에서 음주가무를 즐기고 횡포를 부리는 일이 많았다. 유생 황언징은 능침사인 정인사(덕종의 능침)와 회암사(태종의 능침)에 가서 소란을 피우고 기물을 부수고 빼앗아갔다. 보우가 그 폐해를 문정왕후에게 보고하자 봉선사(세조의 능침)와 봉은사(성종의 능침)에 유생들의 출입을 금했다. 황언징은 식년^{式年} 과거시험 응시 자격이 한 차례 박탈됐다. 그러자 유생들이 반발하며 보우를 죽이라고 상소한 것이다.

실록은 임금이 이렇게 답했다고 적고 있으나, 실제로는 문정왕후의 대답이다.

"유생이 절에 가는 것을 금하는 것은 조종조^{祖宗朝}에서 만든 법이지 내가 새로 만든 법이 아니다. 봉은사 주지는 내전께서 능침을 위하여 이를 수호할 사람을 뽑은 것뿐인데 그것이 어찌 부처를 숭배하는 것이겠는가?"

문정왕후는 전국의 큰 사찰의 입구에 하마비^{下馬碑}를 세우게 했다. 지위고하를 막론하고 사찰에 말을 타고 진입할 수 없도록 한 것이다.

문정왕후가 12월에 『경국대전』에 맞춰, 선·교 양종을 부활하라는 비망기를 내렸다.

'양민의 수가 날로 줄어들어 군졸의 고통스러움이 지금보다 더한 때가 없었다. 이것은 다른 이유가 있어서가 아니라 백성들이 4~5명의 아들이 있으면 군역의 괴로움을 꺼려서 모두 도망하여 승려가 되기 때문이다. 이 때문에 승도^{僧徒}는 날로 많아지고 군액^{軍額}(군인의 수)은 날로 줄어드니 매우 한심스럽다. 대체로 승도들 중에 통솔하는 이가 없으면 잡승^{雜僧}을 금단하기가 어렵다. 조종조의 경국대전에 선종과 교종을 설립해 놓은 것은 불교를 숭상해서가 아니라 승려가 되는 길을 막고자 함이었는데, 근래에 혁파했기 때문에 폐단을 막기가 어렵게 되었다. 봉은사와 봉선사를 선종과 교종의 본산으로 삼아서 경국대전에 따라 대선^{大禪}의 인재를 뽑는 조건 및 승려가 되는 조건을 거듭 밝혀 거행하도록 하라.'

유생들의 반발은 폭발했다. 명분은 군역을 지는 장정의 수를 늘리자는 것이라지만, 실제로는 불교를 중흥하려는 것이라고 비난했다. 사헌부, 사간원, 홍문관, 성균관 등의 관리들과 유생들은 모두 446회에 달하는 불교 배척 상소를 올렸다.[25] 이듬해 1월 5일 성균관 생원 안사준 등이 '요승 보우를 죽이고, 정업원淨業院[26]을 수리하지 말 것'을 청하자, 임금이 대답했다.

"자전(어머니)께서 조종祖宗을 받드는 일을 옛 관례에 따라 하였지 무엇을 더 보탠 것이 있는가? 그리고 보우도 역시 하늘이 낸 백성인데, 어찌 큰 죄를 줄 수 있겠는가? 윤허하지 않는다."

문정왕후는 경국대전 체제를 회복하는 것일 뿐이라고 유생들을 달랬다. 사실이 그랬다. 경국대전은 승려에게 도첩을 주어 그들의 지위를 합법화하고, 승과를 시행하여 승직을 맡기며, 종단을 선종과 교종 양종 체제로 관리한다는 내용을 담고 있었다. 그러나 성종, 연산군을 거치며 사문화된 제도를 부활하려 하자, 유생들이 거세게 반발한 것이다.

문정왕후는 봉은사를 선종, 봉선사를 교종의 중심 사찰로 지정하고, 보우를 선종의 수장으로 수진을 교종의 수장으로 임명했다. 전국 300여 사찰을 공인하고, 기존의 명산대찰을 내원당[27]으로 지정하여 승정체제에 소속시키고 주지를 비롯한 직책을 맡겨 이끌게 했다. 또 수천 명의 승려에게 도첩을 발급해 잡역을 면제받게 했고, 승과를 실시해 인재를 뽑았다. 이때 휴정(서산대사), 유정(사명대사) 등이 승과에 합격했다. 이렇게 일을 추진하는 사이, 보우는 문정왕후를 마음대로 만나고 움직이는 큰 권력자로 부상했다.

그러나 빠른 시일 안에 승려를 양산하고자 도첩을 남발해 예조의 반발을 샀고, 사찰에서 횡포를 부린 유생을 지방 수령이 처벌하는 사례가 늘어나면서 유학자들의 반발이 커졌다. 문정왕후는 기복 신앙에 매달려 청평사(1557)를 중창하고, 태종 이래 왕실의 원찰인 회암사를 중창하게 했다.

1562년에는 서삼릉에 장경왕후와 합장돼 있던 중종 능을 떼어, 봉은사 옆으로 옮기고 정릉이라 했다. 문정왕후는 이곳에 중종 임금과 함께 묻히고 싶었을 것이다. 보우는 봉은사가 선릉과 정릉의 능침사가 되면 사찰의 격이 더 높아질 것을 기대했다. 그러나 그렇게 옮겨 조성한 정릉은 장마철이면 침수돼 인근 백성들에게 노역의 부담을 크게 지워, 원성을 샀다.

문정왕후가 세상을 떠나자, 보우를 죽이라는 상소가 이어졌다. 곧이어 문정왕후의 동생으로 권력을 전횡한 윤원형[28]에 대한 탄핵이 시작됐다. 보우가 먼저 살해당하고, 윤원형은 그해 말 독이든 술을 마시고 스스로 목숨을 끊었다.

문정왕후는 교선 양종의 존속을 유언으로 남겼다. 그러나 이듬해 4월 유생들의 요청으로 양종은 혁파됐다. 승과를 폐지했고 도첩제의 시행도 중단했다. 임금은 "유생들이 회암사를 불태우려 한다는 소문이 들린다"고 걱정했다.

사명대사는 보우 스님이 입적한 뒤 문집인 『허응당집』 발문에 '생각컨대 우리 대사께서는 동방의 한쪽 좁은 땅에 태어나 백세 동안 전해지지 못했던 도道의 실마리를 열어, 오늘날 배우는 자들이 이에 힘입어 그 돌아갈 바를 얻게 하시고, 이 도로 하여금 마침내 사라지거나 끊어지지 않게 하셨다'고 썼다.

『허응당집』에는 「금강산 가는 스님에게 써서 보여주다」라는 제목의 시가 실려 있다. 출가하기 위해 금강산 마하연으로 가던 어린 날의 자신을 생각하며 쓴 시로 보인다.

세상사 피하려 말고 그 마음 고요히 하라.
세상 소리 모두 진리의 근원이네.
번잡을 피하여 고요함을 찾는 것은 마음의 생멸이니,
스님은 저 불이주二29)의 진리를 찾지 못하리.30)

"불교의 쇠퇴는 지금보다 심한 때가 없는데도 중들의 숫자는
숭봉하던 때보다 훨씬 더 많아서, 산속의 절은 모두 도피한 무뢰
자들이 모여드는 곳이 되었고, 사람을 죽이고 재물을 빼앗고 집을
불사르고 무덤을 파며, 점점 간사한 자가 불교의 수복을 강구하는
바탕을 만들어 날로 성해지는 것을 막을 수 없는 형세입니다."

중종 32년(1537) 2월 2일 영의정 김근사의 말이다. 잡역을 면하
고자 머리를 깎고 절로 들어가는 이가 많아서 승려의 수는 줄지
않았다.

김근사는 안면곶을 파 운하를 만드는 일에 승려들을 동원하라
고 주청했다.

세곡선이 서울로 가려면 반드시 지나야 하는 태안 앞바다 안흥
량安興梁은 조류가 빠르고 수심 암초도 많아, 난행량難行梁으로 불리
던 곳이다. 조선 개국 이후 세조 시대까지 200여 척의 배가 이곳에
서 침몰하고 1,200명이 죽고, 세곡 1만 5,800석이 수장됐다. 이 골
칫거리를 해결하기 위해 고려시대부터 북쪽의 가로림만과 남쪽의
천수만을 잇는 판개(운하)를 파기 시작했는데, 암반층에 막혀 끝내

제대로 된 운하를 만드는 데는 실패했다.

대안으로 중종 때 운하 자리를 옮겨 태안 소원면의 개미목에 판 개를 뚫는 공사를 했다. 1522년에 3천 명의 인력을 동원한 뒤, 1537년 김근사의 말을 좇아 승려 5천 명을 투입해 공사를 마쳤다.[31]

출가하여 승려로 지내고는 있지만, 도첩이 없는 사람은 법적인 승려로 인정받지 못했다. 잡역을 면제 받을 수가 없었다는 뜻이다. 조정은 이들을 승군으로 조직해 일정 기간 노역에 종사하게 하고, 그 대가로 도첩을 주거나 호패를 주었다. 명종 3년(1548) 부산포 성곽을 짓는 데 동원한 승군 600명에게 호패를 준 것이 한 사례다.

그리고 7년 뒤 이른바 '을묘왜변(달량포왜변)'이 일어났다. 1555년 5월 11일 일본인(왜구)들이 배 70여 척을 타고 와 전라도 달량포(현 해남군 북평)와 이포에 상륙하여 노략질을 했다. 전라도 병마절도사 원적, 장흥부사 한온, 영암군수 이덕견이 함께 군사를 거느리고 출전했는데, 적에게 포위되어 원적과 한온은 피살됐다. 일본인들은 이덕견을 사로잡았는데 '쌀 30섬을 달라'는 편지를 조정에 전하라며 풀어주었다. 일본인들은 어란포 · 장흥 · 강진 · 진도를 거쳐 영암, 나주까지 들어왔다.

부랴부랴 토벌군을 편성하려고 했으나 여의치 않았다. 군적은 유명무실했다. 그러자 사간원이 건의했다.

"모든 산의 사찰에 힘센 중들이 얼마인지 모릅니다. 그들을 뽑아내어 적에게 달려가게 하고 노약한 중은 양식을 준비하여 따르게 한다면, 수많은 승군僧軍은 강한 군사가 되고 군량 준비도 잘 되어 또한 군량이 끊어질 염려가 없게 될 것이니, 창졸간의 사태에 어찌 다소나마 도움이 없겠습니까? 비변사로 하여금 전라·청홍^{清洪} 두 도의 중들에 대해 우선 절목^{節目}을 마련하여 시행하게 하소서."

임금은 윤허하지 않았다. 보우 대사는 "군신의 의리가 땅처럼 두터운데 빈도(승려)가 어찌 성은을 버리겠는가"라며, 승려도 세속의 군주에 대해 신하로서 충성의 의무가 있음을 분명히 했다. 그러나 승려가 무기를 드는 것에는 소극적이었다.

홍문관이 서울을 방어해야 한다며 승군의 조직을 다시 건의했다.

"배부르게 먹고 따뜻하게 입고서 놀기만 하는 자가 모두 중들 속에 있습니다. 이처럼 시급하게 대책을 마련해야 할 때를 당했으니, 비록 갑자기 말 달리고 활 쏘고 하는 임무를 맡길 수는 없지만 짐을 운반하고 나무를 해다 밥 짓는 일은 모두 할 수 있을 것입니다. 하물며 그 가운데에 어찌 적을 막을 만한 건장한 사람이 없겠습니까? 양종^{兩宗}으로 하여금 즉시 뽑아내게 하여 돕게 하소서."

영의정 심연원은 "불교 교단에 맡기지 말고, 지방 수령들로 하여금 직접 뽑게 하는 것이 어떻겠습니까?"라고 건의했다.

마침내 5월 20일 임금이 "전라도와 청홍도 두 도에서 우선 (승군을) 뽑고, 다른 도는 서서히 사세를 보아서 하라. 능침이 있는 절의 중들은 뽑아내지 말라"고 전교했다. 그러나 관원들은 능침사의 승려들도 승군으로 뽑아갔다. 임금이 그러지 말라고 거듭 당부를 하자 사간원이 6월 4일 왕에게 말했다.

"만일 환란이 가까이 닥치게 되면 조정에 있는 신하들도 모두 달려가 적과 싸워 나라의 위급을 구원하지 않을 수 없을 것입니다. 그런데 유독 능침에 있는 중들은 배부르게 먹고 편안히 누워 있게 할 수 있겠습니까?"

유학자들은 그렇게 불살생을 제1의 계율로 삼는 승려들을 살생을 피할 수 없는 전쟁터로 몰아갔다. 을묘왜변 이후에도 승군은 성을 쌓거나 배를 만드는 일에 계속 동원되었다. 임금이 동원을 해제하도록 지시했으나, 관리들은 제대로 이행하지 않았다.

임진년, 일본군의 공격이 시작된 지 4개월여가 지난 8월 26일 호성감이란 직책으로 호서·호남으로 의병을 모으러 갔던 종친 이주가 행재소에서 임금을 만났다.

"어떤 중이 충청도에서 의병을 일으키면서 '한 그릇의 밥도 다 나라의 은혜이다' 하고는 무리를 불러 모아 지팡이를 들고 왜적을 쳤다고 합니다."

옆에 있던 신점이 설명했다.

"공주에 있던 승려 영규靈圭가 모집한 승군 8백 명을 거느리고 함성을 지르며 돌입하자 제군이 승세를 타고 수급 51과를 참획하였는데 남은 적은 밤을 틈타 도망쳤습니다."

헌종 때 우의정을 지낸 조인영이 지은 의병승장비 비문에는 '섬 오랑캐의 변을 당하여 임금이 파천하게 되매 영규 대사가 크게 분노하여 사흘을 통곡하였다'라고 쓰여 있다.

종친 이주의 말과 의병승장비의 글은 승려인 영규대사가 마치 유학자처럼 생각하고 말했다는 것이니, 유교적 사고를 하는 사람들의 윤색이 있었을 수 있다.

기허 영규의 속성은 밀양 박씨로 공주 계룡면에서 태어났다. 서산대사 청허 휴정(1520~1604)의 제자다. 전쟁이 났을 때는 계룡산 갑사에 있었던 듯하다. 충청도는 서울로 진격하던 왜군이 병력을 청주에 남겨두어 몇 달간 주변에 노략질이 심했다.

실록에 실린 비변사 보고를 보면, 영규는 "우리들이 떨쳐 일어나는 것은 조정의 명령이 있어서가 아니다. 만일 죽음을 두려워하는 마음이 있는 자는 우리 군에 들어오지 말라"[32]고 했다 한다.

충청감사 윤선각이 올린 장계에는 영규대사가 이끈 승병들의 모습이 그려져 있다.

'모두 낫을 가졌고 기율이 매우 엄하여 적을 보고 피하지 아니하였다.'

영규는 임진전쟁 때 가장 먼저 의승병을 일으켰다. 의병장 조헌이 옥천에서 의병을 모아 7월 4일 청주로 진군할 때, 영규의 승병부대는 홀로 적과 대치하고 있었다.[33] 이 기록으로 보면 영규의 기병은 6월에 이뤄진 듯하다.

임진전쟁이 일어난 지 6일 만에 전국에서 가장 먼저 의병을 일으킨 유팽로는 5월 8일 창평(현 담양)의 서봉사를 찾아간다. 영규대사의 소식을 묻기 위해서였다.

두 사람 사이에는 이런 인연이 있었다. 전쟁이 일어날 것임을 예상하고 남몰래 군비를 마련하고 있던 유팽로의 집에 어느 날 서봉사의 한 승려가 시주를 청했다. 유팽로는 승려의 골격이 범상치 않음을 보고, 단지 밥을 얻으려고 찾아온 것이 아님을 알았다. 며칠을 집에 머물게 하면서 많은 이야기를 나누고 장차 뜻을 함께하기로 했다. 그 승려가 영규였다. 그래서 전쟁이 일어나자, 유팽로는 서둘러 서봉사로 찾아갔던 것이다.

영규는 이미 서봉사를 떠났으며 충청도에서 독자적으로 의승군을 일으켰다. 두 사람은 각기 의병을 이끌고 금산에서 7월 7일 해후했다.

영규는 조헌의 의병부대와 힘을 합해 청주성을 탈환했으나, 전라도 의병이 공략에 실패한 금산성을 8월에 다시 공격하다 전사했다. 청주 탈환 소식을 듣고 조정에서 영규를 당상관인 첨지중추부사僉知中樞府事에 명하고 비단옷 한 벌을 내려 주었다. 그러나 영규가 2차 금산성 전투에서 목숨을 잃어 옷은 중도에 되돌아갔다.

임금은 7월에 묘향산에 있던 서산대사를 행재소로 불렀다. 서산대사는 보우 선사의 뒤를 이어 교·선 양종 판사를 맡은 적이 있다. 보우선사가 죽은 뒤엔 불교계의 최고 지도자였다. 임금은 서산대사를 불교계를 총지휘할 '8도16종선교도총섭八道十六宗禪敎都摠攝'에 임명했다. 이미 일흔셋의 고령인 서산대사는 선조에게 이렇게 말했다.

"나라 안의 승려 가운데 늙고 병들어 나설 수 없는 자들은 신이 이미 명하여 각자 머문 곳에서 수행하며 신령의 도움을 기원토록 하였습니다. 나머지는 신이 모두 소집해 오게 하여 종군하게 할 것입니다. 신 등은 비록 역을 지고 조세를 내는 인정人丁의 부류는 아니나 이 나라에서 태어나 성상의 은혜와 훈육을 받고 있는데 어찌 죽음을 아끼겠습니까? 목숨을 바쳐 충심을 다하겠습니다."

서산대사는 평안도 순안 법흥사에서 전국 사찰에 격문을 띄워,

각지에서 5천 명의 의승병이 궐기하였다. 서산대사가 이끄는 승병 1,500명이 법흥사에 집결하고, 금강산에 머물던 사명 유정이 이끄는 1,000여 명도 합류했다. 의엄이 황해도 구월산에서, 뇌묵 처영은 전라도 두륜산에서 승병을 모았다. 유정이 이끄는 승병들은 평양성 회복 전투에 참여해 큰 공을 세웠다. 처영이 이끄는 승병은 권율 부대와 함께 북상해 행주산성 전투에 참가해 대첩을 이끌었다. 일본군이 집중 공격한 산성 서북쪽을 지킨 것이 1천 명에 조금 못 미치는 승병이었다. 이 외에도 전국 각지에서 청허 휴정의 제자들과, 부휴 선수의 제자 벽암 각성 등이 의승병을 모았다. 의승장 삼혜와 의능은 이순신 휘하의 전라좌수영 관할 지역에서 유격전을 벌였다.

명나라 군대가 참전하고, 관군이 정비된 뒤 승군은 유격전 등 직접적인 전투에 참여하기보다는 군량의 조달과 수송, 산성 쌓기, 정보 수집 활동 등으로 후방에서 지원했다.

전쟁이 일어난 이듬해 3월 27일 임금은 유정을 선·교 양종판사로 임명하고, 적의 목을 벤 승군에게는 잡역을 면할 수 있게 승려 지위를 보장하겠다는 뜻을 밝혔다. 유신들이 완고하게 반대하자 왕이 대답했다.

"각도 승려의 수가 상당히 많지만 세상을 등지고 구름처럼 떠도는 무리라서 국가에서 일을 시킬 수 없게 되어 있으니, 그럴 바에야 한 장의 종이를 주어 적의 수급 하나라도 얻는 것이 낫지 않겠는가?"[34]

사명대사의 활약은 대단했다. 허균은 열여덟 살 때인 1586년 당시 43세의 사명당을 작은 형 허봉의 소개로 봉은사에서 처음 만났다. 허균은 봉은사에서 하룻밤을 묵으며 사명당이 지은 시의 높은 격조에 흠뻑 빠져들었다. 그런데 허봉이 죽었을 때 사명당이 너무나 슬피 울고 처절한 만시輓詩를 지어, 허균은 '그가 아직 생사를 초월하는 해탈을 못했구나'라고 의아하게 생각했다. 그런 사명당을 1596년 승문원 객사에서 다시 만났다. 사명당은 쉰셋의 나이로 전쟁터를 누비고 다니던 중이었다. 긴 수염에 장수의 모자를 쓴 사명당이 세상사를 이야기하는 모습은 마치 나이 들어 노련한 장수 같았다. 허균은 '시를 쓰는 것은 그에게 여가에 불과하다. 재주가 국난을 구제할 만한데, 아깝게 불문에 잘못 투신했다'고 여겼다.[35]

의승군의 활약은 승군의 효용성을 사회 전체에 알리는 계기가 되었다. 조정은 전쟁이 끝난 뒤에도 승군이나 승려의 노동력을 적극적으로 활용하는 방안을 추진했다. 국역을 감당해야 할 양인의 수가 줄어들고 있었기 때문에, 전후 복구 사업 등에 승군을 활용하는 일은 의미가 컸다. 조정은 도첩이나 호패를 발급해주고, 승역을 지웠다.

일본군의 살육 행위는 지옥을 연상하게 할 만한 것이었다. 그렇다고는 해도 승려들이 자발적으로 군대를 꾸려 전쟁에 참가하고 불교가 가장 중시하는 '불살생' 계율을 정면으로 깨고 나선 것은 놀랄 만한 일이었다. 대승불교의 계율서인 『범망경梵網經』은 살생하지 말고, 살생을 위한 도구를 준비하지 말고, 군사의 사절이 되지 말라고 하였다.

휴정의 제자[36] 정관靜觀 일선一禪[37]은 병으로 은둔해 있었는데,

사명대사 유정에게 이런 편지를 보냈다.

'도적의 잔인한 해침에 백성들의 수고를 이루 다 말할 수 없습니다. 더욱 슬픈 일은 스님들이 세속인의 옷을 입고 말을 몰고 군대를 따라 동분서주하니, 혹 적의 손에 죽거나 혹 여염집으로 도망해 세속의 풍습이 스님들 사이에서 싹텄다는 것입니다. 모두 출가의 뜻을 잃고 율법을 오래도록 따르지 않으며 허명을 바라는 마음에 불처럼 달려가 돌아오지 않으니, 선풍^{禪風}이 끝나게 될 것을 이로써 알 수 있습니다.'

'이제는 왜적이 이미 물러나고 큰 공이 이루어졌으니 스님께서 임금을 찾아뵙고 사퇴하고자 한다고 들었습니다. 무엇 때문에 그렇게 하시는지요? 알릴 것도 없이 산중으로 돌아오는 것이 더 괜찮을 것입니다. 만일 사퇴를 고하시면 반드시 돌아오기 어려운 형세입니다.'[38]

계곡 장유^{張維}(1587~1638)는 40년 뒤에 쓴 휴정의 비문에 '만년에 (계율에) 얽매이지 않고 자유자재하였으니 겉모습만 보는 무리들은 혹 계율에 어긋난다고 의심했지만 식견을 가진 이들은 병통으로 여기지 않았다'라고 썼다. 이는 당시에 논란이 됐음을 완곡하게 표현하면서 휴정을 적극 변호한 것이다.

정관 일선이 걱정하던 대로 전쟁 중에 공을 세우고 직책을 받은 승려 가운데 환속하는 이들이 적잖이 나왔다. 서산대사의 뒤를 이어 팔도도총섭을 맡았던 의엄이 대표적이다. '승왕'이라고까지 불리던 의엄은 전란이 끝난 뒤 환속해 당상관의 관직을 받았다. 애초 곽수언이던 속명도 곽진경으로 바꾸었다.

승군은 계속 동원되었다. 1626년에 완성된 남한산성 축성 공사는 팔도도총섭 벽암 각성이 승군을 통솔해 이룬 것이다. 산성 안에는 9개의 사찰이 조성되었고 승군이 주둔하면서 산성의 방비를 맡았다. 의승군은 병자년 후금의 침략 때도 조직됐다.

유학자들은 승려가 세속의 명리에 물들어가는 것을 비웃었다. 현종 10년 경기도 광주부윤 심지명은 이렇게 말했다.

"병자년에 승군의 힘이 가장 도움이 되었습니다. 중들이 원하는 것은 단지 금관자·옥관자의 벼슬자리를 얻으려는 것뿐이니, 그들 중에 문자를 아는 자를 뽑아 승장僧將으로 임명하여 큰 사찰에 들어가 거주하게 하면 반드시 유익한 점이 있을 것입니다."

초의草衣(1786~1866)선사는 정조 10년, 전라도 무안에서 태어났다. 속성은 인동 장張씨, 이름은 의순意恂이다. 다섯 살 때 강변에서 놀다가 급류에 휘말려 죽을 뻔했는데 마침 그곳을 지나가던 승려가 구해주었다. 그 승려가 출가를 권유하여, 열다섯 살 때 나주 덕룡산 운흥사에서 머리를 깎았다. 열아홉 살 때 해남 대둔사에서 완호 스님으로부터 구족계具足戒39)를 받았다.

그는 유배지 강진에서 18년을 머문 다산 정약용을 스물네 살 때 만나 가르침을 받았고 추사 김정희 형제들, 좌의정을 지낸 홍석주 등 당대 석학·명사들과도 교유하였다. 선사는 이름이 세상에 알려지자 서른아홉 살에 해남 대흥사가 있는 두륜산 산기슭에 일지암을 짓고 한걸음 물러나 살았다. 탱화와 글씨에 뛰어났는데, 특히 차에 조예가 깊었다.

초의선사가 쉰여섯 되던 해 전주 봉서사에 들렀다가 김기종이란 이름의 선비를 만났다. 김 선비는 봉서사에서 출가했던 진묵대사震默(1562~1633) 이야기를 자세히 들려줬다. 임진전쟁을 전후해 전주 봉서사, 완주 모악산 대원사, 부안 변산 월명암 등지에 행적을 남긴 승려다. 입적한 지 이미 200년도 넘었다.

진묵대사는 고승으로 이름난 승려 가운데는 매우 특이한 인물이다. 남긴 글이라곤 단 한편의 한시와 어머니 49재를 맞아 직접 지은 제문이 전부다. 단 한 권의 저서도 남기지 않았다. 어느 사서에도, 그 시절 쓰인 어느 문집에도 이름이 등장하지 않는다. 행장을 써서 남긴 이도 없고, 행적을 새긴 비석도 없다. 그러나 대사가 남긴 신비한 행적이 사람들의 입에서 입으로 많이 전해지고 있다. '이름이 높다고 해서 거친 돌에 새길 필요가 없고, 노상에 다니는 사람들의 입이 곧 비석이다'라는 옛말 그대로였다.

단 한 편 남긴 한시, 칠언절구의 내용은 이렇다.

天衾地席山爲枕(천금지석산위침)
하늘을 이불 삼고, 땅을 자리 삼고, 산을 베개 삼아
月燭雲屛海作樽(월촉운병해작준)
달은 등불, 구름은 병풍으로, 바다는 술통 삼아
大醉居然仍起舞(대취거연잉기무)
크게 취해 문득 일어나 춤을 추니
却嫌長袖掛崑崙(각혐장수괘곤륜)
행여 긴 소맷자락이 곤륜산에 걸릴까 염려되는구나.

선비 김기종은 진묵대사의 효도에 가장 크게 감명 받았다. 속세와 연을 끊은 승려의 효도라니, 대중에겐 썩 익숙하지 않은 말이다. 대사는 늙은 어머니를 전주 왜막촌에 모셔두고, 그 마을 뒤 일출암에 거처하면서 봉양했다고 한다. 효자로 알려진 고승이 없지 않지만, 돌아가신 어머니의 49재를 지내며 진묵대사가 지었다는 제문을 읽으면, 차원이 다름을 알 수 있다.

'내 안에 열 달 은혜는 무엇으로 갚고, 무릎 아래 3년 양육 어떻게 잊을 수 있겠습니까. 만세 위에 다시 만세를 더해도 자식의 마음 오히려 미흡한데, 백년 안에서 백년을 못 채우니 어머니 수명 어찌 그리 짧으신가요. 표주박 차고 길에서 구걸하는 외로운 이 중이야 이미 그렇거니와, 비낀 비녀로 안방에서 혼인 못한 저 누이동생이 가엾지 않습니까. 상단을 마치고 하단도 파하여 스님네들 뿔뿔이 제 방으로 가면, 앞산은 첩첩이고 윗산은 겹겹인데, 영혼은 어디로 가시렵니까? 아, 슬프고 슬픕니다.'

초의선사를 만났을 때, 선비 김기종은 같은 마을에 살던 노인과 지역의 승려들 사이에 전하는 진묵대사 이야기를 모아 정리하고 있었다.

그리고 5년 뒤, 봉서사에서 한 승려가 일지암으로 초의선사를 찾아왔다. 진묵대사의 이야기를 글로 써 달라는 부탁이었다. 선비의 정성, 멀리까지 찾아온 승려의 노고를 생각해서 초의선사가 『진묵조사유적고』를 쓰기로 했다. 3년 뒤 선사가 마침내 원고를 탈고하니, 김기종의 두 아들이 돈을 내 책으로 펴냈다.

'진묵대사는 명종조에 탄생하였는데, 석가모니불의 응신[40]이시

다. 대사의 법명은 일옥一玉이요, 진묵은 자호自號다. 만경현萬頃縣 불거촌의 조의씨調意氏에게서 태어났다.'

우리나라 불교 역사에서 석가모니불의 후신불이란 말을 듣는 승려가 둘이다. 고려 말의 나옹선사와 진묵대사다.

『유적고』에는 17가지 이야기가 실려 있다. 이 이야기는 대사의 공력에 대한 것이다.

'한번은 대사께서 일찍 상운암에 거할 때이다. 탁발승托鉢僧들이 식량을 구하기 위해 멀리 나갔다가 한 달 남짓하여 돌아왔는데 대사의 얼굴에는 거미줄이 처져 있고 무릎 사이에는 먼지가 쌓여 있었다. 그리하여 먼지를 쓸어내고 거미줄을 걷어내고서 이름을 말하며 인사를 드리니 대사께서는 "너희들은 어찌 이렇게 빨리 돌아왔느냐" 말씀하셨다.'

전해 내려오는 고승들의 이적이 다 그렇듯이 대부분은 실제 있었던 일이라고는 믿기 어려운 것들이다.

'한번은 대사가 시자를 불러서 소금을 가지고 봉서사의 남쪽 부곡婦谷으로 가라고 하였다. 시자가 묻기를 "가지고 가서 누구에게 줍니까" 하니 대답하기를 "가면 스스로 알게 될 터인데 물을 필요가 무어냐" 하였다. 시자가 소금을 가지고 재를 넘어 골짜기로 내려가니 사냥꾼 두어 사람이 방금 노루고기 회를 해놓고는 소금을 생각하면서 먹지 못하고 앉아 있었다. 시자가 소금을 앞에 갖다 놓자 모두 기뻐하면서 "이는 반드시 대사께서 우리들의 허기를 불쌍히 여겨 보내주신 것이리라. 사람을 살리는 부처님은 골골마다 있다고 하더니 바로 이런 것을 말하는 것이리라" 하였다.'

'한번은 대사가 길을 가다가 여러 소년들을 만났는데 그들은 천렵을 하여 시냇가에서 물고기를 끓이고 있었다. 대사가 끓는 솥을 들여다보며 탄식하기를 "발랄한 물고기가 아무 죄 없이 가마솥에서 삶아지는 괴로움을 받는구나" 하였다.

한 소년이 희롱하기를 "선사께서 이 고깃국을 드시겠습니까?" 하니, "나야 잘 먹지" 하였다. 소년이 "저 한 솥을 선사께 맡기겠사오니 다 드시오" 하였다. 대사가 솥을 들어 입에 대고 순식간에 남김없이 다 마셔버렸다. 소년들은 모두 놀라 "부처님은 살생을 경계하였는데 고깃국을 마셨으니 어찌 중이라고 하겠습니까?"라고 이상히 여겼다.

대사가 "죽인 것은 내가 아니지만 살리는 것은 나에게 있노라" 하고, 옷을 벗고 등을 돌렸다. 그러자 무수한 물고기가 항문으로부터 쏟아져 나오는데 발랄하기가 마치 봄물을 타고 흘러내리는 듯하였고, 번쩍번쩍 비늘을 번뜩이며 어지러이 물위에 뛰놀았다.'

설화 속의 진묵 대사는 불쌍한 중생을 구제하기 위해 불교에 용맹정진하는 매우 법력 높은 스님이다. 한편으로 술도 먹고 고기도 먹으며 성聖과 속俗을 넘나들고, 불교와 유교를 다 아우르는 대인大人의 모습이다.

대사가 서른한 살 때 임진전쟁이 일어났다. 그 뒤 41년을 더 살았는데, 입적하기 전 정묘년(1627)에는 후금의 침략도 있었다. 몸과 마음이 상처투성이가 된 사람들이 배를 곯으며 살았던 시절에 대사는 그런 사람들 속에 섞여 살았다. 진묵대사가 '부처님의 화신'이란 이야기를 입에서 입으로 전한 것이 바로 그들이다.

진묵震默에서 진震은 우레요, 묵은 소리 없음默이다. 그 둘조차 다른 것이 아니란 가르침을 주려고 대사께선 그런 자호를 썼던 것일까?

2장 주석

1) 경상도 성주 사람으로, 남명 조식과 퇴계 이황의 문하에서 공부했다. 호는 개암(開巖)이다. 상소를 한 이듬해 과거에 급제해, 대사간과 충청도 관찰사, 형조참의를 지냈다.

2) 임꺽정은 명종실록 14년(1599) 3월 27일 기사에 처음 등장한다. 명종 17년 1월 3일 사로잡았다고 기록돼 있다. 사신(史臣)은 실록에 이렇게 사론을 폈다. '도적이 성행하는 것은 수령의 가렴주구 탓이며, 수령의 가렴주구는 재상이 청렴하지 못한 탓이다. 지금 재상들의 탐오가 풍습을 이루어 한이 없기 때문에 수령은 백성의 고혈을 짜내어 권요(權要)를 섬기고 돼지와 닭을 마구 잡는 등 못하는 짓이 없다. 그런데도 곤궁한 백성들은 하소연할 곳이 없으니, 도적이 되지 않으면 살아갈 길이 없는 형편이다. 그러므로 너도나도 스스로 죽음의 구덩이에 몸을 던져 요행과 겁탈을 일삼으니, 이 어찌 백성의 본성이겠는가.' 명종 14년(1559) 3월 27일 기해 2번째 기사

3) 임금에게 간언하는 일을 맡은, 사헌부(司憲府)의 지평 이상 관리를 가리키는 대관(臺官)과 사간원(司諫院)의 간관(諫官)을 합쳐 부르는 말이다.

4) 율곡 이이는 이때 서른 살의 나이로, 예조 좌랑 직을 맡고 있었다. 「논요승보우소」를 쓰고, 같은 시기에 「논윤원형소」를 써서 윤원형의 처벌을 촉구했다.

5) 당시 충청도의 이름. 문정왕후가 수렴청정을 하던 명종 때 이홍윤 등 충주 출신 인사들이 역모를 꾀했다 하여, 충주를 유신현으로 강등했다. 이에 따라 충주 대신 홍주(홍성)를 청주와 묶어 청홍도라 하였다. 충주의 선비들이 큰 화를 입었는데, 나중에 이홍윤의 형 이홍남이 무고한 것으로 드러났다.

6) 성균관 유생들은 상소를 한 뒤 받아들여지지 않으면, 권당(捲堂, 식당에 들어가지 않기), 공재(空齋, 기숙사에서 나오기), 공관(空館, 성균관에서 퇴거하기로 일종의 동맹휴학)으로 압력을 가했다.

7) 『연려실기술』에는 '목사 변협(邊協)이 다른 일로 매를 때려죽이니 사림(士林)이 통쾌하게 여겼다'고 쓰여 있다.

8) 1038년 중국 서북부의 오르도스(Ordos)와 간쑤(甘肅) 지역에서 티베트 계통의 탕구트족이 세운 나라이다. 본래 명칭은 대하(大夏)인데, 송나라에선 고대 왕조인 하(夏)와 구분하여 서하(西夏)라고 불렀다.

9) 『삼국유사』에 따르면 신라의 승려 자장율사가 636년 왕명을 받고 제자 승려 실(實) 등 10여 명과 함께 당나라로 들어가 청량산에서 공부하고 643년에 돌아왔다.

10) 윤영인, 「10~12세기 동아시아 국제관계사의 재조명을 위한 대안적 시각과 방법론 모색」, 『전통시대 동아시아국제질서』, 부산외국어대학교 출판부, 2015년

11) 불씨(佛氏)란 불교를 말한다. 조선의 유학자들은 유교를 공씨, 불교를 석씨라고 표현하기도 했다.

12) 불교에서는 3계(욕계欲界, 색계色界, 무색계無色界) 육도(지옥地獄, 아귀餓鬼, 축생畜生, 아수라阿修羅, 인간人間, 천상天上)의 중생들이 죽었다가 태어나고, 태어났다가 죽기를 영원히 반복하는 것이 마치 수레바퀴가 계속 돌아가는 것과 같다 하여 윤회라고 한다.

13) 혼비백산(魂飛魄散)이라 한다. 주자학에서는 혼과 백을 분리해서 본다. 이에 맞춰 우리말 단어에서도 얼과 넉(넋)을 구분해 쓰는 사례가 있는데, 양주동은 우리 말 고어에는 넉(또는 넋)만 쓰였을 뿐이고 얼이 쓰인 일이 없다고 했다. 혼을 얼이라 하는 것은 황당무계한 것으로, 구한말에 누군가가 선의로 만들어냈을 것이라고 보았다. 동아일보, 1959년 3월 25일 1면

14) 오경후, 「여말선초 기화의 유불회통론」, 한국사상과 문화 제32집

15) 대학(大學)에 나오는 말로 주자는 '모든 사물의 이치(理致)를 끝까지 파고 들어가면 앎에 이른다'는 뜻으로 풀이했다. 왕양명은 '사람의 참다운 양지(良知)를 얻기 위해서는 사람의 마음을 어둡게 하는 물욕(物欲)을 물리쳐야 한다'고 풀이했다.

16) 지(止)는 모든 망령된 생각(妄念)을 그치게 하여 마음을 하나의 대상에 기울이는 것이며, 지(止)로써 얻은 명지(明知)에 의해 사물을 올바르게 보는 것을 관(觀)이라 한다.

17) 이색의 후손 이용직은 1909년 이색의 『고려사』 열전의 개정을 청원하는 상소를 올렸다. 황현의 『매천야록』에 실려 있다. '정인지가 고려사를 편찬하면서 이색이 불교에 기울었던 일을 모두 열전에 기재하였기 때문에, 최근에 김택영이 『숭양기구전(崧陽耆舊傳, 숭양은 개성의 옛 이름으로 조선시대 개성 출신의 인물들에 대한 전기)』을 편찬하면서 그 내용을 인용하였는데, 용직이 크게 화를 내어, 함께 질의하여 판가름할 것을 상소하니, 택영은 그의 세력이 두려워 개정을 청원하였고 스스로

책임을 지고 그가 맡았던 편집 책임을 사퇴했다.'

18) 『오주연문장전산고』 인사편 1 − 인사류 2 칭호(稱號)에 『해동문헌총록』을 인용해 이렇게 실려 있다. '함허당(涵虛堂)은 득통 화상(得通和尙)으로, 『현정론(顯正論)』 1부(部), 『원각경소(圓覺經疏)』 3권, 『반야오가설의(般若五家說誼)』 1권을 지었다. 득통의 석명(釋名)은 기화(己和)로 충주(忠州) 사람인데, 속성(俗姓)은 유(劉), 구명(舊名)은 수이(守伊), 호는 득통, 일호(一號)는 무준(無準)이다. 그는 어려서 반궁(泮宮, 성균관과 문묘文廟의 통칭)에 들어 날마다 수천의 글자를 기억하였고, 나이 스물한 살에 출가(出家)하여 희양산(曦陽山) 봉암사(鳳巖寺)에 주거하다가 선덕(宣德, 명나라 선종의 연호) 8년(1433)에 입적(入寂)했다.'

19) 맹자는 백성의 생업을 보장하기 위해 정전제도를 실시해야 한다면서, 그 보조적 조치로 일정 면적의 택지를 주어 특용작물을 심거나 가축을 기르도록 해야 한다고 했다. 그렇게 하면, 풍요롭게 살 수 있다며 예로 든 것이다.

20) 『현정론(顯正論)』에 나오는 이야기다.

21) 남자 승려인 비구(比丘)와 여승인 비구니(比丘尼)를 아울러 부르는 말.

22) 실록에는 승려의 수를 세는 단위가 인(人)이 아니라, 원(員)으로 돼 있다. 원은 벼슬아치의 수를 셀 때 쓴 단위다. 승직을 가진 관료층 승려가 참가한 것으로 보인다.

23) 조선시대에 법에 따라 도첩을 받은 승려에게는 잡역이 면제되었다. 법이 정한 제도에 따라 출가하지 않은 사람은 승려로 인정받지 못했다.

24) 1511년(중종 11년) 12월 16일, 김안국 한효원이 『경국대전』에서 도승 조항을 없애라고 주청하니 명종이 "도승법(度僧法)은 그때(지난번에 경국대전을 인쇄할 때) 마땅히 삭제했어야 하는데, 비록 두더라도 쓰지 않으면 된다고 말했었다. 또한 그때에는 기신재(忌晨齋)도 역시 혁파하지 않았기 때문에 삭제하지 않은 것이나, 이제 와서는 기신재는 이미 혁파하고 도승법만 홀로 국전(國典)에 실려 있어 매우 불가하니, 다음 인출할 때는 삭제함이 가하다"라고 했다.
경국대전의 규정은 '중이 된 자는 3개월 이내에 선종(禪宗) 또는 교종(敎宗)에 고하고, 선종·교종에서 송경(誦經)을 시험하여 예조에 보고하면, 예조는 임금에게 아뢴 뒤에 정전(丁錢, 중이 된 장정 한 사람마다 바쳐야 하는 돈, 정포 30필)을 거두고서 도첩을 내어 준다'고 돼 있었다.

25) 이종익, 「보우대사와 중흥불사」, 불교학보 27, 1990년, 248쪽

26) 선비의 집안이나 궁중의 여인들이 출가하여 머물던 도성 안의 비구니 처소.

27) 왕실에서 부처에게 공양하고 불도를 수행하기 위해 마련한 불당

28) 윤원형은 문정왕후를 등에 업고 권력을 전횡하면서 뇌물을 많이 받았다고 실록에 기록돼 있다. '뇌물이 몰려들어 그 부가 왕실에 못지않았다. 따라서 서울 장안에 1급 저택이 13채나 되었고 그 사치스럽고 웅대함이 극도에 달했다.' '기탄없이 문을 열어놓고 뇌물을 받아들이고 관직을 팔았다.' '윤원형이 이조와 병조의 판서를 여러 번 하면서 벼슬을 팔고 뇌물을 받기를 시장의 장사꾼처럼 하였다.'
명종비 인순왕후 심씨의 작은 할아버지였던 심통원, 인순왕후의 외숙부 이양도 뇌물을 많이 받았다고 실록에 기록되어 있다.

29) '진리 그 자체'를 달리 표현한 말이다. 너와 내가 둘이 아니고, 생사와 열반, 번뇌와 보리, 세간과 출세간, 색과 공이 둘이 아님의 경지. 사찰의 경내로 들어가는 세 개의 문 (일주문, 천황문, 불이문) 가운데 마지막에 있는 문이 불이문(不二門)이다.

30) 心靜何勞避世喧 色聲俱是本眞原
厭喧求靜心生滅 師必終迷不二門

31) 막상 통수를 해보니 운하로서 기능을 하지 못했다고 한다. 1638년에 안면곶 뒷줄기를 파서 판목 운하를 만들었고, 이로 인해 안면곶이 오늘날 안면도라는 섬이 되었다.

32) 선조실록, 선조 25년 8월 26일

33) 『연려실기술』 선조조 고사본말

34) 선조실록, 선조 26년 6월 29일

35) 『성소부부고』 제26권, 부록 2 서(序), 『사명집 서(四溟集 序)』

36) 정관 일선, 사명 유정, 편양 언기, 소요 태능을 청허 휴정의 4대 제자로 꼽는다.

37) 1533년(중종 28년) 충청도 연산현(현 논산군 연산면)에서 태어났다. 속성은 곽씨. 열다섯 살에 출가해 백하 선운에게 법화경을 배우고, 그의 법화사상을 전수했다. 법명은 일선, 정관은 자호다. 속세의 나이로 사명당 유정보다 열한 살 많다. 1608년(선조 41년) 열반에 들었다.『정

관집』이 남아 있으며 임종게가 유명하다. '평생 입으로 지껄이던 것 부끄러이 여겼더니 이제야 요연히 많은 생각을 뛰어넘었구려. 말하는 것이나 말하지 않는 것 모두가 도(道) 아니니, 엎드려 청하노니 그대들은 스스로 깨달을지니라.'

38) 「도대장 연형에게 올리다」라는 제목의 편지다. 배규범 옮김, 『정관집』, 지식을 만드는 지식, 2011년, 148~150쪽

39) 비구와 비구니가 받아 지켜야 할 계율로서 다 구비되었다 하여 구족계라 한다. 이를 잘 지키면 열반의 경지에 다다를 수 있다는 것이다. 비구는 250계, 비구니는 348계. 계를 받을 사람이 청하면 스승이 하나하나 계를 설명해주고 지키겠다고 다짐을 받는 의식이다.

40) 특정한 시대와 특정한 지역에서 특정한 중생을 구제하기 위하여 출현하는 부처를 말한다.

3장

신선

명산은 지리산인데 남원에 있다.
속설에 전하기를,
옥황상제가 그 위에 살고
여러 신선이 모이며,
여러 용이 살고 있다고 한다.

조선 명종·선조 때의 어의 양예수(?~1597)[1]가 편찬한『의림촬요^{醫林撮要}』는 여러 병증에 대한 설명과 치료법을 담은 의서다. 이 책에 조상 대대로 전해 내려온 '벽사단'이란 약 이야기가 나온다.[2]

　'몸을 심하게 공격해 오는 괴질, 또는 산골짜기에 사는 구미호의 정^精 때문에 병이 난 것을 치료한다.'

　구미호는 꼬리가 아홉 달린 여우다. 사악한 기운을 가졌다. 그 기운이 사람의 몸에 스며 생긴 병을 치료하는 벽사단은 인삼과 복령[3], 당귀와 우황 등을 섞어 환약으로 만든다. 잠자리에 들기 전 먹는다. 사악한 기운이 접근하지 못하게 하려면 주머니에 환 5~6개를 담아 침상 위에 매달아두면 좋다고 책에 쓰여 있다.

　꼬리 아홉 달린 여우는 어디에나 사는 동물은 아니다. 청구^{靑丘} 땅에만 사는 특이한 동물이다. 중국의 옛 지리서인『산해경^{山海經}』

에 따르면, 청구의 산에는 짐승이 있으니 그 모양이 여우와 같은 데 꼬리가 아홉 개이며, 어린아이가 우는 것과 같은 소리를 낸다는 것이다.

청靑은 동쪽을 가리키는 색깔[4]이다. 『삼국사기』에는 당나라가 고구려에 국서를 보낼 때 고구려를 청구라 한 사례가 여럿 보인다. 중국인들은 산해경에 나오는 청구가 중국 동쪽에 있는 우리나라를 가리킨다고 믿었고, 우리나라에서도 그렇게 받아들였다.

중국 전설 속의 우禹 임금은 홍수를 다스리느라고 13년 동안 집에 한 번도 들르지 않고 온갖 지역을 돌아다녔다. 구미호가 사는 청구 땅에도 들렀다. 그렇게 온갖 기이한 사람들과 신기한 일들을 많이 보고 와서, 조수인 백익과 함께 산해경을 썼다고 한다. 산해경엔 반신반인, 반인반수를 비롯해 온갖 기이한 동물이 나오는데, 믿기 어려운 구석이 많다.

청구 남쪽에는 '동방의 군자국'이 있는데, 그곳 사람들은 다들 장수했다고 한다.

'그들은 가축과 들짐승을 잡아먹었으며 그 나라에서 많이 자라는 무궁화를 쪄서 일상식품으로 먹기도 했다. 이 아름다운 꽃은 그리 오래 피어 있지 않았으니, 새벽에 피었다가 저녁이 안 되어 시들어버렸다. 그것은 마치 일찍 스러져버린 소녀의 청춘과도 같았다. 군자국 사람들이 이렇게 수명이 짧은 무궁화를 먹었는데도 장수할 수 있었다는 것은 참 이상한 일이긴 했다. 그러나 그들의 장수는 어쩌면 꽃 때문이 아니라 군자로서 품덕이나 자애로운 마음씨 때문이었는지도 모른다. 인자한 성격을 가진 사람들은 대체로 오래 살았다고 하니까.

군자국 사람들은 정말 이상했다. 그들은 옷과 모자를 모두 격식에 맞추어 차려입었고 허리에는 보검을 찼으며 모든 사람들이 각기 호랑이 두 마리를 하인으로 부렸다. 모두들 겸양의 미덕이 있었으며 조금도 서로 다투지 않았다. 호랑이도 집에서 부리는 고양이처럼 온순하였다. 군자국의 거리에 가보면 사람과 호랑이가 서로 오가는 모습을 볼 수 있었지만 아무런 혼란도 일어나지 않았다. 그래서 공자는 이렇게 말한 적이 있다. 나의 도가 중국에서는 행해지지 않으니 뗏목을 타고 바다 건너 구이九夷(중국 바깥의 땅)의 지방에나 가볼까.'[5]

동방의 군자국에는 봉황이란 새가 산다. 봉황은 동쪽 군자국에서 나와서 사해四海 바깥을 날아 곤륜산을 지나 지주砥柱[6]의 물을 마시고 약수弱水[7]에 깃을 씻고 저녁에는 풍혈風穴에서 잔다. 대나무 열매를 먹고 살며 오동나무에만 깃들이는데, 이 새가 세상에 나타나면 천하가 태평하게 된다고 한다.

이 땅에 무궁화는 여전히 피고 진다. 그러나 옛날에 우리 조상들이 구미호나 봉황을 보았다는 기록은 보이지 않는다. 오랜 옛날에 이미 다 사라져버린 것일까?

발해勃海[8]의 동쪽 몇억만 리 되는지 알 수 없는 곳에 큰 골짜기가 있는데 얼마나 깊은지 끝을 알 수 없다. 그곳의 이름을 귀허歸虛라고 했다. 세상의 모든 강물과 바닷물이 이곳으로 흘러들어도 귀허의 물은 불어나거나 줄어들지 않고 늘 그대로였다.

귀허에는 신선이 사는 산神山이 있다. 다섯 개인데, 이름이 대여岱輿, 원교員嶠, 방장方丈9), 영주瀛州, 봉래蓬萊다.

'산들은 높이와 둘레가 각각 3만 리나 되고 산과 산 사이의 거리도 보통 7만 리나 되며 산꼭대기의 평평한 곳도 9천 리나 된다. 산 위는 황금으로 지은 궁전이 있는데, 백옥으로 난간이 만들어져 있고 신선들이 산다. 그곳에 사는 새와 짐승들은 모두 하얀 빛깔이고, 곳곳에 진주와 아름다운 옥이 열리는 나무가 자란다. 그 나무들에 꽃이 피어 열매를 맺으면 예쁜 옥과 진주가 되는데 맛이 기가 막히게 좋고, 그것을 먹으면 죽지 않고 영원히 살 수 있다. 그곳에 사는 신선들도 대부분 하얀 옷을 입고 등에는 작은 날개가 달려 있어서 넓은 바다 위 푸른 하늘을 새처럼 자유롭게 날아다닌다.'10)

그런데 신선들에게도 한 가지 고민이 있었다. 산이 넓은 바다에 떠 있어서, 뿌리가 없었기 때문이다. 보통 때는 괜찮지만, 바람이 불어 파도가 치면 정처 없이 떠다녔다. 그래서 신선들은 다른 섬에 있는 신선들을 서로 애써 찾으러 다녀야 했다. 신선들이 이런 불편을 천제에게 호소하자, 천제는 북해의 신 우강에게 좋은 방법을 찾아보라고 했다.

바다의 신은 열다섯 마리의 크고 검은 거북이를 귀허로 보내 다섯 개의 신산을 나누어 지고 있게 했다. 한 마리가 산 하나를 등에 지고 있으면, 다른 두 마리는 아래에서 지키고 있다가 6만 년에 한 번씩 자리를 바꾸었다.

그렇게 해서 몇 만 년을 탈 없이 잘 지냈는데, 어느 해 용백국의 거인 하나가 이곳에 와서 낚싯대를 드리웠다. 거북이 여섯 마리가 줄줄이 낚여 올라왔다. 거인은 등껍질로 점을 칠 생각으로 거북이를 등에 지고 얼른 집으로 돌아갔다. 그 바람에 대여와 원교 두 신산이 그만 북극으로 떠내려가서, 물속으로 가라앉고 말았다. 그렇게 해서 신산은 방장, 영주, 봉래 세 개만 남았다고 한다.

용백국 거인이 말썽을 부리는 바람에 사람들에게도 신산 이야기가 퍼졌다. 어느 해 바닷가에서 물고기를 잡던 부부가 풍랑을 만나 신산에 올라가게 됐는데, 신선들이 잘 대접해 주고 순풍을 불어 집으로 안전하게 보내주었다. 이들의 입을 통해 신선들이 불사약을 갖고 있다는 이야기가 퍼져, 제후와 황제의 귀에까지 들어갔다. 그들은 돈을 아끼지 않고 큰 배를 만들어 식량을 준비하고 신선의 술법을 닦는 방사方士들을 보내 불사약을 구해오게 했다.

전국시대에는 제나라의 위왕과 선왕이, 연나라의 소왕이 그랬다. 진나라 시황제 때(기원전 259~210) 제나라 사람 서불徐市이 글을 올려 '삼신산에 신선들이 살고 있으니, 재계하고 어린 남녀와 함께 찾게 하소서'라고 청하였다. 황제가 서불을 보내 어린 남녀 수천 명과 함께 바다로 들어가 신선을 찾게 했다. 그러나 몇 년이 지나도록 찾지 못하고 비용만 많이 쓰자 서불은 책망이 두려워 '봉래의 약은 구할 수 있으나 항상 커다란 상어 때문에 도달할 수 없었다'고 거짓말을 했다.[11] 그 서불이 삼신산을 찾아 돌아다니던 중 제주도 정방폭포 해안에 닻을 내리고 한라산에 올랐다가 돌아가면서, 바위 벽에 '서불이 여기를 지나갔다徐市過之'라고 써놓고 갔다는 이야기가 전한다. 서귀포라는 지명이 그 일에서 유래했다 한다. 진시황은 천하를 손에 넣었지만, 끝내 불사약을 구하지 못한 채 쉰 살에 죽었다.

한나라 무제(기원전 156~87)도 신선을 만나보겠다고 딸을 방사에게 시집보내고, 신선을 찾아 각지에 수천 명을 보냈다. 죽을 때까지 미련을 버리지 못했다.[12]

"내 들으니 먼 옛날 사람들은 나이가 백 이십 살이 되어도 동작이 쇠약하지 않았는데, 오늘날 사람들은 쉰 살만 되어도 동작이 쇠약하니 시세가 다른 것인가요, 사람이 건강을 잃어서 그런가요?"

황제黃帝가 물었다. 천사天使 기백이 대답했다.

"도를 아는 옛 사람들은 음양을 본받아 신체를 건강하게 단련하며 정기正氣를 기르고, 먹고 마심에 절차가 있었고, 기거함에 떳떳함이 있었고, 지나치게 힘을 써서 몸을 무리하는 일이 없었습니다. 그러므로 몸과 정신을 갖출 수 있고 그 타고난 천명을 다하여 백 이십 년을 살다가 죽었습니다."

전한前漢 시대에 내용의 큰 틀이 갖춰진 중국의 옛 의서『황제내경』에 나오는 이야기다. 전설 속의 황제를 등장시켜 기백과 문답 방식을 빌어 서술한 책이다. 기백은 열두 마리의 사슴이 끄는 수레를 타고 동해의 신산인 봉래산에 다녀왔다는 황제의 신하다. 황제내경에서는 기백을 득도한 사람의 존칭인 천사天使로 칭하고 있다. 오래 오래 살고자 하는 욕망과 죽음을 벗어나 영원히 사는 꿈은 인류의 역사만큼이나 오래된 것일 게다.

황제는 중국을 통일해 국가를 세운 최초의 천자天子다. 황皇이 아니고, 중앙을 나타내는 누를 황黃 자를 쓴다. 중국인들에게 농사법을 가르친 신농씨(염제)의 후손들이 세력이 약해져 제후들이 서로 침략하고 공격할 때, 헌원[13](황제의 이름)이 창을 쓰고 방패를 쓰는 법을 익혀서 조공하지 않는 자들을 공격하자 제후들이 다들 와서 복종했다고 한다. 황제는 문자, 의복, 수레, 거울, 60갑자^{甲子} 등의 문물을 만들어 중국 문명을 창시한 인물로 전해지고 있다.

황제는 즉위한 지 15년이 되자, 세상 사람들에게 숭배 받는 것이 즐거웠다. 그래서 몸을 더 소중히 해야겠다고 생각했다. 아름다운 것과 음악으로 눈과 귀를 즐겁게 하고, 맛있고 향기로운 것으로 입과 코를 즐겁게 했다. 그랬더니 오히려 얼굴색이 나빠지고 정신 상태가 이상해졌다. 그 뒤 15년이 더 지나자, 황제는 세상이 평온해지지 못한 것을 근심해 지혜를 다해 신하와 백성에 대한 지배를 강화하려고 했다. 그랬더니 안색이 더 나빠지고, 정신도 더 이상해졌다. 이 일로 황제는 크게 깨달은 바가 있었다.

"몸을 중히 여기려 말고 자연에 맡겨두면 저절로 건강해지고, 세상을 좋게 하겠다는 생각을 버리고 그대로 두면 저절로 안정될 것이다."

황제는 정무를 보지 않고 궁궐을 떠나, 시중드는 사람을 모두 물리치고, 악기를 다 치우고, 식사를 간소화하고, 마음을 가라앉히고 호흡법을 시행하면서 3개월간 정사를 돌보지 않고 보냈다. 어느 날 낮잠을 자다가 수천만 리 떨어진 화서^{華胥}씨의 나라를 꿈에 보았다. 그곳에는 통치자가 없었고, 모두가 평등했다. 백성은 욕망도 애증도 없고, 이해관계를 따지지도 않았으며, 삶과 죽음에도 초연했다. 물속에 들어가도 빠져 죽지 않고, 불 속에 들어가도

타 죽지 않았으며, 공중에서 잠을 자도 침상에 누워 자는 것과 같고, 걸어도 땅 위를 걷는 것과 같았다. 형체를 초월한 자연 그대로의 자유로 충만한 곳이었다. 꿈에서 깨어난 황제는 중신들을 불러 꿈 이야기를 한 다음 이렇게 말했다.

"짐은 지난 석 달 동안 방안에 들어앉아 심신 수양에 전념하며 사물을 다스리는 법을 터득하려 했으나 끝내 좋은 생각이 떠오르지 않았소. 그런데 이번에 꿈 속에서 비로소 그 도道를 터득한 듯싶소."

그 뒤 황제의 치세 28년 동안 세상이 점점 좋아져, 화서국과 거의 같아졌다고 한다.[14]

황제는 이곳저곳을 떠돌아다니며 살면서도 사람을 시켜 수양산의 구리를 캐다가 형산으로 옮겨, 높이가 한 길 하고 석자나 되는 솥寶鼎(보정)을 만들었다. 솥을 다 만든 뒤 하늘에서 내려온 용을 타고 승천했다고 한다. 황제가 보정을 이용해 단약丹藥을 만들어 먹고 신선이 되어 하늘로 올라갔다는 이야기도 있다.

황제와 비슷한 이치를 설파한 사람이 춘추전국시대의 노자다. 노자는 『도덕경』에 이렇게 썼다.

'큰 도大道가 없어지니, 인仁이니 의義니 하는 것이 생겨났다. 인간에게 지혜라는 것이 있게 되자, 큰 거짓이 있게 됐다. 육친이 화목하지 않을 때 효자가 있게 되고, 국가가 혼란할 때 충신이 있게 된다.'(도덕경 18장)

노자는 일부러 무언가를 이루려 하지 않는 자연의 도를 따르라고 했다.

'천하에 금지하는 게 많으면 백성은 더 가난해진다. 백성에게 좋은 무기가 많으면 나라가 더 혼미해진다. 사람이 솜씨가 뛰어나면 이상한 무기가 더 생기고 법령이 발달하면 도적이 더 많아진다. 그래서 성인은 이렇게 말했다. 나는 아무것도 하지 않았는데 백성이 저절로 바뀌고, 내가 입 다무는 걸 좋아하니 백성이 저절로 바르게 되고, 내가 아무 일을 안 하니 백성이 저절로 부유해지고, 내가 아무 욕심도 안 부리니 백성이 저절로 소박해진다.'(도덕경 57장)

사마천은 『사기』 열전에서 '(노자는) 백 육십 살 또는 이백여 살을 살았다고 한다. 도를 닦아 양생의 방법을 터득하였기 때문이다'라고 썼다. 또 '세상에서 노자의 학문을 배우는 이들은 유가(공자) 학문을 내치고, 유가 학문을 배우는 이들은 역시 노자의 학문을 내쳤다'고 전했다.

사람이 오래 사는 것을 넘어, 영원히 살 수도 있을까?

'사람은 기氣 안에 있고, 기는 사람 안에 있다. 하늘과 땅으로부터 만물에 이르기까지 기가 아니면 태어나지 못한다.'

'몸이 피로하면 정신이 흩어지며 기가 다하면 죽는다.'

'기를 기르면 그 몸이 온전하다. 기가 다하면 바로 죽는다. 죽은 것은 살 수 없으며 존재하지 못한다.'

4세기 초에 활약한 동진東晉 사람 갈홍(284~364)은 『포박자』[15]라는 책에 이렇게 썼다. 인간의 신체는 기로 형성되며, 정신이 거주하는 집이다.

포박자는 또 이렇게 말한다.

'무릇 사람이 죽게 되는 원인은 정력의 소모, 노쇠함, 백병의 침입, 중독, 사악한 기운에 해를 입는 것, 바람이나 냉기를 맞는 것 등 6가지 해害에 의한다.'

장생을 얻고자 한다면 마음의 수양이 우선 중요하다.

'반드시 선을 쌓고 공을 세우며 사물에 대해 자비심을 갖고 자신을 용서하듯이 남을 용서하고 어진 마음을 곤충에까지 미쳐야 한다. 남의 행운을 즐거워하고 남의 고충을 가엾이 여기며 남의 위급함을 돕고 남의 가난을 구제해야 한다. 살아있는 것을 손으로 해치지 않고 입으로는 재앙이 될 일을 권하지 않아야 한다. 남의 이득을 보면 자신이 얻은 것처럼 여기고 남의 손상을 보면 자기가 잃은 것처럼 여겨야 한다. 거만하지 않고 뽐내지 않으며 자기보다 나은 사람을 시샘하지 않으며 아첨하거나 몰래 중상모략하지 않아야 한다. 이와 같은 경지에 이르러야 덕 있는 사람이라 할 수 있고 하늘에서 복을 받아 하는 일이 꼭 이루어져 신선을 추구해도 가능성이 있는 것이다.'

양생의 기본은 신체를 손상하지 않는 것이다.

'양생의 방법은 침을 뱉는데도 멀리 뱉지 않는다. 길을 걸어갈 때도 질주하지 않는다. 오래 앉아 있지 않으며, 피로할 정도로 오래 잠을 자서도 안 된다. 춥다고 생각되기 이전에 적당한 옷을 입어야 하고, 덥다고 느끼기 이전에 옷을 벗어 버려야 한다.'

신선의 도를 얻은 사람을 진인眞人이라고 한다. 최고 경지의 신선은 태을원군太乙元君이다.

'능히 음양을 조화시키고 귀신과 풍우를 부리며, 구룡과 십

126

이^{十二} 백호를 타고 다니니, 천하의 모든 신선들이 모두 그를 따랐다. 그는 스스로, 나의 근본은 도를 배우고 단^丹을 복용함으로써 이루어진 것이며 자연히 이루어진 것이 아니라고 했다.'

신선에는 천상의 신선^{天仙}과 지상의 신선^{地仙}이 있다고 한다. 천선이나 지선에 이르지 못하고, 이 세상에 머물며 장수할 수 있는 정도의 도를 얻는 사람도 있다고 한다.

'선인^{仙人}에는 승천하는 자와 지상에 머무는 자가 있다. 어느 쪽이나 모두 불로장생한다. 속세를 떠날지 머물지는 본인이 선택할 수 있다. 선단금액^{仙丹金液}(불사의 신선이 되는 약)을 복용하는 방법에 달려 있다. 세상에 머물고자 하면 반제를 복용하고 나머지 반은 남겨놓는다. 뒤에 승천하고자 하면 나머지 반 제를 마저 복용하면 된다.'

불사약은 어떻게 만드는가? 갈홍은 영원히 썩지 않는 금단(금액, 환단)을 먹으면 장생불사하여 신선이 될 수 있다고 했다.

'황금에 불이 가해지면 백 번 단련되어도 사라지지 않으며, 그것을 묻어도 하늘이 다하도록 어그러지지 않는다. 이 두 가지(금액, 환단)를 먹음으로써 사람의 신체를 단련하는 까닭으로 능히 사람들이 불로불사를 이룰 수 있다. 이것은 대체로 외부의 이물질을 섭취하여 자기 자신을 견고하게 하는 방법으로 마치 기름으로 불을 키우면 불이 언제까지라도 꺼지지 않는 것과 같다.'

금액^{金液}은 황금을 주된 재료로 하여 만든 것으로서 액체 상태이고, 환단^{還丹}은 단사^{丹砂}(유화수은)를 주된 재료로 하여 만든 것으로 대체로 고체 상태다. 갈홍은 금액과 환단이 몸안에 들어오면 온몸에 흡수되어 기氣가 되고 혈血이 되어, 노쇠한 몸이 다시 회복하게 되고 몸이 영원히 죽지 않게 된다고 했다. 갈홍은 『포박자』에서 황제구정신단黃帝九鼎神丹과 태정신단太淸神丹, 구광단九光丹 등 단약을 만드는 방법과 효능에 대해 자세히 설명했다.

'단약을 먹어야만 불로장생하고 신선이 되는 것은 아니다. 명상을 통한 정신수련과 깊은 호흡을 통해 나쁜 기를 내보내고 맑은 기를 몸안으로 들여, 몸안의 기를 지키고 충실하게 하는 행기行氣, 기와 혈의 순환을 활발하게 하고 사기의 배설을 촉진시키는 도인導引을 함께 행하는 방법이 있다. 호흡법의 핵심은 태식胎息인데, 마치 태아가 뱃속에 있을 때처럼 입과 코를 쓰지 않고 숨을 쉬는 태식을 터득하게 되면 도를 이룰 수 있다고 한다.'

후한 때 사람인 위백양이 지은 『주역참동계』는 갈홍의 포박자보다 앞서 나온 신선술 책으로 유명하다. 제목은 주역의 원리와 황로 사상, 연단법은 그 원리가 같다는 뜻을 담은 것이다. 주역에 나오는 효상爻象의 원리를 빌려다 신단神丹을 만드는 방법을 서술한 책이다.

진시황과 한 무제가 불사의 약에 매달린 이야기를 잘 알고 있던 당나라 태종(이세민)은 신하들을 모아 놓고 "신선이라는 것은 꾸며낸 것에 불과하다. 이를 위해 뭔가를 한다는 것은 불필요한 짓이다"라고 말했다. 그런데 인생의 황혼기에 접어들자 태종도 어쩔 수 없는 욕망이 생겨났는지 이전 황제들의 실수를 따라했다. 서역 승려들이 만든 장생의 약을 먹고 그 부작용으로 쉰한 살에 갑작스럽게 생을 마감했다. 태종의 아들 고종은 "만약 죽지 않는 사람이 정말 있었다면 그들은 지금 모두 어디에 있는 것이냐"라고 하면서 불로장생한다는 약에 현혹되지 않았다. 그러나 후대에 이르자, 또다시 불사약에 현혹되는 황제들이 나왔다. 이李씨인 당 나라 황실은 자신들이 노자의 후손이라고 믿었다. 헌종, 목종, 경종, 무종은 수은을 주재료로 방사들이 만든 금단金丹을 먹고 도리어 수명을 단축했다.[16]

1601년 봄에는 향시 감독관으로, 7월에는 세곡 운반을 감독하는 조운판관으로 임명돼 전라도 지방을 두루 돌아본 허균은 7년 뒤인 1608년 다시 전라도로 향했다. 이번에는 부안으로 아주 내려가 살 작정이었다.

허균은 1607년 말에 공주 목사직을 제수 받아 재직하고 있었는데, 이듬해 8월에 암행어사가 '허균이 성품이 경박하고 품행이 무절제하다'며 파직하라고 임금에게 보고했다. 서얼 친구들을 서울에서 불러다 함께 지낸 일이 문제였다. 허균은 파직을 예상하고, 처가 쪽 인척인 부안 현감 심광세에게 편지를 보냈다.

'내가 사람들 입에 오르내려 곤란을 겪게 됐으니, 마땅히 스스로 물러나야 할 것이네. 그러나 거듭 구설수에 오를까 두려워 지금까지 미적거리고 있었네. 이미 어사에게 소명해두었으니, 다음 달에는 결단이 나겠지. 남도南道의 주인, 나는 오직 형만 믿네. 산속에 들어가 살 테니, 종 두어 명만 부역에서 덜어주시면 내 마땅히 취하겠네.'

허균은 서얼庶孼[17]들이 능력이 있음에도 제대로 쓰이지 못하는 것을 안타까워했다. 둘째 형 허봉의 벗이자 자신에게 시를 가르쳐 준 스승 손곡 이달이 바로 그런 인물을 대표할 만했다. 이달은 예문관 대제학을 지낸 이첨의 후손으로, 어머니가 천인賤人이었다.

'이달은 젊은 시절에 읽지 않은 책이 없었고, 지은 글도 무척 많았다. 한리학관漢吏學官[18]이 되었지만 합당치 못한 일이 있어 벼슬을 버리고 가버렸다.'[19]

그 무렵 사람들은 주로 송나라 시풍을 따라 시를 썼다. 이달은 나주 출신의 문신이자 이름난 문장가였던 박순(1523~1589)의 조언을 듣고, 당나라 시를 집중 공부한 뒤 시에 새로운 눈을 떴다. 신라, 고려 이래로 당시唐詩를 지었다고 하는 사람 중 아무도 그를 따를 사람이 없었다고 허균은 평했다.

'이달은 용모가 아담하지 못하고 성품도 호탕했다. 더구나 세상 예법에 익숙하지도 못했다. 그는 고금의 이야기를 잘했으며, 산수가 아름다운 곳에 이르면 술을 즐겨 마셨다. 왕희지에 가까울 정도로 글씨도 잘 썼다. 그의 마음은 툭 트여 한계가 없었고, 생업에 종사하지 않아서 사람들 가운데는 이 때문에 더 그를 좋아하는 이도 있었다. 평생 동안 몸을 붙일 곳도 없어 사방으로 떠돌며 걸식까지 했으니, 사람들이 대부분 천하게 여겼다. 그러나 몸은 곤궁했어도 불후의 명시를 남겼으니 한때의 부귀로 어떻게 그와 같은 명예를 바꿀 수 있으랴!'[20]

이달 같은 서얼에 대한 차별은 조선 왕조에서 시작된 일이다. 고려 때까지는 아무런 차별이 없었다. 1415년(태종 15년) 우대언을 맡고 있던 서선(1367~1433)이 종친 및 각 품의 서얼 자손에게는 관직을 허용하지 말라고 건의해 '서얼에게는 현직顯職(높고 중요한 벼슬)을 금한다'는 규제가 생겼다. 그 뒤 『경국대전』에 서얼의 과거 응시를 금하고, 관직에 임용하더라도 오를 수 있는 품계에 제한을 두는 내용을 담았다. 재가한 여자가 낳은 자식들의 출사도 막았다.

서선이 서얼금고庶孽禁錮를 하도록 상소한 것은 정치적으로 대립하던 정도전과의 악연 때문이었다는 설이 있다. 조선 건국 초기 우승지이던 서선은 정도전이 총애하던 종에게 모욕을 당한 일이 있는데, 정도전이 패망하자 앙갚음을 하기 위해 정도전의 모계에 노비의 피가 섞여 있음을 알고 제도화를 건의했다는 것이다.[21] 그러나 정도전의 어머니가 노비였다는 설은 근거가 없고, 정도전의 후손이 나중에 높은 벼슬을 한 것으로 보아 와전된 이야기일 가능성이 크다. 정도전의 네 아들 가운데 홀로 살아남은 장남 진은 1416년(태종 16년)에 복권돼, 세종 때는 판서까지 올랐다. 그의 손자 정문형은 세종 때 우의정까지 올랐다.

태종 때의 서얼금고는 애초 태조 이성계의 배다른 형인 이원계의 아들과 손자에 대한 처우 때문에 제도를 정비하다가 도입한 것일 가능성이 있다.[22] 그렇게 큰 의미를 두고 시작한 게 아니었는데, 유교적 귀천의식에 따라 차별이 갈수록 공고해졌다. 중종 때 조광조는 서얼의 등용을 처음으로 주장했다. 선조 때엔 1,600명의 유생들이 서얼금고를 철폐하라고 상소했고 율곡 이이도 서얼 허통許通을 주장했다. 그러나 대신들의 반대에 막혔다. 허균도 서얼금고에는 매우 비판적이었다.

'하늘이 인재를 태어나게 함은 본래 한 시대의 쓰임을 위해서

이다. 그래서 인재를 태어나게 함에는 고귀한 집안의 태생이라 하여 그 성품을 풍부하게 해주지 않고, 미천한 집안의 태생이라고 하여 그 품성을 인색하게 주지만은 않는다. 그렇기 때문에 옛날의 선철先哲들은 더러는 초야草野에서 인재를 구했으며, 더러는 병사兵士의 대열에서 뽑아냈고, 더러는 패전하여 항복한 적장을 발탁하기도 하였다. 더러는 도둑 무리에서 고르며, 더러는 창고지기를 등용했었다. 그렇게 하여 임용한 사람마다 모두 임무를 맡기기에 적당하였고, 임용 당한 사람들도 각자가 지닌 재능을 펼쳤다. 나라는 복福을 받았고 다스림이 날로 융성하였음은 이러한 도道를 써서였다. 그래서 천하를 다스리는 큰 나라로서도 혹시라도 그러한 인재를 놓칠세라 오히려 염려하여, 앉거나 누워서도 생각하고 밥상머리에 앉아서도 탄식했었다. (…) 우리나라는 땅까지 좁아, 인재가 드물게 나오는 게 예로부터 걱정하던 일이었다. 조선에 들어와서는 인재 등용하는 길이 더욱 좁아져, 대대로 벼슬하던 명망 높은 집안이 아니면 높은 벼슬에는 오를 수 없었고, 암혈嚴穴이나 띳집에 사는 선비라면 비록 뛰어난 재주가 있더라도 억울하게 쓰이지 못했다. 과거에 급제하지 않으면 높은 지위에 오를 수 없어, 비록 덕업德業이 매우 훌륭한 사람도 판서나 정승에는 오르지 못한다. 하늘은 사람에게 균등하게 재능을 부여하는데, 대대로 벼슬하던 집안과 과거 출신으로만 한정하고 있으니 항상 인재가 모자란다고 애태우는 게 당연하리라.'23)

허균은 공주 목사가 되자 어렵게 사는 서얼 친구들을 공주로 불러들였다. 한성판윤을 지낸 이선李選의 서자 이재영은 과거에 장원으로 급제할 정도로 실력은 뛰어났으나 세상이 써주지 않았다. 허균은 명나라 사신을 접대하는 일을 맡게 되면 실력이 좋은 그를 천거해 함께 데리고 다녔다. 공주 목사가 되자마자 살림이 어려운 이재영이 어머니를 모시고 공주로 오게 했다. 비방을 받을 줄은 알았지만, 감수할 생각이었다. 관찰사 심전의 서자로 허균에게는 처외삼촌뻘인 심우영 등도 불러들였다.

허균은 그 일이 문제가 되어 파직을 당하고 부안으로 향하면서, 다시는 벼슬살이에 나서지 않으리라 다짐했다. 벗 조위한에게 보내는 편지에 이렇게 썼다.

'쉬고 싶은 마음 간절하네. 다행히 파직이 되어 곧바로 전라도 부안으로 향하네. 이제부터 나는 오후五侯(공·후·백·자·남의 작위를 가진 제후)의 문으로는 향하지 않으려 하네.'[24]

공주 목사에 임명되기에 앞서 허균은 1607년 3월 삼척 부사에 임명됐다. 45년 전인 1564년 아버지 허엽이 맡던 자리였고, 그 9년 뒤에는 장인 김효원이 부임했던 자리다. 허균은 3년 전 벼슬이 끊어졌을 때 잠시 쉬러온 적도 있는 이곳에서 한가롭게 보내며 거친 정치판을 잠시 잊고자 했다. 아버지의 명예에 누가 되지 않도록 조용히 지내고 싶었다. 그러나 오래가지 못했다. 사헌부가 계를 올렸다.

'삼척 부사 허균은 유가儒家의 아들로 불교를 믿어 불경을 외며, 평소에도 승려가 입는 검은 물을 들인 옷을 입고 부처에게 절을 하였고, 수령이 되었을 때에도 많은 사람이 보는 앞에서 재齋를 열어 승려를 공양하면서도 전혀 부끄러워할 줄을 몰랐으며, 심지어 중국 사신이 왔을 때에는 방자하게 불교를 논하고 부처를 좋아하는 일을 장황하게 늘어놓아 중국 사신의 눈을 현혹시켰으니, 매우 해괴하고 놀랍습니다. 청컨대 파직하고 다시는 벼슬을 주지 말아 선비들의 풍습을 바로 잡으소서.'

임금은 허락하지 않았다.

"허균의 일은 그 허실을 알 수 없으나 옛날부터 문장을 좋아하는 자 가운데 더러 불경을 섭렵한 이가 있으니, 균의 심사도 그런 것에 불과할 것으로 생각된다. 또 혹시 말이 전해지면서 과장된 것은 아닌지 모르겠다."

사헌부는 물러서지 않았다.

'(허균이) 밥을 먹을 때면 반드시 식경食經을 외고, 항상 작은 부처를 모셔두고는 새벽이면 절하는 자리를 만들었습니다. 승복을 입고 염주를 목에 걸고서 부처에게 절하고 염불하면서 불제자라 자칭하니, 승려가 아니고 무엇이겠습니까. 다른 사람 앞에서 부끄러워하거나 숨기는 일이 없었으니, 부풀려 전해진 것이 아닐 것입니다.'

임금은 이번에도 윤허하지 않았다. 하지만 다음날 사헌부가 또다시 탄핵하자 받아들여 파직을 명했다. 허균은 이때의 일을 이조판서 최천건(1538~1617)에게 보내는 편지에 이렇게 썼다.

'고을에 도착한 지 13일째 되는 날 아전이 경보京報(당시 조정 소식을 알리는 신문)와 손수 쓴 편지를 가지고 왔기에 살펴보니 5월 6일에 제가 사헌부의 탄핵으로 파면당했더군요. 돌아가신 저의 아버지께서 이 고을을 맡으신 지 13일 만에 교체되셨고, 제가 또 이렇게 되었습니다. 이는 거의 조물주의 장난일지언정 어찌 사람의 꾀로 이리 할 수 있겠습니까.

저는 세상과 어긋나서 생사나 득실을 마음속에 개의할 게 없다고 여겼습니다. 그래서 점차 노자老子와 불자佛者의 유파를 따라 거기에 의탁하여 스스로 도피한 적이 오래인지라 저도 모르게 젖어 들어 더욱 불경佛經을 좋아하게 되었습니다. (…) 읽으면 읽을수록 정신이 팔방八方의 끝을 벗어나 노니는 듯하였습니다. 그래서 이 책을 읽지 않았다면 아마 일생을 헛되게 보냈을 것이라고 말하곤 했습니다. 때로 젊은 시절에 배운 공자·증자·자사·맹자의 책과 주돈이周敦頤와 정자程子의 책을 꺼내 불교의 심성론과 비교하였습니다. 같고 다름을 이해하고, 옳고 그름에 각자 한계가 있음을 파악하니 제법 얻는 게 있었습니다.'25)

허균은 열여덟 살에 형 허봉의 벗인 사명당 유정을 만나, 호형호제하며 지냈다. 유정 외에도 여러 승려들과 만나 시를 나누고, 철학을 논했다. 그는 불교를 활짝 열린 자세로 대했다. 1603년 성균관 사예(음악을 지도하던 벼슬)로 있을 때, 선조의 어머니 덕흥군 부인 정씨의 명으로 새로 고쳐 지은 금강산 도솔원 미타전의 비문을 그가 지었다. 여기에서 불교를 대하는 그의 생각을 엿볼 수 있다.

'나라에서 이단을 막아 불교를 높이지 않는 것이 옳기는 하지만, 사람들이 신불에게 복을 비는 것 또한 마찬가지다. 위에서는 바른 학문(유학)을 높여 선비의 습속을 밝게 하면서, 아래로는 부처의 인과와 화복으로 인심을 깨우친다면, 그 다스림은 결국 같은

것이다.'

허균은 지적 호기심에서 불경을 읽고, 마음을 다스리기 위해 참선도 하였다. 그러나 조선의 유학자들은 허균처럼 생각하고 행동하는 것에 결코 관대하지 않았다. 그보다는 단호히 불교와 도교를 배척하는 사람에게 박수를 보냈다. 임진전쟁 때 충청도에서 의병을 일으킨 조헌이 처음 벼슬자리에 올랐을 때, 그런 일로 이름을 날렸다.

'(조헌이) 과거에 급제해 교서관 정자校書館 正字(관찬 서적 교정과 각종 제향의 축문을 필사·검토하는 직책)가 되었다. 관례에 따라 향실香室에 입직하다가 절에 내려주는 향을 봉封하게 되자 '입으로 성현聖賢의 글을 외면서 손으로는 불공하는 향을 봉하는 일은 신이 차마 못하겠습니다'라고 상소했다. 이에 추고推考를 명하였으나 항거하며 불복하자 의금부에 옮겨 국문토록 하였는데 끝내 굽히지 않으므로 마침내 그를 석방하였다. 이 사건으로 그의 명성이 자자했다.'[26]

허균이 불교를 믿는다는 이유로 탄핵을 받을 때, 영남 의병장으로 유명한 곽재우도 사헌부의 탄핵을 당했다.

'전 우윤右尹[27]곽재우는 행실이 괴이하여 벽곡辟穀을 하고 밥을 먹지 않으면서 도인導引·토납吐納[28]의 방술方術을 창도하고 있습니다. 유학의 나라에서 어찌 감히 이런 바르지 못하고 괴이한 일을 자행하여 명교名敎의 죄인이 되는 것을 달게 여긴단 말입니까. 파직하고 다시는 등용하지 말아 인심을 바로잡으소서. 선비들 가운데 무뢰한 무리들이 이 사람의 일을 칭찬하고 추어 올려 본받는 자가 많으니, 사관四館(교육·문예를 담당하는 성균관·교서관·승문원·예문관)으로 하여금 적발해 일정 기간 과거를 못 보게 하여, 사도邪道를 억제하는 법을 보이소서.'[29]

벽곡은 오곡五穀을 먹지 않는 도가의 수행법 가운데 하나다. 곽재우가 벽곡을 한 것은 꽤 오래 전 일이다.

선조 36년(1603) 1월 14일 임금이 정승들과 정사를 논하면서 이렇게 물었다.

"전에 경사도 감사의 장계를 보니, 곽재우를 상주 목사로 삼고 싶은데 병들었다고 피하면서 벽곡한다는 말이 있었다. 그는 방외인方外人(아웃사이더)이던가?"

영의정 이덕형이 대답했다.

"지난해에 영남에 있을 때 곽재우의 사람됨에 대해 들은 적이 있습니다. 인물이 질박하고 장대처럼 꼿꼿한 성품에다가, 마음 내키는 대로 바로 행하며 고집이 세어 꺾을 수 없으므로 함께 일하는 사람들이 대부분 그를 싫어한다고 하였습니다. 그러나 (전쟁 때) 경상우도가 보전될 수 있었던 것은 이 사람의 힘이 절대적이었습니다. 이 때문에 우도의 사람들이 그에게 복종하는 자가 많다고 합니다."

임진년 전쟁이 일어나 관군이 무너지자, 곽재우는 경상우도에서 가장 먼저 의병을 일으켜 관군을 대신했다. 이 일로 여러 관직을 제수받아 일했다. 1595년 벼슬을 버리고 고향으로 돌아왔으나, 정유년에 일본이 다시 공격을 시작할 조짐이 보이자 조정의 부름

을 받고 경상좌도방어사로 일했다. 현풍의 석문산성을 쌓다가 왜
군이 침입해 화왕산성으로 옮겼는데, 모친상을 당해 장례를 치르
러 나간 뒤 상중임을 이유로 벼슬에 나가지 않았다. 1599년 9월
경상좌도병마절도사에 제수되었으나 10월에야 부임했고, 이듬해
봄에 병을 이유로 귀향했다. 이 일로 사헌부의 탄핵을 받아 영암
으로 귀양 가서 2년 만에 풀려났다. 그 뒤 계속해서 여러 관직을
제수 받았으나, 사직하거나 나갔다가 곧 물러나기를 거듭했다.

곽재우는 애초 재산이 많았으므로 이를 풀어 의병을 일으켰다.
그러나 전쟁을 치르는 동안 가산은 남아나지 않았다. 1608년(광해
군 즉위년) 9월 14일 실록에는 승정원의 보고가 기록되어 있다.

'곽재우가 있는 곳에 어명을 전하는 전지傳旨를 가지고 갔던 금
군이 와서 말하기를 '현풍 본가에 가서 물었더니, 재우가 현재 영
산靈山 지방의 산골짜기에 있다고 하였습니다. 가서 찾았더니 과연
인적이 아주 끊어진 곳에 두어 칸의 여막을 짓고 두 아들과 함께
살고 있었는데, 생계가 쓸쓸하였습니다. 재우가 병들어 누워서 나
오지 못하기에 그 아들로 하여금 전지를 받들어 들이게 하였더니,
종이가 없어서 상소는 쓰지 못하겠고 다만 장狀만을 받들겠다'라고
하였습니다.'

곽재우의 아들이 "아버지가 소명을 받들고 올라가려는 마음은
간절하였으나, 타고 갈 말과 수행자가 없고 단벌옷은 다 해져서
날씨가 추울 때에는 길에 오르기가 어려운 형편입니다"라고 하였
다는 보고를 듣고, 왕은 말과 의복을 보내게 했다. 그러나 곽재우
는 사직 상소를 올리고 나가지 않았다.

높은 벼슬자리를 차지하기 위해 서로 목숨을 걸고 다투는 사람들이 있는가 하면, 일부러 벼슬을 멀리하는 사람들도 있었다. 곽재우는 후자에 속했다. 허균은 곽재우의 속을 알 것 같았다. 전쟁이 소강상태에 이르러 적의 위협이 약해지자 삼도수군통제사 이순신이 1597년 죄 없이 붙잡혀가 죽을 뻔했다. 1596년에 난을 일으킨 이몽학은 관군과 조정을 혼란시키려고 의병장 김덕령이 합류하기로 약조했다는 말을 퍼뜨렸다. 왜적을 막아줄 것이라는 기대를 한 몸에 받고 있던 김덕령은 혹독한 고문을 받다가 죽었다. 그때 스물아홉 살이었다.[30]

전쟁 막바지에 전사한 이순신이나 억울한 죽임을 당한 김덕령과 달리, 곽재우는 전쟁이 끝난 뒤까지 살아남은 영웅이었다. 허균은 곽재우가 벽곡하는 진짜 이유를 사람들에게 이렇게 말했다.

"곽공은 명석하고 슬기로운 인물이므로 갑자기 신선이 될 수 없고 날개가 돋아 하늘로 날아오르는 일 또한 황홀하여 믿기 어렵다는 것을 알았을 것이다. 그렇다면 온종일 쓸쓸하게 앉아『황정경黃庭經』[31]을 천 번 읽는 일이, 미인을 끼고 한가한 곳으로 물러가서 놀며, 비파를 타고, 술을 따라 놓고 잉어를 회쳐 먹으면서 여생을 마치는 것만 못하였을 것이다. 그런데도 끝내 부귀영화를 벗어던지고 궁벽한 산중으로 들어가 곡식을 끊고 스스로 메마르게 지내는 것은 그렇게 안 하면 안 될 사정이 있어서였을 것이다. (…) 곽공이 벼슬하지 못한 사람으로서 칼을 들고 일어나 지방의 장관들을 힐책하고 그 권세를 잡으니 따르는 자가 구름 같았다. 이로써 한창 날뛰는 왜구를 무찔러 여러 차례 큰 전공을 세우니 적이 두려워 꺼리는 대상이 되었고, 명성과 훌륭한 공적이 한 시대를 흔들었다. 이는 진실로 사람들의 의혹을 열어 놓기에 충분하였다. 공은 대체로 '공적이 너무 높으면 그에 상당한 상을 줄 수 없다'는 이치를 알았기 때문에 일찌감치 떠나버리고자 하였는 바, 떠나갈 명분을 세우기 곤란하므로 벽곡한다는 것으로 핑계를 대고 그 자취를 감춘 것이다."[32]

허균은 가족을 이끌고 부안으로 내려갔다. 부안 변산 일대는 경치가 좋기로 소문이 나 있었다. 부안에는 그가 조운판관이 되어 들렀을 때 깊은 인상을 준, 시 잘 쓰는 기생 매창도 있었다. 허균은 변산 남쪽 계곡 우반愚磻에 있는 정사암을 수리해 은둔처로 삼기로 했다. 부안 출신으로 대사간을 지낸 김청이 지은 것인데, 그의 아들 진사 김등이 자신은 지킬 수가 없다며 허균에게 넘겼다.

부안에 벗들이 수도 없이 오갔다. 시인 권필과 임전(1560~1611)이 들렀다. 허균의 제자이고 심광세의 매제인 택당 이식, 고부 의병장 김제민의 손자로 이식의 벗인 김지수(1585~1639)도 다녀갔다. 임진전쟁 때 승병을 모아 전공을 세운 무안 출신의 승려 해안海眼도 무안에서 일부러 찾아와 열흘 남짓 머물다 갔다.

가을 어느 날, 고부에 사는 한 도인이 찾아왔다.[33] 이름이 남궁두南宮斗라고 했다.

남궁두의 선대는 오래 전부터 임피(현 옥구)에서 살았는데, 재산이 넉넉해서 그의 할아버지나 아버지는 굳이 과거를 보려 하지 않았다. 하지만 남궁두는 과거 공부를 해서 서른 살 때인 1555년

(명종 5년) 소과(생원·진사)에 합격했다.[34] 그해 과거 합격자 명단을 보면, 유생 남궁두의 본관은 함열, 사는 곳은 임피이고, 부모가 모두 생존해 있는데 아버지는 전 참봉 집緝이라고 기록돼 있다. 아우 벽壁, 허垕의 이름도 기록돼 있다. 합격자 100명 가운데 46등이었다.

도인은 허균이 머무는 곳에서 며칠을 함께 지내며, 자초지종을 이야기했다.

남궁두는 거만하고 고집이 셌으며, 자기 재주를 믿고 제멋대로였다. 고을 수령에게도 예의 바르게 대하지 않으니 사람들이 눈을 흘겨 뜨고 앙심을 품었다.

그래서 서울로 이사를 했다. 시골집에는 첩만 남겨두고, 해마다 가을에 내려가 수확물을 처리했다. 첩은 무인의 딸이었으나 매우 예쁘고 영특하여 글과 계산법을 가르쳐 주면 금세 알아차려 남궁두가 매우 사랑했다. 그러나 주인이 서울에 계속 살게 되면서 독수공방으로 지내게 되자 남궁두와 성이 다른 당질堂姪(5촌 조카)과 몰래 정을 나누는 사이가 되었다.

무오년(1558, 명종 13년) 가을, 남궁두는 급한 일이 생겨 고향에 가게 됐다. 집까지 30리를 못 남기고 그만 날이 저물었다. 하인들은 놔둔 채 혼자 말을 타고 먼저 시골집에 달려가 보니 이미 등불을 밝힌 밤이었다. 종들은 모두 잠자리에 들었으나 중문中門이 활짝 열려 있어 첩이 보이는데, 곱게 화장하고 화려한 옷을 입고 섬돌에 서 있었다. 그때 당질이 동쪽의 낮은 담을 넘느라 발이 땅에 반 자 쯤 닿지 않으니, 첩이 급히 달려가 안아서 맞아들였다.

남궁두는 화를 참고 엿보고 있다가 두 사람이 옷을 벗고 함께 잠자리에 들려고 할 때 활로 쏘아 둘 다 죽였다. 관에 알리고도 싶었으나 가문의 이름을 더럽히는 일인데다 고을 원님이 어떻게 나올지도 알 수 없어, 그냥 시신을 논의 도랑 속에 묻어버리고는 말을 몰아 서울로 돌아왔다.

　그게 결국 들통이 났다. 남궁두가 서울에서 형틀에 묶여 죄인의 수레에 태워져 충청도를 지날 때, 그의 아내가 어린 딸을 업고 뒤늦게 도착했다. 아내는 간수에게 취하도록 술을 먹이고 밤에 남궁두를 도망치게 했다. 간수는 날이 밝아서야 남궁두가 달아난 것을 알고, 그의 아내를 딸과 함께 옥중에서 굶겨 죽였다. 임피 현감은 남궁두의 전답과 재산을 몰수해 두 피해자 집안에 나눠줬다.

　남궁두는 함양 금대산으로 들어가 머리를 깎고 중이 되었다. 거기서 1년을 지냈는데, 어느 날 꿈에 산신이 나타나 병졸들이 그를 붙잡으러 오고 있다고 알려줬다. 급히 하산해 붙잡히는 것을 모면했다.

　남궁두는 지리산으로 향하다가 하동 쌍계사에서 한 달 정도 머물렀다. 세상 사람들이 많이 드나드는 절이라 다시 태백산으로 향하던 중 의령에 있는 암자에서 잠시 휴식을 취하는데, 나이 어린 중이 그의 뒤를 따라 도착하였다. 그가 남궁두의 얼굴을 자세히 살펴보더니 말했다.

　"그대는 사족이군요. 왜 뒤늦게 삭발하였습니까?"

　조금 있다가 그가 다시 말했다.

　"참을성이 있는 분이군요."

이어 "유학을 업으로 하시면 큰 벼슬을 하실 텐데" 하더니, 한참 지나 다시 껄껄 웃으며 말했다.

"두 사람의 목숨을 상하게 하고 죄를 지어 도망 온 사람이군요."

남궁두는 어쩔 줄 모르고 있다가 밤이 되자 그의 침소로 찾아가 머리를 조아리며 사실을 털어놓았다. 그리고는 간곡하게 스승이 되어 달라고 청했다. 젊은 중이 말했다.

"나는 겨우 관상만 이해하고 있을 뿐이오. 우리 스승께서는 모든 방술을 아십니다."

남궁두는 젊은 중이 일러주는 대로 그의 스승을 찾아 무주 치상산(적상산)으로 갔다. 거기에서 한 해를 머물며 온갖 고생을 하면서 세 번 네 번 샅샅이 산을 뒤졌다. 그러나 특별한 사람은 찾지 못했다. 속았나 보다 하고 돌아가려는데, 우연히 한 골짜기에 이르자 시냇물이 흐르고 큰 복숭아씨가 떠내려가고 있었다. 남궁두가 물길을 따라 몇 리를 걸어 들어가니 우뚝 솟은 한 봉우리가 나타나고, 벼랑 위에 허름한 세 칸 집이 있었다. 거기서 한 노인을 만났다. 처마 밑에서 사흘을 엎드려 제자가 되기를 청하니, 노인이 마침내 허락했다.

"그대는 참을성이 많은 사람이네. 투박한 성품이니 다른 방술은 가르쳐 줄 수 없고 오직 죽지 않는 방술은 가르쳐 줄 수 있겠네."

남궁두가 그곳에 도착한 지 나흘이 지나도 노인은 음식을 먹지 않는데, 하루에 한 차례 검은 콩가루 한 홉만 먹고도 전혀 배가 고프거나 피로한 기색이 없었다.

노인은 남궁두에게 정신을 모으는 일은 잠을 자지 않는 것으로부터 시작되는 것이라며, 잠을 자지 않는 수련부터 하라고 했다. 일곱 밤을 지내자, 노인이 『참동계』와 『황정경』이란 책을 내주며 매일 열 번씩 읽게 했다.

그 뒤에는 7일 동안 하루에 두 끼만 먹도록 하였다. 그 뒤 7일 동안은 한 끼는 밥, 한 끼는 죽을 먹게 하고, 다시 7일 동안은 밥만 한 끼, 7일 동안은 죽만 한 끼 먹도록 했다. 28일이 지나자 아무것도 먹지 못하게 하고, 검은 콩가루와 죽대(낚시둥굴레) 뿌리, 복숭아씨 가루를 한 숟가락씩 물에 타서 하루에 두 번 먹으라고 했다. 또 21일이 지나자 이번에는 측백나무 잎과 참깨를 먹으라 했다. 그것을 먹자 온몸에 부스럼이 났는데, 100일이 지나자 딱지가 떨어지고 새 살이 돋아났다.

남궁두는 거기에서 3년간 머무르며 참동계와 황정경을 만 번씩 읽었다. 노인은 호흡법을 가르쳐 주었고, 몸안의 기를 움직이는 방법도 알려줬다.

6년이 지나자 스승이 말했다.

"그대에게는 도인이 될 타고난 기질이 있어 마땅히 신선이 되어 승천할 만하네. 좀 못한다고 해도 지상의 신선은 될 만하니, 욕심이 일더라도 잘 참아야 하네."

하루는 위쪽 잇몸에서 조그마한 오얏 같은 물건이 단물을 혀 위로 흐르게 하는 것을 깨닫고 스승에게 알리자, 스승은 천천히 빨아 뱃속으로 삼키라 하고는 "이제 마지막 단계에 왔다"고 기뻐했다. 스승이 벽에 천天·지地·인人을 비추는 거울을 걸고 좌우에 칠성검七星劍 두 개를 꽂아 절름발이 걸음을 걸으며 주문呪文을 외어

마귀를 물리치고 도道를 이루게 해 달라고 빌었다. 그렇게 단련한 지 6개월이 지나자 단전丹田이 가득 채워지고 배꼽 아래서 금빛이 나왔다. 남궁두는 기뻐서, 하루 빨리 도를 이루고 싶은 마음을 억제하지 못했다. 그만 심장이 달아오르더니, 불이 정수리로 타 올랐다. 남궁두가 고함을 치며 뛰쳐나오자 스승이 지팡이로 머리를 치며 "슬프다. 크게 이루지 못하고 마는구나"라고 했다.

스승이 말했다.

"세상에 드문 사람을 만났기에 모든 걸 다 가르쳐 주었거늘, 업業이 가로막는 것을 어찌지 못해 끝내 엎질러지고 말았으니 그대의 운명이다. 내 힘으로 어쩌겠는가. 그대는 비록 신태神胎를 이루지는 못했으나 지상地上의 신선神仙은 될 수 있을 것이며, 조금만 더 수양한다면 8백 년은 살 수 있을 것이네."

스승은 남궁두의 운명에 아들을 두게 돼 있으나 정자精子가 나오는 길이 막혀 있다며, 붉은 오동 열매와 같은 환약 두 알을 주었다.

스승은 출처를 묻는 남궁두의 간절한 질문에 자신이 고려 문종 23년(1069)에 태사 권행의 증손으로 경상도 상주에서 태어났고, 열네 살 때 나병에 걸려 부모가 숲속에 버렸으며, 산속 암자에서 죽어가는 노승을 만나 책보자기를 받았는데 거기에 『황제음부경』, 『참동계』, 『황정내외경』 등 책이 있어 혼자 살며 수련해 11년 만에 신태神胎를 이루었으며, 동국 삼도의 신을 거느리라는 태을원군의 명에 따라 500년을 머물고 있다고 말했다.

스승이 말했다.

"그대는 이미 인연이 엷어서 여기에 오래 남아 있기에는 합당

치 못하니 하산하여 머리를 기르고 황정黃精을 먹으며 북두칠성에
절하도록 하게나. 음탕한 사람이나 도둑도 죽이지 말고 매운 채
소·소·개고기 등을 먹지 말며, 타인을 음해하지 않는다면 이는
곧 땅 위의 신선이네. 행하고 수양하는 일을 쉬지 않는다면 또한
승선昇仙도 할 수 있을 것이네."

남궁두는 눈물을 흘리며 하산하여 뒤를 돌아보니 사람이 살았
던 곳이라고는 온데간데없었다. 이곳저곳 헤매다 임피에 가보니
옛 집은 터도 남아 있지 않았고 땅은 주인이 벌써 서너 번 바뀌었
고, 서울에 있던 집도 주춧돌만 묵은 풀 속에 있었다. 남궁두는 옛
날에 거느리고 있던 늙은 종이 해남에 살고 있다기에 찾아가 몸을
의탁했다. 그가 살던 곳을 내주어 상민常民의 딸을 아내로 맞아서
아들딸 하나씩을 낳았다. 스승이 가르쳐 준 바를 잊지 않고, 매일
참동계와 황정경을 외웠으며, 해남을 떠나 치상산 가까운 용담龍潭
(진안)에서 조용히 살았다. 수십 년 동안 황정黃精과 솔잎을 먹으
니, 날이 갈수록 몸이 건강해져서 수염도 희지 않고 걸음걸이도
나는 듯하였다. 35)

허균은 남궁두 이야기를 들으며, 아버지가 알려 준 화담 서경
덕(1489~1546)의 일화를 떠올렸다. 화담 선생은 아버지 허엽의 스
승이었으며 개성(송도)의 화담에 살았다.

화담은 젊은 날 침식을 잊고 공부에 몰두하다 몸이 많이 상해
서, 무슨 소리를 들으면 놀래곤 했다. 그래서 삼남 지방의 명산을
두루 돌아다니다가 1년 만에 돌아왔는데, 그 뒤로는 몸이 충실하

고 건강해졌다. 아름다운 경치를 만나면 문득 일어나 춤을 추었고, 용모가 밝고 쾌활했으며 눈이 샛별처럼 빛났다.

"한번은 선생님 계시는 화담에 가는데 엿새나 가을장마가 이어져 물이 불어 도저히 건너지를 못했다. 날이 저물자 물이 조금 줄어 겨우 건너서 선생님 처소에 이르렀다. 선생님은 거문고를 타면서 글을 읊고 계셨다. 종을 시켜 밥을 지으려 했더니 '나도 먹지 않았으니, 함께 먹자' 하셨다. 종이 부엌에 들어가 보니 이끼가 솥 안에 가득했다. 이상해서 어찌 된 일인지 여쭸더니, '물에 막혀 집 사람이 6일째 못 와서 내가 밥을 먹지 않았더니 솥에 이끼가 생겼나 보다' 하셨다. 선생님 얼굴엔 굶주린 빛이라곤 전혀 없었다."[36]

충청도 온양 사람인 북창 정렴(1506~1549)도 유학뿐 아니라 불교와 도교에 두루 밝았으며, '도인'으로 후세에 알려졌다. 앞날의 일을 눈앞에서 보듯 알아맞혔다는 등 그의 신이한 행적을 전하는 전설이 적잖이 남아 있다. 서경덕의 수제자인 박지화와 절친하였다.

조선 전기의 도가로 알려진 김시습 · 정희량 · 정렴 · 정작 · 정두경 · 강서 · 조충남 등 일곱 사람의 이야기를 담은 『청사열전清士列傳』을 쓴 미수 허목(1595~1682)은 '정렴은 남과 말할 때에는 단 한 마디라도 공자의 학문에서 벗어난 적이 없었다. 이미 그 깨달음이 중과 같고, 그 행적은 노자와 같았으나, 사람을 가르치는 데는 한결같이 성인(공자)으로 종宗을 삼아서였을 것이다'라고 썼다. 허목의 아버지 허교는 박지화의 제자였다.

'정렴은 신묘하게도 여러 나라의 언어를 이해하였다. 일찍이 중국에 들어갔는데, 유구국琉球國(오키나와) 사람이 그를 찾아와 주역을 가르쳐 달라고 청하자, 그는 즉시 유구국의 말로 가르쳐주었다. 관에 있던 여러 나라 사람들이 그 소문을 듣고서 그를 찾아오자 각기 그 나라의 언어로써 대화를 나누니 그를 천인天人이라고 칭찬하면서 놀라지 않은 사람이 없었다.' 후세의 이유원(1814~1888)이 『임하필기』에 써서 전한 이야기다.

대낮에도 그림자가 없었다는 전설을 남긴 정렴은 마흔네 살 때, 주위에 미리 이승을 떠날 날을 이야기하고 스스로 만사輓詞37)를 지었다고 한다. 불로장생의 수련법 가운데 하나인 단전호흡법을 알려주는 『용호비결龍虎秘訣』이란 책을 남겼다.

허균은 남궁두가 하는 이야기가 여러모로 믿기 어려웠으나, 그의 거동을 보면 안 믿을 수도 없었다. 남궁두가 허균을 찾아왔을 때는 나이가 이미 여든셋이었는데 얼굴은 마치 40대 같았다. 시력이나 청력이 조금도 쇠약하지 않았고, 톡 쏘는 눈동자나 검은 머리털이 의젓하여 여윈 학과 같았다. 어떤 때는 며칠을 먹지도 않고 잠을 자지도 않았다.

남궁두는 허균이 붙잡는 것을 뿌리치고 떠났다.

더는 벼슬자리에 나가지 않겠다며 시작한 허균의 부안 생활은 그리 오래가지 못했다. 그해 12월 19일에 사간원이 "부안현감 심광세는 식견이 있는 조정의 인사로 식솔들을 너무 많이 거느리고 가서 폐를 갖가지로 끼쳤으니 징계하지 않을 수 없습니다. 파직하소서"라고 간언했다. 겉보기엔 심광세를 비난했지만, 실제로는 허균을 겨냥한 것이었다.

서울에선 재주 있는 그를 찾는 사람이 많았다. 12월에 일이 있어서 서울에 들렀다가 큰형 허성을 만났는데, 형이 관직을 다시 맡기를 권했다. 그래서 먼저 승무원 판교에 임명됐다가, 명나라로 가는 사은사의 서장관으로 임명됐다. 2월에 직책이 바뀌었다. 사은사를 따라가는 대신, 국경에서 중국 사신을 영접하여 접대하는 원접사의 종사관을 맡게 됐다. 벗 이재영이 한리학관으로 동행했다. 일이 잘 돼서, 허균은 첨지중추부사 벼슬을 받았다. 정3품 당상관으로 옥관자를 하고, 영감 소리를 듣게 된 것이다.

그런데 돌아가는 사신을 배웅하러 의주로 가는 길에 중국 사신의 수행원한테 이런 이야기를 들었다.

"이번에 유사(명나라 사신으로 조선에 온 환관 유용)가 귀국에서 얻은 것은 7만 금金이니, 귀국 백성의 고혈이 말랐을 것이다."

유용은 광해군을 조선 왕으로 책봉하는 책봉례를 주관하기 위해 왔다. 의주에서 영접할 때부터 노골적으로 은을 요구했다. 황제의 조서를 열어 보는 의례에만 수천 냥의 은을 요구해, 천 냥을 뜯어냈다.

명나라는 은을 화폐로 쓰고 있었다. 스페인을 중심으로 유럽과 무역을 할 때는 중국 상품을 팔아 은의 유입이 많았다. 그런데 1588년 스페인의 무적함대가 영국 함대에 패하고, 유럽과 무역이 쇠퇴하자 은의 유입이 감소했다. 반면, 여진족이 세력을 넓히면서 군비 지출이 늘어나 은의 수요는 커졌다. 이때부터 은이라면 다들 환장을 했다.

1602년(선조 35년) 3월, 명나라 황태자 책봉을 알리려고 조선에 온 고천준은 얼마나 은을 뜯어냈는지 사신은 실록에 이렇게 기록했다.

'의주義州에서 경성京城까지 천리에 걸쳐 깊은 계곡처럼 무한한 욕심을 가진 고천준顧天埈이란 자가 마음대로 약탈을 자행하여 인삼·은냥·보물을 남김없이 가져갔으니, 조선 전역이 마치 병화兵火를 겪은 것 같았다. 이는 필시 하늘이 탐관오리를 내어 민생을 거듭 곤란케 함이니 국운의 불행을 차마 말할 수 있겠는가. 그래서 그의 집안 일꾼인 동충董忠이란 이가 이런 시詩를 지었던 것이다. 올 때는 사냥개, 갈 때는 바람처럼 모조리 실어가니 조선 천지 텅 비었네. 오로지 청산만은 옮기려 해도 요지부동, 다음엔 와서 그림 그려 가져가겠네.'38)

허균은 이때도 원접사 이정구의 종사관으로 일하며, 그 꼴을 보았다. 조선은 임진전쟁에서 구원병을 청한 대가를 그렇게 치러야 했다. 조선 조정은 또 얼마나 뜯어낼까 부담이 되어서, 광해군의 왕세자 책봉을 요청하는 것도 미뤘다.

광해군은 형 임해군을 제치고 왕위에 올랐으므로 약점이 있었다. 명은 광해군을 왕으로 인정하기를 거부하고, '임해군이 왕위를 양보했다'는 설명이 맞는지 조사한다는 명목으로 1608년 사신을 파견했다. 광해군은 은으로 때웠다. 그리고 이듬해 책봉 사절로 유용이 오자 또 은으로 때웠다. 1609년(광해군 2년)에 왕세자 책봉 의식을 주관하러 온 사신(염등)의 탐욕은 훨씬 더했다.

영의정 이항복이 사신을 맞는 연습을 하면서 왕에게 말했다.

"작년에 사신 유용이 왔을 때 개독례開讀禮(책봉 문서를 개봉해 읽는 의식)에 3천 냥이었는데 지금은 1만 냥을 얻으려 하니, 이를 가지고 미루어 본다면 서울에 들어온 뒤 대경례大慶禮와 상·하마연上下馬宴 등의 예식에서 저들의 요구가 얼마나 될지 알 수 없습니다."[39]

명나라 사신들의 은 요구는 명나라가 망할 때까지 계속됐다. 다만, 한 예외가 있었다. 1626년에 명나라 황자의 탄생을 알리려 조선에 온 한림원 학사 강왈광은 은을 요구하지 않았을 뿐 아니라, 예물조차 받지 않았다. 그는 여진족(후금)이 만주에서 세력을 확대함에 따라 조선에 군사 원조를 요청해야 하는 처지였다. 그가 돌아갈 때 도성 백성들이 길을 막고 그 덕을 칭송하였는데, 그 숫자가 거의 1만 5천~1만 6천 명에 이르렀다.[40]

나주 사람 장유(1587~1638)가 그 무렵에 쓴 시다.

피죽 피죽 피죽새 울음소리
쌀은 적고 물 많으니 죽이 잘 익겠냐고.
지난해 큰물 지고 지지난해 가뭄 들어
세금도 못 바친 채 농부들 통곡하네.
죽이라도 먹게 되면 굶어 죽진 않을 테니
피죽새여 싫다 말고 가끔 가끔 울어 주오.[41]

의병장 양대박의 아들이요, 임탁의 시 벗이던 양경우도 이런 시를 남겼다.

피죽 피죽 피 끓여 죽 쑤어도 나쁘지 않아.

지난해 추수 못해 백성들 굶주린다.

푸성귀도 없는데 하물며 피죽 있으랴.

조밥꽃 쌀밥꽃 먹지도 못하는데

피죽이라 외쳐본들 무슨 이익이 되리오.

고을 아전들 장부책 손에 들고 와서

거두는 세금은 종류도 많구나.

아! 피죽으로 주린 배도 채우지 못하거늘

민가의 세금이 어디에서 나올까.[42]

허균은 백성의 삶이 고려 때보다 더 나빠졌다고 생각했다. 백성들이 언제까지나 참고 있을 것 같지 않았다.

"천하에 두려워해야 할 바는 오직 백성일 뿐이다. 홍수나 화재, 호랑이, 표범보다도 훨씬 더 백성을 두려워해야 하는데, 윗자리에 있는 사람이 항상 업신여기며 모질게 부려먹음은 도대체 어떤 이유인가?

항상 눈앞의 일들에 얽매이고, 그냥 따라서 법이나 지키면서 윗사람에게 부림을 당하는 사람들이란 항민恒民이다. 항민이란 두렵지 않다. 모질게 빼앗겨서, 집안의 수입과 땅의 소출을 다 바쳐서, 한없는 요구에 제공하느라 시름하고 탄식하면서 그들의 윗사람을 탓하는 사람들이란 원민怨民이다. 원민도 결코 두렵지 않다. 자취를 푸줏간 속에 숨기고 몰래 딴 마음을 품고서, 천지간天地間을 흘겨보다가 혹시 시대적인 변고라도 있다면 자기의 소원을 실현하고 싶어 하는 사람들이란 호민豪民이다. 대저 호민이란 몹시 두려워해야 할 사람이다. 호민은 나라의 허술한 틈을 엿보고 일의 형세가 편승할 만한가를 노리다가, 팔을 휘두르며 밭두렁 위에서 한 차례 소리 지르면, 저들 원민이란 자들이 소리만 듣고도 모여 들어 모의하지 않고도 함께 외쳐대기 마련이다. 저들 항민이란 자들도 역시 살아갈 길을 찾느라 호미, 고무래, 창 자루를 들고 따라와서 무도한 놈들을 쳐 죽이지 않을 수 없는 것이다. 지금 백성들의 시름과 원망이 고려 말엽보다 훨씬 심하다. 그러나 위에 있는 사람은 태평스러운 듯 두려워할 줄을 모르니 우리나라에는 호민豪民이 없기 때문이다."

허균은 전라도와 인연이 쉬이 끊어지지 않았다.

서울로 돌아간 1609년 9월에 허균은 매창에게 편지를 썼다.

'봉래산 가을빛이 한창 짙어가니, 돌아가고픈 생각이 문득문득 난다오. 내가 자연으로 돌아가겠다는 약속을 저버렸다고, 계랑(매창)은 반드시 웃을 거외다.'

어쩌다 보니 2년 뒤 함열로 귀양을 왔다. 귀양에서 풀려난 뒤에도 전라도를 여행했다. 그러나 전라도에 있는 동안 그가 무슨 일을 하고, 어떤 생각을 했는지는 꽤나 감춰져 있다. 전운판관으로 있을 때 쓴 46편의 시가 문집에서 빠져 있고, 부안 생활을 할 때의 기록도 거의 없다. 허균이 가까이하던 서얼들이 역모죄로 붙잡혀 갔을 때, 허균이 혐의를 받을 것 같아 없앤 까닭일 것이다.

허균은 치열한 정쟁의 한가운데서 무언가를 모색하다 1618년 역모죄로 처참한 죽음을 당했다. 조선 왕조에서 권력 투쟁에 휘말려 죽음을 당한 사람은 거의 모두 복권해 억울함을 풀어줬다. 딱 두 사람은 영원히 신원伸寃(억울하게 뒤집어쓴 죄를 푸는 것)을 못했다. 한 사람은 허균이고, 다른 한 사람은 1589년 역모 혐의로 쫓기다 자결한 정여립이다.

고부의 도인 남궁두는 허균을 만났을 때, 이렇게 속마음을 털어놓았다.

"스승님께서 내가 이미 지상의 신선은 되었으니 부지런히 수련하면 8백 살은 살 수 있을 거라 하셨는데, 산 속이 너무 적막하여 속세로 내려왔으나 아는 사람 하나 없을 뿐더러, 가는 곳마다 젊은이들이 나의 늙고 누추함을 멸시하여 인간의 재미라고는 전혀 없네. 사람은 내내 즐거운 일을 보고자 하는데, 쓸쓸하기만 하고 즐거움이라고는 없으니 내가 왜 오래 살려고 하겠는가? 그래서 속세의 음식을 금하지 않고 아들을 안고 손자들 재롱을 보며 여생을 보내다가 자연의 변화에 따라 깨끗이 흙으로 돌아가 하늘이 주신 바에 순종하려네."

오래 산다는 것도 결국 다 허망한 것인가?

허균이 죽고 2년 뒤 남궁두는 더는 세상에 사는 것이 의미가 없는 것 같았다. 그는 스승의 말을 좇아 열심히 수련하여 승천하고자 했다. 나름 자신이 생기자 그는 고부 두승산 끝자락인 천태산에 올라가 승천을 시도했다. 그러나 실패하고 그만 땅에 떨어져 죽고 말았다. 기록에 있는 이야기는 아니고, 고부 지방에 전해 내려오는 이야기다.

세종실록의 지리지 전라도 조에는 지리산을 삼신산 가운데 하나인 방장산이라 한다는 이야기가 실려 있다.

'명산은 지리산인데 남원에 있다. 속설에 전하기를, 옥황상제가 그 위에 살고, 여러 신선이 모이며, 여러 용이 살고 있다고 한다. 두보의 시에 소위 방장은 삼한 밖이라고 한 설명이 있고, 『통감집람通鑑輯覽』에 방장方丈은 대방군 남쪽에 있다 하였는데, 이 산을 말하는 것이다.'

실록은 이에 덧붙여, 변산을 일명 영주산瀛洲山이라 한다 하였고, 부안에 있는데 여러 겹으로 높고 크며, 바위로 된 골짜기가 깊고 으늑하며, 전함을 만드는 재목이 이곳에서 많이 난다고 했다.[43]

『삼국사기』 백제 무왕조(634년 3월)에 '대궐 남쪽에 못[44]을 파서 20여 리 밖에서 물을 끌어들이고, 사면 언덕에 버들을 심고 물 가운데 방장선산方丈仙山을 모방하여 섬을 쌓았다'는 내용이 있다. 삼신산 전설이 이미 백제에 퍼져 있음을 알 수 있다.

그런데, 신라 성덕왕조(733년 12월)에 보면, 왕이 조카 김지렴을 당에 보내 올린 표문에 '신의 땅은 봉래와 방호로 막혀 있으나'라는 구절이 있다. 삼신산이 '중국의 동해'에 있다는 생각을 그대로 드러내고 있다. 신선이 사는 산이 우리나라에 있다는 생각은 그보다 한참 뒤에 나온 것 같다.

언제부터인가 호남에 삼신산이 있다는 이야기가 생겨났다. 부안의 변산이 봉래산, 고부의 두승산이 영주산, 고창의 반등산이 방장산이라는 것이다. 1899년에 편찬된 『장성군읍지』에는 '반등산은 북이면에 있고 노령에서 유래하며 고창과 경계를 이룬다. 일명 방장산이라고 한다. 고부의 두승산을 영주산, 부안의 변산을 봉래산이라 하여 세 산을 삼신산이라 한다'고 쓰여 있다.

기록을 살펴보면, 부안의 변산은 오래 전부터 봉래산이라고도 했고, 영주산이라고도 했다. 고부 두승산 아래 선돌(입석) 마을은 고려시대 영주도호부가 있던 곳이다. 이것이 두승산을 영주산으로 부르는 근거가 된 것 같다. 고창의 반등산(방등산)을 방장산이라 부른 것은 조선 중기 이후의 일이다. 병자년 후금의 침략 이후, 조선을 소중화로 여기는 사고가 짙어지면서 '호남 3신산' 이야기도 생겨난 것이 아닌가 한다.

권극중(1585~1659)은 고부 사람이다. 호는 청하靑霞, 곧 푸른 안개다. 예학의 대가인 사계 김장생(1548~1631)[45]의 제자 석계 최명룡에게 배웠다. 스승의 추천으로 연산에 살던 김장생을 찾아가 직접 배우기도 했다.

최명룡은 음양오행, 도교의 방술, 불교, 노자 사상 등에 두루 통달했다고 한다.[46] 문인화가로도 이름을 날렸다. 김장생은 석계가 '악을 너무나 심하게 미워하여 사람에게 불선한 일이 있다는 말을 들으면 자신을 더럽힐 것처럼 여기었다'면서 '세상에 대해 분개하고 사특한 사람을 미워한 나머지 매양 동지同志들과 시사時事를 언급할 때마다 목소리와 안색이 상기되었으므로 사람들이 모두 긴장하고 들었다'고 묘갈명에 썼다.

권극중은 스물여덟 살에 진사시進士試에 합격했으나, 정쟁이 격화되는 시기를 맞아 벼슬길을 등지고 낙향해, 두승산 아래 살았다. 서른네 살 때 광해군에 의해 인목대비가 폐위되자, 강상의 대의가 무너졌으니 어찌 입신하기를 바라겠느냐며 통곡하고는 세상사에 초연하며 살았다.

어려서 임진전쟁을 겪었고, 명나라에 지원병 파견, 병자년 청나라의 침략을 경험한 그는 당시 백성들의 고단한 삶을 묘사한 시를 많이 남겼다. 그 가운데서도 「텅 빈 마을空村」이란 시가 읽는 이의 마음을 울린다.

백성들은 날로 곤궁해지는데
관가는 세금을 거두어 풍족해지네.
노인은 강둑 쌓는 작업에 나가고
자식은 성 쌓는 부역에 불려갔네.
폐가에는 소와 양이 밖에 버려져 있고
텅 빈 마을엔 아전들만 뽐내며 다니네.
가을비에 다리가 물에 잠겨 버렸는데
세금 실은 수레는 어떻게 건널까?

텅 빈 마을엔 뽕나무만 우거졌고
지는 해에 희미한 연기가 보이는데
젊은 아낙이 다리 가에 슬피 우나니
출정했던 남편이 시체로 돌아왔다네.
세금을 재촉하는 공문서는 날아오고
찬 서리는 가을 위세를 더욱 떨치네.
해가 다 가도 좋은 방도가 없으니
새벽 밥 지을 때 베틀을 태워 불을 피우네.

두승산 밑에 살던 도인 남궁두는 권극중이 태어날 때 이미 환갑에 가까운 나이였지만, 권극중이 삼십대에 이를 때까지도 살아 있었다. 게다가 권극중의 외가가 함열 남궁 씨이고, 그가 남긴 시 가운데 「남궁진사를 추모함^{挽南宮進士}」⁴⁷⁾이란 제목의 만시가 있는 것을 보면 두 사람은 알고 지낸 사이일 수도 있다.

권극중은 석주^{石洲} 권필, 택당^{澤堂} 이식, 동명^{東溟} 정두경 등과 교류하였는데, 이 가운데 정두경은 북창 정렴의 후손⁴⁸⁾으로서 권극중의 시집에 서문을 쓴 사람이다.

권극중이 쓴 책에 『참동계 주해^{參同契 註解}』가 있다. 위백량이 참동계에서 주장했듯이 권극중도 이 책에서 유가의 역의 괘상과 도가의 단법 원리가 부합함을 피력한다. 그는 태극은 만물의 근본이 되며 만물은 변화를 통해 결국 소멸할 수밖에 없는데, 다시 태극으로 소급해 들어가는 것이 단가 수련이며 생사를 극복하는 불생불사^{不生不死}의 도라고 했다. 이는 선인이나 부처가 다 같이 지향하는 바이므로, 선과 불은 그 근원이 하나라는 선불동원론^{仙佛同源論}이다. 결국 유·불·선 삼도^{三道}는 태극을 종지로 하며, 모두 대역^{大易}에서 나왔다고 했다.

권극중의 견해는 『삼국사기』 신라 진흥왕조에 고운 최치원이 썼다는 난랑비 서문^{序文}의 내용을 생각나게 한다.

'나라에 현묘한 도가 있으니 풍류라 한다. (풍류는) 종교를 창설한 원천으로서 신선도의 사서에 상세히 실려 있다. 사실인 즉 (도·불·유) 3교의 사상을 이미 자체 내에 지니어 모든 생명을 가까이 하면 저절로 감화된다. 이를테면 집에 들어온 즉 효도하고, 나아간

즉 나라에 충성함은 노魯나라 사구(공자의 벼슬)의 교지와 같고, 하염없는 일에 머무르고 말없이 가르침을 실행함은 주周나라 주사(노자의 벼슬)의 종지와 같으며, 모든 악한 일을 짓지 않고 모든 선한 일을 받들어 실행함은 축건태자竺乾太子(석가모니)의 교화와 같다.'⁴⁹⁾

조선 말의 사상가들은 더 적극적으로 유불도 삼교의 회통으로 나아간다.

3장 주석

1) 호는 퇴사옹(退思翁), 어의로 명종의 신임을 받았다. 태의(太醫)로서『동의보감』편집에 참여했다.

2)『의림촬요』제5권 사수문 35: 중악 오절

3) 죽은 소나무 뿌리에 기생하는 버섯의 균핵이다.

4) 오행사상에서 사방의 기운은 동쪽이 나무(木), 서쪽이 쇠(金), 남쪽이 불(火), 북쪽이 물(水), 중앙이 흙(土)이다. 계절로는 동쪽이 봄, 서쪽이 가을, 남쪽이 여름, 북쪽이 겨울이고, 색깔로는 동쪽이 푸른색(靑), 서쪽이 흰색(白), 남쪽이 붉은색(朱, 緇), 북쪽이 검은색(玄, 黑), 중앙은 노란색(黃)이다.

5) 위앤커, 전인초 김선자 옮김,『중국신화전설 1』, 민음사, 1999년, 391~392쪽. '공자께서 구이에 가서 살고 싶어 하셨다(子欲居九夷)'라는 이야기는『논어』자한 편에 나온다.『후한서』에 동이(東夷)는 구이(九夷)라고 기록돼 있다. 구이는 ①견이(畎夷) ②우이(于夷) ③방이(方夷) ④황이(黃夷) ⑤백이(白夷) ⑥적이(赤夷) ⑦현이(玄夷) ⑧풍이(風夷) ⑨양이(陽夷)이다.

6) 중국 하남(河南) 삼문협(三門峽) 동북쪽 황하 중심에 있는 산 이름이다. 황하의 물결이 이 지점에 와서 갈라져 두 갈래로 산을 싸고 흐르는데, 아무리 거세게 흘러도 이 산을 무너뜨리지 못한다 하여 난세에 지조를 지키는 선비를 비유하는 말로 썼다.

7) 중국을 기준으로 서해를 말한다. 삼신산의 하나인 봉래산과 3만 리나 떨어져 있다고 한다. 지극히 먼 거리를 표현할 때 봉래약수(蓬萊弱水)라 한다.

8)『산해경』,『열자』등에 나오는 지명으로, 바다이다. 위치에 대한 설명은 혼란스럽다.

9) 방호(方壺)라고도 한다.

10) 위앤커, 앞의 책, 123~124쪽

11) 사마천,『사기』진시황 본기

12) 사마천,『사기』효무 본기

13) 軒轅. 헌원이라는 언덕에서 살아서 헌원 씨라 불렸다고도 하고, 수레를

만들어내서 그런 이름을 붙였다고도 한다. 헌과 원 모두 수레라는 뜻을 갖고 있다.

14) 叢小榕, 『中國五千年の物語』(第1券), 總合法令出版株式會社, 2005년

15) 포박자(抱朴子)는 갈홍의 호인데, 책의 내용을 포박자가 말하는 방식으로 서술하고, 이를 책의 제목으로 삼았다.

16) 대개 수은 중독으로 숨졌다. 임사영, 류준형 옮김, 『황제들의 당 제국사』, 푸른역사, 2016년

17) 양반의 자손 가운데 정실부인이 아닌 첩의 소생을 서얼이라 한다. 서는 양인(良人) 첩의 자손, 얼은 천인(賤人) 첩의 자손을 말한다.

18) 외국어 교육기관이자 통·번역 사무와 실무를 맡던 사역원(司譯院) 소속의 관리

19) 『성소부부고』 제8권 문부(文部) 5 전(傳), 손곡산인전(蓀谷山人傳)

20) 『성소부부고』, 손곡산인전(蓀谷山人傳)

21) 서얼의 소통을 요청하는 박지원(1737~1805)의 '의청소통소'에 있는 이야기다.

22) 이상백, 「서얼금고시말」, 『동방학지』 연세대학교 국학연구원, 1954

23) 『성소부부고』 제11권 문부(文部) 8 논(論) 5.유재론(遺才論)

24) 『성소부부고』 제21권 문부(文部) 18 척독하(尺牘下), 조지세에게 보냄, 무신년(1608)

25) 『성소부부고』 제10권 문부(文部) 7 서(書) 최분음(崔汾陰)에게 답하는 글

26) 선조수정실록 26권, 선조 25년 8월 1일 무자 12번째 기사

27) 한성부(漢城府) 수장인 판윤 밑에 좌윤과 우윤이 있다. 종2품 벼슬이다.

28) 입으로 묵은 기운을 내뿜고 코로 새로운 기운을 들이마시는 호흡법.

29) 선조실록 211권, 선조 40년(1607) 5월 4일 병인 2번째 기사

30) 어느 날 시인 권필이 벗 허균과 함께 늦도록 술을 마시고 잠을 잤는데 꿈에 술에 취한 김덕령이 나타나 억울함을 호소했다. 권필이 꿈에 작은 책을 얻었는데, 김덕령의 시집이었다. 첫머리가 '취시가(醉時歌, 술에 취해 부르는 노래)'란 제목으로 이런 시가 있었다.
'취해서 부르는 이 노래 들어주는 이 없네 / 꽃과 달에 취하는 것도 바

라지 않고 / 높은 공을 세우는 것도 바라지 않네 / 공을 세우는 것도 뜬구름이고 / 꽃과 달에 취하는 것도 뜬구름 / 취해서 부르는 이 노래 / 아무도 내 마음 알아주는 이 없네 / 다만 긴 칼 들고 밝은 임금 받들고저(醉時歌 此曲無人聞 我不要醉花月 我不要樹功勳 樹功勳也是浮雲 醉花月也是浮雲 醉時歌 無人知我心 只願長劍奉明君)'

권필이 이에 화답하는 시를 지어, 김덕령의 혼을 위로했다고 한다.

'장군께서 지난 날 금빛 창을 잡았건만 / 장한 뜻 도중에 꺾이니 어찌 된 운명인가 / 지하의 영령께서 한이 그지없어 / 취하여 부르신 노래 아직도 생생하네(將軍昔日把金戈 壯志中摧奈命何 地下英靈無限恨 分明一曲醉時歌)'

31) 중국 위(魏) · 진(晉) 시대에 쓰인 도교 수련서로, 인체를 상 · 중 · 하 세 부분으로 구분하고, 사람 몸의 모든 기관에 있는 신(神)을 잘 섬겨 정(精) · 기(氣) · 신(神)을 잘 닦아 황정(黃庭)에 응집시켜야 한다는 양생의 원리를 담고 있다.

32) 『성소부부고』 제12권, 문부 9 변(辨), 벽곡변(辟穀辨)

33) 허균이 쓴 『남궁선생전』에는 '선생이 고부에서 걸어서 나의 여관방을 찾아주셨다'고 쓰여 있다. 도인 남궁두가 허균을 잘 알 리도 없고, 일부러 찾아가 만날 이유도 없었을 것임을 고려하면, 허균이 소문을 듣고 고부로 찾아갔을 수도 있다. 유학을 하는 벼슬아치가 도교의 인물을 찾아갔다고 하면 곤란할 수 있어, 그렇게 서술한 것으로 짐작한다.

34) 가정 삼십사 년 을묘 삼월 초칠일 사마방목(嘉靖三十四年乙卯三月初七日司馬榜目), 고려대학교 도서관, https://library.korea.ac.kr/search/detail/RBKTOT000001251997#.We7qyZ4Ul9A

35) 『성소부부고』 제4권 문부(文部) 1 서(序), 섭생월찬서(攝生月纂序). 성소부부고 제8권 문부(文部) 5 전(傳), 남궁선생전(南宮先生傳)

36) 『연려실기술』 제9권 중종조 고사본말(中宗朝故事本末) 중종조의 유일(遺逸)

37) 만사의 내용은 이렇다.
生讀破萬卷書(평생에 만 권의 책을 읽었고), 日飲盡千鍾酒(하루에 천 잔의 술을 마셨다네) 高談伏羲以上事(복희씨 이전의 일만 얘기하고) 俗說從來不卦口(속된 얘기는 입에 담지도 않았지) 顔回三十稱亞聖(안회는 삼십에도 성인에 버금갔거늘) 先生之壽何其久(선생의 삶은 어찌 그리 길었던고)

38) 선조실록 148권, 선조 35년 3월 19일 신사 2번째 기사

39) 광해군일기 '중초본' 31권, 광해 2년 7월 2일 을사 2번째 기사

40) 인조실록 13권, 인조 4년 6월 21일 임진 2번째 기사

41) 시 '희작사금어(戲作四禽語)'의 일부다. 원문은 이렇다.
稷粥稷粥 稷粥稷粥 前年大水往年旱 官租未輸農夫哭 喫粥不飽猶免饑
勸君莫厭稷粥稀

42) 稷粥稷粥 煎稷作粥也不惡 去年失秋民苦飢 菇草不辭況稷粥 粟飯花稻飯
花喫不得 汝呼稷粥復何益 里胥手持官帖來 租稅之徵多色目 嗚呼稷粥
充腸不可得 民家租稅從何出

43) 『세종실록 지리지』엔 강원도 금강산(金剛山)에 대해 '일명 개골(皆骨),
또는 풍악(楓岳)이라 한다'고만 했다. 금강산을 봉래산, 한라산을 영주
산이라고 한 것은 그 뒤의 일인 듯하다.

44) 대개 부여 궁남지로 추정한다.

45) 대사헌을 지낸 김계휘(金繼輝)의 아들이고, 김집의 아버지다. 어려서
송익필에게 예학을 배웠고, 율곡 이이의 문인이 되었다. 1578년(선조
11년) 학행(學行)으로 천거되어 창릉참봉(昌陵參奉)을 지냈고 호조정
랑, 익산군수를 맡았다. 1610년(광해군 2년) 회양·철원부사로 일했
다. 1613년 계축옥사 때 동생이 연좌되었다가 무혐의로 풀려나자, 관
직을 버리고 연산에 은둔해 학문에 전념했다. 인조반정에 주도적으로
참여한 이귀(李貴)와 함께 인조 초반의 정국을 서인 중심으로 안착시
키는 데 큰 역할을 했다. 송시열, 송준길, 장유, 최명길 등의 제자를
길렀다.

46) 김장생의 최명룡 묘갈명, 『국조인물고』 권53 우계·율곡·종유 친자인
(牛栗從游親炙人)

47) 擺脫塵中累 逍遙物外身 早辭京輦下 晚卜海山濱 鸞鶴迎仙駕 漁樵失主
人 他年吊古處 遺跡漆園春

48) 정두경의 증조부 정담(鄭擔)이 정렴(鄭廉)의 동생이다. 정두경의 고조
부는 을사사화를 일으킨 주역인 정순붕이다.
온양 정씨로 이 가문에서 도인으로 불리는 사람이 많이 나왔다. 정렴의
막내 동생인 고옥 정작(鄭碏), 정작의 사촌 형인 계향당(桂香堂) 정초
(鄭礎)도 신선으로 불렸다. 정렴의 조카(정담의 아들) 정지승도 『해동
전도록』에 도인으로 이름이 전한다.

49) 원문은 '實乃 包含三教 接化群生'이다. 안창범(제주대 명예교수)의 번역을 따른다. 안창범이 '사실인 즉 (도,불,유) 3교의 사상을 이미 자체 내에 지니어 모든 생명을 가까이하면 저절로 감화된다'라고 번역한 대목을 이강래의 『삼국사기』에선 '실로 세 가지 가르침을 포함해 뭇 중생들을 교화하는 것이다'라고 번역했다. 대개의 삼국사기 해석이 이강래의 해석 쪽에 가깝다.

4장

—

땅

벽골제와 눌제의 수축은 그 아래 드넓은
묵은땅을 농토로 되살리기 위한 대공사였다.
이를 보면, 전라도의 옥토는
하늘이 내린 것이 아니라,
사람들이 피땀 흘려 개척한 것이다.

'곡식이 익지 않은 것을 기饑라 하고, 채소가 익지 않은 것을 근饉이라 한다.'[1]

기근은 슬픈 단어다. 기아飢餓 곧 굶주림이 뒤를 잇고, 그 뒤에 또 다른 비극이 기다리고 있기 때문이다.

사람들이 한 곳에 정착해 농사를 지어 먹고 살기 시작한 이래 가장 두려운 것은 한 해 농사를 망치는 일이었을 것이다. 곡식과 푸성귀가 못 자라게 하는 가뭄이나 애써 기르던 작물을 망가뜨리는 홍수와 냉해가 없기를, 수확기에 메뚜기가 논밭을 훑고 지나가지 않기를 사람들은 간절한 마음으로 하늘에 빌었을 것이다.

'봄과 여름에 가뭄이 들어 (백성들이) 굶주렸으며 전염병이 돌았다.'

『삼국사기』[2]백제 온조왕 4년(기원전 15년)조의 기사다. 사람들이 굶주려 몸이 약해져 있을 때 전염병은 더 잘 퍼진다.

재위 13년째 되던 해 온조왕은 한강을 건너가 강의 남쪽을 돌아보았다. 땅이 기름졌다. 이듬해 강 건너로 도읍을 옮겼다. 고을을 돌아다니며 힘써 농사를 장려하였다. 그러나 자연의 무심함은 여전했다.

온조왕 28년 여름 4월에 서리가 내려 보리를 해쳤다. 이듬해 여름 4월에는 우박이 내렸다. 온조왕 37년 봄 3월에도 우박이 내렸는데 큰 것은 계란만 했다. 까마귀, 참새가 우박에 맞아 죽었다.

4월에는 가물더니 6월이 되어서야 비가 내렸다. 한강 동북쪽 고을에 흉년이 들어 고구려로 도망간 이가 1천여 가구나 되었다. 온조왕 45년에도 봄과 여름에 크게 가물어 초목이 메말랐다.

온조왕의 뒤를 이은 다루왕 때도 자연재해는 여전했다. 다루왕은 수습에 애를 썼다.

'가을에 곡식이 익지 않았으므로 백성들이 사사로이 술 빚는 것을 금하였다. 겨울 10월에 왕이 동부와 서부를 순행하며 백성들을 위무하고, 가난해서 스스로 생활할 수 없는 이들에게는 사람마다 곡식 2석을 지급해주었다.'(다루왕 11년)

'6월에 큰비가 열흘 동안이나 내려, 한강의 물이 불어나서 백성들의 집이 물에 떠내려가고 무너졌다. 가을 7월에 관련 부서에 명해 수해를 입은 농지를 복구하게 했다.'(다루왕 40년)

초고왕 46년(211)에는 메뚜기떼가 들을 덮쳤다.[3]

'가을 8월에 남쪽 지방에서 누리[4]가 곡식을 해치니 백성들이 굶주렸다.'

기근이 들어 먹을 것이 없는데도 나라가 백성을 구휼하지 못하면 굶주린 백성은 도적이 되거나, 다른 나라로 달아나 살 길을 찾았다. 이도 저도 못하는 사람들은 소나무 속껍질을 벗겨 먹으며 목숨을 이어갔다.

삼국사기에 굶주린 왜인倭人들이 신라에 왔다는 기록도 보인다. 신라 벌휴 이사금 10년(193)조에 '6월에 왜인이 크게 굶주려 먹을 것을 구하러 온 사람이 1천여 명이나 되었다'는 기사가 실려 있다.

굶주림을 면하고자 자식을 파는 사람도 있었다.

백제 근초고왕 8년(382)에 '봄부터 6월까지 비가 오지 않아 백성들이 굶주려 자식을 파는 이까지 있게 되자, 왕이 관청 곡식을 내어 갚아서 물러주었다'고 한다. 신라 눌지 마립간 4년(420)조에도 '가을 7월에 서리가 내려 곡식을 죽이니 백성들이 굶주려 자손을 파는 이마저 있었다'고 기록돼 있다. 신라 헌덕왕 13년(823)조에도 같은 기록이 있다.

가장 비참한 것은 굶주린 사람들이 서로 잡아먹었다는 기록이다.

'봄과 여름에 크게 가물어 백성들이 굶주리자 서로 잡아먹고 도적들이 크게 일어나므로 왕이 이들을 위무해 안정시켰다.'(백제 온조왕 33년)

사람들이 굶주리다 서로 잡아먹었다는 이야기는 삼국사기의 백제본기에서만 다루왕 32년(59), 비류왕 28년(333)조에 또 나온다. 24대 동성왕 21년(499)에는 더 심한 일도 있었다.

'여름에 크게 가물어 백성들이 굶주려서 서로 잡아먹고 도적들이 많이 일어나자 신료들이 창고를 풀어 진휼해 구제하기를 청했

으나 왕이 듣지 않았다. 한산漢山 사람으로 고구려에 도망간 이들이 2천 명이었다.'

동성왕은 이듬해 궁궐 동쪽에 높이가 5장丈5)에 이르는 임류각을 세우고 못을 파고 진귀한 새를 길렀다. 신하들이 항의하는 글을 올렸으나 답을 하지 않고, 다시 간하는 이가 있을까 염려해 궁궐 문까지 닫아걸었다.

그 이듬해에도 3월에 서리가 내려 보리를 해치고, 여름 5월부터 가을까지 비가 내리지 않았다. 동성왕은 10월부터 사냥에 나섰는데, 11월에 위사좌평 백가가 왕을 죽이라고 자객을 보냈다. 부상을 입은 동성왕은 12월에 죽었다.

'겨울 11월에 왕이 나라 안을 두루 다니다가 한 노파가 굶주림과 추위로 곧 죽으려 하는 것을 보고 말하기를, 내가 보잘것없는 몸으로 임금 자리에 있으면서 백성을 잘 기르지 못해 늙고 유약한 이들로 하여금 이 지경에 이르게 하였으니, 이는 나의 죄로다, 하고 옷을 벗어 덮어주고 음식을 주어 먹였다.'

신라 유리 이사금 5년(28)조에 나오는 이야기다.

굶주리는 사람이 생기면 구휼하고, 그런 일이 생기기 전에 농사가 잘 되게 백성을 이끄는 것이야말로 왕의 일이다.

일성 이사금은 재위 11년(144) 봄 2월에 이런 명령을 내렸다.

"농사는 정치의 근본이요, 먹는 것은 백성에게 하늘과 같은 것이니 모든 주·군에서는 제방을 수리 보완하고 밭과 들을 널리 개간하라."

왕들은 백성들이 농사에 최대한 전념할 수 있도록 방해물을 제거하려 애썼다.

'봄 3월에 주·군에 명해 토목공사를 일으켜서 농사철을 빼앗는 일이 없도록 하였다.'(벌휴 이사금 4년, 187)

'봄 2월에 명령을 내려 무릇 농사를 해치는 일은 일체 없애도록 하였다.'(미추 이사금 11년, 272)

'지난번 가뭄으로 인해 농사가 순조롭게 되지 못했으나, 이제는 땅이 기름지고 생기가 일어나 농사일이 바야흐로 시작될 터이니, 무릇 백성을 수고롭게 하는 일은 모두 중지하라고 하였다.'(흘해 이사금 9년, 319)

『삼국지』 위서 동이전에는 '변한弁韓의 땅은 오곡과 벼 심기에 좋다'고 기록돼 있다. 오곡이라고 써 놓고 벼를 따로 거론한 것은 당시에는 벼가 오곡에 속하지 않았다는 이야기다. 아마도 삼한시대에 쌀은 누구나 먹을 수 있는 흔한 곡식이 아니었기 때문일 것이다. 그 시대의 중국 기록엔 삼麻이 오곡에 포함돼 있었다.

쌀, 보리, 콩, 조, 기장은 우리나라에서 옛날부터 재배하던 대표적인 곡식이다. 삼국시대의 유적에서는 팥, 밀도 나왔다.

전주시립박물관장 전영래는 1966~1967년에 걸쳐 전라북도 부안 지방의 고대 성터를 조사했다. 이때 부안군 보안면과 주산면의 경계 지역에 있는 소산(배메산) 성터에서 선사시대 유물을 발굴했는데, 홍도紅陶, 흑도黑陶, 마제석검편磨製石劍片, 석촉石鏃, 삼각형 돌칼 등과 함께 사질 민무늬토기 조각을 수습했다. 전영래는 조사보고서를 작성하기 위해 토기 조각을 실측하는 과정에서 놀라운 것을 발견했다. 토기를 빚을 때 흙 반죽에 묻은 것으로 보이는 길이 6.5㎜, 폭 3.8㎜의 볍씨 자국이 토기 조각에 또렷하게 새겨져 있었다. 그것은 우리나라에서도 청동기 시대에 이미 벼를 재배하고 있었다는 최초의 증거물이었다.[6]

백제와 신라의 왕들은 벼농사를 발전시키려고 많은 애를 썼다.

삼국사기 신라본기에는 좋은 종자를 발견하고 기뻐했다는 이야기가 여럿 보인다.[7]

'벌휴 이사금 3년(186) 가을 7월에 남신현에서 상서로운 벼이삭[8]을 진상하였다.'

'조분 이사금 13년(242)에는 가을에 풍년이 크게 들었고, 고타군에서 상서로운 벼이삭을 진상했다.'

'헌강왕 6년(880)에는 웅주에서 상서로운 벼이삭을 진상했다.'

'신라 눌지 마립간은 백성들에게 우차牛車 쓰는 법을 가르쳤고(43년), 지증 마립간은 처음으로 소를 이용해 논밭을 갈게 했다(502년).'

'백제에선 왕의 명으로 벼농사를 위해 논을 만들고, 제방을 수리하고, 논을 개간하게 했다는 기록이 전한다.

백제 다루왕은 재위 6년째 되던 해(33년) 나라 남쪽 지방의 주·군에 명령을 내려 처음으로 벼농사를 위한 논稻田을 만들게 했다.'

'구수왕 9년(222) 봄 2월에 관련 부서에 명해 제방을 수리하게 하였다.'

'고이왕 9년(242)엔 나라 사람들에게 명해 남택南澤에 벼농사를

지을 논을 개간하게 하였다.'

이 무렵 지금의 전라도 지역엔 마한 소국들이 산재해 있었다. 이들도 소규모의 수리시설을 만들어 이용한 것 같다. 보성의 조성리 유적에선 기원전 1세기에서 기원후 1세기 무렵에 활용한 보洑로 보이는 목조 구조물이 발견됐다.

우리나라에는 산지 높은 곳에서 아래로 퇴적 물질이 흘러내려 완만한 산기슭(산비탈이 끝나는 아랫부분)이 많이 발달해 있다. 이 산기슭은 숲을 불태워 밭을 만들기가 쉽고, 홍수 피해를 피할 수 있고, 흙이 부드러워 농작업을 하기가 쉬우며, 생활자원도 풍부해서 맨 먼저 개간 대상지가 되었다. 이어 하천 중하류의 충적지, 나아가 해안 간석지로 농지 개간이 확대돼 왔다. 산간지에서는 둑堤를 쌓아 저수지를 만들고, 평지로 내려와서는 보洑를 쌓아 물길을 돌리고, 간석지에는 방조제堤를 쌓아 바닷물을 막아서 농사를 짓는다.

벽골제[9]를 쌓은 것은 농지 개간의 역사에서 하나의 혁명이라 할 만하다.

'처음으로 벽골지碧骨池를 만드니, 둑의 길이가 1천 8백 보였다.'[10] 삼국사기에는 이렇게 아주 짧은 문장으로 기록돼 있다.[11]

아라이 히로시新井宏는 신라 왕경 복원 결과와 삼국사기·삼국유사의 기록을 비교 분석한 결과, 1보는 1.6m로 계산됐다고 밝혔다. 이로 계산하면 삼국사기에 기록된 벽골지의 제방 길이는 2.88km다.[12]

벽골지는 벽골제碧骨堤라고도 한다. 현재 전라북도 김제시 부량면에 있는 벽골제는 축조 기록과 제방 흔적이 남아 있는, 우리나라에서 가장 오래되고 가장 큰 수리시설이다. 신라 눌지 마립간 13년(427)조에는 '새로 시제矢堤를 쌓았는데 둑의 둘레가 2천 1백 70보였다'는 기록도 있다. 벽골지보다 더 큰 시제라는 저수지를 만들었다는데, 그것이 어디에 쌓은 것인지 알 수가 없다.

벽골지는 신라 흘해 이사금 21년(330)에 축조했다고 삼국사기 신라본기에 기록돼 있다. 삼국유사 왕력 편에서는, 신라 흘해왕 때 쌓았다고 전하고 있다. 신라가 벽골제를 축조했다는 것인데, 믿기는 어렵다. 김제(벽골)가 그 무렵 신라의 영토였다고 볼 만한 근거가 없기 때문이다. 벽골지는 백제 사람들이 축조했거나(비류왕 27년), 아직 백제가 이곳까지 세력을 넓히기 전 마한 소국, 또는 소국 연맹체가 힘을 모아 축조했을 것이다.[13]

1975년 김제군청은 벽골제 제방에 파묻혀 있는 수문 복원공사에 필요한 자료를 수집하기 위해 1차 발굴조사를 벌였다. 윤무병 충남대 교수가 단장을 맡아 2월 말부터 한 달여 동안 수문 2곳과 제방 일부를 조사했다.

제방 아래쪽 자연층과 인공 제방토 사이에는 두께가 1~2cm되는 흑색의 식물탄화층이 있었다. 이는 제방을 처음 쌓을 때, 이 지역 일대가 갈대 같은 식물로 무성했을 것임을 알려주는 것이다. 발굴조사단이 이 탄화층에서 시료를 채취해 방사성 탄소연대 측정법으로 분석했더니, 3개 시료 모두 대략 4세기(330~374년)의 것으로 추정됐다. 이는 벽골제를 330년에 축조했다는 옛 기록과 일치한다.

발굴보고서의 주요 내용은 이렇다.

'김제읍 서남방 6㎞ 지점에 위치한 부량면 포교리를 기점으로 하여, 남쪽으로 월승리에 이르는 평지에 남북으로 일직선을 이루는 3㎞에 달하는 제방이 잔존한다.'[14]

'(수문지 2개소에 대한) 이번 발굴에서 밝혀진 제방의 높이는 약 4.3m이다.'

'수문의 너비는 4.2m로서 여기에 사용된 돌기둥의 높이는 5.5m이며, 1개의 무게는 약 8톤에 달하고 있다. 저수지 수면의 만수 때 이 제방을 쌓음으로써 확보되는 점유 총 면적은 37㎢, 약 1,120만 평의 방대한 지역에 달한 것으로 계산되고 있다.'

이런 대규모 공사라면 얼마나 많은 인력을 동원했을까? 윤무병 발굴조사 단장은 이런 계산을 내놨다.

'제방의 길이는 약 3㎞에 이르고 있으므로 여기에 사용된 전체 흙은 16만 1,253㎥에 달하는 막대한 양이다. 1㎥의 흙을 파고 운반하여 다지는 작업에는 하루에 0.5~0.4명의 인력이 소모된다고 하므로, 이 공사에는 32만 2,500명이라는 방대한 연 인원이 동원되었어야 한다. 이 외에도 거석으로 구축된 수문 공사와 하천 유출처를 막는 난공사에 상당한 인원이 투입되었을 것이므로 총 작업인원 수는 위에 말한 숫자를 훨씬 초과한다고 봐야 하겠다.'

연인원 32만여 명이면, 1만 명 남짓한 인력이 한 달여 동안 날마다 일했다는 이야기가 된다. 물론 벽골제의 제방을 한 번에 다 쌓은 것은 아니다. 1975년 발굴조사 때, 두 군데 제방의 단면을 조사한 적이 있다. 제방 한 곳은 대략 세 번에 나누어 흙을 쌓은 것

으로 나타났다.[15]

백제가 멸망하고 한 세기가 지난 790년(원성왕 6년)에 신라가 벽골제를 증축했다. 전주 등 7개 주에서 사람들을 징발해 공사를 했다. 당시 신라의 지방 행정구역은 9주 5소경으로 구성돼 있었으니, 거의 전국에서 사람을 모아 대규모 토목공사를 벌였던 것이다.[16]

고려시대에도 벽골제를 증수했다는 기록이 있다.

'이 둑은 신라와 백제로부터 백성에게 이익을 주었다. 고려 현종 때에 와서 옛날 모습으로 보수하였고, 인종 21년 계해년에 와서 증수하였다.'(『신증동국여지승람』 제33권 전라도 김제군 고적)

그런데 인종은 증수한 지 불과 3년 만에 제방을 다시 허물어버렸다.

'1146년 2월 21일 무당의 말에 따라 내시 봉열奉說을 보내어 김제군에 새로 쌓은 벽골지의 제방을 트게 하였다.'(『고려사』 권17 세가 17 인종 24년)

그해는 인종이 병이 들어 무당의 말을 듣고 이런저런 일을 벌였다. 제방을 다시 쌓은 것이 왕에게 해를 끼쳤다는 말을 듣고 헐어버린 게 아닌가, 짐작한다.

영산북기맥에 있는 방장산에서 북쪽으로 두 개의 산줄기가 뻗어나간다. 서쪽의 산줄기는 방장산에서 소갈재小葛嶺(소위령)를 지나 흥덕의 배풍현, 부안의 흑방산, 변산으로 이어진다. 동쪽의 산줄기는 율치(밤고개)를 지나, 고부 두승산으로 이어진다. 이 두 개의 산줄기를 분수계로 하여 그 가운데로 고부천이 북쪽을 향해 흐른다. 눌제천, 눌천, 팔왕천이라고도 하는 고부천은 율치에서 발원하여 고부, 영원을 지나 부안의 백산을 거쳐 동진강에 합류한다.

1530년(조선 중종 25년) 편찬된 『신증동국여지승람』 전라도 고부군 산천 조에 눌제천에 대한 설명이 있다.

'근원은 흥덕현의 반등산에서 나와서, 군의 서쪽 10리에 와서 눌제천이 되고, 북쪽으로 흘러 부안의 동쪽에 와서 모천茅川[17]과 합하여 동진이 되어 바다로 들어간다.'

눌제천은 눌제訥堤 또는 눌지訥池에서 흘러나가는 물이 흐르는 강이다. 눌제의 옛 제방은 지금은 정읍시 고부에서 부안군 줄포로 가는 710번 지방도에 편입돼 있다. 고부면 관청리에서 신흥리에 이르는 길이다.[18]제방 남쪽에 눌제가 있었고, 눌제천의 물은 북쪽으로 흘렀다.

조선 세종 1년(1419) 전라도 감사가 눌제를 중수한 후에 보고한 글에 눌제의 규모가 기록돼 있다.

'고부군에 있는 눌제가 완성되어 둑의 길이가 3,480척이 되었다. 이해 정월 10일에 시작해 2월 10일에 끝마쳤는데, 역부는 1만 1,580명이었다.'(세종 1년 2월 25일)

고려 말에서 세종 초에 쓴 영조척營造尺은 1척이 32.21㎝, 세종 12년 개혁 이후 영조척 1척은 31.22㎝다. 이로 계산하면 눌제 둑의 길이는 약 1,121m 정도였음을 알 수 있다. 길이가 벽골제 둑의 3분의 1 정도이지만, 옛 제방으로는 이것도 매우 큰 규모다. 철종 7년(1856) 무렵에 완성된 것으로 추정되는 최성환과 김정호의 「여도비지」에는 '둑의 길이 1,200보, 둘레는 40리다'라고 적혀 있다.

실제 측량했다기보다는 그저 옛 기록을 옮겨 적은 것일 게다.

벽골제, 눌제와 함께 '3대 제'를 이루는 나머지 하나가 익산의 황등제黃登堤다.

익산 시내에서 원광대학교와 원불교 총부를 지나 함열, 강경으로 가는 국도 23호선을 타고 황등 쪽으로 가다 보면 논 가운데에 제방이 있다. 이 제방 가운데에 현대식 시멘트 다리가 세워져 있는데, 허리다리腰橋라고 한다. 익산시 황등면의 황등산과 익산시 신용동의 도치산 줄기 사이를 연결한 길이 약 1,300m의 이 제방이 황등호(요교호, 구교호라고도 한다) 제방이다. 지금은 제방 안쪽의 물은 다 빠지고 두 개의 물줄기를 빼고는 모두 논이 되었다.

『증보문헌비고』여지고 산천 편에 '황등제호는 일명 구교龜橋라고 하는데, 길이가 900보, 둘레가 25리, 익산군 서쪽 25리에 있으며 관개 지역이 매우 넓다'고 쓰여 있다.

세종실록의 지리지 전주부 조에는 큰 방죽 세 개가 있다며, 김제의 공덕제와 함께 상시제上屎堤와 하시제下屎堤를 거론하고 있다. 익산군 조에는 '큰 방죽이 하나인데, 상시上屎이다. 도의 서쪽 10리에 있다'고 했다. '상시'가 겹친다. 『신증동국여지승람』익산군 조에는 상시연上屎淵이 있다고 기록돼 있다. 조선 초기에는 상시제와 하시제, 상시연으로 불린 것 같다. 황등제호는 광해군 때 사람인 유형원의『반계수록』에 처음 나오는 이름이다.

눌제와 황등제는 언제 처음 수축한 것인지 기록이 없다. 벽골제와 매우 비슷한 특징을 갖고 있다는 점은 수축 시기를 추청하는 데 중요한 단서다.

우선 셋 다 옛 저수지치고는 규모가 매우 크다. 저수지가 작으면 지池라고 하고 크면 호湖라고 하는데, 우리나라에는 호라고 칭할 만큼 큰 저수지가 많지 않다. 벽골제와 함께, 상주 공검지, 홍주(당진)의 합덕제, 제천의 의림지, 평안도 영유의 덕지 정도가 호로 분류됐다.[19] 눌제와 황등제도 벽골제에 견줘 작을 뿐, 호라고 불리기에 손색이 없는 규모다.

눌제와 황등제는 벽골제처럼 평지형 저수지다. 저수지는 배후 산지의 규모와 수혜를 보는 지역의 경사도에 따라 산곡형과 평지형으로 나뉜다. 산곡형은 산과 산 사이의 협곡 요지凹地 앞에 둑을 쌓아 계곡물이나 빗물을 저장해서 아래쪽의 계단식 경지에 물을 공급한다. 평지형은 기복이 크지 않은 구릉지 사이의 요지를 좀 더 파내고 그 앞에 둑을 쌓아 만든 것이다. 백두대간의 영향으로 배후산지의 규모가 큰 경상도 지방에는 산곡형, 낮은 구릉성 산지로 이루어진 전라도 지방에는 평지형이 발달했다. 눌제와 황등제는 벽골제처럼 낮은 구릉과 구릉 사이에 길게 제방을 쌓아 만들었다. 그래서 저수지로 인한 수몰지역이 매우 넓다.

전라북도 지방의 지형도를 놓고 3호의 위치를 짚어 보면, 지금의 전북 지방에 그런 형태의 저수지를 만들 만한 곳에는 거의 다 만들었음을 알 수 있다. 이로 미루어, 대규모로 인력을 동원할 수 있었던 정치세력이 일단 한 곳에 먼저 둑을 쌓고 그 효과를 검증한 뒤에 지형상 비슷한 위치에 추가로 제방을 쌓은 것이 아닌가 생각된다.

삼국시대 사람들의 벼농사에 대한 애착은 논 답畓 자를 새로 만들어낸 것에서도 짐작할 만하다. 중국과 일본에서는 벼농사를 위한 논을 수전水田이라고 한다. 이와 달리 신라 진흥왕 22년(561)에 세운 창녕비에는 '백수답白水畓'이라 하여 우리나라에서는 일찍이 답畓 자를 쓰고 있음을 알 수 있다.[20]

삼국유사 가락국기에 신답평新畓坪이란 지명이 나오는데, 그 주석에 '이곳은 옛날부터 한전旱田(마른 밭)이었는데 새로 경작한다 하여 붙인 이름이다. 답畓이란 글자는 속자俗字이다'라고 돼 있다. 조선 순조 8년에 펴낸 『만기요람萬機要覽』[21]에 '한전旱田과 수전水田(무논)을 통틀어 전田이라 한다. 지금은 한전을 전이라 하고, 수전을 답畓이라고 한다. 답은 본디 글자가 없었으나, 연이어 써서 한 글자를 이루니'라고 풀이되어 있다.

우기와 건기가 비교적 뚜렷한 기후에서 벼농사의 성패는 충분한 양의 농업용수 확보에 달렸다. 비가 오래 내리지 않아 벼를 심어도 수확하기 어렵다고 생각되면 보리나 기장 같은 가뭄을 잘 견디는 밭작물을 심거나, 밭벼를 심는다. 가뭄을 이겨내고 논벼 농사를 지으려면 미리 물을 많이 가두어 두었다가 모내기에 끌어다 쓰는 것이 대안이다. 물을 저장할 수 있는 대규모 수리시설을 만든 것은 논농사가 국가경제에서 차지하는 비중이 매우 커진 때였을 것이다.

그런데 벽골제, 눌제, 황등제가 애초에는 저수지가 아니라, 해수의 침입을 막기 위한 방조제였을 것이라는 주장이 있다. 일본인 모리 고이치森孝一가 1993년 처음 주장했고, 고야마다 고우이치小山

田宏一 일본 사야마이케박물관 학예원이 2005년 논문에서 같은 주장을 했다. 현재 보이는 벽골제의 석제 수문은 만조 때에는 닫아 해수의 침입을 막고 간조 때에 열어 제방 안의 불필요한 물을 배수하는 수문이며, 하구에 제방을 쌓아 개발을 진전시키는 저지대 개발 시설이라는 것이다.[22] 벽골제가 지금의 해안선에서 6㎞ 내륙에 있는 것은 원래의 해안선이 후퇴한 결과라고 봤다.[23] 벽골제가 방조제 둑이고, 그 안쪽은 벼 베기가 끝나면 이듬해 모내기에 쓰려고 빗물을 가두어두는 저수답이었을 것이란 주장도 있다.[24]

벽골제의 해발고도로 보아, 수문이 만조 때 바닷물을 막는 구실도 했다는 것은 사실인 것 같다. 하지만 벽골제가 애초 방조제였다는 주장에는 빈틈이 많다.

'벽골제가 방조제였다고 하면 당시 해수면은 지금보다 1~2m 높아 해안선이 지금보다 수 킬로미터 안쪽에 위치하였을 것이며 자연히 제의 바깥쪽 일대는 대부분 개펄이었을 것으로 보아야 한다. 그렇지만 삼국시대 초기에 이러한 대규모 해수면 상승이 있었다는 것도 확실하지 않고 또 벽골제가 축조되면서 해안선이 빠르게 바깥쪽으로 물러나 개펄이 현재와 같은 농경지로 바뀌는 등의 급격한 지형 변화도 상정하기 어렵다.'(성정용)[25]

우리나라의 개간 역사에서 바닷가나 강 하구의 개펄을 막는 방조제 축조는 고려시대 몽골 침입으로 강화도로 천도한 13세기 중엽 이후에 본격적으로 시작됐다.[26] 보洑가 본격적으로 도입되는 것은 16세기 이후다. 이런 개간 역사로 보더라도, 벽골제가 방조제였다는 주장을 받아들이기는 어렵다.

조선시대 초기의 기록은 벽골제와 눌제가 제방 아래쪽 묵은땅에 물을 대기 위한 저수지로 쓰였음을 매우 명확히 하고 있다.

태종 8년(1408) 9월 17일 전라도 병마도절제사 강사덕이 벽골제 중수를 건의했을 때, 관찰사 박습이 올린 글에 이런 내용이 있다.

'김제의 벽골제는 신도 한 번 가서 보았는데, 그 둑을 쌓은 곳이 길이가 7,196척(약 2,318m)이고 넓이가 50척이며, 수문이 네 곳[27]인데, 가운데 세 곳은 모두 돌기둥을 세웠고 둑 위의 저수하는 곳이 거의 일식一息(30리)이나 되고, 둑 아래의 묵은땅이 광활하기가 둑 안의 3배나 됩니다.'

결국 임금의 명으로 세종 때 벽골제를 중수했다.『신증동국여지승람』에 실려 있는 중수비문에는 이렇게 기록돼 있다.

'둑의 길이는 6만 843자이고, 둑 안의 둘레는 7만 7,406보이다. 다섯 개의 도랑을 파서 논에 물을 대는데, 논은 무릇 9,840결結 95복卜[28]이라 하니, 고적古籍에 적혀 있다. 그 첫째 도랑을 수여거水餘渠라고 하는데, 한 줄기 물이 만경현의 남쪽에 이르고, 둘째 고랑을 장생거長生渠라고 하는데, 두 줄기 물이 만경현의 서쪽 윤부의 근원에 이르며, 셋째 도랑을 중심거中心渠라고 하는데, 한 줄기의 물이 고부의 북쪽 부령의 동쪽에 이르고, 넷째 도랑을 경장거經藏渠라 하고, 다섯째 도랑을 유통거流通渠라고 하는데, 둘 다 한 줄기 물이 인의현의 서쪽으로 흘러 들어간다. 다섯 도랑이 물을 대는 땅은 모두가 비옥하였는데, 이 둑은 신라와 백제로부터 백성에게 이익을 주었다. 고려 현종 때에 와서 옛날 모습으로 보수하였고, 인종 21년 계해년에 와서 증수하였는데, 끝내 폐기하게 되니 아는

이들이 이를 한탄하였다.'

태종 임금이 벽골제의 수축을 명한 것은 1415년(태종 15년) 8월 1일이다. 이때 왜구의 피해가 우려되어 장흥·고흥·광양 등 세 읍의 땅에 성을 수축하는 사업이 벽골제의 수축과 동시에 진행되었다. 전라도 관찰사 박습이 두 가지 일을 동시에 진행하기에는 백성들이 견디기 어려우므로 먼저 세 읍의 성을 수축하고 벽골제의 수축을 뒤로 미루는 것이 어떻겠느냐고 건의했다. 임금은 도리어 세 읍의 성 쌓는 일을 멈추고, 벽골제를 쌓으라고 명했다. 벽골제 공사는 그해 10월에 끝났다.

'각 군의 장정 총 1만 명과 일을 처리하는 사람 3백 명을 증발하고, 옥구진 병마사 김훈 군과 지김제군사 김방 군을 시켜 감독하게 하니, 이해 9월 갑인일에 공역을 시작하여 10월 정축일에 완성하였다.'(벽골제 중수비)

세종 3년(1421) 전라 수군절제사 박초의 상소에는 '사역된 인부가 겨우 2만 명'이라고 쓰여 있다.

벽골제를 수축하고 3년 뒤인 태종 18년(1418) 1월 13일 판광주부사 우희열이 상소했다. 고부의 눌제도 수축하자는 건의였다.

"신이 고부의 땅 눌제를 보니, 옛날에는 3대 수문을 설치하였는데, 그 동쪽 수문은 부령현 동쪽 방면으로 30리 넘게 흘러 들어가고, 가운데 수문은 부령현 서쪽 방면으로 흘러 들어가고, 서쪽 수문은 보안현 남쪽 방면으로 흘러 들어가서, 관개의 이익이 1만여 경이었습니다. 이로 본다면 이익은 많고 손해는 적은 것을 가히 알 수 있고, 또 도랑의 옛 터를 분명히 상고할 수가 있습니다.

(…) 벽골제 아래 묵은 땅이 거의 6천여 결이고, 눌제 아래 묵은 땅이 1만여 결인데 그곳에 사는 사람들만 가지고는 능히 다 경작할 수 없습니다. 경상도는 인구가 조밀하고 땅이 협착하여 그 경작할 땅이 없으니, 절에 소속돼 있던 공노비 칠팔백 명을 뽑아서 옮겨 살게 하고, 각 고을의 묵은 곡식과 소 2백여 마리를 마련해 국농소國農所29)를 더 설치하는 것이 어떠하겠습니까?"

과거에도 이곳에 외지인을 이주시킨 적이 있다. 개간할 수 있는 땅이 많아서였을 것이다. 신라 문성왕 8년에 청해진 대사 장보고가 무주 사람 염장에게 살해당했다. 신라 조정은 5년 뒤 2월에 청해진을 없애고, 그곳 사람들을 벽골군30)으로 이주시켰다.

세종 임금은 즉위하던 해(1418) 9월 26일 눌제의 수축을 명했다.

'전라도 감사가 지고부군사知古阜郡事의 보고에 따라 아뢰기를, 고부군의 눌제는 1만여 결에 이르는 토지에 물을 대는 저수지이오니 이제 농한기를 타서 장정을 징발하여 수축하기를 청합니다, 하니 임금이 그대로 따랐다.'

1만 1천여 명의 인부를 한 달 간 동원한 눌제 수축 공사는 세종 1년(1419) 2월 10일에 끝났다.

벽골제와 눌제의 수축은 그 아래 드넓은 묵은땅을 농토로 되살리기 위한 대공사였다. 이를 보면, 전라도의 옥토는 하늘이 내린 것이 아니라, 사람들이 피땀 흘려 개척한 것이다.

전라감사 이안우가 2월 20일 계를 올렸다.

'고부 눌제 아래 경작할 수 있는 땅이 1만여 결로 추산되오니, 정전井田의 법에 의하여 공동으로 공전公田을 가꾸게 하여 주시옵소서.'

임금이 그대로 따르게 하였다.

정전법은 사방이 1리인 땅을 우물 정# 자 모양으로 9등분하여, 주위의 8구획은 8호戶의 집에서 각기 사전私田으로 경작하고, 중심의 1구획은 공전公田으로서 8호가 공동 경작하여 나라에 세금으로 내는 중국 주나라에서 시행된 토지제도다. 유교에서 이상으로 삼은 토지제도다. 눌제 아래 새로 생긴 땅은 사전 1결을 받은 자 아홉이 공동으로 공전 1결을 경작하여 바치는 십일지법什一之法으로 구획하여 경작했다.

"둑 위에 있는 땅은 침몰된 것이 비록 많지만, 둑 아래에서는 이익이 거의 3배나 되었습니다. 근처의 백성들이 모두 금을 그어서 푯말을 세웠으나 아직도 다 개간하지 못하였습니다."

전라도 관찰사로 벽골제 수축을 지휘했던 박습이 말했다. 임금은 탄복했다.

"이처럼 넓은 땅을 여러 해 동안 개간하지 않다가, 지금에야 개간할 수 있었던 것도 백성들의 운運이었다."

벽골제를 고쳐 쌓은 지 3년 뒤, 판광주부사 우희열의 상소에는 이런 구절이 나온다.

'둑 아래 넓은 들에는 화곡禾穀이 무르익어 이를 바라보면 구름과 같습니다.'

우희열은 덧붙였다.

'눈이 녹은 물은 오곡의 정기이니, 매년 9월에 얼음이 얼기 전에 보洑나 제언을 더 쌓아서 얼음이나 눈의 물을 저장하였다가, 다음해 이른 봄에 흡족하게 관개하소서. 이제부터 수령이 임기가 끝나고 인수인계를 할 때는, 어느 수령이 어느 해 어느 철에 옛 터에 축조를 더한 것이 몇 군데이고, 새로운 터에 축조한 것이 몇 군데이고, 물을 저장한 것이 몇 척尺이고, 관개한 땅이 몇 결結이라는 것을 일일이 갖추어 써서 감사監司에게 보고하고, 감사가 이를 살펴 평가하게 하소서.'

임금이 명했다.

"각 도의 수령이 양반과 인리人吏의 말을 듣고 제언을 파괴하여 고기를 잡는 경우가 많은데, 이것은 기강이 없고 잔열殘劣한 사람들이다. 앞으로는 이러한 수령이 있으면 법에 따라 죄를 물어라."

하지만 힘들여 쌓은 벽골제와 눌제 제방은 오래가지 못했다.

눌제는 수축한 이듬해인 1420년 8월 홍수로 무너져버렸다. 전라도 관찰사가 8월 21일에 보고했다.

'큰비가 내려서 고부군 눌제가 터지고, 그 아래 전토田土 6백여 결이 침수되었습니다.'

비슷한 시기에 벽골제도 터졌다. 실록의 9월 13일치에 전라도 관찰사의 장계가 기록돼 있다.

'큰 풍우로 김제군 벽골제가 터져서 둑 아래 있는 전답 2,098결을 결딴내었습니다.'

전라도 관찰사 장윤화는 벽골제와 눌제를 다시 쌓기를 청했다. 의정부와 6조에서는 풍년이 드는 것을 기다려 수축하게 하자고 주청했다. 그런데 관찰사는 이듬해인 1421년 1월이 되자 정반대로 말을 바꿔, 둑을 아예 무너뜨리자고 했다.

'순시하여 이해利害를 물어보니, 둑 언덕은 비록 무너졌으나 물이 고여 있어 둑 안의 좋은 전지 수만 두락이 침수되어 있으며, 또한 농사철을 당하여 크게 무너지면 둑 아래의 농사꾼들이 모두 떠내려가고 침몰될 것이라 하오니, 아예 터진 곳을 더 열어 (둑 안의) 백성들이 경작하도록 하는 것이 좋을 듯합니다.'

의정부와 6조는 장윤화의 의견이 옳다고 했다. 임금도 그 뜻에 따르려고 했다. 그러자, 전라도 수군도절제사인 김제 출신 박초가 임금을 제쳐두고 상왕인 태종에게 글을 올렸다.

'인부가 겨우 2만 명으로 20여 일 만에 공사가 완성되어, 방죽 아래의 땅이 모두 다 옥토가 되어서, 공전公田의 수확이 매년 천 석이 넘었습니다. 군민軍民의 식량이 또한 풍족하였사오니, 방죽이 공사公私에 모두 유리한 것은 분명하옵는 바, 근자에 일을 맡은 관원이 어엿한 방죽을 가지고 혹시나 터져 무너지면 그로 인하여 죄를 얻을까 두려워하고 지키기 어려울 것으로 허망하게 생각하여 말하기를, '반드시 인부 4만 명을 동원하고 목책木柵을 다섯 겹으로 둘러야 방죽이 완고하다' 하였으므로, 풍년이 들기를 기다려 수축할 것을 명하시었던 것입니다. 그런데 교지가 내리자, 집사자執事者가 국가의 정책이 이 일은 시급을 요하지 않는다 생각하고, 그 고을의 군사를 시켜서 백성에게 파괴해 없앨 것의 가부를 물으니, 백성은 겁이 나서 관가의 뜻에 아부하여 가만히 서로 말하기를, '무너뜨리자는 말을 좇지 아니하였다가는 우리 고을만 부역하는 고통을 혼자 당할 것이다'라 하여, 비록 그 수리의 혜택을 받는 자라도 모두 그 말을 찬성하였던 것입니다.'

박초는 둑을 무너뜨리려는 것에 단호하게 반대했다. 비가 오면 도랑을 내어 물을 빼고 가물면 막는 물관리만 잘 하면 농사가 낭패를 볼 일이 없고, 저수지 위아래 땅에 득실을 따져 중수를 했던 것인데, 큰비를 한 번 당했다고 둑을 터버리면 백성에게 결코 이득이 되지 않는다는 것이었다.

박초는 눌제에 대해서도 언급한다.

'고부군의 눌제는 무술년 가을에 겨우 만 명을 사역하여 한 달 만에 완성하였고, 옛적 정전법井田法에 의거하여 구획하여 경계를 삼고, 사전私田 1결을 받은 자 아홉이 공동으로 공전公田 1결을 경작하여 바치는데, 그 토지가 비옥하여 공사公私의 수확하는 바가 모두 풍족하므로, 그 이익됨이 큰 것이라야 돌을 세워 공적을 기록한 것이 역시 벽골제와 맞먹습니다. 불행하게도 장마를 만나 무너졌으니, 방죽의 둑이 견고하지 않은 것이 아니라 감수하는 자가 물을 잘 소통시키지 않은 소치였사오니 책임의 소재가 따로 있겠거늘, 집사자가 도리어 제방의 위치가 마땅하지 아니하였다고 하여, 힘을 덜 들이고 무너진 것을 보수하는 것이 편한 줄을 생각하지 않고 망령된 생각을 내어, 수만 명의 민중을 동원하여 예전 둑 아래의 넓은 들로 내려다가 쌓아서 보안현保安縣 남교南郊까지 편입시켜 산과 들을 파서 도랑을 내어 서쪽으로 검포黔浦 바다까지 통하였으나, 그것으로 무너져 터질 근심을 면할런지 감히 알지 못하겠나이다. 만약 예전처럼 막아 저수한다면 칠팔백 명의 인부를 써서 불과 20일 동안 일하면 충분합니다. 신이 임명장을 받고 임지로 내려올 때에 두 방죽 제방 위로 난 길을 지나왔는데, 눌제의 터진 것을 보축하고 벽골제를 헐지 못하게 하는 것이 진실로 오늘의 급무입니다. 그렇지 아니하면 방죽 위아래의 좋은 토지를 모두 소용없이 버리게 될 것입니다.'

세종은 눌제와 벽골제 둑 내부의 물을 빼고 경작지로 삼자는 장윤화의 건의를 받아들이지 않고, 보축하자는 박초의 건의를 따르기로 했다. 다만, 풍년을 기다려 다시 수축할 것을 명했다. 하지만 실제로 보축했다는 기록은 없다. 8년 뒤, 실록에 이런 기록이 있다.

'(왕이) 승정원에 전지하기를, 전라도 김제의 벽골제, 태인과 고부의 경계에 있는 이평제梨平堤, 부안의 동진포東津浦, 고부의 눌제 등지가 혹 수재로 인하여 실농할까 염려된다. 그 수재를 구제할 조건과 물길의 막힌 곳을 열어주는 것이 온당한지 아니한지를 결정하여 보고하라, 하셨다.'

이 기록으로 보면, 벽골제와 눌제는 무너뜨리지도 않았고 보축하지도 않은 채 방치돼 저수지 기능을 제대로 못하고, 둑 안쪽 지역에 홍수를 유발하는 애물단지가 된 것 같다.

조선 초기까지만 해도, 정부는 저수지를 비롯한 수리시설의 확충과 정비에 상당한 공을 들였다.

'농사를 장려하는 중요한 일은 제언堤堰을 쌓는 데에 있습니다. 수령들이 모두 권농하는 직책을 갖고 있으면서 여기에 힘쓰지 않으나, 제언이란 가뭄과 장마를 방비하는 것이오니, 도관찰사에게 명을 내리시어 주州·부府·군郡·현縣으로 하여금 그 고을의 한량閑良 품관 중 청렴하고 일 잘 보는 사람을 골라서 권농관勸農官으로 정하게 하고, 농한기인 가을과 겨울 사이에 제언을 수축해서 눈 녹은 물을 모아 두게 하되, 단단하고 치밀하게 하는 데 힘써서 새는 일이 없게 하소서.'

태조 4년(1395) 7월 30일 전 낭장 정분이 이런 진언을 하자, 임금이 윤허하였다.

태종 14년(1414) 12월 6일 임금이 교지를 내렸다.

'내가 오로지 밤낮으로 민생을 걱정하나, 매양 수재水災와 한재旱災를 당하니 더욱 하늘을 두려워하여 수양하기를 더한다. 일찍이 제방 사업을 조령條令에 명시하여 중외中外에 선포한 지 지금까지 여러 해이나, 감사와 수령이 문구로만 보고 힘써 행하려 하지 않으므로 성과가 없으니 내가 심히 민망스럽다.'

임금은 이은을 전라·경상도에, 우희열을 경기·충청도에, 한옹을 풍해31)·평안도에 보내어 감독하게 하였다.

대규모 수리시설 공사가 만만한 일은 아니다. 노동력의 동원도 불만을 사기 쉽고, 제방의 설치로 불이익을 보는 사람은 반대하기 때문이다. 정약용의 『목민심서』에 이런 이야기가 실려 있다.

'허만석이 연기 현감이 되었을 때의 일이다. 고을 북쪽 15리에 큰 제방을 만들고 도랑을 뚫어 천여 경의 논에 물을 대게 하였으니, 그 제방이 청주와 경계에 있었다. 그 제방을 처음 쌓을 때 허만석이 친히 감독하였는데 청주 사람들이 떼 지어 와서 불손한 말을 퍼붓고 그가 걸터앉았던 의자를 부수기까지 하였다. 그래서 허만석이 활을 당겨 쫓으니, 청주 사람들이 감히 접근하지 못하였는데 제방이 이루어져 백성들이 혜택을 입게 되어 지금까지도 칭송하고 있다.'(목민심서 제10장 공전 6조, 제2조 천택)

고을 수령들 가운데도 임금의 뜻을 잘 받들지 않고 전횡하는 자가 있었다. 성종 5년(1474) 임금이 영사領事 홍윤성에게 "연안延安(황해도 연백지방의 당시 지명)의 남대지南大池에 지금 사람을 보내어 수축하려고 하는데, 어떻겠는가?" 하고 물으니, 이렇게 대답한다.

"농한기를 기다려서 파견하는 것이 좋겠습니다. 제천의 의림지는 전조前朝(고려 왕조) 때에 쌓은 것인데 근래에 수령들이 고기잡이를 하였기 때문에 못의 둑이 터졌는데, 이 방죽은 관개하는 바가 매우 넓으니 이것도 마땅히 쌓아야 할 것입니다."(성종실록 5년 8월 4일 병술 2번째 기사)

물고기를 잡겠다고 제방을 부수었다는 것인데, 중종 11년(1516) 실록에 삼정승이 임금에게 아뢰는 말에 좀 더 자세한 내막이 설명돼 있다.

"제언堤堰·천방川防은 예부터 해온 것인데, 가을에 곡식이 익을 때에 수령과 백성이 혹 고기잡이를 하느라고 물을 터서 제방을 거의 다 무너뜨리므로, 국가가 제방으로 백성을 이롭게 하는 뜻이 아주 없으니, 이 뒤로는 대신이 친히 가서 순심巡審하게 하소서."(중종실록 11년 7월 21일 경자 4번째 기사)

닷새 뒤 임금이 팔도 관찰사에게 지시해, 고을 수령들을 단속해 제언을 원래대로 복구하라고 엄히 지시했다.

저수지가 망가지면 아래 논에 물대기가 어려워지지만, 저수지의 물 빠진 자리에 경작 가능한 농토가 생긴다. 그 이득을 보려는 자는 둑을 없애기를 바란다.

'강화의 승천부昇天府 경내에 예전에는 저수지가 있어 물을 가두었다가 논에 물을 대 백성들이 많은 이익을 보아 왔다. 그런데 광해 때에 제방을 헐고 논을 만들어 이현궁梨峴宮에 소속시켰다. 반정 초에 다시 그 전처럼 둑을 쌓았는데, 오래지 않아 다시 명례궁明禮宮에 속하게 하였다. 이때에 이르러 제방 아래에 사는 백성들이 사전私田으로 그것을 대신하고 예전처럼 제방을 수축하기를 원하였다. 호조에서 변통하여 백성들을 이롭게 해 줄 것을 청하니, 상이 감사에게 명해 허실을 조사하여 백성들에게 이로우면 허락해 주고, 간사한 꾀를 내어 함부로 점유하려는 폐단이 있으면 허락해 주지 말라고 하였다.'(인조 16년 3월 12일 을해 2번째 기사)

권세가들은 바닷가에 제방을 쌓아 땅을 늘리는 데도 열심이었다.

중종 36년(1541) 참찬관 권응창이 아침 경연 자리에서 임금에게 아뢰었다.

"옛날 재상과 조사朝士들은 염치를 서로 숭상하였습니다. 근래 황해도와 충청도 등지에서 해택海澤(간석지)에 제방을 쌓아 간척하는 자가 많이 있는데, 자기 힘으로 하는 것이 아니고 각 관官에 폐를 끼치고 있으므로, 백성이 원망을 품고 있습니다. 이는 주인 없는 묵은땅이 아니라, 빈궁한 백성이 힘이 모자라 자경自耕하지 못하는 것입니다. 그뿐 아니라 왕자와 부마도 이런 일을 하고 있습니다."(8월 29일 임오 1번째 기사)

명종 대에 접어들면서 간척의 폐해는 더욱 극심해졌다.

명종 9년(1554) 정언 이관이 아뢴다.

"하삼도^{下三道}(충청·전라·경상도)는 해택^{海澤}에 경작할 만한 곳이 좀 있으면 서로 다투어 제방을 쌓아 이제는 남은 땅이 없게 되었습니다. 이에 이제는 평안도로 옮겨서 그런 짓을 하고 있는데, 백성들의 원망이 매우 심합니다."

이관은 "신은 가는 곳마다 백성들이 해택 때문에 편안히 살 수 없다고 하는 소리를 들었는데 이는 곧 수령이 백성을 침학하는 것이 아니라 사실은 경관^{京官}이 하는 짓입니다"라고 강조했다. 재상들이 어디 비옥한 간석지가 있다는 말을 들으면, 그 지방 수령을 맡아 떠나는 사람이 임지로 떠나기 전 인사를 하러 왔을 때 개간을 청하는 까닭에 그리 된다는 것이다.

육지에서 저수지를 만들어 그 아래 묵은땅을 농토로 만드는 일은 쉼 없이 이어졌다.

현종 3년(1662) 호남 진휼어사 이숙이 임금에게 보고했다.

"예전부터 황폐하게 버려져 있던 도내 저수지의 제방을 감사 이태연^{李泰淵}이 신칙^{申飭}(타일러 경계)하여 수축하고 있습니다. 전주의 옥야^{沃野}와 익산의 춘포^{春浦}는 모두 높은 지대로서 건조한 땅인데 지금 삼례의 대천^{大川} 아래 물줄기를 끌어다가 제방을 견고하게 쌓고 있습니다. 관개를 시작하기만 하면 옛날 쓸모없이 버려졌던 땅이 기름진 땅으로 탈바꿈하면서 무려 1,300여 결이나 되는 새로운 전지^{田地}가 마련될 것입니다. 그리고 점차 공력을 기울여 물길을 뚫으면 임피·옥구의 오육십 리 되는 지역도 관개할 수 있을 것인데, 앞으로 1만 석 이상을 파종하는 이익을 얻게 될 것입니다. 그래서 두 고을의 주민들이 모두 기뻐하고 있는데, 세입^{稅入}도 앞으로 더욱 늘어나게 될 것입니다."[32]

그러나 사람들이 힘들여 간척한 땅이 힘 있는 자들의 소유가 되어버리는 일도 많았다. 경종 원년(1720년) 1월 28일 좌부승지 김내로가 올린 장계의 기록이다.

'신이 작년에 명을 받들어 호남에 갔을 때 백성들의 억울한 일을 듣게 되었습니다. 장흥의 평일도·산일도·내덕도·득량도 등지의 도서와 진목리 등지는 모두 명빈방冥嬪房(숙종의 후궁 명빈 박씨 궁가)의 소유로 되어 있는 땅입니다. 그러나 이 섬들은 근 100년 동안 인근 지역에서 흘러든 사람들이 힘을 모아 개간하여 세습하거나 혹은 매매해 왔다고 합니다. 그런데 처음에는 어의궁於義宮이 차지하였다가 지금은 명빈방에 귀속되어 있습니다.'

왕과 선왕의 가족 집안을 궁실이라 하고, 분가한 왕자·공주들의 종가를 궁가라고 한다. 궁가를 통칭해 궁방이라고 한다. 후궁이나 왕자, 공주들의 생활을 지원하기 위해 궁방전(궁둔토, 궁장토)을 지급했다. 임진왜란 이후 많은 토지가 주인 없는 땅, 묵히는 땅이 되자 정부가 이를 궁방에 불하했다. 시간이 지나자 각 궁방은 왕의 권위를 배경으로 이미 개간해 소유주가 있는 땅까지 '토지대장에 기록이 없다'며 자기네 것으로 만들었다.

해옹海翁 김홍원金弘遠(1571~1645)은 전라도 부안 사람이다. 선대가 고려 때 호족으로 일찍이 부안에 뿌리를 내렸다.

그의 할아버지 김개(1508~1592)는 임실현 마항의 찬명爨明이란 곳에 기와집을 짓고 살면서 보를 쌓아 백여 석지기 땅을 개간했다. 용담현(현 진안군 용담면)의 조림평에도 개간한 땅을 갖고 있었다.

김경순(1528~1595)은 김개의 아들이다. 아버지의 땅을 물려받았고, 후손이 없던 처삼촌의 땅도 일부 물려받았다. 임진전쟁이 난 뒤에는 그동안 살던 부안 우동리에서 줄포리로 이사했다. 그는 저수지를 쌓고, 포구에 30여 결에 이르는 땅을 간척했다. 이곳에 집을 지어 마을을 이루었다.

김경순의 아들 김홍원은 1588년 진사시에 합격하고, 1591년 생원시에 합격했다. 이어 별시 초시에도 합격하자 김경순은 용담현에 있는 스무 석지기 땅을 합격 선물로 넘겨주었다.

임진전쟁이 일어났을 때 김홍원은 조부상을 당하고, 아버지의 병이 위독해 의병에 참가하지 못했다. 그래서 대신 곡식 100석을 선유사 윤승훈을 통해 선조의 행재소 용만龍灣(평안도 의주)에 보냈다.

정유년 재침 때는 격문을 사방에 보내 의병을 모았다. 전라도 관찰사 황신은 변산에 도망 왔는데, 김홍원은 그를 도와 변산에서 일본군을 물리치고 옥구에서 고군산에 이르는 지역을 지켰다. 그 뒤 명나라 원병을 따라 순창까지 일본군을 추격하여, 일본군에 큰 피해를 입히는 전공을 세웠다. 황신이 이를 조정에 알려 정3품 통정대부를 받았다. 본부인이 죽자, 황신의 처조카딸을 계실로 맞았다. 전쟁이 끝난 뒤 1599년 금산 군수에 제수되었고, 1605년 선무원종공신 일등에 책봉되었다. 그 뒤 원주목사, 나주목사, 담양부사[33], 회양淮陽부사를 지냈다. 인조반정 뒤에는 이괄의 난에 연루되어 유배형을 받기도 했다. 장남 명열도 문과에 급제해 예조좌랑, 공조정랑을 지냈고 남원 순천 등지의 수령을 역임했다.

김홍원은 1636년 유형원의 할아버지인 유성민으로부터 우반동의 땅 30여 결을 사들였다. 유성민이 그해 3월 17일 토지를 팔며 써준 '통훈대부 전 행行 담양부사 김홍원에게 주는 명문'에는 이렇게 쓰여 있다.

'집안에 쓸 일이 있어 판다. 부안 입석면 하리 우반이 있는 전답은 6대조인 우의정 문간공(유관)이 개국원종공신의 사패로 받은 땅이다. 서울에서 대단히 멀리 떨어져 있어 거둬들이기가 어렵다. 또 사람이 많이 살지 않아 전답이 짐승의 피해를 많이 받아 수백 년 동안 묵혀 있었다. 지난 임자년(1612) 가을에 이곳에 내려와 띠를 베고 나무를 잘라내어 밭과 논을 일구었는데, 여간 힘들지 않았다. 지금까지 20여 년 동안 농사를 지어 왔는데, 대체로 이곳은 4면이 산으로 둘러싸여 있고 앞면이 터져 있다. 조수가 밀려와 개펄을 가득 채우면 기암괴석이 좌우에 팔짱을 끼고 서서 구부리고 절하는 듯하여 들쑥날쑥한 그 모습이 일정하지 않다. 아침의 구름과 저녁의 노을이 자태를 드러내면 마치 신선이 사는 곳이지, 속객이 와서 놀 곳이 아니다. (…) 마을 가운데 장천長川이 북에서 남쪽으로 흐르고 있어 동쪽과 서쪽의 구역이 저절로 나뉘니 이 또한 기이한 특징의 하나이다. 내의 서쪽은 옛 농장을 그대로 보존하며, 내의 동쪽은 집과 논밭을 전부 팔되…'[34]

김홍원은 30여 결의 넓은 토지와 새로 지은 20여 간의 기와집, 정자 터, 대밭을 아울러 목면 10동(500필)을 주고 샀다. 내의 서쪽은 유씨 일가가 그대로 소유하고 있다가, 유성민의 손자 유형원이 내려와 22년간 머물며 『반계수록』을 지은 터전이 되었다. 유성민이 쓴 토지문서를 보면, 부안에는 개간하지 않은 땅이 여전히 많았다. 김홍원은 간척을 계속해 땅을 넓혀갔다.

김홍원의 아버지 김경순이 장남으로서 물려받은 재산은 논 35마지기와 밭 15마지기, 그리고 11명의 노비였다. 김홍원이 죽을 때 자식들에게 남긴 땅이 얼마였는지는 분명하지 않다. 다만 자식들이 노비를 나눈 것을 보면 아버지 쪽 노비가 73명, 어머니 쪽 노비가 25명으로 기록돼 있다. 김홍원 대에 재산을 많이 늘렸음을 알 수 있다. 김홍원의 아들 명설이 죽은 뒤 자식들은 노비 58명, 논 273두락, 밭 61두락을 나눠 가졌다.

세종장헌대왕실록世宗莊憲大王實錄에는 지리지가 포함돼 있다. 세종 6년 임금이 변계량에게 지지의 편찬을 명했다. 1432년(세종 14년)에 전국 지리지인『신찬팔도지리지新撰八道地理志』가 완성됐다. 세종 승하 후 실록을 편찬할 때 세종의 업적을 살려 지리지를 실었다.

지리지엔 각 도의 호수와 인구, 수확량을 기준으로 한 농지 면적이 기재돼 있다. 농지 면적은 평안도가 30만 8,751결로 가장 많고, 이어 경상도가 30만 1,147결, 전라도가 27만 7,588결[35]이다. 평안도는 논이 많지 않았던 것 같고, 벼농사를 지을 수 있는 논은 경상도가 가장 많았던 것 같다. 그런데 경상도와 전라도는 인구에서 현격한 차이가 난다. 경상도 인구[36]는 17만 3,759인이고, 전라도 인구는 9만 4,248이다. 1인당 토지 면적으로 환산해보면, 경상도는 1.73결이고 전라도는 2.94결이다. 전라도가 70%나 많다.

1808년(순조 8년)에 국왕의 정사에 참고하도록 정부 재정과 군

정의 내역을 모아 편찬한 『만기요람萬機要覽』에 지역별 전답 면적이
기재돼 있다. 전라도가 34만 103결로 전국에서 가장 많고, 이어
경상도가 33만 7,128결, 충청도 25만 6,528결 순이다. 당시 전국
전답 전체(145만 6,592결)의 4분의 1이 전라도에 있었다. 세금을 내
는 전답도 전라도가 가장 많았다.

순조 7년에 세금(세미와 삼수미 합계)을 거둬들인 것을 보면, 전
체 15만 3천 석 가운데 40% 가량인 6만 1천 석이 전라도에서 거둔
것이었다. 경상도가 4만 7천 석, 충정도가 2만 7천 석이었다. '일
국 조세의 절반이 호남에서 나온다'는 유형원의 말이 그렇게 과장
된 것이 아니었다.

실학의 비조로 불리는 반계 유형원柳馨遠(1622~1673)은 서울 명
문가 출신이다. 그러나 벼슬길을 포기하고 1653년(효종 4년) 서른
세 살 때 바닷가에서 몸소 농사를 짓기 위해 남쪽 땅으로 내려갔
다. 그때 지은 시가 「부안에 도착하여到扶安」이다.

세상 피해 남국으로 내려왔소.
바닷가 곁에서 몸소 농사지으려고
창문 열면 어부들 노랫소리 좋을시고.
베개 베고 누우면 노 젓는 소리 들리네.
포구는 모두 큰 바다로 통했는데
먼 산은 절반이나 구름에 잠겼네.
모래 위 갈매기 놀라지 않고 날지 않으니

저들과 어울려 함께 하며 살아야겠네.

그가 죽을 때까지 머문 곳은 일찍이 교산 허균이 정사암을 중수하고 머물던 부안 우반동이다. 그곳에는 조선 개국공신인 8대조 할아버지 유관이 나라로부터 받은 땅(사패지)이 있었다. 유형원은 그곳을 반계磻溪라 칭하고 자신의 호로 삼았다. 그곳에서 백성의 삶을 돌보고, 산 중턱에 반계서당을 열어 제자를 양성하고 학문에 전념하였다. 제자 김서경은 스승의 행장에 이렇게 썼다.

'대나무 숲 가운데 초가집을 짓고 수백 권의 책을 모아 놓았다. 네모난 모자에 가죽 혁대를 차고 종일토록 단정히 앉아 마음에 새기고 깊이 생각하면서 연구하였다.'

유형원은 서른여섯 살 때, 호남지방 일대를 두루 여행하면서 각 곳의 풍토와 물산을 모두 살폈다. 그가 남긴 글을 묶은 『반계수록』에 벽골제, 눌제, 황등제 이야기가 있다.

'수리水利는 서민 생활에 극히 중요한 것이다. 국법에 함부로 개간 경작하는 것을 엄금하고 있으나 정치가 바로 되지 못함에 따라 만사가 해이해졌다. 호남의 벽골제, 눌제, 황등제 등은 모두 유명한 저수지로서 여러 고을이 그 혜택을 보는데, 지금은 모두 퇴폐해지고 권력자들이 점유해버렸다. 이러한 저수지가 각처에 무수하다. (…) 상기 3개 저수지 밑에 있는 옛날의 양편 관개수로는 들판에 오육십 리 정도 길게 뻗어 있었다. 그러나 이제 모두 매몰되어 경지로 되어 있다.'[37]

'김제의 벽골제(전라도·충청도의 이름을 호남·호서라고 하는 것은 이 벽골제에서 나온 것이다), 고부의 눌제, 익산·전주 사이의 황등제(요교제) 등은 모두 거대한 저수지로서 큰 이익을 주었는데 옛날에 일국─國의 힘을 다하여 수축했던 것이다. 그런데 지금 이것이 전부 폐지되고 말았다. 그러나 그 터진 거리는 수십 발에 불과하여 1,000명이 10일 동안 작업할 양밖에 되지 않는다. 이것은 처음 수축했던 작업량에 비하면 만분의 일도 못될 것이나 누구도 개수할 것을 건의하는 사람이 없으니 심히 안타까운 일이다. 만일 이 3개의 저수지로 1,000경의 저수량을 갖는 제언을 수축한다면 갈재 이북은 영원히 흉년이 없게 되며 호남의 물산이 중국의 쑤저우蘇州와 항저우杭州에 비길 수 있게 될 것이다. 갈재 이북에 흉년이 없어지면 전국의 영원한 큰 이익으로 될 것이니 나라의 경제를 맡은 자는 응당 이 점을 깊이 생각해야 한다.'[38]

유형원이 세상을 떠나기 전인, 1670년(경술년)과 1671년(신해년) 이태에 걸쳐 일찍이 경험하지 못한 자연재해가 이어졌다. 현종 임금 때였다. 이른바 '경신대기근'이다.

'경술년 3~4월엔 극심한 가뭄과 냉해로 전국에서 작물의 파종이 늦어졌다. 가뭄은 5월 초까지 계속됐고, 중순에 비가 내리는가 싶더니 굵은 우박이 떨어져 내렸다. 평안도에서는 어린 여자아이와 가축이 우박에 맞아 죽기도 했다. 5월 말에는 엄청난 폭우가 쏟아졌고, 폭우가 끝나자 전염병이 창궐했다. 6월에는 물난리가 나고, 함경도에서 메뚜기떼가 퍼졌다. 제주도에서는 7월에 초대형 태풍에 해일이 밀려들어 작물이 말라죽었다. 7~8월엔 다시 기온이 떨어져 함경도에선 냉우와 우박이 내리고, 전라도에서는 8월

200

중순에 서리가 내렸다. 전국에 우역이 퍼져 수만 마리의 소가 죽었다.'

전국이 흉작이었고, 아사자가 속출했다. 대기근과 전염병으로 인한 참상은 신해년에 더 극심했다.

전라 감사 오시수가 치계했다.

'기근의 참혹이 올해보다 더 심한 때가 없었고 남방의 추위도 올 겨울보다 더 심한 때가 없었습니다. 굶주림과 추위가 몸에 절박하므로 서로 모여 도둑질을 하고 있습니다. 그리하여 집에 소금이라도 양식이 있는 자는 곧 겁탈의 우환을 당하고, 몸에 베옷 한 벌이라도 걸친 자도 또한 강도의 화를 당하고 있으며, 심지어는 무덤을 파서 관을 빠개고 고장藁葬(관 없이 묻은 시신)을 파내어 염의殮衣를 훔치기도 합니다. 빌어먹는 무리들은 다 짚을 엮어 배와 등을 가리고 있으니 실오라기 같은 목숨은 남아 있지만 이미 귀신의 형상이 되어 버렸는데, 여기저기 다 그러하므로 참혹하여 차마 볼 수 없습니다. 감영監營에 가까운 고을에서 얼어 죽은 수가 무려 1백 90명이나 되고, 갓난아이를 도랑에 버리고 강물에 던지는 일이 없는 곳이 없습니다. 죄가 있는 자는 흉년이라 하여 용서해 주지 않는데 한 번 옥에 들어가면 죄가 크건 작건 잇따라 얼어 죽고 있어서 그 수를 셀 수 없고, 돌림병이 또 치열하여 죽은 자가 이미 670여 인이나 되었습니다.'(현종실록 12년 1월 11일 1번째 기사)

경상 감사 민시중이 치계했다.

'선산부善山府의 한 여인은 그의 여남은 살 된 어린 아들이 이웃집에서 도둑질하였다 하여 물에 빠뜨려 죽이고, 또 한 여인은 서너 살 된 아이를 안고 가다가 갑자기 버리고 돌아보지도 않은 채 갔으며, 금산군金山郡에서는 굶주린 백성 한 사람이 죽을 먹이는 곳粥所에서 갑자기 죽었는데 그의 아내는 옆에 있다가 먹던 죽을 다 먹고 나서야 곡하였습니다. 하늘에서 부여받은 인간의 윤리가 완전히 끊겼으니, 실로 작은 걱정이 아닙니다.'(현종실록 12년 4월 5일 4번째 기사)

사관은 실록에 이렇게 썼다.

'팔도에 기아와 여역(전염성 열병)과 마마(천연두)로 죽은 백성을 이루 다 기록할 수 없는 정도였는데, 삼남三南이 더욱 심하였다. 그리고 물에 빠지고 불에 타서 죽고 범에게 물려 죽은 자도 많았다. 늙은이들이 말하길, 이런 상황은 태어난 뒤로 보거나 들어본 적이 없는 것으로서 참혹한 죽음이 임진년의 병화보다도 더하다고 하였다.'(현종 12년 2월 29일 신해 5번째 기사)

1671년 여름 아사자의 수가 최고조에 달했을 때, 형조판서 서필원이 청나라에 쌀을 청하자고 건의했다. 병조판서 민정중 등이 반대했다.

'국가가 남에게 부림 받는 것은 면하지 못하더라도, 어찌 양식을 청하여 살기를 바랄 수야 있겠습니까.'(8월 8일 병술 2번째 기사)

1671년 12월, 헌납 윤경교가 상소했다.

'기근·여역으로 죽은 토착 농민까지 온 나라를 합하여 계산하면 그 수가 거의 백만에 이르고, 심지어 한 마을이 모두 죽은 경우가 비일비재합니다. 비록 임진·계사년 전란의 참혹함이라도 이보다 지나치지는 않았을 것입니다.'

대기근은 24년 뒤인 1695년(숙종 21년, 을해년)부터 이듬해(병자년)까지 2년에 걸쳐 다시 닥쳤다. 이때도 사망자가 엄청났다. 청나라에서 쌀 3만 석을 들여왔으나, 역부족이었다.

정조 22년 임금이 농사를 권장하고 농서를 구한다고 밝히자, 27명이 글을 올렸다. 그 가운데 복태진의 상소는 벽골제 등 세 제언의 수축을 주장한 유형원의 글을 거론하며 이렇게 주장하고 있다.

'근세에 국가를 경륜할 만한 선비로는 유형원을 으뜸으로 꼽는데 그의 말이 이와 같으니, 이 세 제언의 이익은 말하지 않아도 알 수가 있습니다. 삼가 바라건대 조정의 신하 가운데 이 분야에 능숙한 자를 잘 가려 뽑아 봄이 되기를 기다려 공사를 시작하게 하되, 굶주리는 백성을 정밀히 뽑아 그들을 부역시키고 관가에서 먹을 것을 대주어, 보리가 익을 때까지 그렇게 하소서. 그러면 이 제언이 완성되자마자 백성들의 먹을 것이 넉넉해질 것입니다.'

임금은 "묘당으로 하여금 품의하여 처리하게 하겠다"고 대답했다. 하지만 그 뒤 수축 공사는 없었던 것 같다.

그래도 영조·정조 임금 시대(1724~1800)에는 저수지 축조가 활발하게 이뤄졌다. 물이 부족한 경상도 지방에서 축조가 특히 많았다. 경상도의 제언 수는 『여지도서』(1760년)에 1,144개, 『만기요람』(1808년)에 1,666개로 나온다. 같은 기간 전라도는 850에서 912개로 62개 늘어나는 데 그쳤고, 충청도에서는 517개에서 518개로 1개 늘어났다.[39]

하지만 큰 저수지들은 관리를 하지 못해 쓸모없는 저수지로 변해갔다. 정약용은 『목민심서』(1818년)에 이렇게 썼다.

'우리나라의 큰 못으로는 또 함창咸昌의 공골제空骨堤, 제천堤川의 의림지義林池, 덕산德山의 합덕지合德池, 광주光州의 경양지慶陽池, 연안延安의 남대지南大池가 있는데, 오늘날 모두가 앙금(진흙)이 쌓여 막혀버렸으니 이것은 수령의 책임이다.'

벽골제는 성종 12년(1481)에 편찬된 『동국여지승람』 등의 조선시대 문헌에 기록되고 그려져 있다. 벽골제 주변 지역의 해발고도를 분석한 장호는 '(세종 때인 1420년 홍수로 둑이 터졌지만) 제방 안쪽은 농경지로 쓰였을 것이다. 음력 7월 보름 전후 백중사리 밀물에는 해발고도 3~4m까지 바닷물이 거슬러오기 때문에 이를 막기 위해 장생거와 경장거는 제수문으로 유지되었을 것이다'라고 보았다.[40]

눌제도 벽골제와 비슷한 운명을 겪었다.

영조 33년(1757)~영조 41년(1765) 사이에 편찬된 여지도서에는 '율지교栗池橋가 고부 관아의 서쪽 10리에 있다'는 기록과 함께, '율지제栗池堤의 둘레는 1,594보이며 관아의 북쪽 20리에 있다'고 기록돼 있다. 율지교가 있는 곳은 눌제가 있던 자리다. 눌제천 위에 다리를 놓아 교통로로 활용한 것 같다. 그런데 율지제는 둘레가 1,594보밖에 되지 않고, 또 관아의 북쪽 20리에 있다고 하는 것으로 보아, 눌제가 터진 뒤 둑 바깥 북쪽 저습지에 만들어진 작은 저수지인 것으로 보인다.

고종 9년(1872) 5월 고부군민들은 군수 박규동이 게보蟹洑를 혁파한 것에 감사해 비석郡守朴侯奎東蟹洑革罷永世不忘碑을 세웠다. 이 비석의 내용으로 보면, 눌제는 19세기 중반에 보洑로 보수해 썼다. 눌제 일대에서 참게가 많이 잡혀서 이 보를 '게보蟹洑'라고 불렀다 한다. 눌제천에 큰물이 지면 이 '게보'가 물의 흐름을 막아 홍수를 일으켰고 상류 사람들의 원성을 샀다. 그래서 박 군수가 결단을 내려 헐어버렸다는 것이다.

4장 주석

1) 허균, 『한정록』 제6권, 치농

2) 이 책에서 『삼국사기』 내용은 이강래 역(한길사, 1998)을 썼다.

3) 신라 남해 차차웅 15년(18년)조에 '수도에 가뭄이 들었다. 가을 7월에는 누리가 생겼다. 백성이 굶주리므로 창고를 풀어 구휼하였다'는 기록이 있다.

4) 메뚜기과에 속하는 곤충으로 한자로 황충(黃蟲)이라고 한다.

5) 10자(尺, 척)를 1장(丈)이라고 한다.

6) 소산리 볍씨 자국 토기가 발견되기 전까지는 김해의 패총에서 발견된 탄화미가 옛날 우리나라 벼농사의 유일한 직접 증거였다. 이 때문에, 우리나라 벼농사의 기원을 일본에서 찾기까지 하였다. 소산리 볍씨 자국 토기 발견에 뒤이어, 소로리 볍씨가 발견됐다. 1997~1998년, 2001년 두 차례에 걸쳐 충북대학교 박물관 주관으로 충북 청원군 옥산면 소로리 일대를 발굴했는데, 그곳 토탄층에서 볍씨가 나왔다. 토탄층의 연대를 측정한 결과 1만 5천 년 전의 것으로 추정됐다. 박태식 · 이융조, 「소로리 볍씨 발굴로 살펴본 한국 볍씨의 기원」, 농업사연구 제3권 2호, 2004년 12월

7) 파사 이사금 5년(84년)조에 '남신현에서는 보리 이삭이 한 줄기에 여러 개 달리더니 크게 풍년이 들어 길 가는 이들이 양식을 가지고 다니지 않았다'는 기록이 있다.

8) 상서로운 벼이삭은 『삼국사기』 원문에는 가화(佳禾)라고 돼 있다. 이삭이 한 줄기에 여러 개 달린 큰 벼를 말한다. 후한의 역사서 『동관한기』에 강무제가 태어났을 때 한 줄기에 아홉 개의 이삭이 달린 가화가 있었기 때문에 이름을 수(秀)라고 했다고 한다.

9) 벽골은 김제의 백제 때 이름이다. 벼골, 볏골의 이두식 표기로 보는 사람들이 많다.

10) 원문은 始開碧骨池 岸長一千八百步이다. 이강래는 둑의 둘레가 1,800보라고 번역하고 있으나, 둑의 길이라고 해석하는 것이 옳을 것이다.

11) 『삼국유사』 왕력 편에는 '흘해왕 20년인 기축년(329)에 처음으로 벽골제를 쌓았는데 주위가 □만 7,026보에다 □□가 166보고, 논이 1만 4,070□이었다'고 기록돼 있다. 이영훈은 벽골제 주위가 1만 7,026보

206

라면 수역이 35㎢로서 소양강댐의 절반이라며 있을 수 없는 일이라고 지적한다. 그는 '삼국유사를 읽으면, 호랑이가 사람으로 변하는 등 신이(神異)의 설화가 역사로 쓰여 있다. 저자 일연(一然)은 그러한 정신세계에서 벽골제를 보고 거대한 저수지를 환상하였던 것이다'라고 쓰고 있다. 이영훈의 「혼란과 환상의 歷史的 時空－허수열의 '일제초기 조선의 농업'에 답한다」, 낙성대경제연구소 워킹페이퍼, 2013년 1월

12) 아라이 히로시, 「삼국사기, 유사' 기사에 의한 신라왕경 복원과 고한척」, 백제연구 36권 0호, 2002년 08월, 117~137쪽

13) 최완규는 벽골제의 성토법이 백제 중심세력이 쌓은 풍납토성 성토법과는 다르고, 마한 분구묘의 축조방식과 동일하다며, 마한 세력이 축조했을 가능성에 무게를 둔다.
'분구묘의 분구 성토 방법에서는 벽골제의 제방 축조에서 최하층에 보이는 부엽공법이 보이지 않는다. 이는 분구묘가 기본적으로 낮은 구릉에 축조되어 있는 지리적 환경과 벽골제가 위치한 곳이 저습지라는 특수한 환경의 차이에서 비롯된 것으로 보인다. 그러나 점질토와 사질토의 교차 성토법과 각기 다른 토양의 점착력을 높이기 위한 점토 덩어리의 혼입 등에서는 동일한 수법을 보이고 있다. 또한 풍납토성의 축조에서 보이는 중심 토루에 덧붙이는 성토법 등은 벽골제의 제방에서는 보이지 않는다. 오히려 제방을 성토하는 데 있어 수평을 유지하면서 교차 성토가 이루어지는 점이라든지 성토 공정을 나누어 축조하고 있는 점 등은 마한 분구묘의 분구 축조와 벽골제의 제방 성토법이 동일하다는 것을 알 수 있다.' 최완규, 「김제 벽골제와 백제 중방성」, 호남고고학보 44편, 2013년

14) 윤무병, 「김제 벽골제 발굴 보고」, 1976년

15) 우선 맨 아래층은 돌덩어리 같은 불순물이 없이 황갈색의 균질한 점토로 쌓았는데, 두께가 약 2.5m였다. 그 위에는 황갈색 점토를 썼으나 균질하지 못하고 층이 얼룩졌으며 군데군데 흑회색 점토가 섞인 층으로 85㎝였다. 그 위에 쌓은 흑은 점토질이 아닌 갈색토층으로 두꺼운 곳이 70~80㎝였다.

16) 전국의 제방을 수리했다는 기사는 백제 무령왕 10년, 신라 법흥왕 18년 (531), 헌덕왕 2년(810) 기록에 나온다.

17) 지금의 동진강을 말한다. 『신증동국여지승람』에는 '근원은 정읍현의 내장산에서 나온다. 북쪽으로 흘러 군의 동쪽 15리에 와서 서쪽으로 꺾여 태인수(泰仁水)와 합하여 부안현의 동진(東津)으로 들어간다'고 돼 있다.

18) 지방도 제710호선은 전라북도 부안군 줄포면 줄포리 줄포사거리에서 정읍시 고부면 고부리 고부삼거리를 잇는 도로로, 2008년 2월 줄포~신흥 간 4.83km 구간이 왕복 4차선 도로로 새로 개통했고, 2009년 9월 1일 고부~신흥 간 도로(정읍시 고부면 신흥리~고부리) 4.56km 구간을 개통했다. 관청리~신흥리 간 눌제 제방을 활용한 옛 도로는 새로 난 길 옆에 남겨져 있다.

19) 서유구의 『임원경제지』에 나오는 내용이다. 김현희 최기엽, 「한국 전통 관개시설의 유형과 입지특성」, 응용지리(13), 성신여자대학교 한국지리연구소, 1990년 12월, 65~140쪽

20) 이광린, 「이조 이전의 수리사업」, 『이조수리사연구』, 한국연구원, 1961년

21) 1808년(순조 8년)에 서영보(徐榮輔), 심상규(沈象奎) 등이 왕명을 받아 왕이 나라의 군정(軍政)과 재정(財政)을 파악하도록 만든 책이다.

22) 小山田宏一, 「백제의 토목기술」, 『고대도시와 왕권』, 백제연구총서 제13집, 충남대학교 백제연구소

23) 토목공학자 김환기(2008), 지리학자 홍금수(2008), 곽종철(2010), 경제학자 이영훈(2013) 등이 이에 동조한다. 이영훈은 벽골제가 시축될 당시 한반도 인구는 200만 명 정도였을 것이고, 벽골제 내외의 평야부에 사람이 전혀 살지 않았을 것이라며 이렇게 주장했다. '벽골제는 4세기 초 마한 54국의 하나인 벽비리국(僻卑離國)이 해수와 하수의 퇴적 작용으로 상당한 정도로 간석지의 육화(陸化)가 이루어진 상태에서 호리병의 입구처럼 생긴 곳에 조수를 막는 제방을 구축하면 그 안에 대규모 평야가 조성될 수 있다는 기대에서 벌인 일대 토목공사였다. 그리고 그 모험적인 투자 덕분에 이후 1600년에 걸쳐 한반도 유수의 수전 평야가 제방 안팎에 조성되었다.' 이영훈, 「혼란과 환상의 歷史的 時空－허수열의 '일제초기 조선의 농업'에 답한다」, 낙성대경제연구소 워킹페이퍼, 2013년 1월

24) 권혁재, 『우리 자연 우리 삶－남기고 싶은 지리 이야기』, 법문사, 2005년

25) 성정용, 「김제 벽골제의 성격과 축소시기 재론」, 『한중일의 고대 수리시설 비교연구』, 계명대학교 출판부, 2007년, 93~94쪽

26) 김현희 최기엽, 「한국 전통 관개시설의 유형과 입지특성」, 응용지리(13) 성신여자대학교 한국지리연구소, 1990년 12월, 65~140쪽

27) 중수한 이후에는 수문이 5개로 늘어났다.

28) 결부(結負)제는 신라시대 때부터 쓴 토지 면적과 수확량을 표시하는 독특한 계량법이다. 한 줌을 1파(把)라 하고, 10파를 1속(束, 다발), 10 속을 1부(負, 짐), 100부를 1결이라 하여 벼의 수확량을 표시하는 단위 이면서, 동시에 그 만한 수확량을 산출할 수 있는 토지 면적을 의미했 다. 복(卜)은 부(負)와 같다. 조선 세종 26년(1444) 1등전 1결의 넓이는 주척 477.5척 사방의 정방형으로 정하였다. 9,859.7㎡로, 약 1ha에 이른다. 『한국민족문화대백과사전』, 한국학중앙연구원

29) 나라에서 경영하던 농장(農場)이다. 노비를 부려, 곡식 종자와 소를 지 급하여 경작하게 했다.

30) 벽골군은 백제 때 지명으로, 신라 경덕왕 때 김제군으로 이름을 바꿨다.

31) 태조 3년 양광도를 충청도로, 강릉도와 교주도를 합해 강원도로, 서해 도를 풍해도로 고쳤다. 풍해도는 태종 17년(1417) 황해도로 다시 이름 을 고쳤다.

32) 현종실록 5권, 현종 3년 5월 19일 신묘 5번째 기사

33) 행부사는 부사직보다 품계가 높은 사람을 부사의 직위에 앉힌 경우를 말한다. 관직운영법인 '행수법(行守法)'의 운영에서, 품계가 관직보다 높은 경우를 '행'이라 하고 그 반대인 경우를 '수'라 한다.

34) 정구복, 「부안 김씨의 가계와 그 고문서의 특징」, 한국학 자료센터, http://archive.aks.ac.kr/Family/T2/html/sub1_2.aspx?fid=B002a (일부 번역은 이해하기 쉽고 어법에 맞게 수정하였다.)

35) 전라도 농지는 10분의 4가 논이라는 설명도 달려 있다. 전라도 외에 논 의 비율을 설명한 곳은 경기도, 함길도인데 경기도는 38%, 함길도는 5.1%였다. 개성부는 3분의 1이 논이라는 설명이 있다.

36) 세종실록 지리지의 도별 인구는 과소 집계되어 있다. 실록에 경기도 인구를 설명하면서 '본조(本朝)는 인구(人口)의 법이 밝지 못하여, 문 적에 적힌 것이 겨우 열의 한둘이 되므로, 나라에서 매양 바로잡으려 하나, 너무 인심(人心)을 잃게 되어, 그럭저럭 이제까지 이르렀으므 로, 각도 각 고을의 인구수가 이렇게 되었고, 다른 도들도 모두 이렇 다'고 기록돼 있다.

37) 『반계수록』 권1, 전제(상) 分田定稅節目, 북한사회과학원 고전연구소 번역, 여강출판사, 2001년

38) 『반계수록』 권3, 전제후록(상) 제언(堤堰)

39) 김현희 최기엽, 「한국 전통 관개시설의 유형과 입지특성」, 응용지리 (13) 성신여자대학교 한국지리연구소, 1990년 12월, 65~140쪽

40) 장호, 「벽골제와 그 주변의 지형 및 지리적 변천에 관한 고찰」, 문화역사지리 제20권 제1호, 2008년, 47~55쪽

5장

———

선
비

호남 사람 가운데 서울에 머물며
집권세력과 가까이 지낸 이들은
사족이 아니라 중인 · 서인들이었다.
이들을 통해 호남의 풍부한 물산은
한성 권세가들의 집으로 갔고,
권세가의 하수인이 된 아전 서리가
세력을 확장했다.

최부崔溥(1454~1504)는 탐진(강진) 최씨로 나주 사람이다. 1470년 해남에 상당한 경제적 기반을 갖고 있던 해남 정씨 훈련원 참군(정7품) 정귀함의 딸과 결혼해 해남으로 이주했다. 진사시에 합격해 스물다섯 살 때 성균관에 들어가 일찍이 문장으로 이름을 날렸다. 영남 사림의 종조인 점필재 김종직金宗直(1431~1492)¹⁾의 학통을 따랐고²⁾, 김굉필 등과 교유했다. 스물아홉 살 때 성종이 친람한 알성시에 을과 일등으로 급제하여 사헌부 감찰, 홍문관 부수찬과 수찬, 부교리, 부사직 등 청요직淸要職³⁾을 거쳤다.

　최부는 서른네 살 되던 1487년 9월에 제주 세 읍의 추쇄 경차관으로 임명됐는데, 추쇄란 이런 일이다.

　"제주란 섬은 큰 바다 가운데 있어 파도가 몹시 험하고 또 무척 멀기도 합니다. 그래서 죄를 저지른 자들이 모두 거기로 도피하니 오랫동안 죄인들의 소굴이 되어 왔습니다. 그러므로 제주도에 가서 그들의 소재를 조사하여 귀환시키는 것입니다."[4]

최부가 말하는 '죄를 저지른 자'에는 도망한 노비도 포함됐다.

제주라는 이름은 고려 때부터 썼다. 옛 이름은 탐라^{耽羅}다. 양·고·부(良·高·夫) 제주 3성씨 가운데 고씨의 시조인 고을나의 15대손 고후·고청 형제가 배를 타고 탐진^{耽津}(지금의 강진)에 닿아, 신라에 처음으로 조회를 한 데서 유래[5]했다. 뒤엔 백제를 섬겼다가 신라가 백제를 멸하자 다시 신라에 복속됐다. 조선시대 제주 섬엔 제주목, 정의현, 대정현 세 고을이 있어, 전라도 관찰사의 지휘를 받았다. 군사 관할은 진도와 함께 전라좌도에 속했다.

땅은 척박하고 백성은 가난했다. 험한 바다를 끼고 사는 제주 섬 사내들의 팔자는 사나왔다. 제주 사람 이효지의 말이다.

"우리 제주도는 아득히 바다 가운데 떨어져 있어 (뭍까지) 물길로 구백여 리나 되고 또 파도가 어느 바다보다도 흉포하기 때문에 공물 실은 배와 장삿배가 끊임없이 표류하고 침몰하는 것이 열에 대여섯은 됩니다. 제주 사람은 앞서 가다 죽지 않으면 반드시 뒤에 가다 죽습니다. 그러므로 제주에는 남자 무덤은 매우 드물고 여염에는 여자가 남자의 세 곱은 됩니다.[6]

다들 딸을 낳으면 반드시 '아, 내게 효도할 애로군!' 하고, 아들을 낳으면 '이건 내 자식이 아니고 고기밥이야!' 합니다. 우리 죽음이야 하루살이 같은 것이오니 비록 평화로운 날일지라도 어찌 제 집에서 죽기를 바랄 수 있으리까."[7]

제주 섬은 유배지이기도 했다. 유배는 한양에서 거리를 기준으로 2천 리, 2천 5백 리, 3천 리 3개의 등급이 있는데, 한양에서 가장 멀고 9백 리나 되는 험한 바닷길을 건너가야 하는 제주 섬은 '3천 리 유배'의 상징적인 곳이었다. 조선조 5백 년 동안 제주 섬에 유배당한 사람은 임금 자리에서 쫓겨난 광해군 이혼李琿을 포함해 200명 가량 된다. 제주 섬 다음으로 많은 사람이 유배당한 곳은 순천, 강진, 해남, 영암 등지를 끼고 있는 지금의 전라남도 지역이다.

최부가 제주로 간 지 넉 달 만인 1488년(성종 19년) 1월 30일, 노비 막금이 나주에서 급히 와서 아버지가 돌아가셨다는 소식을 전했다. 최부는 막금이 가져온 상복으로 갈아입고 서둘러 귀향길에 올랐다. 날씨가 좋지 않았으나, '어버이 상을 당하여 가는 길을 늦출 수 없다'면서 무리하게 배를 띄웠다가 거센 풍랑을 만나 그만 배가 표류하고 말았다.

최부를 포함해 43명을 태운 배는 천신만고 끝에 윤정월 16일 제주 섬에서 멀리 서쪽에 있는 중국 저장성 앞바다에 이르렀다. 그곳에서 두 차례 중국 해적을 만나 죽을 고비를 겪었다. 해적의 손아귀를 벗어나 닝보寧波의 뭍에 올랐으나 이번에는 왜구로 의심받아 갖은 고초를 겪었다. 명나라 조정은 최부가 조선의 관리임을 확인하고 북경으로 호송한 뒤, 마침내 조선으로 돌아갈 수 있게 해주었다. 최부 일행은 5개월 만에 전원 무사히 돌아왔다.

최부는 귀국 뒤 성종의 명에 따라 여드레 동안 남대문 밖 청파역에 머물면서 견문기를 써서 바쳤다. 『중조견문일기中朝見聞日記』로, 나중에 『표해록漂海錄』이란 제목으로 간행된 책이다. 그 일로 최부는 사헌부의 비판을 받았다. 부친상을 당한 사람이면 돌아오는 대로 곧장 고향으로 달려가는 것이 마땅하거늘 아무리 왕명을 받았다고 해도 한가하게 기행문이나 쓰고 있었으니 도리에 어긋난다는 것이었다. 두고두고 책잡혀 벼슬길이 순탄하지만은 않았으나, 성종 임금이 그를 아껴 1494년에는 장차 대제학을 맡길 사람을 앉히는 자리인 예문관 응교(정4품)에 임명했다.

표해록에 기록된 최부의 언행은 흥미롭다. 그는 배가 부서질 지경에 처해 겁에 질린 사람들이 "욕심 많은 용신에게 제물을 바치자"고 하자 부질없는 짓이라고 타이르면서도, "바람을 돌리고 파도를 잠재워 주소서"라고 하늘에 간절히 기도하는 사람이었다. 배에 물이 떨어지자 밀감과 청주를 다 모으도록 한 뒤 위급한 사람부터 나눠주게 하는 차분한 지도자, 해적의 창검 앞에서 의연한 선비의 모습도 볼 수 있다. 애민愛民하는 관리의 자세도 선명하다. 중국에서 수차를 보고는, 조선 백성에게 큰 도움이 될 것이라며 중국인 관리에게 간청해 제조법을 배워두었다가, 연산군 2년 충청도에 큰 가뭄이 들었을 때 현지에 가서 가르쳤다.

서른다섯의 잘 나가던 유교 관리 최부가 중국에서 한 언행 가운데 가장 눈에 띄는 부분은 완고하게 예법을 지키려는 모습이다.

표류하던 배가 중국 해안에 다가갈 때, 뱃사람들이 최부에게 요청했다.

"전날 하산에 표착했을 때 관원의 위풍을 보이지 않으셨기 때문에 도적놈들을 불러들여 우리가 모두 죽을 뻔하지 않았습니까. 지금은 임시로 관대를 갖추셔서 저들에게 위신을 보이시는 것이 좋겠습니다."

상복을 벗고 관복을 입어, 중국인들을 만날 때 다시 화를 당하지 않게 해 달라는 요청이었다. 최부는 단호히 거부했다.

"상주가 상복을 벗고 길복을 입는 것은 효도가 아니며 거짓으로 사람을 속이는 것은 신의가 아니다. 차라리 죽을지언정 효도가 아니고 신의가 아닌 일을 나는 차마 할 수가 없으니 언제나 바르고 의롭게 대처하련다."

상복 문제는 최부가 북경에 가서 명나라 황제를 알현할 때 더 큰 고민거리가 됐다. 통역을 맡은 중국인 이정은 최부에게 길복을 입고 입조하여 황제께 사은해야 한다고 통보했다. 그러자 최부는 이렇게 말했다.

"어버이의 상을 당한 자로서 길복을 입는다면 이는 효가 아니라고 비난을 받습니다. 자식 된 이가 어찌 경솔히 상복을 벗어 불효라는 불명예에 스스로 떨어지겠습니까?"

이정이 대답했다.

"지금은 천은天恩(황제의 은혜)이 더 무거우니 직접 나가 사은숙배謝恩肅拜 하는 예를 폐할 수는 없습니다."

최부가 다시 말했다.

"상복을 입고 비단옷에 사모를 쓴다면 어찌 내 마음이 편할 수 있겠소?"

이정도 물러서지 않았다.

"이곳 황제의 은혜를 입고도 사은하지 않는다면 귀국에서 중요한 위치에 있는 당신으로서는 크나큰 실례가 됩니다."

이정은 "형수가 물에 빠졌을 때 평소와는 달리 몸을 잡아 건져 내는 것과 같다"고 최부를 달랬다. 최부는 딸린 사람들만 보내서 사은하면 안 되겠느냐고 재차 간청했지만 도리가 없었다. 마지못해 길복을 입고 입궐하여, 다섯 번 절하고 세 번 머리를 조아려 감사를 표시하고, 대궐 문을 나오자마자 상복으로 갈아입었다.

최부는 중국 황제에게 상을 받은 아랫사람들에게 강조했다.

"상이란 원래 공 있는 자에게 주는 것이다. 너희가 이 나라에 무슨 공이 있느냐. 사지에서 다시 살아나 고국에 돌아가게 된 것도 이 나라 황제의 은혜이거늘 하물며 미천한 너희가 대궐에 들어가 이렇듯 상을 받았으니, 너희는 그 이유를 아느냐? 이 모든 것이 우리 임금님이 하늘을 두려워하고 큰 나라를 섬긴 덕이니라. 너희는 우리 임금님의 덕을 잊어선 안 된다.[8]

또 황제가 주신 물건을 중하게 여겨서, 못 쓰게 만들거나 잃어버리거나 남에게 팔지 말고 너희 자손들에게 대대로 물려주어 보물로 간직해야 한다."

최부는 강직하고 청렴했다. 허균의 아버지 허엽이 쓴 『전언왕행록前言往行錄』에 이런 일화가 실려 있다. 나이가 최부보다 다섯 살 어리고, 과거 급제는 9년 늦은 지지당知止堂 송흠宋欽(1459~1547)과 얽힌 일화다.

'공(최부)은 나주 사람이고 응교가 되었다. 송흠은 영광 사람으로 정자正字(정9품)가 되었다. 같은 때 옥당(홍문관)에 있었는데 함께 휴가를 얻어 시골로 내려갔다. 어느 날 송흠이 공을 방문하였다. 서로 이야기하던 중에 공이 "그대는 무슨 말을 타고 왔는가"

하고 물으니, 송흠은 "역마를 타고 왔소" 하였다. 공은 "나라에서 주는 역마는 그대의 집까지 타는 것이고, 그대의 집에서 내 집에 오는 것은 사사로운 걸음인데 어찌 역마를 탔는가" 하고 질책했다. 공이 조정에 올라와서 임금에게 아뢰어 송흠을 파면시켰다. 송흠이 공에게 와서 하직 인사를 하니, "그대같이 젊은 사람은 마땅히 이후로도 조심해야 할 것이네" 하였다.'[9]

최부의 충고를 잘 따라, 송흠은 청백리로 살았다. 그는 늙은 어머니를 모시느라고 주로 외직을 맡았는데, 지방관으로 부임하거나 전임할 때면 늘 말을 세 필만 사용해 검소하게 행차하여 삼마태수三馬太守라고 불렸다고 한다. 부사府使라면 7필을 쓸 수 있었지만, 그는 한 필은 자신이 타고 나머지 두 필에 어머니와 아내만 태워 다녔다.

성종이 죽고 연산군이 즉위하면서 최부의 운명은 급변했다. 그의 강직함이 연산군의 역린을 건드렸기 때문이다. 연산군 3년 2월 최부는 사간원 사간(정3품)을 맡고 있었는데, 연산군을 강력히 질책하는 상소를 올렸다. 최부는 '전하께서 하는 일을 볼 때에 미진한 것이 있어 천지간에 유감이 없을 수 없다'면서, 마음心術을 바르게 하고, 사소한 오락을 멀리하고, 왕과 가까운 사람의 잘못을 멋대로 눈감아주지 말고, 환관들을 제대로 관리하고, 사람을 함부로 쓰고 버리지 말라고 청했다.[10] 얼마 뒤 연산군은 최부가 중국 황제의 생일을 축하하는 사신으로 갈 때, 사간직을 박탈했다.

이듬해 무오사화[11] 때 연산군은 최부가 김종직의 제자로서 『점필재집』을 갖고 있었다는 이유로 장杖 80대를 치고 함경도 단천에 유배했다. 최부는 6년간 귀양살이를 하다가 1504년 갑자사화[12] 때 다시 투옥됐다. 연산군은 장 100대를 치고 노비로 만들어 거제도로 유배하라고 명했다가, 얼마 지나지 않아 참형에 처했다.

사관은 최부의 사람됨을 실록에 이렇게 기록했다.

'공렴公廉 정직하고 경서와 역사에 능통하여 문사文詞가 풍부하였고, 간관諫官이 되어서는 아는 일을 말하지 아니함이 없어 회피하는 바가 없었다.'

최부의 문하에서 해남의 유계린柳桂隣, 윤효정尹孝貞, 임우리林遇利 등의 인물이 나왔다.

유계린은 최부의 사위로, 순천에 유배당한 김굉필에게도 배웠다. 유성춘, 유희춘 형제의 아버지다.

윤효정은 윤의중, 윤선도의 선조로서 해남 윤씨의 전성기를 연 인물이다.

임우리는 조카 임억령林億齡에게 사상과 학문을 전수했다. 임억령은 정자亭子 식영정을 중심으로 호남 시단을 이끌었다.

전라도의 유학자들은 처음부터 권력과 적잖은 거리가 있었다.

먼저, 조선 건국과 더불어 명분 없는 왕조 교체에 반기를 들고 고려 왕조에 절의를 지키거나, 정쟁을 피해 전라도로 이주해온 사람들이 있었다. 광주 출신 범세동范世東, 나주 출신 정지鄭地와 전신민全新民, 순창에 은거한 조유趙瑜, 영암에 은거한 김자진金子進, 장성에 은거한 김온金穩[13]의 자손, 유배가 풀려 돌아가는 길에 광주에 눌러앉은 탁광무卓光武, 장성 삼계와 담양 봉산으로 내려온 송희

경^{宋希璟} 송구^{宋龜} 형제 등이다.[14]

세조가 조카 단종을 죽이고 왕위를 찬탈했을 때도 많은 사대부가 낙남^{落南}(서울에 살던 사람이 남쪽 지방으로 이사함)했다. 김종서, 황보인과 함께 문종의 고명대신이던 정분^{鄭苯}은 낙안에 유배되어 머물다가 사사 당했다. 문맹화^{文孟和}는 관직을 버리고 처의 본향인 영암에 은거했다. 박지흥^{朴智興}은 처가가 있는 광주에 은거했다. 박익경^{朴益卿}이 무안에, 김린^{金麟}은 장흥에, 송간^{宋侃}은 고흥에, 신말주^{申末舟}는 순창에 은거했다.[15]

호남에 살면서 조선 초기부터 지역에서 활발한 활동을 한 사람도 있다. 김문발^{金文發}, 이선제^{李先齊}, 최덕지^{崔德之} 등이다.

호남을 대표하는 유학자들은 대부분 이들의 후손이다.

연산군 시절, 무오사화와 갑자사화는 호남에 유배당한 이들의 가르침을 통해 호남의 학문에도 영향을 끼쳤다. 김종직의 수제자 김굉필은 최부와 똑같은 운명을 맞았다. 무오사화 때는 장 80대를 맞고 평안도 희천에 유배당했다. 김굉필은 나중에 전라도 순천에 이배되었다가 갑자사화 때 최부와 함께 참형을 당했다. 김굉필이 순천에 있을 때 광양의 선비 신재 최산두^{崔山斗}(1483~1536)를 가르쳤다. 최산두는 하서 김인후^{金麟厚}(1510~1560)를 가르쳤다. 김인후는 송강 정철^{鄭澈}(1536~1593) 등 후학을 길렀다.

김종직의 수제자 김굉필은 '소학 동자'를 자처했다. 소학은 유학의 기본을 가르치는 책이다. 유교적 도덕규범과 인간이 지켜야 할 기본자세 등 기본적이고 필수적인 사항들을 뽑아 정리한 것인데, 김굉필은 실천을 매우 중시했다.

김굉필이 평안도 희천에 유배당해 있을 때, 훗날 중종시대 사림의 영수가 되는 정암 조광조(1482~1519)가 찾아왔다. 조광조는 열일곱 살에 어천(현 평안북도 영변) 찰방으로 부임하는 아버지 조원강을 따라갔다가, 희천에서 귀양살이를 하던 김굉필에게 배울 기회를 얻었다.

연산군을 축출하는 반정에 힘입어 왕위에 오른 중종은 사림을 중용했다. 조광조가 핵심 인물이었다. 호남의 사림도 적잖이 기용했다.

조광조는 수양을 통해 임금의 마음이 한 점의 티끌도 없이 깨끗해지고, 그런 마음이 조정과 정사政事에 반영되어 나타날 때, 나라 전체가 순정純正한 상태로 돌아갈 수 있다고 봤다. 조광조는 군자가 이끄는 왕도정치를 꿈꿨다. 중종을 성인군자로 만들고자 했다.

"이단에 미혹되지 않고 도道(유학)에 몸과 마음을 다하면 덕德이 밝지 않음이 없고, 정치가 (궤설에 흔들리지 않고) 순수하면 나라가 잘 다스려질 수밖에 없습니다."[16]

"(임금이) 지극히 공정하고 언행言行이 떳떳하고 정당正當하여 사사로운 마음이 털끝만큼도 없으면 힘을 쓰지 않고도 일마다 다 이치에 합당하게 되는 것입니다."[17]

중종이 사림의 중심에 있던 조광조를 기용한 지 4년 만에 축출하면서 많은 선비가 또 한 번 화를 입었다. 1519년(중종 14년)에 일어난 기묘사화다.

조광조는 10월에 전라도 능주(현 화순)로 유배되었다가, 12월

20일에 사약을 받았다. 죽음을 앞두고는 이런 시를 썼다. '임금 사랑하기를 어버이 사랑하듯 했고, 나라 걱정을 내 집 걱정하듯 했노라. 밝은 해가 이 세상을 내려다보고 있으니, 내 충성된 마음을 환히 비추리라.'[18]

신숙주의 증손자로 현량과에 급제했던 신잠은 17년을 장흥의 유배지에서 보냈다. 윤효정의 아들 윤구는 파직되어 고향인 해남에 머물러 있다가 영암에 유배됐다. 유계린의 장남 유성춘(1495~1522)도 이조 정랑에서 파직되어 고향인 해남에서 지내다 요절했다.

최산두는 동복에 유배되었다가 14년 만인 1533년 풀려나온 뒤더는 벼슬에 나가지 않았다. 윤구, 유성춘, 최산두를 '호남 삼걸'이라 했다.

양팽손은 1510년 조광조와 함께 생원시에 합격하고 1516년 문과에 급제해 교리로 일하다가 기묘사화 때 삭직 당했다. 그 후 조광조의 귀양살이를 돌보고, 임종을 지켰다. 양응정이 그의 아들이다.

양사언의 장남 양산보는 열다섯 살에 상경하여 조광조에게 배우고 열일곱 살에 현량과에 합격했으나 어리다고 벼슬에 나가지는 못했다. 기묘사화로 스승이 귀양을 가자 유배지까지 모셨는데, 겨울에 사약을 받고 죽자 고향인 담양으로 돌아가 소쇄원을 짓고 여생을 보냈다.

안방준(1573~1654)[19]은 임진전쟁 때 의병을 일으킨 스승 죽천 박광전(1526~1597)의 행장에서 스승을 '호남 5현五賢' 가운데 한 명으로 꼽았다.

'슬프다. 호남은 평소 문헌文獻의 땅으로 불려 왔는데, 고려 말부터 조선조에 이르기까지 학문으로서 세상에 이름을 떨친 사람은 오직 김하서(하서 김인후), 기고봉(고봉 기대승), 이일재(일재 이항), 유미암(미암 유희춘), 그리고 나의 스승이 있을 뿐이다.'

보성에서 태어난 박광전은 어려서 조광조의 문인인 홍섬(1504~1585)에게 배우고, 스물두 살에 양팽손의 아들 양응정에게 학문을 익혔다. 1568년 마흔세 살 때 진사시에 합격했다. 유희춘이 전라도 관찰사로 일할 때 천거해 경기전[20]참봉을 지냈으며, 나중에 함열 현감, 회덕 현감을 지냈다. 광해군의 사부로 천거돼 가르쳤다.

임진전쟁이 일어났을 때 '5현' 가운데 다른 네 사람은 이미 죽고, 죽천만 살아 있었다. 관직에서 물러나 고향에 머물던 죽천은 예순일곱의 나이로 700여 명의 의병을 일으켜 전선으로 보냈다. 임계영이 의병장을 맡았고, 제자인 안방준이 종사관, 큰 아들 근효가 참모를 맡았다. 정유년의 재침 때도 의병을 모아 의병장으로 나섰다.

안방준은 죽천의 명성이 다른 사람에 미치지 못하고 세상에 알려지지 않은 것을 크게 아쉬워했다. 광해군의 사부였던 박광전은 광해군이 나중에 실각함에 따라, 그나마도 박한 평가를 받은 듯하다.

죽천을 제외한 네 사람을 태어난 순서로 보면, 일재(1499~1576, 연산군 5년~선조 9년), 하서(1510~1560, 중종 5년~명종 15년), 미암(1513~1577, 중종 8년~선조 10년), 고봉(1527~1572, 중종 22년~선조 4년) 순이다. 죽천은 고봉보다 한 살 많다.

한양에서 태어난 일재 이항은 서른 안팎의 늦은 나이에 공부를 시작했다. 마흔 살(1538년)에 어머니를 모시고 전라도 태인 분동(현 정읍시 북면)으로 내려와 칠보산 아래서 농사를 지으며 학문에 매진했다. 마흔다섯 살에 전라도 관찰사로 와 있던 송인수가 일재를 찾아와 서로 성리학을 강하였는데, 일재를 북송시대의 대철학자 장횡거에 비유할 정도로 높이 평가했다. 이항은 나중에 회재 이언적과 성리학을 논하였고, 마흔아홉 살 때는 태인 현감으로 부임한 신잠이 방문하는 등 명성이 높아졌다. 김천일을 비롯하여 많은 제자가 임진전쟁 때 의병장으로 활약하다 순절했다.

장성 출신 하서 김인후는 개국공신이었으나, 양녕대군을 폐세자 하는 데 반대하다 사약을 받은 김온의 5대손이다. 열 살 때 김안국에게 소학을 배웠고, 열여덟 살에 동복에서 귀양살이를 하던 산재 최산두에게 배웠다. 1531년 사마시에 합격해 성균관에 입학하여 퇴계 이황 등과 교류했고 1540년 별시 문과에 급제했다. 1543년 세자(훗날 인종)의 스승이 되었다. 인종이 왕위에 오른 지 9개월 만에 세상을 뜨자 더는 벼슬에 나가지 않고 성리학 공부에 매진했다. 1796년 정조 임금은 하서를 문묘에 배향하면서 '동방의 주자요, 호남의 공자'라고 칭송했다.

해남에서 태어난 미암 유희춘은 최부의 사위이자 제자인 유계린의 아들이다. 아버지와 최산두, 김안국에게 배웠다. 열여섯에 생원시에 합격하고 이듬해 문과에 급제해, 인종이 세자일 때 세자시강원 설서를 맡았다. 을사사화(1545년) 때 파직 당했다가 2년 뒤 양재역 벽서사건[21]에 연루돼 제주도, 함경도 종성, 충청도 은진에서 19년간 긴 유배 생활을 했다. 유배지에서 독서와 저술에 몰두

했으며, 문정왕후가 죽은 뒤 충청도 은진에 옮겨졌다가 1567년 선조가 즉위하자 풀려났다. 곧 성균관 직강으로 재출사했고, 선조 2년 홍문관 부제학이 된 이후로는 왕의 학문을 이끌었다. 전라도 관찰사를 지내고 대사헌, 예조·공조·이조 참판을 지내는 등 10년간 중앙 정치 무대에서 활약했다. 허균의 두 형인 허성과 허봉[22] 등이 그에게 배웠다.

고봉 기대승은 기묘사화 때 사약을 받은 기준(1492~1521)의 조카다. 아버지 기진(1487~1555)이 화를 피해 광주에 내려와 터를 잡았다. 기대승은 독학으로 고금의 서적에 통달하고, 1549년 사마시에 합격했으며 일찌감치 문명을 떨쳤다. 서른두 살 때 이황의 제자가 되었으며, 예순 살의 일재, 마흔아홉 살의 하서를 만나 성리학을 논했다. 그해 문과에 급제하여 이조 정랑, 홍문관 교리, 성균관 대사성 등을 지냈다. 서른둘의 나이로 환갑이 가까운 임금의 스승 퇴계와 논전을 벌인 것으로 유명하다. 둘은 12년에 걸쳐 편지를 주고받으며 8년간 '사단칠정四端七情'[23]을 주제로 논쟁했다. 고봉은 궁금한 것이 있으면 하서를 찾았다. 선조 4년, 대사간을 지내다가 병으로 그만두고 귀향하는 도중 고부에서 객사하였다.

네 사람은 김인후를 중심으로 혼맥으로도 엮여 있다. 하서는 일재 이항의 딸을 큰 며느리(장남 종룡의 아내)로 맞았다. 셋째 딸은 미암 유희춘의 아들(장남 유경렴)에게 시집보냈다. 기대승의 딸은 김인후의 손자며느리가 되었다.

『택리지』를 쓴 이중환(1690~1752)은 전라도 인재 가운데 도학자로 기대승, 이항, 김인후 세 사람을 꼽았다.[24]

조선에 성리학이 깊이 뿌리를 내리는 과정에서 벌어진 '이기논
쟁理氣論爭' 등에서 두드러진 활약을 한 인물을 대유학자로 본 견해
일 것이다. 이기논쟁은 당대 최고의 유학자 퇴계 이황의 견해에
고봉 기대승이 이론異論을 제기하면서 시작됐고, 여기에 율곡 이이
가 끼어들어 확산됐다. 일재 이항과 하서 김인후도 나름의 견해로
이름이 높았다.

유계린은 순천에 살다가 1500년 귀양 온 김굉필에게 성리학을
배웠다. 김굉필의 정치적 동지인 최부의 사위가 되었다. 이로써
처가의 재산을 일부 물려받았겠지만, 벼슬을 하지 않아서 가산을
늘리지는 못했을 것이다.

유계린에게는 두 아들과 세 딸이 있었다. 장남 유성춘은 기묘
사화 때 파직 당해 고향에 내려와 있다가 요절했다. 차남이 미암
유희춘이다. 당시는 아들딸 가리지 않고, 자녀들이 균등하게 나눠
재산을 상속하던 시대라, 유희춘이 많은 재산을 물려받지는 못했
을 것이다. 유희춘은 비록 출사를 했지만, 서른다섯 살 때부터 무
려 19년간 귀양살이를 했다. 그러는 동안 유희춘의 일가는 처 홍
주 송씨가 시어머니(최씨)를 모시고 친정이 있는 담양에 이주해 살
았다. 곤궁하여 친정에 의탁해 살았던 것이다.

미암은 명종이 죽고 난 뒤, 선조 즉위년에 복권돼 홍문관 교리
로 재출사를 했다. 5월에 정4품인 응교에 오르고, 사간원 사간(종3
품)을 거쳐, 망건에 옥관자를 달 수 있는 당상관인 정3품 성균관
대사성에 올랐다. 이에 따라 살림도 조금씩 피었을 것이다. 유희

춘은 선조 즉위년(1567년) 10월 1일부터 죽기 전날인 1577년 5월 13일까지 10년 가까이 일기를 써서 남겼다. 이 일기를 통해, 전라도 양반가의 살림살이를 어느 정도 파악할 수 있다.

선조 2년 6월 15일 미암은 당상관 빙패氷牌를 보이고 서빙고에서 얼음 한 덩어리를 받았다. 고위 관직을 맡은 사람에겐 나라에서 여름에 제사 음식을 보관하거나 옷감에 남색 물을 들일 때 쓰라고 얼음을 나눠주었다. 미암은 얼음을 받게 된 날의 감회를 일기에 이렇게 적었다.

'20년 유배지를 떠돌던 객이 이렇게 다시 돌아와 얼음을 받아 쓰는 집안을 일구게 될 줄을 어찌 알았으랴. 천은이 망극하구나, 천은이 망극하구나.'

미암은 관리로서 녹봉祿俸25)을 받았다. 녹은 1월, 4월, 7월, 10월 초에 광흥창에서 받는 것인데, 홍문관 응교일 때는 쌀 8석, 보리 3석, 명주 1필, 면포 3필을 받았다. 보리 대신 콩을 7석 받기도 했다. 나중에 벼슬이 홍문관 부제학, 대사헌에 올랐을 때는 녹이 쌀 12~13석까지 늘어났다. 나라에선 실제 직책보다 낮은 직책에 맞춰 녹을 지급하는 일이 잦았고, 중국 사신이 왔다 가서 나라 살림이 많이 축났다거나 흉년이 들었다는 이유로 줄여 지급하는 때도 많았다. 규정에 따라 제대로 받았을 때는 기뻐했다. 선조 6년 한 해 동안 미암이 받은 녹은 쌀 50석, 콩 16석, 보리 8석, 명주 4필, 무명베 14필이었다.26)

중앙정부의 고위직에 있었던 미암은 감사(관찰사)나 군·현의 수령 등 지방관이 중앙 각처와 중앙정부의 관리들에게 보낸 '봉여封餘'도 적잖이 받았다. 봉여는 임금에게 진상하고 남은 것이란 뜻인데, 이름만 그랬을 뿐 지방관이 진상품과 함께 준비한 물품이다. 미암은 선조 즉위년 11월 홍문관 교리로 일할 때, 경상 감사가 홍문관에 보낸 먹 40개 가운데 3개를 받았고, 이듬해 4월에는 부안 현감 권대덕이 보낸 청어 10속束을 받았다. 후일 미암이 전라도 관찰사가 되었을 때는 중앙정부 부처와 관리들, 친인척들에게 봉여를 보냈다. 우의정 노수신은 유희춘이 봉여를 빨리 보내주지 않는다고 원망하기도 했다.

고위 관리에게는 품계에 따라 공노비가 배정됐다. 경국대전에는 1품 5명[27], 2품 4명, 3품 당상관 3명, 3품 당하관 2명, 4품 1명으로 규정돼 있다. 미암은 재출사한 초기에 규정보다 많은 8~10명의 공노비를 배정받아 부렸다.

관리들은 이들의 사역을 면제하고 면포를 대신 받기도 했다. 미암은 선조 6년 예조참판, 부총관, 대사헌 등의 관직을 맡았고 교서관[28]과 봉상시[29]의 제조提調[30]를 겸임했다. 일기에 기록된 것을 종합해보면, 연간 312필을 받은 것으로 추정된다. 이는 쌀로 환산하면 104석에 이르는 것으로, 그해 받은 녹봉 81석보다도 많다.

공신이나 당상관에게는 반인伴人이란 이름의 군졸도 지급되었다. 정3품 당상관이면 3명, 2품 관직엔 6명을 지급했다. 관직에 따라 지급될 반인의 수가 정해지면 군역을 져야 하는 이들이 스스로 반인이 되기를 청했는데, 이들은 신공身貢(몸값)을 내고 역을 대신했다. 유희춘은 1년 신공액을 5승포 12필로 받기도 하고, 해산물로 받기도 했다. 양인들은 군역을 피하는 수단으로 '거짓 반인'을 공공연히 이용했다.

유희춘이 20년 가량 유배지를 떠도는 동안 해남의 옛집은 사람이 살기 어려울 정도로 퇴락해, 일가는 담양의 처가에 의탁하고 있었다. 미암은 재출사한 이듬해 3월부터 해남 서문 바깥에 47칸에 이르는 새 집을 짓기 시작했다.

이억복[31]이 자기 밭을 집터로 희사했다. 미암은 가리포 첨사 이선원에게 목재를 부탁했다. 진도 군수 이원국에게는 기와를 굽는 데 필요한 재원을 요청했다. 이듬해 2월부터 그 지역의 수령과 감사의 도움을 받아 대둔산에서 기와를 굽고, 완도 가리포 등지에서 재목을 실어와 4월에 행랑채 13칸을 기초했다. 유희춘은 부제학으로 일하던 선조 2년 11월부터 전라 감사로 재직하던 선조 4년 4월까지 1년 반에 걸쳐 인근 고을의 수령과 수사, 병사의 도움을 받고 군인과 승려, 근처 친인척의 노奴를 동원해 집을 완성했다. 국고를 축내고 민폐를 끼치며 자기 집을 지은 것이다. 왜구가 출몰하는 해남을 떠나 살기 위해 처가 가까이에 있는 창평 수국리로 이사하려고 새로 집을 지을 때도 지방 수령들이 거들었다. 해남에 있는 첩을 위해 22칸짜리 집을 짓고, 강진의 누이를 위해 새 집을 지을 때도 마찬가지였다.

전 남원 판관 이원욱은 선조 4년 7월 상경해, 전라 감사 유희춘이 나라에 속한 장인들을 동원해 집을 짓는다고 비난했다. 이원욱은 4월에 유희춘에 의해 자리에서 물러난 사람이다. 박순 등이 적극 변호해 유희춘은 무탈하게 넘어갔다. 당시 2품 이상은 40칸, 3품 이하는 30칸으로 집의 규모가 제한되고[32] 있었지만, 유희춘의 창평 새 집은 그의 큰아들이 물려받으면서 기록한 내용으로 보아 55칸 크기였던 것으로 보인다. 미암만 큰 집을 지은 것 같지는 않다.『미암일기』에는 김인후 집안의 노비 세동이 두 사람의 집을 비교하면서 "김 교리(김인후)는 100칸에 이르는 고대광실을 지었다"고 한 말이 적혀 있다.

지방 수령들은 유희춘이 조상 묘가 있는 해남 모목동과 순천의 심곡에 연못을 팔 때도 군졸을 보내주었다. 제사상도 마련해 보냈다. 물론 유희춘도 전라 감사로 있을 때 박순이 실록 봉안사로 내려오자, 각 읍에 명하여 박순 외조부모 묘소에 제사상을 마련하게 하고, 병사 임진에게 명하여 묘지 관리를 도울 군인 300명을 보내게 했으니, 이것이 당시의 관행이었다.

3품 이상의 문반 관리에게는 수령, 만호, 첨사 등을 추천할 수 있는 천거권이 있었다. 미암일기 1574년(선조 7년) 8월 14일 기록을 보면, 유희춘은 해남 집터를 희사한 이억복을 병조판서에게 부장으로 추천했다. 미암은 첩의 딸을 시집보낸 김종려를 여러 번 천거해 흥덕 현감 자리에 앉게 했는데, 미암 집안에 가장 많은 물품을 보낸 사람이 바로 그이다. 미암 같은 고위 관리는 친인척이 군역을 피할 수 있게 힘을 쓰기도 쉬웠다.

고위 관직은 비록 녹봉은 많지 않았지만, 권력이고 명예였을 뿐 아니라 부를 거머쥘 수 있는 길이었다. 물론 박수량(1491~1554, 성종 22년~명종 9년) 같은 청백리도 있었다. 장성 출신인 박수량은

1514년 문과에 급제해 좌승지, 함경도 관찰사, 호조참판, 한성부 판윤, 형조판서, 호조판서 등을 지냈고, 1554년 지중추부사로 있다가 세상을 떠났다. 종1품 숭록대부까지 오르며 30년간 관직에 있었으나 청렴결백하여 집 한 칸을 마련하지 못했다. 대사헌 윤춘년은 "죽은 박수량은 청백한 사람으로 서울에서 벼슬할 때도 남의 집에 세 들어 살았습니다. 본가는 장성에 있는데 그의 가속들이 상여를 모시고 내려가려 하나 그들 형편으로는 어렵습니다"라고 임금에게 고했다. 임금이 관인들을 동원해 상여를 호송하게 하고 제사 비용을 대주라 했다. [33]

사관은 '다만 청렴이 도드라지긴 했어도 건사建事하는 재능이 없었고 포용하는 국량(그릇)이 작았다'고 평했다. [34]

양반가의 경제적 기반은 토지와 노비에 있었다. 토지와 노비는 소득의 원천이요, 핵심 재산이었다.

미암이 유배에서 풀려나고 2년 뒤인 1569년(선조 2년)의 8월 6일 일기에 이런 내용이 있다.

'(사위인) 윤관중 감독 아래 보리 23석을 수확했다고 한다.'

10월 29일 일기에는 이렇게 기록되어 있다.

'노비 석정이 와서 말하기를, 올해 우리 집안 논 소출은 83석[35]이라고 했다.'

그해 유희춘은 좌부승지·상호군으로서 51석을 녹봉으로 받았고, 공노비로부터 26석, 친인척과 지방관으로부터 186석을 받았으니, 총수입에서 농지 소출의 비중은 그리 크지 않은 편이다.

토지는 얼마나 소유했을까? 논에서 쌀 수확량을 두락당 2석으로 보면, 40여 두락을 소유한 것으로 추정할 수 있다. 그리 많다고 볼 수 없는 규모다.

유희춘에게는 아들 유경렴과, 윤관중에게 시집보낸 딸이 하나 있었다. 유희춘이 세상을 떠난 지 5년 뒤 유경렴이 보유 중인 토지는 논이 295두락, 밭이 227두락이었다. 유경렴의 여동생도 비슷한 규모로 토지를 물려받았다면, 유희춘 말년에 보유한 토지는 논이 약 600두락, 밭이 500두락 안팎이었을 것이다. 관직에 머무는 동한 상당한 규모의 토지를 늘렸다는 이야기다.

『미암일기』를 보면, 토지를 샀다는 기록이 열세 번 나온다. 이 가운데 여섯 번은 면적을 기록했는데, 이를 합하면 논이 30두락쯤 된다. 대부분은 친인척에게 산 것이다.

그 무렵 땅을 늘리는 전형적인 방법은 개간이었다. 인근 수령에게 부탁해 제언을 쌓고 주변 땅을 농지로 바꾸는 방법, 군인을 동원해 황무지를 개간해 농지를 만드는 방법을 썼다.

당시 많은 양반들이 갯벌을 간척하여 농지로 바꾸었는데, 이를 위해 지방 수령들의 도움을 얻었다. 유희춘은 이런 방법은 쓰지 않았다. 그러나 사돈인 윤탄지[36]가 진도 벽파정진에서 50여 석을 수확할 만한 넓이의 갯벌을 개간할 테니 군인을 동원할 수 있게 해 달라고 청하자, 진도별감에게 군인 징발을 요청했다. 우부승지를 거쳐 부제학을 맡고 있던 때의 일이다. 또 처 5촌 조카 송제민[37]이 영광에서 갯벌을 간척하겠다고 도와 달라고 하자 처음엔 적극 만류했으나, 송제민이 간척을 강행하다 우수영에 큰 빚을 지게 되자 결국 우수사 곽영경에게 부탁해서 구제해줬다.

유희춘이 재출사 초기에 노비를 얼마나 거느렸는지는 기록이 남아 있지 않다. 그러나 말년(1576, 선조 9년)에는 100명 가량의 노비를 소유하고 있었다. 노비 신분은 종모법(어머니가 노비이면 자식도 노비가 됨)을 따랐다. 집안의 노비 간 혼인을 통해 자식을 낳거나, 여종이 양인과 혼인해 자식을 낳으면 노비가 늘어났다. 1573년(선조 6년) 정월에 여종 이대가 아들을 낳자, 유희춘은 '올해의 경사'라며 기쁜 마음을 감추지 않았다.

주인과 한 집에 살면서 농사일과 집안 대소사에 투입돼 노동력을 제공하는 솔거노비와 달리, 따로 살면서 신공만 바치는 납공노비도 있었다. 유희춘의 첩 무자와 둘 사이에서 난 딸 해성은 다른 사람이 소유한 노비였다. 유희춘은 두 사람을 위해 신공으로 주인에게 1년에 쌀 10말을 냈다.

허균은 두 형의 스승이던 미암의 인물됨을 이렇게 평했다.

'공은 학문이 매우 정밀하고 행실이 극히 독실하였으며 배우는 이를 대할 때마다 반드시 성명지학誠明之學을 자세히 가르쳐서 게을리하지 않았다. 그러나 성품이 매우 우활迂闊해서(사리에 어둡고 세상 물정을 잘 몰라서) 가사家事를 다스릴 줄 몰랐고, 의관과 버선이 때 묻고 해어져도 부인이 새것으로 바꿔주지 않으면 꾸밀 줄을 몰랐다. 거처하는 방은 책을 펴놓은 책상 외에는 비록 먼지와 때가 끼어 더러워도 쓸고 닦지 않았다. 남을 만나 세상일을 말할 때에는 무식한 사람 같았지만, 이야기가 격물치지格物致知와 성의정심誠意正心하는 공부와 신심身心을 다스리는 방법에 이르면 뛰어난 의견과 해박한 지식이 다른 사람의 상상을 뛰어넘어 세밀히 분석하여

통쾌하고 명백하니 듣는 이들이 정신이 쏠려 피곤한 줄 몰랐다.'

해남 정씨는 고려 이래 호장戶長직을 세습해온 집안이다. 시조 원기元璂는 여말선초의 인물로, 풍속을 바로잡고자 자원해서 향리가 되었다. 조선 초기 인물인 정재전은 1412년(태종 12년)에 관아와 객사를 건립하는 데 물자를 지원하여 향역을 면제받았고, 이에 앞서 1409년 진도와 해남현을 합쳐 해진군海珍郡이 따로 떨어져 나올 때도 노비 62명을 바쳐 향역을 면제받을 정도의 경제력을 갖고 있었다.[38]

그러나 직계 자손은 번성하지 못하고, 후대에 초계 정씨 족보에 들어간다.

직계가 퇴락한 것과 달리 외손은 번성했다.

최부는 정문명의 장남인 정귀함의 큰딸과 혼인했다. 최부의 큰 사위가 유계린이고, 외손자 유성춘과 유희춘이 이름을 날렸다.

최부에겐 딸이 하나 더 있었는데, 나주 나씨인 나질(1488~1556)을 사위로 맞았다. 나질의 아들이 효자로 이름난 나사침이다. 나사침의 여섯 아들은 학문과 인품이 모두 뛰어나 이름을 얻었다. 큰아들 나덕명은 승훈랑 의금부 도사를 지냈다. 정개청의 문인으로 정여립 모반 사건 때 함경도 경성에 유배당했는데, 임진전쟁이 일어나자 그곳에서 의병을 일으켜 왕자 임해군과 순화군 및 수행 신하들을 포로로 적에게 넘긴 자들을 평정했다. 둘째 나덕준의 세 아들 찬소·계소·위소는 나주에서 이름난 부자였다.[39]

정문명의 차남 정귀영의 딸은 어초은 윤효정尹孝貞(1476~1543)

과 혼인했다. 윤효정은 사촌 동서인 최부를 스승으로 삼아 학문을 익혔다.

윤효정은 해남 정씨의 사위가 되어 해남에 정착한다. 생원시에 급제했지만 관직에 나가기를 단념하고 재산을 늘리고 자식을 기르는 데 힘을 쏟았다.

윤효정에게는 장남 윤구尹衢(1495~1549)를 비롯한 네 아들(4남 2녀)이 있었다. 둘째를 제외하고, 세 아들이 과거에 급제했다. 윤구는 조광조와 뜻을 같이 하다 기묘사화 때 스물여섯 나이로 파직되어 유배를 당했다.

윤구의 아들 윤홍중과 윤의중 형제도 모두 문과에 급제했다. 윤의중尹毅中(1524~1590)이 더 두각을 나타냈다. 1548년 문과에 급제한 뒤 부수찬, 교리, 응교, 병조참의로 승진을 거듭했다. 선조는 1581년(선조 14년)에 윤의중을 형조판서에 제수했는데, 이때 사헌부와 사간원의 반대가 거셌다.

"윤의중은 청렴치 못한 짓으로 부를 이루어 본시 청의淸議(서원을 중심으로 형성되는 여론)가 비루하게 여기는 자였는데 이런 사람을 승진시킨다면 이것은 한 시대 사람들에게 이익만을 취하도록 유도하는 것이 됩니다."

선조수정실록40)에 사관은 이렇게 썼다.

'의중은 해남 사람으로 한미한 가문의 출신이었는데 애초에는 준재俊才로 칭송되어 청요직을 역임, 아경亞卿의(정승에 버금가는) 지위에까지 올랐다. 그런데 일생 동안 산업을 영위하여 자신만을 살찌웠으므로 부富가 호남에서 제일이었는데 사람들이 모두 탐욕스

럽고 비루하다고 지목하였다.'[41]

선조는 윤의중을 갈아치우라는 요구를 거부했다. 윤의중은 대사헌, 예조판서, 종1품 좌찬성을 지내며 해남 윤씨를 명가의 반열에 올려놓았다.

윤의중은 애초 물려받은 재산도 많았다. 서인인 중봉 조헌이 자신을 비판하는 상소를 하자, 해명한 내용이 이렇다.

"신이 대탐大貪하여 장흥, 강진, 해남, 진도 주위에 신의 언전堰田(간척해 만든 논밭)이 아닌 것이 얼마나 되는가, 하고 (조헌이) 지목하였습니다. 신은 벼슬길에 오르기 전부터 원래 지극히 궁한 사람은 아니었습니다. 선대로부터 물려받은 땅이 적잖이 있었고, 처가 친정에서 물려받아 갖고 온 자산도 있었습니다."

윤의중은 이른바 '정여립의 역모' 고변에서 촉발돼 수많은 전라도 선비가 화를 입은 1589년 기축옥사 때, 동인의 영수인 이발[42]의 외숙이라는 이유로 탄핵을 받아 파직 당했다가, 광해군 때 신원됐다.

윤의중이 1590년 세상을 떠나고, 6년 뒤 적자녀 3남매는 재산을 나눴다. 얼자녀들에게 나눠준 몫까지 포함해 상세한 재산 분할 내역을 적어 둘째 아들 윤유기에게 준 문서가 남아 있다.

'해남 소재 김백운의 월月 자字 논 7마지기, 천석의 백白 자 논 6마지기, 가점 소재 김중보의 제第 자 논 7마지기, 집 앞에 있는 장張 자 밭 9복卜,[43] 단금의 첫째 소생인 계집종 풍개, 계집종 돌덕의 첫째 소생인 사내종 동백, 계집종 병지의 첫째 소생인 계집종

언심)'

이것은 윤유심의 몫 가운데 일부다. 3남매가 물려받아 나눈 재산은 집터와 가옥 외에, 노비가 384명, 토지가 2,017두락이었다.[44)]

토지 가운데는 아버지 쪽 전답이 1,349두락, 어머니 쪽 전답이 525두락, '별득'이라고 한 것이 140여 두락이었다. 어머니 쪽에서 물려받은 것은 주로 장흥에 있었다.

해남은 서남해가 교차하며 다도해와 인접하고 있고, 넓은 개펄이 펼쳐져 있어 간척으로 농지를 늘리기에 좋은 조건을 갖고 있었다. 해택海澤 개간이라고 했다. 해택을 개간하려면 제언을 축조하기 위해 지방관에게 입안立案을 발급받아야 했다. 권세가는 입안을 발급받기가 쉬웠다. 윤의중이 자식들에게 물려준 전답 가운데 개펄을 간척해 만든 해언전海堰田은 240여 두락이었다. 이를 보면, 윤의중 대에 해택 개발도 활발히 한 것을 알 수 있다.

해남 윤씨 가는 18세기까지 이 일대에서 해택 개간을 계속해 토지를 늘렸다. 초기에는 해남 현산면 백야지에 집중하다가, 화산 죽도, 진도의 굴포, 완도, 노화도 같은 섬으로까지 나아갔다. 먼저 입안을 받아놓고 간척을 중단한 채 황무지로 버려둔 것을 백성들이 개간하여 경작하다 소유권 다툼이 벌어지는 일도 잦았다.

권세가들은 해택을 개발하는 대운력大運力에 집안의 노비뿐 아니라 집안의 토지를 경작하는 사람들, 지방관이 이끄는 지역 요역군과 관노비, 인근 사찰의 승려 등을 동원했다. 『비변사등록』 명종 14년 2월 9일치에 그 폐단을 이렇게 적고 있다.

'해변의 진흙땅泥生地은 백성들이 농사지어 먹고 사는 땅인데 세력 있는 재상가에서 이를 모두 **빼앗아** 점거하고는 읍민들을 징발하여 둑을 막는 부역을 시키고, 여러 곳에서 거두어들여 경비를 충당하니 둑이 이루어지면 그 이익이 자기에게 돌아가고 이루어지지 못하더라도 자기의 재물은 소비되지 않기 때문에 너도나도 이를 본받아 근래에는 더욱 심하여졌습니다. 백성들이 이미 먹고 살 땅을 **빼앗긴데다가** 힘겹게 부역까지 하는 실정이니 그 억울함이 얼마나 심하겠습니까?'

윤의중 다음 대에 해남 윤씨 가문을 승계한 종손은 둘째 아들 윤유기(1554~1619)인데, 그는 윤의중에게 재산을 물려받았을 뿐 아니라, 양부 윤홍중에게도 물려받았다. 해남 윤씨 가는 일찍감치 종갓집에 재산을 집중하기 시작했다.

윤유기에게 가문을 이어받은 것은 윤선도다. 윤유기가 윤선도와 얼동생 2명에게 남긴 전답의 규모는 정확한 기록이 없으나, 노비는 550명을 물려주었다.

새벽에 일어나면 불을 밝혀주고, 세숫물을 떠오고, 밥상을 차려주는 일부터 시작해, 양반들은 많은 일을 노비에 의존해 살았다.

고조선 시대에는 도둑질하다 잡힌 남녀를 노비로 삼았다. [45]

부여에서는 살인자를 사형에 처하고 그 가족을 노비로 삼았다. 삼국시대에도 전쟁 후 적국의 포로를 사로잡아 노비로 삼았다. 빚을 못 갚아 노비가 되는 일도 있었다. 고려 말에 귀족들이 노비를 늘리고, 노비 매매가 성행하자 개혁의 목소리가 터져 나왔다.

'노비奴婢가 비록 천賤하다 하더라도 또한 하늘의 백성天民인데,

예사로 재물로 논하며 거리낌없이 매매하고 혹은 소나 말과 이를 바꾸기도 하는데 1필 ^{匹} 의 말에 대해 노비 2~3명을 지급하고도 오히려 값을 치루기에 부족하니, 소와 말이 사람 목숨보다 더욱 중요하게 되었습니다. 옛날에 마구간이 불에 타자 공자 ^{孔子} 께서는 "사람이 상하였느냐?"라고 말씀하시고 말에 대해서는 묻지 않았으니, 성인 ^{聖人} 이 사람을 귀중하게 여기고 가축을 천하게 여긴 것이 이와 같았는데 어찌 사람을 말과 바꾸는 이치가 있을 수 있겠습니까?'[46)]

고려 공양왕 3년 낭사(정3품 이하의 관원)에서 '조상 대대로 내려온 노비들은 자손 이외의 사람들에게는 서로 전하지 못하게 하라'고 상소했다. 왕이 윤허해 노비 매매는 금지했지만, 노비 제도 자체는 크게 달라지지 않았다.

조선의 개창자들도 노비제도를 옹호했다.

세조 때 대사헌 양성지의 상소에 이런 내용이 있다.

'우리나라 노비 ^{奴婢} 의 법 ^{法} 은 그것을 숭상하면서부터 사대부 ^{士大夫} 가 의지하여 사는 것입니다. (…) 땅은 사람의 명맥 ^{命脈} 이며, 노비는 선비의 수족이라 경중 ^{輕重} 이 서로 같으니, 편벽되게 폐 ^{廢} 할 수 없습니다.'[47)]

숙종 때 정탁은 노비가 주인과 소송을 벌인 일을 두고 "기자 ^{箕子} 의 설교 ^{說敎} 에 주인과 노비의 관계는 군신 ^{君臣} 과 같다고 하였으니, 어찌 주인을 배반하고서 나라에 충성하는 자가 있겠습니까?"라고 말했다. 조선의 양반들은 고조선의 팔조금법을 노비제도를 정당화하는 근거로 삼고, 은나라의 현자이던 기자가 문명 개조 차원에서 노비제도를 들여왔다고 믿었다.

사육신의 한 사람인 하위지는 과거 시험 답안지인 「대책」에 이렇게 썼다.

'우리 동방은 기자箕子 때부터 예의의 아름다운 풍속으로 천하에 알려졌는데, 이는 특별히 기자가 중국의 교화로써 동이東夷의 풍속을 변하게 한 것만이 아니라, 양민과 천인을 구별하고 노예를 두어 이것으로 상하의 신분을 정하여, 대부의 집에 모두 존비의 등분이 있게 한 것이다. 주인과 노비의 제도가 한 번 정하여지면 주인이 종을 대우함은 임금이 신하를 대우함과 같이 하며, 종이 주인 섬기기를 신하가 임금 섬기기와 같이 하였다.'[48]

성종 때 사람 성현은 『용재총화』에 이렇게 썼다.

'우리나라 인구는 절반이 노비다. 그러므로 이름난 고을이나 큰 읍邑이라 해도 군졸의 수가 아주 적다.'

『연려실기술』에 이런 내용도 있다.

'성종 15년에 추쇄도감推刷都監을 설치하고, 서울과 지방의 노비를 모두 조사하니 총합 26만 1,984명이며, 여러 고을 역驛의 노비가 총합 9만 581명이었다.'[49]

15~17세기 조선사회 연구자들은 당시 인구의 3~4할이 노비였을 것으로 추정한다. 양반은 과거에 응시할 수 있고 조세와 역役(양인이 부담하는 각종 노역)을 면제받는 특권 계급으로서, 공사노비를 부리며 살았다. 노비는 역의 부담을 지지 않았다. 역은 농민이 대부분을 차지하는 상민이 거의 전담했다.

중종 때 권예의 말이다.

"양천종모법良賤從母法[50]이 설립된 지 이미 오래입니다. 그런데도 옛날에 양민이 많았던 것은 그 역役이 수월했기 때문에 천인을 따르기를 부끄러워했던 탓인데, 지금은 양민이 역에 몹시 시달리기 때문에 도리어 천인이 되기를 즐겨합니다."[51]

유형원은 『반계수록』에서 노비 신분을 세습하는 제도를 비판하고, 노비를 품삯을 받는 사람으로 바꿔 가야 한다고 주장했다.

'노비라는 이름은 본래 죄 있는 자를 잡아다가 노비로 만든 데서 생긴 것이요, 죄 없는 자를 노비로 만든 예가 옛날 법에는 없었다. 대체로 죄를 지어 노비로 된 자라도 그 죄가 자손에게까지 미치지 않았거늘 하물며 죄 없는 자를 노비로 만들 수 있겠는가? (중국 옛 법에는 범죄와 관련하여 노비로 잡혀 온 자라도 한 번 내지 두 번 면제하는 한도가 있어서 세 번 면제를 받으면 평민良人이 되었고 설혹 자기 일생을 노비 노릇을 하더라도 노비의 신분이 자기 자손에까지 미치는 법은 없었으니 대개 처벌이 자식에게까지 미치지 않는 원칙이다.)

우리나라의 노비법은 죄가 있거나 없거나를 막론하고 오직 노비의 가계만을 따져서 몇백 대代를 내려가면서 계속 노비로 삼는다. 그렇기 때문에 혹 아무것도 모르는 바보라도 남의 생사를 좌우하는 권한을 가지고 혹 현명한 인재가 있더라도 노비 출신이라면 역시 남의 노비로 고정되고 마니 이것이 도무지 무슨 이치인가?

이 법이 어느 시기에 생겨난 것인지 알 수 없으나 대개 고려 초기에 점점 성행하였고, 본조本朝(조선 왕조)에 이르러서는 노비법을 제정하고 또 평민을 노비로 끌어들여서 노비로 들어오는 자만 있고 면제되는 자가 없으므로 천인은 점차 많아져서 열에 여덟아홉이나 되고 평민은 점차 줄어서 겨우 열에 한둘만 남게 되었다.'

242

명종은 열한 살 나이로 열셋의 인순왕후 심씨와 혼인했다. 7년 뒤 첫 아들을 얻어 세자에 책봉했으나, 순회세자는 열세 살에 요절했다. 더는 아들을 얻지 못했다. 후사를 정하지 못한 채 명종이 의식을 잃자, 인순왕후는 2년 전 명종이 우회적으로 한 말임을 언급하며 하성군을 후사로 거론했다. 중종의 9남 덕흥대원군(1559년 사망)의 셋째 아들이던 하성군이 1567년 왕위에 오르니, 그가 바로 선조(1552~1608)다.

　하성군은 처음으로 대군大君(임금의 적장자)이 아니라, 군君으로서 조선 왕이 되었다. 열여섯 살 때였다. 부모 모두 먼저 세상을 떠나고 없었다. 아직 결혼하지 않은 상태였고, 세자 교육도 책봉 절차도 없었다. 인순왕후는 선조가 즉위한 1567년부터 다음해 2월까지 수렴청정을 했다. 인순왕후는 명종 즉위년에 일어난 을사사화로 재산이 몰수된 사람들의 재산을 돌려주고, 역적으로 몰려 노비가 된 집의 처자들을 복권시켰다. 그러고는 서둘러 수렴청정을 그만뒀다. 이때 노수신, 유희춘, 김난상 등이 복직해 20년 만에 중앙 정계로 돌아왔다. 선조는 경연에 열의를 보였다. 미암 유희춘을 매우 가까이했다. 그러나 인순왕후가 세상을 뜨기 전에는 제대로 왕 노릇을 못했다.

　선조의 시대엔 개혁이 요구됐다. 명종 시대에는 임금의 어머니 문정왕후와 외숙 윤원형이 실권을 쥐고 있었고, 청탁에 의해 관리가 임명되는 등 부패가 심각했다. 선조 2년 이탁은 이조판서가 되어, 낭료(6조의 5~6품직인 젊은 관리들)로 하여금 이름 있는 선비들을 임금에게 추천하게 하고, 낭료의 추천(낭천)을 받은 사람은 시험을 치르지 않고도 바로 인사 대상 후보에 오르게 하는 제도를 도입했다. 그 뒤 박순이 판서가 돼서는, 학행이 있는 선비는 곧장 6품으로 나가게 하기로 방침을 정했다. 낭천제는 신진 세력을 확대하는 데 기여했다. 박순과 이탁은 문정왕후가 사망하기 전에 출사했으나 당대의 권신들과 불화했던 인물들로, 동년배의 구신들보다 신진 사류와 정치적 입장을 함께했다. 김계휘, 기대승, 허엽 등도 그러했다.

선조 7년 1월, 우부승지 율곡 이이는 「만언봉사」[52]를 올려, 국정개혁안을 제시했다.

'오늘날의 정치에 대해 말씀드리자면, 공법貢法(토지 및 조세 제도)은 연산군 때에 백성을 학대하던 것을 그대로 지키고 있고, 관리의 임용은 권세 있는 간신들이 청탁을 앞세우던 습성을 그대로 따르고 있으며, 문예를 중시하고 덕행을 경시하여 억행이 높은 이는 끝내 굽히어 작은 벼슬에 머물게 되고, 문벌을 중히 여기고 어진 인재를 가벼이 여기어 집안이 빈한한 자들은 그의 능력을 펴보지 못하며….'

'지금의 시사는 날로 그릇되어 가고 있고, 백성들의 기력은 날로 소진되어 가고 있고, 그것은 권세 있는 간신들이 세도를 부리던 때보다 더 심한 듯합니다. (…) 오늘날의 시사는 실로 이와 같으니, 10년이 못 가서 반드시 화란이 일어나고 말 것입니다.'

독자적인 세력 기반이 없고 정치 경험도 적은 임금은 율곡의 개혁안에 냉담했다. 임금은 과격한 신진 세력을 부담스러워했다. 이이는 벼슬을 내려놓고 낙향했다.

선조 8년 1월, 인순왕후가 세상을 떠났다. 그해 임금은 친정親政을 하겠다며, 낭천제를 폐지했다. 이조에는 "과격한 사람을 쓰지 말고 순후한 사람을 힘써 취하도록 하라"고 지시했다. [53]

조정은 동인과 서인으로 갈라지고 있었다. 그 중심에 김효원(1542~1590)과 심의겸(1535~1587)이 있었다. 『당의통략』[54]에선 동서 분당의 실마리를 이렇게 설명하고 있다.

'선조 때 전랑[55] 오건이 김효원을 이조정랑에 천거하자 심의겸은 예전에 그가 권신 윤원형에게 아부했다면서 반대하였고, 심의겸의 동생 심충겸이 정랑에 천거되자 이번엔 김효원이 전랑이 척신의 사유물이 될 수 없다며 반대하였다. 두 사람의 반목이 심해져서 동대문 밖(건천동)에 사는 김효원 일파를 동인이라 부르고 (도성 서쪽 정동에 집이 있는) 심의겸 일파를 서인이라 부르게 되었다.'

심의겸은 명종비 인순왕후의 동생이다. 명종은 윤원형을 견제하기 위해 심의겸의 외숙인 이량을 등용했다. 이량은 자신이 세력을 키우고 강직한 신하였던 이준경을 몰아내려고 했다. 젊은 사림들이 이에 반대하자, 이량은 사림을 숙청하려 했다. 이때 왕의 밀지를 받고 이량을 탄핵한 사람이 바로 심의겸이다. 그래서 곧은 선비로 칭송을 받았다. 선조 때 사류의 정치 개혁 분위기 속에서, 서인은 외척이라도 일부 양심 있는 외척은 수용하자는 온건한 태도를 취했다. 그러나 동인은 외척정치에 매우 강경한 태도를 취했고, 심의겸에 대해서도 단호했다.

서인은 박순을 영수로 하여 정철, 신응시, 정엽, 송익필, 조헌 등 이이와 성혼의 문인들이 주축을 이루었다.

동인은 선배 사림에 속하는 허엽을 영수로 추대했다. 중심을 이룬 인물은 유성룡, 우성전, 김성일, 이산해, 김우옹, 정인홍, 이발, 허봉, 이원익 등 이황과 조식의 학문을 계승한 소장파 인사들이었다.

박순과 허엽은 애초 같은 서경덕의 문인이었으나, 이때 길을 달리 했다.

동인이 서인에 대해 정치적 우위에 서기 시작하자, 과거 서인과 갈등했던 구신들 중 상당수는 동인과 정치적으로 결합했다.

김효원은 선조 7년(1574)에 이조좌랑이 되었다. 그리고 이듬해 7월, 황해도 재령에서 일어난 살인 사건의 처리를 두고 약 4개월간에 걸쳐 치열한 동서 갈등이 표면화 됐다. 남자 종이 양반 주인을 살해한 것으로 의심되는 사건이었는데, 좌의정 박순이 지휘해 수사했으나 끝내 진상을 밝히지 못했다. 이에 죽은 사람과 친척 사이였던 대사간 허엽이 박순을 태장笞杖으로 다스리라고 요구하면서 서인과 동인 간 정치적 갈등으로 치달았다. 사태는 10월에 심의겸이 개성 유수로, 김효원이 멀리 삼척 부사로 나가는 것으로 일단락됐다. 서인 세력이 잠시 주도권을 쥐었으나, 오래가지는 못했다.

이이는 두 정치 세력에 대해 양시양비兩是兩非(어떤 주장은 양쪽이 다 옳고, 어떤 주장은 양쪽이 다 그르다)를 표방하고 갈등을 조정하려고 애썼으나 역부족이었다.

'흰 무지개가 두 번이나 태양을 가로지르자, 상(임금)이 하교하여 구언하였다. 이에 사헌부가 차자[56]를 올려 당시의 폐단을 논하였는데, 동인과 서인의 시비를 분변하여 비로소 심의겸을 소인이라 하고, 정철과 김계휘를 사악한 무리邪黨라고 드러나게 배척하였다. 그러자 신진들의 논의가 다투어 일어났는데 이식, 홍혼, 정희적 등이 대간이 되면서 더욱 강력하게 주장하여 국시를 정해서 서인이 다시 조정에 들어오는 길을 막으려고 하였다.'

선조 12년(1579) 2월 1일 선조수정실록의 기록이다.

조정이 동인과 서인의 두 진영으로 갈라선 뒤로 한동안은 누가 옳고 그른지를 따지는 정도의 갈등을 보였으나, 이 무렵엔 집권세력인 동인이 서인을 소인, 사악한 집단으로 규정하기 시작했다.

'이때에 동인이 매우 성했다. 명예를 구하는 자들이 동인에게 가고, 관작을 바라는 자들이 동인에게 붙고, 속류 재산으로 전일 서인에게 배척당한 자들이 모두 이 틈을 타서 동인에 아첨하여 많이들 요직을 얻었다.'(이이의『석담일기』선조 12년 2월)

이이는 동인들의 행태에 충격을 받고, 이를 비판하는 상소를 올렸다. 이이가 자신들을 지지한다고 믿고 있던 동인들은 거세게 반발했다. 「만언봉사」를 올린 뒤 선조가 받아들이지 않자 낙향했다가 곧 불려온 이이는 선조 9년 2월 다시 낙향했다. 그리고 선조 13년 12월에야 돌아왔다. 사림을 하나로 묶어 선조에게 개혁을 요구해 관철시키자는 생각에서였다. 조제調劑(정파 간 세력균형)와 보합保合(대화합)을 추구했다. 그러나 동인들은 그를 배척했다.

1583년(선조 16년) 1월 북방 여진족 추장 이탕개가 대규모 기병을 이끌고 조선에 침입했다. 이이는 신속하게 병력을 동원하기 위해 '6진 방어에 자원하여 3년을 복무하면 서얼도 과거를 볼 수 있고, 공·사노비는 면천하여 양인이 되게 하는' 조치를 건의했다. 사헌부와 사간원의 반대로 이 안은 실현되지 못했다. 5월에 이탕개 부대가 함경도 종성에 재차 공격해 왔다. 비변사가 활쏘기에 능한 사수를 보내기로 했는데, 말이 부족했다. 이에 이이가 '말을 바치면 종성에 가는 것을 면제하는' 조건으로 병력을 모집하자는 안을 내어 그렇게 하기로 했다. 그런데 왕에게 사전에 보고를 하지 않고 이를 시행했다.

양사가 이이를 탄핵했다. 이이가 사직을 청해도 왕이 받아들이지 않자, 홍문관까지 나서서 탄핵에 동조했다. 선조는 이이에 매우 적대적이던 대사간 송응개, '나라를 그르친 소인'이라고 이이를 규정한 홍문관 전한 허봉을 외직으로 내보냈다. 곧이어 장흥부사 송응개를 함경도 회령으로, 창원 부사 허봉을 평안도 갑산으로, 도승지 박근원을 평안도 강계로 유배하라고 명했다. 선조가 동인의 중진 3명을 매우 강력하게 처벌한 이 일을 계미삼찬癸未三竄이라고 한다. 찬竄은 벼슬을 빼앗고 내친다는 뜻이다. 선조는 3명 말고도, 동인에 속한 많은 관리를 외직으로 좌천했다.

이듬해 1월, 이조판서로 돌아와 있던 이이가 갑자기 세상을 떠났다. 동인은 점차 세력을 회복했다. 선조 18년 6월, 계미삼찬 때 귀양 간 동인들이 풀려났다. 9월에 양사가 심의겸을 파직시키라고 청하자 임금이 따랐다. 9월 2일 임금이 교지를 내렸다.

'심의겸은 험악하고 편파적인 자질로 성사城社의 권세를 끼고 당파를 만들어 국권을 마음대로 휘둘러 밖으로는 조정의 정령政令과 안으로 궁중宮中의 일까지 지휘하지 않은 것이 없어, 군부의 손

발을 얽어매고 한 시대의 공론을 재갈 물렸다.'

임금은 심의겸의 당파로 박순·정철·박점·김계휘·박응남·윤두수·윤근수·신응시·이해수의 이름을 들었다. 이들이 '생사의 교제를 맺고 결탁하여 모든 정사에 참여하여 획책하지 않은 것이 없어서, 사설邪說이 충만하고 정론正論은 사라졌다'고 했다. 서인들이 대거 조정에서 밀려났다.

선조 22년(1589)은 기축년이었다. 동인은 궁지에 몰리고, 서인은 기쁨을 감추지 못하는 사건이 일어났다.

10월 2일 밤 임금이 3정승과 6승지, 의금부 당상관들을 창덕궁 신정전으로 불러들인 뒤, 당직 중인 도총관 2명과 홍문관 상·하번 2명, 사관 2명을 들어오게 했다. 영의정은 유전, 좌의정은 이산해, 우의정은 정언신이었다. 예문관 검열 이진길은 들어오지 못하게 했다. 정여립의 생질이었기 때문이다.

임금이 물었다.

"여립은 어떤 사람인가?"

영의정과 좌의정은 "그의 인품은 모른다"고 대답했다. 우의정 정언신이 "독서하는 사람이라는 것만 알고 다른 것은 모릅니다"라고 대답하자, 임금이 손에 들고 있던 장계를 아래쪽으로 던지며 말했다.

"독서하는 사람 하는 짓이 이렇단 말인가?"

왕이 승지를 시켜 읽게 했다. 안악 군수 이축, 재령 군수 박충간, 신천 군수 한응인이 역모 사건을 고변한 것을 알리는 황해도 감사 한준의 장계였다. 홍문관 수찬(정6품)을 지내고 전주에 살고 있는 정여립이 모반을 꾀했으며, 그 일당인 안악 사람 조구가 역모를 밀고했다는 내용이었다. 모두들 목을 움츠리고 등골에 땀이 흘렀다.[57]

즉시 선전관과 의금부 도사를 황해도와 전라도 등지로 나누어 보내고, 정여립의 조카인 이진길을 옥에 가두었다.

전라도로 간 의금부 도사 유담은 금구 동곡(현 김제시 금산면 청도리)에 있는 정여립의 집을 습격했으나 정여립은 아들과 함께 이미 달아난 뒤였다. 정여립의 수하인 지함두만 정여립의 형 여복의 집에 있다가 붙잡혔다. 유담이 전라 감사 이광에게 사태를 알리자, 이광은 진안 현감 민인백에게 진안현 죽도(현 진안군 진안읍 가막리)에 있는 정여립의 서당으로 군사를 보내게 했다. 죽도에도 정여립은 없었다.

10월 7일 유담은 '정여립이 도주했다'고 보고했다. 임금은 대신과 포도대장을 불러 사로잡을 계책을 논의한 뒤, 윤자신을 전주 부윤에, 나정언을 판관에 임명하고는 대간의 서경署經도 거치지 않고, 이튿날 말과 군관을 딸려 현지로 보냈다.[58]

10월 8일 황해도 감사가 역적모의에 참가했다는 백성 두어 명을 잡아 큰 칼을 씌워 서울로 압송해 보냈다. 임금이 직접 국문을 했는데, 모두 빌어먹고 사는 가난한 백성이었다. 임금이 웃으며 "여립이 비록 반역을 도모했으나 어찌 이런 무리와 공모하겠는가"라고 말했다. 그들에게 "너희들이 반역을 하였느냐" 하고 물으니 "반역하는 것은 모르나 반국叛國하고자 하였습니다"라고 대답했다.

그래서 다시 "반국이 무슨 뜻이냐"고 물으니, "먹고 입는 것이 넉넉한 것입니다"라고 하였다. 59)

임금이 선전관과 내시를 전라도에 보내, 전라 감사 이광에게 지시했다.

"전라도 안의 명산과 사대부가의 묘지가 있는 산을 다 불살라서라도 정여립을 잡으라."

10월 11일 경기도 고양에 있던 서인의 영수 정철이 궁에 들어와 숙배한 뒤 비밀리에 차자를 올렸다. 속히 역적을 체포하고 경성을 계엄하라는 것이었다. 임금이 "경의 충절을 더욱 알 수 있다. 의논하여 처리하리라" 하였다.

진안 현감 민인백은 13일 살인 사건 처리를 위해 장수현에 갔다가 14일 해 뜰 무렵 장수현을 출발했다. 진안현을 20리 앞두고 해질녘이 되어 그곳에서 머물려 했는데, 진안현 아전이 와서 "수상한 사람들이 진안현 서면에 나타나서 추적하고 있다"고 전했다. 민인백은 곧바로 진안현 객관으로 가서 150명을 모았다. 현장인 다복으로 달려가니, 촌민들이 가파른 절벽이 뒤에 있어 더 달아날 수 없는 곳에서 정여립 일행을 포위하고 있었다. 민인백은 「토역일기」에 현장 상황을 매우 상세하게 기록했다.

민인백이 정여립을 불러 꾸짖었다.

"너는 경연에 참석해 임금을 가까이 모시던 신하로서 반역을 도모했다. 임금의 명으로 너를 체포하니 마땅히 손을 묶어 죽여야 할 것이다. 어찌하여 칼을 빼들고 체포를 거부하는가?"

정여립은 싸워 돌파하자는 사람의 말을 물리치고, "저들 모두가 활을 힘껏 당기고 있는 상황이다. 탈출할 길이 없다. 어찌 무고한 양민을 함부로 죽이겠는가. 우리들이 빨리 자결하는 것이 낫다"고 말했다. 정여립이 함께 있던 3명을 번개같이 차례로 베고는 땅에 검을 꽂고 목을 늘어뜨려 넘어지면서 칼을 받았다. 정여립과 변숭복이 죽고, 한 명은 중상, 한명은 경상이었다.

15일 날이 밝아 전주 감영으로 가는 길에, 웅치(곰티재)에서 복병의 공격을 받았다. 전주에 도착해 신원을 확인해 보니, 경상을 입고 살아남은 사람이 정여립의 아들 옥남이었다.

전라감사 이광이 말했다.

"하루만 늦었다면 사대부가의 묘지가 다 불탈 뻔했소."[60)]

서울에서는 이날 정여립과 반역을 공모했다고 자복한 황해도 사람 이기, 이광수를 교수형에 처했다. 17일에는 안악의 수군 황언륜, 방의신 등이 정여립의 집에 왕래하며 반역을 공모한 사실을 승복하여 사형을 집행했다.

19일 임금이 정여립의 아들 옥남을 친국했다. 옥남은 열일곱 살이었다. 임금이 "너희 집을 왕래하던 자가 누구냐"고 묻자 이렇게 대답했다.

"모주謀主는 길삼봉이고, 고부에 사는 한경, 태인에 사는 송간, 남원에 사는 조유직·신여성, 황해도에 사는 김세겸·박연령·이기·이광수·박익·박문장·변숭복 등 10여 명이 항상 찾아 왔으며, 지함두와 중 의연은 어디서부터 왔는지 알지 못합니다. 함두는 항상 집안에 있었고, 중 의연은 밤낮으로 같이 거처했습니다."

길삼봉을 제외하고는 모두 체포되었다. 그 가운데 양반은 정여립에게 배운 한경뿐이었고 나머지는 상민이었다. 황해도에서 잡혀온 사람들은 대부분 자복하고 죽었다. 전라도 사람인 송간·조유직·신여성은 죽을 때까지 역모를 인정하지 않았다.

동래 정씨 정여립(?~1589)은 전주에서 익산 현감, 첨정僉正(종4품)을 지낸 정희증鄭希曾의 아들로 태어났다. 태어난 해는 정확하지 않고, 1544~1546년쯤으로 추정한다. 금구의 강진 김씨 집안에 장가들어 거기서 살았다. 1570년(선조 3년)에 문과에 급제했다. 이이와 성혼 문하에 드나들었다. 예조 좌랑을 지냈고, 1585년 4월 홍문관 수찬(정6품)이 되었다.

1583년 10월 22일 실록의 기록에, 이이가 선조와 정여립에 대한 이야기를 나누는 대목이 있다.

"지금 인재가 적고 문사 중에는 쓸 만한 인물을 얻기가 더욱 어렵습니다. 정여립이 많이 배웠고 재주가 있는데 남을 업신여기는 병통이 비록 있기는 하지만 대현大賢 이하로서야 전혀 병통 없는 사람이 어디 있겠습니까. 그가 실로 쓸 만한 인물인데 매번 천거해도 낙점落點을 하지 않으시니, 혹시 무슨 나쁜 말이라도 들으신 겁니까?"

선조 임금이 대답했다.

"여립은 그를 칭찬하는 자도 없지만 헐뜯는 자도 없으니 어디 쓸 만한 자라고 하겠는가. 대체로 인재 등용에 있어서는 그 이름만 취하는 것은 옳지 않고 시험 삼아 써본 뒤에야 알 수 있다."

선조수정실록에는 '전에 여립이 정언이 되었을 때 입시하여 박민헌의 일을 논하면서 그를 종놈이라고 일컬었다. 상이 그의 오만함을 미워하여 오랫동안 비점을 내리지 않았다'고 쓰여 있다.

정여립이 홍문관 수찬이 된 1585년 5월 28일 의주 목사 서익이 정여립을 비판하는 상소를 올렸다. 애초 이이의 문인이던 정여립이 배반한 것을 질책하는 내용이다.

'신이 삼가 듣건대, 정여립이 경연에서 이이를 공격하고 드디어 박순·정철에까지 이르렀기 때문에 박순과 정철이 자리에 있기가 미안하여 은총을 피해 물러갔다고 하니, 그 말이 사실입니까? 이 일은 다른 사람이라면 그럴 수 있어도 여립은 그렇게 할 수가 없습니다. 여립은 본래 이이의 문하생으로서 몸에 학사學士의 명함名銜을 띠고 조정에 들어와 천안天顔(임금의 얼굴)을 뵙게 된 것이 모두 이이의 힘이었습니다.'

정여립이 경연에서 이이를 공격한 내용이 선조수정실록엔 이렇게 기록돼 있다.

'박순은 간사한 무리들의 괴수이고 이이는 나라를 그르친 소인이고 성혼은 간사한 무리들을 편들어 상소를 올려 군부君父를 기망하였습니다. 호남은 박순의 고향이고 해서海西(황해도)는 이이가 살던 곳이니, 그 지방 유생들의 상소는 모두 두 사람의 사주에 의한 것으로서 공론이라 할 수 없습니다. 신이 도성에 들어와 성혼을 찾아가서 간인들을 편들어 군부를 기망한 죄를 질책하고 또 이이와 절교하였다는 뜻을 말하니 성혼은 이의 없이 죄를 자복하였습니다.'

임금이 "이이가 살아 있을 때에는 네가 지극히 추존하다가 지금에는 어찌하여 이런 말을 하는가?"라고 묻자, 정여립은 "신이 애초에는 그의 심술心術을 몰랐다가 나중에야 알고서 죽기 전에 이미 절교하였습니다"라고 대답했다.

임금이 아무런 대답을 하지 않자, 정여립은 두 손으로 땅을 짚고 우러러보며 "신이 지금부터 다시는 천안을 뵐 수 없겠습니다"라고 아뢰고는 곧바로 나갔다.[61]

서인들은 서인이던 정여립이 서인이 세력을 잃자 동인으로 갈아탔다고 평가했다. 정여립은 벼슬을 내놓고 전주로 내려갔다. 전주에서 글 읽기에 힘쓰니, 이름이 전라도 일대에 높이 나서 죽도竹島 선생이라고 일컫기에 이르렀다.

'여립이 기백이 굉장하고 말솜씨가 좋아서 입을 열기만 하면 그 말이 옳고 그른 것을 불문하고 좌석에 있는 이들이 칭찬하고 탄복하였다. 항상 말하기를 "사마광이 위나라로 정통을 삼아 기년한 것은 참으로 직필이다. 천하는 공물公物이니 어찌 일정한 주인이 있으리오. 요임금, 순임금, 우임금이 자리를 서로 전하였으니 성인이 아닌가?" 하였다. 또 말하기를 "충신은 두 임금을 섬기지 아니한다고 한 것은 왕촉[62]이 죽을 때 일시적으로 한 말이고 성현의 통론은 아니다. 유하혜[63]는 누구를 섬기든 임금이 아니겠는가 하였으니, 그는 성인이 화한 자가 아닌가" 하였다.'[64]

'여립이 잡술에 널리 통하여 장차 나라에 변이 일어나게 될 것을 미리 알고, 기회를 타서 난을 일으키려고 전주, 금구, 태인 등 이웃 고을의 여러 무사들과 공·사노비 등 귀천을 가리지 않고 계契를 조직하고, 그 이름을 대동계大同契라고 하여 매월 15일이 되

면 그들이 전부 여립의 집에 모여서 활쏘기를 연습하면서 "육예六藝65)는 폐할 수 없다"고 하였다.'66)

10월 27일, 저자에서 정여립의 시신을 거열했다. 백관에게 명하여 둘러서서 보게 했다. 좌랑 김빙은 병이 있어 차가운 날 바람을 쐬면 눈에서 눈물이 줄줄 흘렀다. 애초 정여립과는 좋은 사이가 아니었다. 이날도 마침 바람이 차서 흐르는 눈물을 수건으로 자주 닦았는데, 김빙과 사이가 나쁘던 백유함이 이를 보고 슬퍼서 울었다고 죄를 씌워 죽였다.

역적 정여립을 벌하여 죽였다 하여, 왕이 간편한 의식을 치러 축하를 받은 뒤에 관리들의 품계를 올려주고, 죽을죄를 지은 자를 제외하고는 죄인을 모두 사면했다.

그렇게 사건이 일단락되는가 싶었는데, 전주의 생원 양천회가 상소를 올렸다. 양천회는 하서 김인후의 사위인 양자징의 아들이요, 양산보의 손자다. 선조실록에는 서인인 정철 등이 사주해서 올린 것이라고 쓰여 있다.

양천회의 상소는 정여립이 역모를 일으키기에 이르게 된 것은 조정 중신들과 결탁하였기 때문이라며, 역적이 죽음을 함께할 수 있는 심복이나 형제 같은 사이로 이발·이길·백유양 등이 있고, 종족으로서 친밀한 사이로는 정언지·정언신이 있다고 지목했다.

우의정 정언신은 자신이 정여립과 무관하다고 주장하면서, 조사 책임자인 위관직에서 물러났다.

선조는 의금부 도사 유림과 선전관 이응표를 전라도로 보낼 때, 정여립의 집에 있는 문서들을 가져오게 했다. 두 사람은 익산 군수 김영남 입회 아래 문서를 수거해 서울로 보냈다. 선조는 관리들이 정여립에게 보낸 편지를 읽고 분노에 떨었다.

정언신이 정여립에게 보낸 편지가 있었다. 선조는 정언신이 위관직에서 물러나기를 청하자 처음엔 반려했다가, 며칠 뒤 속내를 드러냈다. 정언신이 '시원치 않은 세상일을 말하자니, 지루하고 또 가소롭다'라고 정여립에게 보낸 편지에 쓴 구절을 들먹이며 강한 배신감을 토로했다. 백유양이 정여립에게 보낸 편지에는 '이 사람(선조)이 시기심이 많고 모질며 고집이 세다'거나 '이 사람은 조금도 임금의 도량이 없다'는 내용이 있었다. 임금은 김우옹이 정여립에게 보낸 편지를 보고는 "김우옹의 평생 소행은 쥐새끼와 같다"고 했다.

정여립이 갖고 있던 편지 가운데는 이발이 보낸 것이 가장 많았다. 그 무렵 이발은 동인의 중심인물로 떠올라 있었다.

양사가 우의정 정언신과 이조 참판 정언지, 전 안동 부사 김우옹, 백유양의 파직을 요청하자, 선조는 즉시 받아들였다.

선조는 서인의 좌장인 정철을 우의정에 임명했다. 정철이 위관이 되었다. 백유양과는 다른 길을 걸은 사촌 백유함이 이발·이길 형제를 역적의 편당이라고 고발하니, 임금이 기뻐했다.

정여립의 조카 정집鄭緝이 고문을 당하면서 많은 사람의 이름을 끌어댔다. 70여 명에 이르렀다. 다른 조카 정약鄭約도 선비들의 이름을 많이 대서 더 많은 사람이 붙잡혀왔다.

정언신에 대해서는 정철이 두둔하고, 성혼도 두둔했다. 일재 이항의 제자로서 정철과는 사돈(정철의 셋째 아들이 그의 사위)인 김천일도 상소를 올려 옥사가 확대되는 것을 우려했다.

　'신이 시골에 있을 때에 기황飢荒이 든 백성이 조석 사이에 곧 흩어지게 된 것을 보았고, 또 적변賊變으로 달마다 소동이 있었는데, 적을 체포하여 호송하는 군사가 굶주려 쓰러지면서 부르짖으며 원망하는 소리가 도로에 전파되어 귀로 차마 들을 수 없었습니다.'

　옥사의 확대를 노린 양천회의 상소에도 당시 백성들의 삶이 그려져 있다.

　'신이 집에 있을 적에 보건대, 시골 백성들은 추수기가 돌아와도 끼니를 이을 형편이 못 되는 실정인데 세금과 빚을 위아래서 독촉하므로 원망에 찬 마음으로 하늘에 호소하다가 그만 집을 떠나 떠돌며 빌어먹고, 겨우 남은 백성들도 모두 죽어 구덩이를 메우게 되니, 흉년이 지난 뒤에는 도적이 극심해집니다.'

　정여립의 무리라고 거론된 핵심 인물들을 귀양 보낸 선조는 거기서 멈추는 듯했다. 그런데 국면이 또 변했다. 12월 12일, 정여립의 당이라 하여 세 차례 고문을 당하고 석방되었던 낙안 향교의 유생 선홍복이 백유양과 이발, 이길을 고발하고 나섰다. 정여립의 생질 이진길이 선산 부사 유덕수에게 참서를 받았다는 말도 했다. 연루된 사람들이 귀양지에서 끌려와 끝내 죽음으로 내몰렸다. 이발과 형 이급이 끌려와 매를 맞다 죽었다. 이발의 동생 이길도 귀양지에서 붙잡혀와 매를 맞다 죽었다.

　이발은 대사간, 도승지, 이조 참판, 전라도 관찰사를 역임한 이중호(1512~?)의 장남이다. 어머니는 해남 윤씨 가문을 명문가로 이끈 윤의중의 누이동생이다.

이발은 선조 6년 알성문과에 장원으로 급제해, 사가독서를 거쳐 이조 전랑으로 발탁되었고 응교, 전한, 부제학을 거쳐, 1584년 대사간에 이르렀다. 조광조의 지치주의至治主義를 이념으로 삼아 사론士論을 이끌었다. 이조 전랑으로 있을 때에는 자파의 인물을 등용함으로써 원망을 샀으며, 서인의 거두 정철의 처벌 문제에서 강경파를 이끌어 이이·성혼과 멀어지고 서인의 미움을 샀다. 남명 조식의 제자인 최영경과 특히 친하였다.

'이발이 죽자 그 늙은 어머니와 어린 아들도 잡아다가 국문하니, 어머니 윤씨(윤의중의 누이)는 나이가 여든둘이고 아들은 여덟 살이었는데 모두 엄형을 받고 죽었다. 이발의 모친은 죽을 때에 분연히 말하기를 "형법이 너무 지나치다" 하였고, 발의 아들은 말하기를 "평일에 아버지가 나를 가르치기를 집에 들어서는 효도하고 나가서는 충성하라 하였을 뿐 역적의 일은 들은 바 없습니다" 하였더니, 임금이 "이런 말이 어찌 놈의 자식 입에서 나올 말이냐" 하고 아울러 때려 죽였다.'(『연려실기술』)

백유양은 세 아들과 함께 죽임을 당했다. 이진길도 곤장을 맞아 죽었다.

'이때에 옥사가 크게 확대되어 김제 군수 이언길, 선산 부사 유덕수, 참봉 윤기신, 참봉 유종지 등은 모두 곤장을 맞아 죽었고 홍가신, 이위빈, 허당, 박의, 강복성, 김창일 등 수십 명은 벼슬을 삭탈당하고 금고 되었으며, 김영일은 두 차례나 형을 받고 사직 당했으며, 성균관과 사학四學의 유생으로서 조금 이름 있는 자는 모두 금고 되었다.'(『연려실기술』)

이듬해 2월 18일, 1584년 갑신년 인재 추천 때에 김우옹, 이발, 백유양, 정여립 등을 추천했던 영중추부사(전 영의정) 노수신을 파직했다.

3월에 전라 도사 조대중이 역적을 위하여 눈물을 흘렸다는 대간의 탄핵을 받고 붙잡혀 고문을 받다 죽었다. 부안의 관기와 헤어지면서 서로 울고 작별한 것을 세상이 그렇게 말해서 빚어진 일이다.

나주에서 유력 가문의 자제 수백 명을 가르치던 동인 정개청이 정여립 패로 몰려 고문을 당하고 귀양가서 죽었다. 정철을 비롯한 서인들은 정개청이 서인의 영수인 박순을 배반했다 하여 미워했다. 경상도에서는 조식의 제자인 최영경이 정여립 패의 우두머리인 길삼봉으로 몰려 고문을 당하고, 옥중에서 죽었다. 증거가 없었으나, 선조는 의심을 풀지 않았다.

「관동별곡」, 「사미인곡」, 「속미인곡」 등 가사로 유명한 송강 정철은 중종 31년(1536) 돈녕부판관 정유침의 네 아들 중 막내로 서울에서 태어났다. 큰 누나가 인종의 후궁 숙의였고, 작은 누나는 월산대군의 손자인 계림군 류의 부인이 됐다. 그 덕에 어려서 궁을 출입했던 정철은 훗날 명종이 되는 경원대군과 소꿉친구로 어린 시절을 보냈다. 그가 열 살 되던 해 을사사화가 일어나, 매형 계림군이 능지처참을 당하고, 아버지와 형은 유배를 당했다. 아버지는 잠시 풀려나 있었으나 명종 2년 양재역 벽서사건 때 다시 귀양길에 올라 명종 6년에야 풀려났다. 그 뒤 아버지가 전라도 창평으로 내려가자 그곳에서 10년을 보내면서 김인후, 기대승, 양응정, 송순, 임억령 등에게 배웠다. 이이, 성혼과도 교유했다.

스물여섯 살에 진사시에 장원, 이듬해 별시 문과에 장원급제했다. 명종이 옛 정을 기억해 가까이 대했으나 사헌부 지평을 맡고 있던 무렵, 처남을 죽인 경양군을 왕의 부탁을 저버리고 사형에 처해 명종으로부터 배척당했다. 동서 분당 때는 심의겸을 지지해 서인의 편이 되었다. 그는 포용력이 부족했고, 정쟁에서는 앞서 싸우는 행동대장 노릇을 했다. 성격이 불같기로는 중봉 조헌이 정철과 비슷했다. 두 사람은 전라 감사와 전라 도사로 함께 일하면서 교분이 두터워졌다. 도승지, 예조참판, 함경도 감사, 예조판서를 지냈으며, 이이가 죽은 뒤 대사헌이 되었으나 동인 세상이 되면서 고립무원에 빠졌다. 선조 18년에 조정에서 물러나 창평에서 지낼 때 「사미인곡」 등을 썼다. 그리고 경기도 고양에 머물다 기축옥사가 터지자, 주위의 만류를 물리치고 입궁해 선조를 만났다. 그 뒤 11월에 우의정이 되고, 위관을 맡아 중요한 구실을 했다.

기축옥사가 끝나고 시간이 흐르자 정철을 탄핵하는 움직임이 일었다. 신묘년(1591) 2월에 유생 안덕인安德仁 등 5명이 소를 올려, '정철이 국정을 그르쳤다'고 공박하였다. 그러자 임금이 그들을 불러 "어떤 일이 국정을 그르친 것이냐?" 하니, 대답하기를 "정철이 대신으로서 주색에 빠졌으니, 반드시 나라 일을 그르친 바가 많을 것입니다" 하였다. 임금은 "주색이 어찌 나라 일을 그르친 것이 되느냐?" 하였다. [67]

선조에게는 오랫동안 적장자가 없었고, 후궁에게 왕자가 많았다. 대신들은 인물이나 나이로 보아 광해군을 마음에 두었으나, 선조는 총애하던 인빈 김씨가 신성군을 낳으니 더욱 사랑하였다. 정철은 이런 사정을 고려하지 않고, 1591년 경연에서 "세자를 세워야 한다"는 말을 꺼내 임금을 크게 노하게 했다. 『연려실기술』과 『우계집』에서는 영의정 이산해가 인빈의 동생 김공량과 짜고, 정철을 부추겨 세자 책봉을 건의하게 하여 함정에 빠뜨렸다고 하였다.

정철은 실각해 강계에 위리안치 되었다. 이듬해 전쟁이 터져 동인 정권이 무너지자 귀양에서 풀려나 조정에 돌아왔으나 그해 말 다시 쫓겨났다. 빈곤과 울분에 신음하다 1593년 12월 강화도에서 세상을 떠났다.

광해군 때 서인에 강경했던 북인 정권 아래 집필된 선조실록에서 정철에 대한 사관의 평가는 매우 차가왔다.

'정철은 성품이 편협하고 말이 망령되고 행동이 경망하고 농담과 해학을 좋아했기 때문에 원망을 자초自招하였다.'[68]

허균은 문집에 '중종 때는 호남 출신의 인재로서 드러난 자가 매우 많았다'며, 박상 형제, 최산두, 유희춘 형제, 양팽손, 나세찬, 임형수, 김인후, 임석천, 송순, 오겸 등의 이름을 들었다. 그 후에도 박순, 이항, 양응정, 기대승, 고경명이 학문이나 문장으로 세상에 알려졌다며 '지금에 이르러서는 재행才行으로 당대에 드러난 이가 한 사람도 없다. 뿐만 아니라 과거에 급제하는 것도 차츰 적어져 가니 그 원인을 모르겠다'고 썼다. 광해군 때 이야기다.

'나는 여러 해 동안 호남을 출입하면서 그 풍습을 보았는데, 대체로 후생을 교도^{敎導}하여 이끌어주는 큰 선생이 없는 데다 사람들의 품성 또한 모두 경박하고 잘난 체해서 남에게 굽히기를 싫어하였다. 게다가 의식^{衣食}의 자원이 넉넉하기 때문에 모두들 목전의 이익에만 매달리느라 앞일을 계획하는 자가 없다. 이 세 가지가 학문을 하지 않는 빌미가 되었으니, 탄식할 일이다.'⁶⁹⁾

전라도 출신 인물이 많았다는 중종 때와 허균이 이 글을 쓴 시기 사이에 기축옥사와 임진전쟁이 있었다.

기축옥사에서 확인되는 직접 희생자만 사망자가 115명, 귀양 간 사람이 29명, 옥에 갇힌 사람이 54명, 파직 당한 사람이 34명에 이르렀다.⁷⁰⁾

호남의 선비들, 특히 동인계 인사들이 큰 화를 입었다.

기축옥사 3년 뒤 일어난 임진전쟁 때는 김천일, 고경명 등 서인계 인물들이 의병장이 되어 활약하다 상당수가 순절했다. 안방준은 전쟁이 끝난 뒤에도 벼슬을 등지고 살았다.

기축옥사 때 온 가족이 몰살을 당한 이발의 외숙이 윤의중이다. 그는 파직을 당하는데 그쳤고, 목숨을 잃거나 처벌을 받지는 않았다. 그의 손자로서 전라도 최고의 부자 가문을 승계한 사람이 윤선도^{尹善道}(1587~1671)다.

선조 말 집권세력이 된 동인^{東人}은 기축옥사를 주도한 세력에 대한 온건파인 남인^{南人}과 강경파인 북인^{北人}으로 갈라지고, 임진전쟁 이후에는 북인이 다시 광해군을 지지한 대북^{大北}과 영창대군을 지지한 소북^{小北}으로 갈라졌다. 광해군이 즉위하면서 모든 권력은 북인에게 돌아갔다. 그 뒤 대북 세력이 영창대군을 죽이고, 모든 권력을 장악했다. 해남 윤씨는 남인에 속했다. 윤선도는 서른 살 때인 1616년(광해군 8년) 권력 핵심인 이이첨의 전횡을 탄핵하는 상소를 올렸고, 이 일로 경원으로 유배를 당했다. 1623년 인조반정으로 대북 정권이 무너지자 긴 유배생활에서 풀려났지만, 서인 정권에서 큰 활약을 하기는 어려웠다.

윤선도는 1636년의 병자호란 소식을 듣고 강화로 향했다. 도착해 보니 이미 도성이 함락된 뒤였다. 뱃머리를 돌려 해남으로 향하다 인조가 삼전도에서 청나라에 항복했다는 소식을 듣고는 제주도로 배를 돌렸는데, 가는 길에 보길도를 지나다 유려한 풍광에 압도돼 그곳에 삶의 터전을 새로 마련하기로 마음먹었다. 남한산성의 왕을 알현하지 않고 간 죄로 영덕에 1년간 유배를 당하고 돌아온 뒤, 윤선도는 약 17년간 해남의 금쇄동과 보길도 부용동을 오가며 지냈다.

윤선도의 손자 윤이후(1636~1699)는 쉰다섯 살에 선혜랑과 병조 정랑이 되고, 함평 현감을 지냈으나 그 뒤 화산 죽도에 초당을 짓고 간척한 농지를 관리하며 여생을 보냈다.

1623년 (광해군 15년), 권력에서 소외돼 있던 서인들이 이귀, 김유 등이 중심이 되어 군사를 일으켜 광해군을 축출하고 능양군 이종(선조의 손자)을 새 왕으로 옹립했다. 인조반정이다. 이로써 북인들이 몰락하고, 서인 중심의 정권이 들어섰다. 권력에서 소외돼 있던 일부 남인의 권력 진출도 이뤄졌다.

서인들은 1694년(숙종 20년) 한때 남인 세력에 내줬던 권력을 되찾은 뒤, 남인에 대한 처우를 놓고 소론(소장 온건파)과 노론(노장 강경파)으로 나뉘었다. 숙종의 후사로 경종을 지지했던 소론의 과격파는 경종이 일찍 죽고 영조가 왕위에 오르자, 영조 4년 일부 남인과 손잡고 영조의 정통성을 문제 삼으며 군사를 일으켰다. 이인좌의 난(무신난)이다. 난을 일으킨 이들의 시도는 실패로 돌아갔다. 나주 나씨 등 호남 남인은 이때도 타격을 입었다. 호남 사족들은 권력의 중심부에서 완전히 밀려났다. 이후 권력은 조선이 일본에 강제 합병될 때까지 기호畿湖(경기와 충청) 노론 세력이 거의 독점하다시피 했다.[71]

영조 때 흥덕현(현 고창) 사람 황윤석(1729~1791)은 열 살 때부터 예순셋에 세상을 떠나기 이틀 전까지 53년 동안 꼼꼼하게 일기를 써서 남겼다. 그는 관직을 얻기 위해 서울에 올라간 뒤 호남인에 대한 편견과 차별을 마주했다. 집권 사대부들은 호남의 고을 수령으로 부임하는 이들에게도 호남의 풍속에 대한 부정적인 정보를 주입했다. 노론 권세가의 자제들이 짧으면 6개월, 길어도 2년이면 6품직에 올라 지방관으로 나가던 시절에 황윤석은 종9품 능참봉에서 6품직에 오르기까지 5년이 걸렸다.

'근세에 호서는 서울과 같이 보아 청직淸職, 현직顯職(높고 중요한 벼슬)에 자리 빌 틈이 없이 차지하지만, 영남은 이미 쇠하였고, 호남은 더욱 쇠하여 서북 먼 변방과 다를 바 없으니 어찌 그 인재가 조종의 성시에 미치겠는가.'

'호남은 광해 때로부터 이미 대북당大北黨(서인에 대한 강경파로 광해군 때의 집권세력)에 출입하는 사람이 많았는데 무신戊申(이인좌의 난이 일어난 1728년, 영조 4년) 을해년 간에 역당이 또 일어나 바야흐로 지금은 상하가 모두 그들(호남인)은 속이고 경박하여 등용할 수 없다고 말한다.'(1770년 6월 17일)

그것은 권력자들이 호남인을 등용하지 않는 핑계거리였다. 실제 무신란(이인좌의 난)은 삼남 전역에서 일어났고, 가장 끝까지 저항한 곳은 영남이었다. 영조 11년(1735) 이른바 '계수관界首官 역모사건'이 일어났다. 임금은 충주·청주·나주·원주 네 고을의 읍호邑號를 강등하고 충청도를 공홍도公洪道로, 전라도를 전광도全光道로, 강원도를 강춘도江春道로 바꿨다.

황윤석은 항변했다.

"역적이 많이 나온 지역을 따져 보면 의당 한성만한 곳이 없는데, 한성을 강등시키고 혁파하는 번거로움을 다 기록할 수 있겠는가. (…) 호서에는 이몽학, 송유진(선조 27년에 충청도에서 일어난 도적), 류탁(인조 24년에 공주에서 난을 일으킴)[72], 이인좌 같은 무리가 나주의 두 서너 흉얼凶孼보다 열 배쯤 되지 않는가. 어째서 호서는 서울과 같이 보는가. 또 영남은 정인홍 정희량의 무리가 없었는가. 어찌 영남은 호서와 비교해, 더욱 취할 만하다고 하는가."[73]

호남 사람 가운데 서울에 머물며 집권세력과 가까이 지낸 이들은 사족이 아니라 중인中人·서인庶人(평민)들이었다. 이들을 통해 호남의 풍부한 물산은 한성 권세가들의 집으로 갔고, 권세가의 하수인이 된 아전 서리가 세력을 확장했다.

조선 말의 매천 황현은 『매천야록』에 이렇게 썼다.

'대원군은 집권 당시에 일찍이 전주 아전들의 악습을 나라의 삼대 폐단의 하나로 여겼다. 전주 감영의 하급 관리들은 원래 사납고 교활하며 드세다고 일컬어 왔지만, 그러나 사실은 서울의 세도가들이 그들의 뇌물에 맛들여 왔기에 그렇게 만들어진 것이다. (…) 이 때문에 교만하고 완강하여 제멋대로 하는 버릇이 본성이 되어 드디어 사대부를 욕보이고, 관장을 능멸하는 지경에 이르게 된 것이다.'[74]

조선 조정은 이이가 일찍이 「만언봉사」에서 제기한 문제들을 해결하지 못했다. 단지 공물貢物(지역에서 상납해야 하는 특산물) 문제만, 오랜 노력 끝에 대동법의 시행으로 해결했다.

'이기논쟁'은 다산 정약용(1762~1836, 영조 38~헌종 2년)이 활약하던 시대까지 조선의 성리학 학문 풍토를 지배했다. 다산은 모름지기 학문이란 세상의 이치를 탐구하여 인간 본연의 삶의 의미를 깨달아 나가고 그로 인해 세상을 살아가는 데에 도움을 줄 수 있어야 하는 것인데, 성리학 학문 풍토가 공리공론에만 치우쳐 있다며 '오학론'에서 매우 신랄하게 비판했다.

'오늘날 성리학을 하는 자는 이理를 말하고, 기氣를 말하고, 성性을 말하고, 정情을 말하고, 체體를 말하고, 용用을 말하는가 하면, 본연本然이니, 기질氣質이니, 이발理發이니, 기발氣發이니, 이발已發이니, 미발未發이니 하고 서로 죽기 살기로 다투기에만 바쁘다. 혹은 한 가지를 가리킨다느니, 두 가지를 다 가리킨다느니, 이理는 같아도 기氣는 다르다느니, 심心은 선하나 악이 있다느니 하면서 세 줄기, 다섯 줄기로 또는 천 갈래 만 갈래로 이리저리 나눠지고 쪼개져서 서로 지껄이고, 딴엔 깊이 생각하고, 때로는 기운을 내고, 얼굴을 붉히며, 스스로 천하의 교묘한 것을 다 알았다는 듯이 기고만장을 일삼기도 한다. 그리하여 이리 찌르고, 저리 건드리고, 상대방의 꼬리를 잡거나 머리채를 당기면서, 각기 한 기치씩 세우든가, 각기 한 보루를 쌓아 올리고자 하기에 송사訟事가 그칠 날이 없다.

더욱이 한심한 일은 한평생을 다퉈도 그 송사는 끝이 없을 진대, 대대로 그 원한이 이어지고 있는가 하면, 자기를 찬성하는 자는 무조건 존경하고, 반대하는 자는 무시하며, 같은 부류는 추대하고 다른 자는 사생결단 공격하면서, 자기들의 주장만이 완벽하고 옳다고 하니, 불쌍한 건 백성뿐이로다.'

'서울에서 나고 자란 사람도 성리학을 하게 되면 산으로 들어가게 되므로 이름 하여 산림이라 말한다. 그 벼슬하는 경우를 보면, 오직 경연에서 강설이나 춘방春坊75)에서 세자를 도와 인도하는 벼슬을 맡아 주의注擬(벼슬아치를 임명할 때 임금에게 후보자 세 사람을 정하여 올리던 일)나 할 뿐이다. 만약 이들에게 재정·군사·형정·빈상擯相(빈은 손님맞이, 상은 의례를 집행하는 일)의 일을 맡기면 무리를 지어 들고 일어나서 "유현儒賢의 대우를 이렇게 해서는 안 된다"고 헐뜯는다. (…) 성인이 이런 사람을 가르쳐서 장차 무엇을 맡길 것이며, 임금이 이런 사람을 불러와서 어디에다 쓸 수 있겠는가?'

5장 주석

1) 정몽주의 제자로 고려가 망하자 경상도 선산에 은거한 길재(吉再, 1353~1419)에게 성리학을 배운 김숙자(1389~1456)의 아들이다. 김종직 문하에 김굉필, 정여창 등이 모여들었고, 유배 중인 김굉필에게 배운 조광조로 학통이 이어졌다.

2) 최부는 사초(史草)와 행장(行狀)에 김종직의 제자(弟子)라 칭하였다고 『연산군일기』에 기록돼 있다. 『연산군일기』 30권, 연산 4년 7월 19일 계축 10번째 기사

3) 삼사, 즉 사헌부, 사간원, 홍문관의 관리를 청직(淸職) 또는 청환(淸宦)이라 한다. 국가의 기강을 담당하고 또 국왕을 지근거리에서 보좌하는 시종신(侍從臣)에 해당하거나 시종신으로 나갈 수 있는 직소(職所)이므로 능력뿐만 아니라 조상의 행적에도 엄격한 기준을 적용하였다. 중요한 자리라는 의미를 더하여 청요직(淸要職)이라고도 한다. 판서 등 이른바 당상(堂上)이나 숭품(崇品)으로 가기 위해서는 반드시 이런 청요직을 거쳐야 했기 때문에 조선시대 청요직은 관리에겐 선망의 대상이었다.

4) 중국 관리가 추쇄(推刷)가 어떤 일이냐고 묻자, 최부가 대답한 내용이다. 최부, 김찬순 옮김, 『표해록—조선선비 중국을 표류하다』, 보리, 2006년, 110쪽

5) 『신증동국여지승람』 제38권, 전라도 제주목

6) 『신증동국여지승람』에서는 제주 섬에서는 '중이 모두 절 옆에 집을 짓고 처자를 기른다'고 하였다.

7) 최부, 앞의 책 53쪽. 이효지는 제주목의 기관(記官, 지방 관아에서 군사 관계의 일을 맡아보던 이속)으로, 최부가 부친상을 당해 제주에서 나주로 갈 때 제주 목사가 딸려보낸 사람이다.

8) 원문은 都是我王畏天事大之德(도시아왕외천사대지덕), 汝其勿忘我王之德(여기물망아왕지덕)인데, 김찬순은 '우리나라의 덕임을 잊지 말아야 한다'고 번역하였다. 이 책에서는 원문의 뜻을 살렸다.

9) 이긍익, 『연려실기술』 제6권, 연산조 고사본말

10) 『연산군일기』, 연산 3년 2월 14일 병술 3번째 기사

11) 1498년 연산군 4년, 사초(史草)가 발단이 되어 많은 선비가 큰 화를 당한 일을 말한다. 성종 때 김종직(金宗直)을 중심으로 한 사림이 중앙

정계에 진출해 세력을 이루었는데, 이들은 권신(權臣)을 비판하고 연산군의 향락을 비판했다. 김종직의 제자 김일손이 성종 때 춘추관 사관으로 있으면서 사초에 김종직의「조의제문」을 삽입하였는데, 이 글이 세조가 단종한테 왕위를 뺏은 것을 비방한 것이라 하여 연산군이 김종직을 부관참시했다. 김종직의 문인인 김일손(金馹孫) · 권오복(權五福) · 허반(許磐) 등은 사형당하고, 강겸(姜謙) · 정여창(鄭汝昌) · 최부(崔溥) · 김굉필(金宏弼) 등이 귀양 갔다. 무오사화는 조선시대 4대 사화(士禍) 가운데 가장 먼저 일어난 것인데, 사초(史草)가 발단이 되었으므로 '士' 대신 '史'로 써서 사화(史禍)라 하기도 한다.

12) 연산군의 생모 윤씨는 질투가 심하여 왕비의 체모에 어긋난 행동을 많이 한다는 이유로 성종 10년(1479) 폐출되었다가 이듬해 사약을 받았다. 나중에 왕이 된 연산군은 1504년 폐비 윤씨를 복위시켜 왕비로 추숭하고 성종묘에 배사하려 하였다. 이에 반대하는 이들을 대거 처형하거나 귀양 보냈는데 이 일을 갑자사화라 한다.

13) 김은(1348~1413)은 조선 개국공신으로 양주 목사를 지내던 중, 태종이 양녕대군을 폐세자 할 때 장자 상속의 정통성을 주장하다 사약을 받고 죽었다. 태종비 원경왕후의 사촌인 부인 민씨가 세 아들을 데리고 장성으로 내려와 정착했다.

14) 최한선,『영호남사림과 금남 최부(嶺湖南士林과 錦南 崔溥)』,「고시가연구」제 27집, 349~383쪽

15) 최한선, 앞의 논문

16) 소격서 혁파 상소문. 중종실록 34권, 중종 13년 8월 1일 무진 1번째 기사

17) 조광조가 경연에서 대학을 강론하면서 한 말이다. 중종실록 34권, 중종 13년 9월 15일 임자 3번째 기사

18) 愛君如愛父 憂國如憂家 白日臨下土 昭昭照丹衷(애군여애부 우국여우가 백일임하토 소소조단충)

19) 성혼의 문인으로 서인계 인물이다. 열여섯 살에 과거 시험장의 문란함을 보고 과거에 응시하지 않았으며 인조반정 뒤 서인이 집권해 여러 번 벼슬을 내렸으나 관직에 나가지 않았다. 포은 정몽주와 중봉 조헌의 절의를 존경해 호를 은봉이라 했다. 역사 서술에 전념해『기축기사』,『호남의록』등을 지었다.『호남의록』은 1618년에 쓴 책으로 임진왜란 때 호남에서 왜적과 싸우다가 순절한 최경회, 정운, 백광언 등 14명에 대한 기록이다. 고경명, 김천일을 포함하면 16명인데 두 사람은 이미 널

리 알려져 있어 뺀다고 하였다.

20) 조선왕조를 건국한 태조 이성계의 어진을 봉안한 진전으로, 전주에 있다.

21) 양재역 벽 위에 '위로는 여주(명종의 어머니 문정왕후)가, 아래로는 간신 이기가 있어 나라가 망하려 하는데 이를 보고만 있을 것인가'라는 내용의 벽보가 붙은 사건이다. 문정왕후의 동생 윤원형은 이 사건을 빌미로 중종의 서자이자 윤임(인종의 외삼촌)의 조카인 봉성군을 죽이고, 과거에 자신을 탄핵한 적이 있는 유희춘을 귀양 보냈다. 정미사화라고도 한다.

22) 허봉이 유희춘의 행장을 지었다.

23) 4단(사람의 본성인 이理, 즉 인의예지에서 우러나오는 측은지심, 수오지심, 사양지심, 시비지심)과 7정(사람의 감정인 기氣, 즉 희노애락애오욕)을 일컫는다.

24) 이중환, 이익성 옮김, 『택리지』, 한길사, 1992년, 72쪽. 이중환은 '인걸은 땅의 영기로 태어나는 것'이라며 '전라도에 인걸이 적지 않다'고 썼다.

25) 조선에서는 애초 전현직 관리에게 과전(科田)을 지급했으나, 세조 12년(1466) 현직 관리에게만 토지세를 받을 수 있는 땅을 주는 직전법(職田法)으로 바꾸었다. 명종 11년(1555)에 이마저 폐지하고, 녹봉을 주기 시작했다.

26) 이성임, 「16세기 조선 양반관료의 사환과 그에 따른 수입: 유희춘의 미암일기를 중심으로」, 역사학보 145, 1995년. 이하 서술하는 미암의 각종 수입, 부수입에 대해서는 이 논문에서 정리한 것을 인용해 썼다.

27) 노비는 사람을 세는 단위인 인(人)을 쓰지 않고, 몇 구(口)로 셌다.

28) 경서 인쇄와 제사 때 쓰이는 향, 축문, 인신(印信, 도장) 등을 관장하던 기관

29) 국가의 제사 및 시호를 의론하여 정하는 일을 관장하기 위해 설치되었던 관서

30) 당상관이 없는 관아에 당상관인 관원이 배속돼 그 관아를 통솔하던 중앙 관직이다. 기술직 잡직 계통의 중앙 관아에 주로 설치됐다. 겸임이 많았다.

31) 임진전쟁 때 전라우수사를 지낸 이억기의 형이다.

32) 법전에 규정돼 있다. 대군(大君)의 집은 60간, 왕자와 군(君)과 공주(公

主)의 집은 50간, 옹주(翁主)와 종친과 2품 이상의 문·무관은 40간, 3품 이하의 문·무관은 30간, 7품관 이하와 음관 자손은 20간, 평민은 10간 혹은 5간을 짓는다. 유형원, 『반계수록』 권25 속편(상)

33) 사관은 그의 졸기에 '건사(建事)하는 재능이 없었고 포용하는 국량이 작았는데, 다만 몸가짐을 청근(淸謹)하게 하였을 뿐이다'고 평했다. 명종실록 16권, 명종 9년 1월 19일 경신 2번째 기사

34) 명종실록 16권, 명종 9년 1월 19일 경신 2번째 기사, 지중추부사 박수량 졸기

35) 당시 쌀 1석(石)은 약 144kg이고, 15말이 1석이었다.

36) 사위 윤관중의 아버지로 자는 탄지, 이름은 항(衖)이다. 윤의중의 숙부이다.

37) 임진전쟁 때 의병을 일으켰다. 시인 석주 권필의 장인, 임진전쟁 때 팔도의병장 김덕령의 6촌 고종형이다.

38) 정윤섭, 『해남 윤씨가의 간척과 도서경영』, 민속원, 2012년

39) 영조 4년(1728) 4월, 소론 과격파와 남인이 영조와 노론을 제거하고 밀풍군 탄을 왕으로 추대하기 위해 거병한 사건을 무신란이라고 한다. 충청도에서 이인좌, 경상도에서 정희량, 전라도에서 박필현, 경기도에서 권서봉이 군사를 일으켰다. 이인좌가 청주성을 함락하고 북상하였으나 안성과 죽산에서 관군에 격파 당했다. 이 사건으로 소론이 재기불능의 타격을 입었다.
거창의 명문가 정씨 집안과 나주의 나씨 집안은 혼맥으로 겹겹이 연결돼 있다. 동계 정온(1569~1641)의 손자인 정기수는 나위소의 사위가 되었다. 정기수의 손자가 정희량이다. 부자였던 까닭에 무신란 때 1,000명을 동원할 수 있었다고 한다.
나계소의 증손자는 나숭곤인데, 이인좌의 매부다. 무신란에 나씨 집안의 나숭대, 나만치, 나두동이 가담해 화를 입었다.

40) 광해군 때 북인세력 집권 아래 선조실록을 완성했으나, 인조반정으로 북인 세력이 물러가고 서인이 정권을 잡자 서인으로 지목된 이이·성혼·박순·정철, 남인 류성룡에 대하여 없는 사실을 꾸며 비방한 사실을 바로잡자는 데서 수정실록 편찬이 시작됐다. 1641년(인조 19년) 대제학 이식(李植)의 상소로 수정을 결의하고 그로 하여금 전담하여 수정을 시작하여, 1657년(효종 8년)에 완성했다.

41) 선조수정실록 15권, 선조 14년 5월 1일 계해 1번째 기사

42) 윤구(윤의중의 아버지)의 딸은 이중호와 혼인했다. 동인의 영수로 활약한 이발이 그 소생이다. 기축옥사 때 이발 일가는 몰살을 당하고, 이발의 둘째 아들만 가까스로 살아남았다. 이발의 어머니인 윤씨 부인(윤의중의 동생)이 당시 일곱 살 된 이발의 둘째 아들 만수(萬壽)를 여종 귀덕을 시켜 몰래 업고 무등산 속 주남촌으로 들어가 숨게 하고 귀덕의 다섯 살 된 아들을 대신 잡혀가게 하였다. 만수가 살아남아 많은 후손을 남겼다. 정약용 『여유당전서』 유보 '동남소사'에 전한다.

43) 수확량을 기준으로 토지 면적을 표시하는 방법을 결부법이라고 한다. 100부가 1결이다. 복(卜)을 부(負)라고도 한다.

44) 1596년 「윤유심 남매 분재기」, 한국고문서 자료관

45) 『한서(漢書)』의 지리지에 고조선에선 팔조금법이 시행됐는데, 도적질한 자는 남자는 거두어 그 집의 남종으로 삼고, 여자는 여종으로 삼았는데 자진하여 속전(贖錢)을 내려는 자는 한 사람이 50만 전을 내었다고 기록돼 있다.

46) 『고려사』 권85, 지 39, 형법2(刑法二) 노비. 자손 이외 노비 증여, 노비 매매와 사찰 시납의 폐단을 없애도록 하다.

47) 세조실록 46권, 세조 14년 6월 18일 병오 4번째 기사

48) 『연려실기술』, 별집 제13권 정교전고(政敎典故) 노비(奴婢)

49) 『연려실기술』, 별집 제13권 정교전고(政敎典故) 노비(奴婢)

50) 양인과 천인 부모 사이에서 난 자식의 신분은 어머니를 따르도록 한 것을 말한다. 유형원은 반계수록에서 이렇게 비판했다. '천한 자는 어미를 따르게 하는 법은 고려 정종(靖宗) 때에 시작되었다. 어미는 알면서도 아비를 모르는 것은 금수(禽獸)의 도리이다. 인간인데도 금수처럼 대우하니 이것이 어찌 법이랴. 후세에 와서도 어미를 따르는 법을 그대로 좇으면서 어미가 만일 양가(良家) 여자이면 그 자신은 또 아비를 따르게 하였으니, 이것은 법이 될 수 없으며 다만 사람을 몰아 천인(賤人)을 만드는 것뿐이니, 비법(非法) 중에서도 비법인 것이다.'

51) 중종실록 75권, 중종 28년 7월 14일 을묘 1번째 기사

52) 봉사(封事)는 한나라 때 신하가 황제에게 상주할 때 글의 내용이 사전에 누설되는 것을 막기 위해 검은 천 주머니에 넣어 봉하여 올리던 것에서 유래한 말이다. 글자가 만 자에 이르는 장문의 상소문으로서, 「만언소」라고도 한다. 공물제도 개혁, 노비법 개혁, 군제의 개혁과 언

로를 열 것 등을 주장했다.

53) 선조수정실록, 선조 8년 8월 1일 병인 8번째 기사

54) 소론계의 후손인 이건창(1852~1898)이 조선 말에 지은 붕당 정치 역사
서다. 선조~영조까지 180년에 걸친 조선 당쟁을 기록했다. 『연려실기
술』을 지은 이긍익이 이건창의 4대조 이충익의 형이다.

55) 이조와 병조의 정5품 정랑과 정6품 좌랑을 아울러 전랑(銓郞)이라고
하였다. 삼사(三司) 관직의 임명동의권인 통청권(通淸權)과 자신의 후
임자를 추천할 수 있는 재량권이 있었다.

56) 차자(箚子)는 관리가 왕에게 올리는 간단한 서식의 상소문이다. 계(啓)
보다는 좀 더 격식을 차린 글이다.

57) 『연려실기술』, 선조조 고사본말, 기축년 정여립의 옥사

58) 선조실록, 선조 22년 10월 7일 신사 1번째 기사

59) 『연려실기술』, 선조조 고사본말, 기축년 정여립의 옥사

60) 진안현감 민인백이 쓴 「토역일기」 10월 15일치에 이광에게 들었다고 기
록했다. 토역일기는 민인백 문집인 『태천집(苔泉集)』 권2에 실려 있다.

61) 선조수정실록, 선조 18년 4월 1일 임인 4번째 기사

62) 왕촉(王燭)은 기원전 3세기 제나라 민왕(湣王) 때 인물이다. 연나라 군
대가 제나라를 침략하였을 때 항복을 권유하였으나, 충신은 두 임금을
섬기지 않는다고 말하고 자결했다. 충신의 대명사다.

63) 노(魯)나라 유하읍(柳下邑) 사람으로 성은 전(展)이고, 이름은 획(獲)
이다. 유하(柳下)는 그의 식읍(食邑)이고, 혜(惠)는 그의 시호(諡號)이
다. 일찍이 대부를 지냈고, 은거했다. 『맹자』에서는 '유하혜는 성인으
로서 온화한 기질을 가졌던 사람이다'라고 했다.

64) 『연려실기술』, 선조조 고사본말

65) 중국 주나라 때 여섯 가지 교육 과목. 예(禮)·악(樂)·사(射, 궁술)·
어(御, 말 타기)·서(書)·수(數)를 말한다.

66) 『연려실기술』, 선조조 고사본말

67) 『연려실기술』, 선조조 고사본말, 신묘년의 시사

68) 선조실록, 선조 26년 12월 21일 경오 2번째 기사

69) 『성소부부고』 제23권, 설부(說部) 2 성옹지소록 중(惺翁識小錄中)

70) 배동수, 『정여립 연구』, 책과 공간, 2000년

71) 차창섭은 『조선후기벌열연구』(일조각, 1997년)에서 '한양 거주자로서 3
세대 이상 각 세대마다 1명 이상 당상관을 배출한 가문'을 '벌열'(閥閱)
로 범주화한 뒤, 인조~경종 시기엔 서인이 71%, 남인이 17%, 북인이
12%를 차지했으며, 영조~정조 시기엔 노론계가 79%, 소론계 13%, 남
인계 3%, 북인계 5%의 분포를 보였다고 집계했다. 순조~고종 시기에
도 그 비율엔 큰 변화가 없었다고 봤다.

72) 이때 공주목이 공산현으로 강등되고, 공청도가 홍청도로 이름이 바뀐
다. '공청도(公淸道) 공주목을 강등하여 공산현으로 삼고, 이산(尼
山)·연산(連山)·은진(恩津)을 혁파하여 1개 현으로 합하여 은산현
(恩山縣)이라고 하고, 공청도를 홍청도(洪淸道)로 바꾸고, 전라남도
금산군(錦山郡)을 강등하여 현으로 삼았는데, 모두 역적의 출신지였기
때문이었다.' 인조실록 권47, 인조 24년(1646) 5월 1일 기사

73) 박종성은 『왕조의 정치변동: 조선의 국가존속과 농민의 정치적 저항』
(인간사랑, 1995년)에서 실록에 기록된 조선조 정치변란을 발생 지역
별로 나누면 한성이 55건으로 가장 많고, 경상도가 39건, 전라도가 22
건이라고 집계했다.

74) 나중헌 옮김, 『한 권으로 읽는 매천야록』, 북랩, 2012년

75) 태자(太子)가 머무르는 곳, 춘궁(春宮)

6장

———

혁
명

"우리가 의(義)를 들어 여기에 이른 것은
창생을 도탄의 속에서 건지고
국가를 반석 위에다 두고자 함이다.
안으로는 탐학한 관리의 머리를 베고
밖으로는 횡포한 강적의 무리를
몰아내고자 함이다."
-전봉준

1862년 임술년 9월 4일, 나이 지긋한 한 선비가 전라도 영광군
의 섬 임자도(현 신안군 임자도)에 발을 들였다. 쉰여덟 살의 김령金
欞(1805~1865)이 유배지에 도착한 것이다. 그는 경상도 단성(현 경
남 산청군 단성면)을 떠나 함양, 남원, 순창, 담양, 장성, 영광을 지
난 뒤, 뱃길로 지도智島를 거쳐 16일 만에 임자도에 닿았다. 단성에
서 가마꾼을 사서 가마를 타고 이동했는데, 남원에서 한 명이 도
망하는 바람에 다시 고용하는 곡절을 겪었다. 아들 김인섭은 단성
에서 급히 말 한 마리를 사서 타고 그를 따랐다.

　유배지가 임자도로 정해진 것은 8월 8일이었다. 백성들의 소요
를 이끈 혐의로 옥에 갇혀 있던 김령은 먼저 집에 들렀다가 10일
단성읍으로 나가 유배지로 떠날 준비를 했다. 임자도까지는 600리
가까운 길이었다.

18일에 출발했다. 처음 이틀간은 송별의 시간이었다. 먼저 각처 산소에 성묘했다. 본격적으로 길을 떠나는 20일에는 친척과 벗, 마을 사람 등 많은 이들이 그를 전송했다. 어떤 이는 노자를 주었고, 어떤 이는 술과 음식을 내왔다. 유배 길에 숙소를 제공한 이들도 적잖았다. 영광, 함평에서는 종친들을 만났다. 관에서 파견한 호송관이 동행했으나 별다른 간섭은 없었다. 임자도에 설치된 진의 첨사가 그의 신병을 인수했다. 수정헌修政軒이란 편액이 걸린 관아 앞으로 100여 호에 이르는 민가가 있었다.

김령은 상산 김씨 단구재 김후金後(1372~1404)의 후손이다. 김후는 고려가 망하자 아내의 관향인 단성으로 이주했다. 단성의 향촌사회에서 상산 김씨는 유력한 양반 가문의 하나로 자리를 잡았다. 김령은 성제 허전, 정제 유치명 등 당대의 영남을 이끌던 남인계 인물들과 주로 교유했다.

김령의 조부 김광현은 9남매의 셋째 아들이었는데 1758년에 전답을 합해 250두락의 땅을 물려받았다. 김령의 아버지 김문한은 전답 160여 두락과 4명의 노비를 물려받은 중소 지주였다. 그러나 조부가 서른의 나이로 요절하고 조모 또한 일찍 세상을 떠나, 김령의 아버지 대에 이르러 집안은 몰락의 길을 걷기 시작했다. 김령은 경제적 어려움 때문에 1825년에 처가가 있는 함양으로 이주했고, 이어 전라도 운봉으로, 다시 함양으로 이주하는 등 이곳저곳을 떠돌다가 1833년에 고향 단성으로 돌아왔다.

아들 김인섭(1827~1903)은 스무 살 때인 1846년 문과에 급제했다. 그러나 세도정치 시대에 중앙정치 무대에 영남 남인 출신이

설 자리는 좁았다. 김인섭은 승문원 권지부정자, 장령전 별감, 성균관 전적, 사간원 정언 등에 임명됐지만 실제 출사한 것은 잠시였다. 그는 관복을 제대로 구비하지 못했고, 돈이 없어 신발과 의복을 저당 잡혀 마련하기도 했다. 겨울에도 방에 제대로 불을 지피지 못했고, 며칠씩 끼니를 잇지 못하는 일도 흔했다.

김령은 아들이 과거에 급제한 뒤 아들의 출세를 위해 부지런히 서울을 오가며 도움이 될 만한 사람들을 만났다. 자신도 여전히 과거에 미련을 두었다. 둘 다 뜻대로 되지 않았다. 김인섭이 서른두 살 되던 해인 1858년 5월, 부자는 벼슬에 미련을 완전히 버리고 낙향했다. 집안이 소유한 토지는 20여 두락으로 쪼그라들어, 양반가의 체면을 유지하기도 어려운 형편이었다. 김령은 가장 먼저 지게와 오줌통 등 농기구를 장만했다.

조선시대에도 기근은 흔했다. 『증보문헌비고』의 기록으로 보면, 임진전쟁 이후인 1600년에서 1750년까지 150년 사이에 기근이 든 해가 많았다.

특히 경신대기근(1670~1671)이 끼어 있는 1651년에서 1700년 사이 50년간이 가장 혹독했다.[1] 이 기간 동안 기근이 20번, 대기근이 6번 기록됐다. 재해나 한재도 이 시기에 가장 많았다.

영조 원년(1725년) 11월 3일 검토관 권적이 임금에게 아뢰었다.

"신이 지난번에 남중南中(남쪽 지방)에 가보니 농사가 큰 흉년이 들어 백성이 모두 이리저리 흩어져서 옛날에 100가구였던 것이 지금은 10가구만 있었습니다. 또 듣건대 김제에 고高씨 성을 가진 선비는 굶주림을 견디지 못하여 남편과 아내가 장차 나누어져 흩어지기로 하였는데, 그의 아내가 말하기를 '인생이 이 지경에 이르면 무엇을 돌볼 것이 있겠습니까? 집에 키우던 개가 있으니, 청컨대 당신과 같이 잡아서 먹을까 합니다' 하니, 남편이 말하기를, '나는 차마 손으로 잡을 수가 없다'고 하자, 아내는 '제가 부엌 안에서 목을 매어 놓을 테니까 당신은 밖에서 그것을 당기세요'라고 하였습니다. 남편이 그가 말한 대로 하고 들어가 보니, 개가 아니고 바로 그의 아내였다 합니다."[2]

임금이 측은한 마음에 한참을 말을 못하다가 관찰사에게 따로 지시를 내려, 사람들을 구휼해 편히 살도록 하는 데 힘쓰라고 했다.

먹고살기 어려워진 사람들은 집을 버리고 유리걸식했다. 힘 센 자는 도적이 되고, 힘이 약한 자는 양역良役(양민이 지는 세금 등의 부담)을 벗어나기 위해 절로 들어가거나 남의 집 종이 되었다. 노비들이 달아나 무리를 이루어 도적질을 하는 일도 많았는데, 그 무렵 부안의 변산과 영암의 월출산에 모여든 무리는 세력이 강해서 관군도 어쩌지 못했다.

조선 후기에 농업 생산성은 자꾸 떨어져갔다. 1825년(순조 25년) 우의정 심상규의 말이다.

"지력이 척박해지지 않았고 수원水源도 그처럼 고갈되지는 않았으나 생산량은 점차 줄어들어 110년 전과 비교하면 거의 반으로 줄었다."[3]

그러나 세금 부담은 더 무거워졌다. 애초 토지 1결당 조세는 전세 4두, 대동미 12두를 포함해 23두였다. 그런데 이런저런 명목의 부가세가 계속 붙어 세금이 마냥 불어났다. 심상규의 말은 이렇게 이어진다.

"1결당 조세 수취는 전세, 대동, 삼수미(훈련도감 소속의 삼수병을 양성할 목적으로 징수하던 세미), 아록미衙祿米(아전들에게 지급하기 위해 거두는 세미) 등이 부과되어 영호남은 1결당 70~80두에서 50~60두, 경기는 1결당 30여 두에 달한다."

세금을 못 견딘 사람이 마을을 떠나버리면, 남은 이들이 그 부담을 고스란히 져야 했다. 그래서 가을 곡식을 거두어 세금을 내고 나면 남는 게 별로 없었다. 보리가 여물지 않은 상태에서 식량이 다 떨어지면 사람들은 소나무 속껍질을 벗겨먹고 연명하는 경우가 많았다. 전라도, 경상도에서는 한 번 흉년이 들면 너나 할 것 없이 송피를 벗겨다 먹어 산이 민둥이가 되어 버리곤 했다.

재해가 나면 국가가 무상으로 곡식을 지원해 기민을 구제했다. 이를 위해 국가는 곡식을 비축했다. 농사철 춘궁기에는 가난한 사람들에게 곡식과 종자를 나눠줬다. 환곡還穀은 춘궁기에 곡식을 빌려주고 추수기에 거두는 것이다. 원곡이 축나는 것을 막는다는 명목으로 모곡4)이라 하여 원곡의 1할을 덧붙여 받았다.

풍양 조씨, 안동 김씨의 세도정치가 펼쳐진 19세기 들어 수령과 이서들이 환곡을 가지고 농간을 부리는 일이 많아졌다. 필요량 이상을 강제로 떠안기거나, 겨나 쭉정이를 섞어 양을 부풀리고 받을 때는 좋은 쌀로 받아갔다. 수령과 이서가 환곡을 떼먹고는 농민들에게 강제로 거둬들이기도 했다. 지역 간 쌀값 차이를 이용해 이문을 남기기도 했다. 그 빈자리를 백성들이 채워야 했던 까닭에, 환곡은 빈민 구제 제도가 되기는커녕 가혹한 세금이 되어 버렸다.

순조 29년(1829) 경상도 단성현은 호가 3천[5]이 되지 않았는데, 환곡의 규모는 3만 석이었다. 한 집당 10석 꼴이었다. 가뜩이나 많은 환곡의 총량이 그 뒤 급격히 부풀어 올랐다. 1861년에는 10만 석이나 됐다. 한 해 농사를 지어도 환곡을 물고 나면, 남는 게 없었다. 땅을 많이 가진 사람도 보유 토지 규모에 비례해 환곡의 부담이 컸기 때문에, 소출이 적은 흉년에는 큰 타격을 입었다.

그해 2월에 김인섭이 감사에게 단자를 올렸다.

'열흘 보름 사이에 수만 전을 걷어 가니 살갗을 벗기고 고혈을 빨아가는 모습을 차마 말로 다 할 수 없습니다. (…) 살려고 해도 살 수가 없고 오로지 죽기만 바랄 뿐입니다. 거리에는 '단성이 곡성哭聲이 되었네'라는 동요가 불리고 있습니다.'[6]

새 현감이 부임한 뒤에도, 김인섭 부자는 감사와 현감에게 호소하기를 거듭했다. 문제는 해결되지 않았다.

1861년 단성 농민들은 환곡의 이자 6,500여 석에다 운반비 등을 더해 결당 20냥을 내야 했다. 농민들이 감영에 부당함을 호소하자, 몇 차례에 걸쳐 4냥 가량을 줄여주었다. 그 정도 줄여준 것으로는 감당하기 어려웠다.

그해 겨울엔 수탈이 더 심했다. 감영에서 이무미移貿米(비쌀 때 자기 고을의 환곡을 팔고 싼 고을에 가서 산 곡식) 3천 석에 대해, 한 석당 4냥 4전씩 모두 1만 2,900냥을 1월까지 내도록 했다. 마을마다 돌아다니며 강제로 빼앗았다. 3천 석은 현감이 빼돌린 것이었다. 김령이 대표가 되어 감영에 호소했다. 감영에선 거둬들인 돈을 돌려주라고 했으나, 현감은 듣지 않았다.

1월 22일 각 리에 통문이 돌았다. 25일엔 사족들이 관아 동쪽 객사에 모여 향회를 열어 해결을 촉구했다. 현감은 26일 새벽 달아나다가 붙잡혀왔다. 2월 1일에 또 달아나려다 붙잡혔다.

2월 4일 밤, 백성들이 집단행동에 나섰다. 곡식 창고를 불질러버리고, 고을 사람들에게 떠안긴 세금을 기록한 장부를 서리들한테서 빼앗았다. 이서들이 몽둥이와 돌로 사족들을 공격해 많은 이들이 부상을 당하자 분노한 사람들이 이방과 창색리倉色吏(창고의 출납을 담당하는 구실아치)의 집을 불태웠다.

도주하다 백성들에게 두 차례나 붙잡혀 구타를 당한 현감은 결국 감영으로 도망했다. 이서들도 모두 흩어졌다. 사족士族들은 향회를 열어 유향소의 좌수座首와 이방을 새로 뽑고 독자적으로 읍정을 이끌어갔다.

단성 농민들이 읍을 장악한 지 열흘 뒤인 2월 14일, 경상우도에서 가장 큰 고을인 진주에서 농민들이 봉기했다. 대필을 해주며 근근이 살아가던 몰락 양반 유계춘이 주도했다. 그는 각 면리에 통문을 보내 시위에 나설 인원을 할당하고, 참여하지 않는 마을에는 벌금을 물릴 것이라고 선포했다.

새벽에 먼저 초군樵軍 패가 덕산장을 공격했다. 다른 농민들은 수곡장을 습격해 장악했다. 초군은 주로 동 단위로 조직돼 목재

땔감을 마련하는 사람들이다. 산에 오르면 나무꾼, 내려오면 농사꾼인 이들이 대부분이었다. 양반 지주가 고용한 머슴, 노비도 초군에 참여하고 있었다. 진주 초군패의 지도자는 이계열이었다. 초군들은 2월 18일 대오를 형성해 경상우병영을 향하면서 진주목 아전들의 집을 부수고, 아전들과 결탁한 이들의 집도 부수며 물건을 빼앗았다.

2월 19일, 수만 명의 농민이 진주목 객사 앞에 모였다. 영호민변일기嶺湖民變日記라는 부제가 붙은 『임술록』[7]의 기록은 봉기한 농민들의 분노가 얼마나 컸는지 보여준다.

'수만 명이 머리에 흰 수건을 두르고 손에 몽둥이를 들고 무리를 지어, 진주 읍내에 모여 이서(이방과 하급 관리들)의 집 수십 호를 태우니, 행동거지가 가볍지 않았다. 병마절도사가 해산시키고자 시장에 가니 흰 수건을 두른 백성들이 길 위에 빙 둘러 백성들의 재산을 함부로 거둔 명목과 아전들이 억지로 세금을 포탈하고 강제로 징수한 일들을 면전에서 여러 번 질책하는데 능멸함과 위협함이 조금도 거리낌이 없었다.'

진주목은 부족한 재정을 환곡을 활용해 마련하려고 했다. 부담을 견디지 못한 농민들은 처음에는 법에 정한 절차에 따라 호소했다. 소용이 없었다. 1859년에는 떼를 지어 서울로 올라가 비변사에 호소하기도 했다. 그러나 수령과 이서들이 환곡을 횡령하고 부족분을 백성들에게 떠넘기는 일은 근절되지 않았다.

1861년 부임한 신임 목사 홍병원이 조사해 보니 4만 7,367석이 환곡으로 대여된 것으로 돼 있는데, 실제론 아전과 조운을 담당하던 사공들이 다 착복하고 없었다. 비변사가 이 가운데 2만 석은 반드시 거둬들이라고 지시하자, 홍병원은 각 면의 조세 담당자들을 불러 토지 1결당 6냥 5전씩 거둬들이도록 했다. 그가 부임하기 전 2냥 5전 걷던 것에 비해 크게 불어난 것이었다.

경상우병영에서도 같은 방식으로 아전이 횡령한 2만 4천여 석을 회복하기 위해 6만 냥을 가구별로 분담하게 했다. 이에 여론이 들끓었다. 우병사 백낙신은 전라좌수사로 있을 때도 농민들에게 적잖은 돈을 거둬 착복한 자였다.

농민들이 집단행동에 나서자, 진주 목사와 우병사는 돈을 거둬들이려던 계획을 철회했다. 농민들은 이에 만족하지 않고, 책임자들을 추적했다. 서리 권준범과 김희순을 붙잡아 때려죽이고, 시신을 불태웠다. 진주 이방 김윤구는 달아났다가 초군들에게 붙잡혀 불타 죽었다. 농민들은 23일까지 22개 면을 돌면서 서리들과 한패였던 이들의 집을 부수고 재물을 압수했다. 봉기에 참여하지 않은 마을엔 벌금을 징수했다. 진주 농민들은 2월 23일 해산했다가 필요한 때면 다시 모여 위력 시위를 했다.

조정에서는 2월 29일 박규수를 안핵사로 파견했다. 박규수가 상소했다.

'난민亂民들이 스스로 죄에 빠진 것은 반드시 이유가 있을 것입니다. 그것은 곧 삼정三政이 모두 문란해진 것에 불과한데, 살을 베어 내고 뼈를 깎는 것 같은 고통은 환곡과 향곡餉穀(군량에 쓰는 곡식)이 으뜸입니다.'[8]

삼정은 조선 후기 국가재정의 근간이던 전정田政 · 군정軍政 · 환정還政(환곡)을 말한다.

전정은 토지에 매기는 세금을 거둬들이는 일이다. 세종 때 토지의 비옥도에 따라 6등급으로, 그해의 풍흉에 따라 9개 등급으로 나누어 전세를 부과하는 제도가 마련됐다. 힘 있는 이들은 땅을 토지대장에서 누락시켜 탈세하는 일이 많았다.

군정은 애초 군적軍籍에 따라 번상병番上兵(당번이 되어 서울로 올라가는 군인)을 뽑고 번상병의 경비를 지원하는 보인을 두어 이들이 보포保布를 내게 하는 방식이었으나, 곧 군포를 납부하는 방식으로 바뀌었다. 2필이던 것을 영조 때 1필로 줄였으나 군포를 내는 사람의 수가 적으니, 양인들이 이중, 삼중으로 부담하는 경우가 허다했다. 16~60세 양인만이 아닌 어린아이나 죽은 자에게 매기기도 했고, 당사자가 달아나면 이웃, 친척에게 떠안기기도 했다.[9]

박규수는 진주 백성들의 소요를 사족들이 배후에서 조종하고 주모했다며, 유계춘 등 주모자 10명을 참형으로 다스리라고 주청했다. 5월 30일 유계춘, 김수만, 이귀재를 효수했다.

조정은 백낙신, 홍병원 등 관리 8명을 귀양 보냈다. 백낙신은 고금도에 유배했다가 제주도에 위리안치 했다. 이듬해 고향으로 돌아가도록 허락했고, 1865년에 유배를 풀었다. 그 후 고종 3년(1866) 영종 첨사로 다시 기용했다.

단성 민란도 주동자들을 처벌하는 것으로 끝이 났다.

현감 임병묵은 진주 감영으로 달아나다가 두 차례나 붙잡혀 곤욕을 치른 뒤 상경했다. 얼마 되지 않아 이원정이 새 현감으로 임명됐다. 이원정은 기존의 이서들을 다시 불러 모았다. 김령 부자가 이끈 농민 봉기는 별 성과 없이 막을 내렸다.

김령은 6월 6일 어사 이인명에 의해 체포돼 진주에 수감됐다. 김인섭은 체포되어 6월 16일 의금부에 압송됐다가 풀려났다. 7월 12일 김령에게 유배령이 떨어졌다.

김령은 결코 임금을 원망하지 않았다.

"어찌 알았으랴, 성군 계신 오늘 날에 이런 잔인한 무리가 나오리라고."

김령에게 임금은 그저 성군이었다. 자신이 죽음을 면하고 유배 생활을 하는 것도 임금의 은혜로 여겼다. 임자도와 근처의 지도에는 고을 수령으로서 탐학을 일삼던 경상도 개령 현감 김후근과 전라도 화순 현감 서장복, 보성 현감 홍한주가 유배당해 있었다. 김령은 이들과 자주 만나 술을 마시고, 시를 읊고, 마음속 이야기도 나누었다. 오직 단성 현감과 향리들에 대해서만 적대감을 보였다.

김령은 1년에서 보름이 빠지는 기간을 임자도에서 유배객으로 머물렀다. 이듬해 8월 20일 유배가 풀리자 사흘 뒤 곧바로 행장을 꾸렸다. 고향으로 돌아갈 때도 많은 이들이 그를 전송하고, 여비와 전별금을 주었다. 귀향길은 발걸음이 훨씬 가벼워서 열흘 만에 고향에 도착했다. 그 무렵 조정은 단성의 환곡 7만 석 가운데 6만 석을 탕감했다. 그러나 1만 석은 여전히 백성의 몫으로 남겼다. 김령은 해배되고 2년을 넘기지 못하고 세상을 떠났다. 집안이 지극히 가난하여, 김해 부사 허전이 문상을 와서 반나절이나 머물렀지만, 아들 김인섭은 아무것도 대접하지 못하였다.

단성 농민 봉기는 그해 경상, 전라, 충청 삼도에 들불처럼 번진 농민항쟁의 서곡이었다. 경상도에서는 진주에 이어, 3월에 함양, 거창, 성주에서, 4월에 울산, 선산, 개령, 인동, 군위, 비안, 밀양, 현풍에서, 5월에 상주에서 농민들이 들고 일어났다.

전라도에서도 3월부터 농민들이 들고 일어나기 시작했다. 장수, 영광, 익산, 능주, 무주에 이어, 4월에는 함평에서, 5월에는 부안, 금구, 강진, 장흥, 순천에서 항쟁이 일어났다. 그해 전라도에서 항쟁이 일어난 곳은 전체 53개 고을 가운데 38곳에 이르렀다. 경상도에서는 19개 고을, 충청도에서는 11개 고을에서 백성들이 들고 일어났다.[10] 9월에는 제주 대정현에서 화전민 등 1천여 명이 무리를 지어 제주목으로 진출했다. 10월에는 함경도 함흥에서도 농민 봉기가 일어났다.

4월 19일 일어난 함평의 봉기는 조정에서 보기에도 예사롭지 않았다. 4월 21일 전라도 임시 도사都事 민세호가 장계를 올렸다.

'함평 백성 정한순鄭翰淳이 도당徒黨을 불러 모아 깃발을 세우고, 각기 죽창을 가지고 동헌으로 난입하여 현감을 끌어낸 다음 들것에 실어 구타하며 갔습니다.'[11]

민세호는 함평의 일은 칭병소란稱兵騷亂이라고 했다. 철종 임금은 강력한 대처를 지시했다

"함평의 그것은 칭병소란보다 심한 바가 있다. (…) 설령 수령이 실정한 바가 있더라도 백성의 도리상 명분을 범하고 윗사람을 능멸함이 이토록 심할 수가 있는가. (…) 백성은 부모를 받들 듯이 수령에게 해야 하는데 구타하고 짓밟기가 이에 이르렀는가. 이런

무리들은 잠시라도 용인하여 방관할 수 없다. 오로지 법을 좇아 난의 싹을 잘라야 한다."[12]

함평 농민들은 봉기에 앞서 각 면별로 회의를 열었고, 이어 향교 근처에서 향회를 열었다. 이곳에서 향리의 우두머리인 이방 이방헌이 현감의 부정을 폭로했다. 함평 백성들의 불만은 1859년부터 1862년 사이 5,432냥에서 3만 2,315냥으로 6배나 불어난 저채邸債를 농민들에게 부담시키는 것이었다. 저채는 지방 관아가 경주인京主人(중앙과 지방의 연락 사무를 담당하기 위하여 지방에서 서울에 파견한 향리. 경저리라고도 한다)에게 고을의 진상품을 대신 구입해 올리게 하거나 여비를 미리 받아 쓴 것으로, 갚아야 하는 빚이다. 이자가 비쌌다. 현감과 서리들은 공금을 횡령해 놓고는 7,400냥을 환곡 장부에 첨부해 농민 부담으로 전가했다. 궁방전에서 규정된 세미 외에 잡비를 농민들에게 부담시키는 것도 큰 불만이었다.

4월 16일 오전, 수천 명의 농민[13]이 14개 면의 이름을 쓴 깃발을 앞세우고 죽창과 작대기로 무장하고 적촌리 장터에 모여들었다. 백성들은 읍내로 나아가 수탈에 앞장선 향리와 토호의 집을 습격하였다. 이어 동헌을 장악해 관인을 접수하고, 감옥을 열어 죄수를 풀어줬다. 그러고는 현감 권명규의 관복을 벗기고 구타하고 욕보인 뒤, 들것에 실어 무안현 논치論峙에 내다 버렸다. 이어 향교를 접수하고, 그곳에서 실질적인 읍정을 폈다.

고을 수령을 경계 밖으로 내모는 일은 익산에서도 있었다. 함평 항쟁이 일어나기 한 달쯤 전인 3월 19일, 익산에서 3천여 명이 들고 일어났다. 백성들은 불법적인 도결都結(군포 등을 써 버리고는 토지의 결당 세금을 법정액 이상으로 받아가는 것)을 시정하라며 군수 박희순에게 몰려갔다. 박희순이 침묵으로 일관하자 그의 옷을 찢고, 고을 경계 밖으로 내던져 버렸다.

함평 항쟁의 지도자는 정한순(?~1862)이었다. 그리고 김백환, 진경필, 홍일모 등 훈장으로 생계를 잇던 몰락 양반, 향리의 우두머리인 이방 이방헌, 그리고 신분이 기록으로 남지 않았으나 자금과 식량 조달을 담당한 김기용 등 5명이 앞장섰다. 이들을 포함해 14개 면의 훈장 14명과 면임 14명이 주도적으로 참가했다.

정한순은 읍내에서 40리 떨어진 식지면 중촌리에 살던 사람이다. 관의 기록에는 본래 경상접장京商接長[14]이라고 돼 있다. 몰락 양반으로, 서울을 오가며 상업을 한 것 같다. 정한순 공초에는 그가 봉기를 감행하기 전, 탐학을 막기 위해 많은 노력을 했다는 사실이 적혀 있다.

'지난 봄 이후 허다한 폐악 가운데 가장 심한 것이 결세의 징수, 궁결(궁방전의 토지 조세)의 가징[15], 허액(곡식이 장부에만 기록돼 있고 실제로는 없는)뿐인 환곡의 문제였다. 여러 차례 중앙과 감영에 소장을 올려 해결을 호소했고, 심지어 격쟁[16]까지 하였으나 재가 사항이 끝내 시행되지 않았다. 오히려 함평현에서는 내가 인신(도장)을 위조하여 무고했다는 혐의로 감영에 보고하고 형을 가하려고 했다. 하늘의 해 아래서 결백함을 보여줄 수 없으니 억울하여 미칠 지경이다.'[17]

정한순이 이끄는 함평 농민들은 한 달여 읍정을 장악했다. 정한순은 농민들을 군대처럼 운영했고, 사람들은 그를 장군이라 불렀다.

익산 항쟁에 안핵사로 파견됐던 이정현은 5월 4일 전주를 출발해 6일에 함평현에 도착했다. 정한순은 10일 깃발과 창검을 내려 놓고 봉기에 참여한 수천여 명을 이끌고 안핵사 앞에 나아가 10가지 내용을 담은 진정서十條仰陳를 제출하고 자수했다. 정한순은 봉기를 한 뜻이 '보국위민輔國爲民'에 있다고 했다. 농민들은 임금이 있는 북쪽을 향해 춤을 추면서 해산하고 집으로 돌아갔다. 그들은 임금이 사태를 제대로 알기만 하면 탐학한 수령과 이서들을 처벌하고, 문제를 말끔히 해결해줄 것이라 기대했다.

농민항쟁이 퍼지기 시작했을 때 조정은 일부 부패한 수령들을 제거함으로써 사태를 조기에 수습하고자 했다. 항쟁 주모자에 대해서는 온건한 태도를 취했다. 그러나 진주, 익산, 함평으로 항쟁이 매섭게 확산되자 조정은 5월 중순 "난으로 크게 번지기 이전에 주동자를 처벌하고, 선참후계先斬後啓(먼저 목을 베고 나서 보고함)하라"고 지침을 내렸다.

이정현은 함평 항쟁 지도부를 모두 옥에 가두고 조사한 뒤 5월 30일 최종 처리방안을 보고했다. 정한순을 비롯한 6명은 백성들이 보는 앞에서 효수해야 마땅하다고 보고했다. 6월 4일 참형이 집행됐다. 11개 면의 훈장에게는 코를 베는 형을 가하라는 명을 내렸다가 집행 전에 유배형으로 감형했다.

다른 지역에서도 봉기의 주모자는 대부분 효수 당했다. 다만 장흥 봉기를 주도한 고제환만은 극형을 면하고 경흥부에 유배당했는데, 보성 군수를 지낸 양반관료 출신이었기 때문이다.

함평 현감 권명규는 영해부로 유배당했다가 1년 만에 풀려났다.

5월 25일 철종 임금은 조세 수취 문제를 해결하기 위한 기구의 설치를 명했다. 비변사가 다음날 기구의 명칭을 이정청釐整廳으로 정하고, 대신들로 총재관을 임명했다. 이어 6월 10일에 삼정개혁안을 공포했다. 8월 27일까지 널리 의견을 수집한 뒤, 윤 8월 19일에 개혁안(삼정이정책)을 발표했다. 전정, 군정은 애초 나라에서 정한 법대로만 징수하라는 내용이 뼈대였다. 환곡은 잘못된 수량을 바로잡도록 하고, 사창社倉을 설치해 빈민 구제 기능을 수행하고자 했다. 그러나 개혁안은 수정되고 실행이 보류되다가 농민항쟁이 수그러들자 옛 제도로 되돌아갔다.

태종 3년 4월 8일 명나라 성조成祖가 보낸 사신 일행이 한성에 도착했다. 임금이 예복을 차려입고 몸소 서대문 밖으로 나가 이들을 맞았다. 대궐에 이르러 예를 행하고, 고명誥命(중국 황제가 제후국의 국왕을 인준하는 문서)과 인장을 받았다. 고명에는 이렇게 쓰여 있었다.

'너를 조선 국왕으로 명하고, 인장印章을 내려 그 땅을 영구히 영지로 인정하노라. 보국안민保國安民하라.'

성종 임금의 등극을 추인하는 칙서에는 중국이 조선을 어떤 관계로 생각하는지가 드러나 있다.

'보국안민保國安民하고, 충성을 돈독하게 하여 조정을 섬기고, 신의를 도탑게 하여 이웃 나라와 화목하게 지내라. 절약과 검소함을 몸소 실천하여 재물을 넉넉하게 하여 동쪽 나라로 하여금 백성이

편하고 재물이 성하여 길이 중국의 울타리와 방패가 되도록 하라.'

명나라는 조선에 '중국의 울타리, 방패'가 되라고 주문했다. 임진전쟁이 일어났을 때 조선에 병력을 파견한 것도 울타리가 무너질까 염려해서였다.

임진전쟁이 끝나고, 조선과 일본 사이에 강화가 성립했다. 조선은 1607년부터 통신사를 다시 일본에 파견했다. 조선통신사 파견은 1811년까지 모두 12차례였다. 1811년 통신사는 쓰시마 번주의 집에서 외교 절차를 수행했다. 일본 혼슈本州(본 섬)에 간 것은 1764년이 마지막이었다.

청나라가 조선을 공격하기 한 해 전인 1635년 8월, 일본이 조선에 보낸 국서는 이전과는 형식이 달라져 있었다.

'일본과 우리나라 문서에는 으레 명明의 연호를 썼고 대마 도주가 예조를 '합하閤下'라고 칭하였다. 이때에 이르러 관백關白이 승려 인서당璘書堂을 대마도에 보내 문서를 주관하게 하였는데, 그가 명의 연호를 쓰지 않으면서 "일본은 명나라의 신하가 아니니, 그 연호를 쓸 수가 없다" 하고 이어 서식을 바꾸었으며, 예조를 족하足下라 부르면서 "조선과 일본은 대등한 나라이므로 대마도 역시 예조와 동등하니 합하라고 할 수가 없다" 하였다. 상이 예例에 어긋났다는 이유로 그 문서를 받지 않으려 하자, 묘당의 신하들이 틈이 생길까 염려하여 멀리 있는 오랑캐와 자잘한 예절을 다툴 것이 없다고 힘써 말하여, 끝내 그것을 받았다. 다만 도주에게 족하라는 두 글자는 쓰지 않도록 하였다.'[18]

이듬해 3월 7일에도 일본 사신이 갖고 온 문서에 '족하'라는 표현이 있어, 전례가 없다는 이유로 고치게 하였으나 따르지 않았다.

최명길은 중요한 것은 '보국안민'이며 이를 위해 유연하게 대응하자고 했다.

"교린交隣하는 도는 당연히 정해진 격식을 그대로 따라야지 형세에 따라 함부로 할 수 없는 것입니다. 그러나 만일에 일과 시기가 달라서 꼭 변통해야 할 형편이라면 구례舊例(과거 사례)를 억지로 고수할 필요는 없는 것이니, 중요한 것은 보국안민保國安民 하는 것입니다."[19]

보국안민은 '나라를 보전하고 백성을 편안히 한다'는 뜻이다. 동학 창시자 최제우는 1860년부터 포교를 하면서 보국안민輔國安民(나라 일을 돕고 백성을 편안하게 한다)을 주창했다. 자세히 보면 보保, 補자가 다르다. 1862년 함평 봉기를 주도한 정한순은 보국위민輔國爲民을 주창했다.

조선을 대하는 일본의 태도에는 변화가 일어나고 있었다.

1719년 도쿠가와 요시무네의 쇼군 취임을 축하하기 위해 9번째 통신사가 일본에 갔다. 정사와 부사, 종사관 등 고위관리 3명[20]에 각기 군관, 서기, 의원이 한 명씩 따르게 하고, 제술관製述官 한 명을 딸려 보냈다. 제술관은 조정 선비 중 문장에 능한 사람으로 통신사 일행의 글에 관한 일을 맡았다. 악기 연주자, 무예 재주꾼 등을 포함해 수백 명으로 구성된 통신사 일행은 부산에서 9척의 배를 타고 '독기가 있는 바다瘴海(장해)'의 '고래처럼 사나운 파도鯨派(경파)'를 헤치고 일본으로 향했다. 규슈와 혼슈, 시코쿠 사이의 세토^{瀬戸} 내해를 항해한 뒤 요도^淀강 하구에서 일본 배로 갈아탔다. 오사카 근처에서 뭍에 올라 육로로 오사카에 들어가 혼간지^{本願寺}에서 며칠을 묵었다. 이어 배를 타고 다시 강을 거슬러 교토로 갔다. 최종 목적지는 쇼군이 거주하는 에도(도쿄)였다.

'구경하는 남녀가 거리를 메웠는데, 수놓은 듯한 집들의 마루와 창을 우러러보니 여러 사람의 눈이 빽빽하여 한 치의 빈틈도 없고, 옷자락에는 꽃이 넘치고 주렴 장막은 햇볕을 받아 반짝이는 모습이 오사카에서보다 3배는 더하였다.'²¹⁾

제술관 신유한은 『해유록』 9월 27일치 일기에서 도쿄에 도착하던 때를 이렇게 묘사했다.

일본 막부 정권은 영주들에게 명령해 막대한 경비와 인력을 들여 세심하게 통신사를 맞이했다. 각지의 지식인들이 통신사 일행에게 시문^{詩文}을 받기 위해 모여들었다. 신유한은 오사카에 5일간 머물렀는데 '글을 청하는 자가 다른 곳보다 배나 많아서, 혹은 닭이 울도록 자지 못했고, 음식을 놓고도 입에 넣었던 것을 토할 정도로 분주했다'고 기록했다.

'서생 10여 명과 늦은 밤중까지 시간을 함께 보내면서 동자로 하여금 먹을 갈아 놓고 기다리게 하여 날마다 겨를이 없었다. 그 사람들이 와서는 각기 성명·자·호를 써서 뒤섞어 들이는 것이 눈에 해괴한 것이 많고, 그들이 지은 시도 치졸하여 읽을 수 없었다.'

일본의 백성들에게 통신사의 행차는 일생일대의 구경거리였다. 통신사 일행은 일본에 대해 문화적 우월성을 한껏 과시할 수 있었다. 하지만 그것이 전부는 아니었다. 일본인의 내면에 조선과 조선인에 대한 부정적인 이미지도 켜켜이 쌓여가기 시작했다.

통신사가 오기로 예정돼 있던 그해 2월 14일, 도요토미 히데요시의 조선 침략을 주제로 한 「혼초산고쿠시本朝三國志」라는 제목의 '조루리'가 오사카 다케모토 극장에서 첫 공연을 했다. [22] 작가인 치카마쓰 몬자에몬은 조선과 전쟁에서 승리를 상징하는 귀무덤을 등장시켜, 조선 군인은 유약하여 일본의 무인을 당해낼 수 없다고 강조했다. 조선 왕이 일본의 노비가 될 테니 살려 달라고 애걸하는 장면도 넣었다.

도요타케 극장에서는 '진구황후神功皇后의 삼한三韓[23] 정벌'을 그린 기노 카이온의 조루리 작품 「진구황후 삼한을 벌하다神功皇后三韓責」를 초연했다. 일본을 신국神國으로, 일본의 군대를 신병神兵으로 규정하고, 조선인을 '삼한놈들'이라고 멸시했다. 신라 왕의 목숨을 구해주는 대신 영구히 삼한이 일본에 복속한다는 약속의 징표로서 '삼한의 왕은 일본의 개다'라는 문자를 새겼다는 내용도 들어 있다. 지어낸 이야기지만, 그 뒤로 일본인의 조선관, 조선인관에 적잖은 영향을 미쳤다. [24] 에도 시대 후기에 일본에서는 고대 일본이 한반도를 지배했다는 『고사기』나 『일본서기』의 기술을 사실로 보고, 이를 근거로 한 '조선진출론'이 고개를 들었다.

일본은 1857년 흑선黑船을 앞세운 미국의 압력으로 원하지 않는 개항을 했다. 조슈 번(현 야마구치현)과 사쓰마 번(현 가고시마현)의 무사들을 중심으로 한 존황양이尊皇攘夷(막부를 타도하고 천황을 옹립하며 외세를 배격함) 파는 1867년 12월 궁정을 장악하고, 이어 막부를 타도한 뒤 권력을 장악했다. 새 집권세력 사이에서 정한론征韓論

이 본격적으로 퍼졌다.

메이지 정부는 1874년 미야코지마 주민 조난사건[25]을 계기로 대만에 출병했다. 조선에도 힘으로 개항을 강요했다. 1875년 9월 20일 군함 운요雲揚호를 서해 강화도 동남쪽에 정박하고 식수를 구한다는 구실로 보트에 군인을 태워 연안을 정탐하면서 강화도의 초지진 포대까지 접근했다. 경고를 무시하고 접근한 일본군에게 조선군이 포격을 가하자 운요호에서도 포격으로 응수했고, 군인을 상륙시켜 살인 방화 약탈을 자행했다. 일본은 포격전의 책임을 조선에 돌렸으며, 무력으로 개항을 강요하였다. 이듬해 이 사건을 구실로 조일수호조약(강화도조약)을 체결했다. 조선은 부산과 원산과 인천을 개항하기로 하고, 일본인에게 치외법권을 인정했으며, 일본 화폐의 통용과 무관세 무역을 인정했다. 개항 이후 조선은 청나라와 일본 세력 간의 각축장이 되었다.

1882년 고종 19년 5월 조선 정부는 미국과 수교했다. 석 달 뒤인 1882년 8월 5일 임금이 전교했다.

'이미 서양과 수호를 맺은 이상 서울과 지방에 세워 놓은 척양에 관한 비문들은 시대가 달라졌으니 모두 뽑아버리도록 하라.'

조선은 1883년 영국 · 독일과 1884년에는 이탈리아 · 러시아와 1886년에는 프랑스 · 오스트리아와 통상조약을 체결했다.

농민항쟁이 전국을 휩쓴 임술년으로부터 31년이 지난 1893년 11월, 고부군 서부면 대뫼 마을(현 정읍시 고부면 신중리 주산마을) 송두호의 집에 사람들이 조용히 모여 들었다. 인가의 북쪽 낮은 산에 대나무 밭이 병풍처럼 마을을 둘러싼 대뫼엔 여산 송씨[26]가 많이 살았다.

동학 접주 송두호가 예순다섯 살로 가장 나이가 많았다. 전봉준(1855~1895)을 포함해 30대가 가장 많았고 열다섯 살의 송국섭이 가장 나이가 어렸다. 송두호의 장남 송대화, 차남 송주성 등 송씨가 5명이나 참가하고 있었다. 고부 사람만이 아니라 태인의 최경선, 정읍의 손여옥도 있었다. 모두 스무 명이었다.[27]

이들은 먼저 격문을 써서 돌렸다.

'봉화를 들어 그 애통하고 절박한 사정을 천하에 알리는 동시에 의로운 깃발을 들어 창생을 구하고, 북을 울려 조정에 가득 찬 간신도적 무리들을 쫓아내고 탐관오리를 물리치며, 나아가 왜와 서양 세력을 몰아내고 국가를 튼튼히 하고자 하니 동학을 믿는 사람은 말할 것도 없이, 일반 동포 형제도 11월 20일에 고부 말목장터로 모이라. 만약 이에 응하지 않는 자는 효수하겠다.'[28]

스무 명은 종이 위에 사발을 뒤집어 동그라미를 그려 놓고 방사형으로 빙 둘러가며 각자 이름을 적었다. 누가 주동자인지 드러내지 않게 하기 위해서였다. 스스로를 도인(동학교도)이라고 칭하면서, 각 리의 집장들에게 봉기에 호응하라고 호소했다.

'이 격문이 사방에 퍼지니 여론이 끓고 인심이 흉흉했다. 매일 난방을 구가하던 민중들은 곳곳에 모여 말하되, "났네 났어, 난리가 났어. 에이 참 잘 되었지, 그냥 이대로 지내서야 백성이 한 사람이라도 남아 있겠냐"며 하회下回(어떤 지침이 내려오기)[29]만 기다리더라.'

봉기의 지도부를 꾸렸다.

"군략에 능하고 서사에 민활한 영도자가 될 장수의 재목을 선택하여 부서를 정하니 아래와 같다. 제1장에 전봉준, 제2장에 정종혁, 제3장에 김도삼, 참모에 송대화, 중군에 황용모, 화포장에 김응칠…"

거사 계획은 먼저 고부성을 격파하고 군수 조병갑을 효수하고, 이어 군기창과 화약고를 점령하고, 군수에게 아첨하여 인민을 괴롭히고 못살게 군 아전을 엄히 징계하고, 나아가 전주 감영을 함락하고 서울로 곧바로 향한다는 것이었다.

『갑오동학혁명난과 전봉준 장군 실기』에 따르면, 전봉준은 고부 면리에 사발통문을 보내기에 앞서, 거병의 뜻을 밝히는 글을 써서 동학의 2대 교주 최시형에게 전하도록 하였다. 고부에서 봉기를 일으키면 호서에서도 기포起包30)하여 내응할 것을 부탁한 것이다. 그리고 태인의 최경선, 금구의 김덕명, 남원의 김개남, 무장의 손화중, 부안의 김낙철 등 각 군의 대접주에게 일일이 격문을 보내 함께 일어나도록 촉구했다. 애초 고부군의 문제만 해결하자는 것이 아니었다.

조병갑은 1892년 4월 28일 고부 군수로 부임했다. 그 전에 천안 군수(1882. 10~1885. 3)와 함양 군수(1886. 5~1887. 6) 등을 지냈다.

함양에 그의 선정비가 남아 있다.

'조병갑 군수는 유민을 편하게 하고 봉급을 털어 관청을 고치고 세금을 감해주며 마음이 곧고 정사에 엄했기에 그 사심 없는

선정을 기려 고종 24년(1887) 7월에 비를 세웠다.'

천안 광덕면에서도 내용을 잘 알아보기 어려운 선정비가 2009
년 발견됐다.

선정비는 고을 수령이 선정을 베푼 것을 기리고자 세우기도 했
지만, 수령의 요구로 세우는 일도 있었다. 백성들에게 부담을 지
우는 까닭에, 현종 3년(1662)과 5년, 숙종 10년(1684)에 선정비 금
지령을 내렸다. 영조 임금은 거짓 선정비를 세우지 않아야 폐단이
없어진다는 함경감사 박문수의 건의를 받고, 1766년(영조 42년) 선
정비 금지령을 다시 내렸다. 그러나 선정비, 불망비는 세도정치가
자리 잡은 헌종 대 이후에 훨씬 많이 만들어졌다. 특히 고종 대에
지금 남아 있는 선정비의 거의 절반이 만들어졌다.

1892년 3월, 경상도 암행어사로 1년간 각지를 돌아보고 상경한
김사철을 고종이 불렀다. 임금이 물었다.

"홍병도(한산 군수)는 비록 선정을 베풀었다고 하나, 큰 가뭄에
선정비를 세우다니 흠이 아니냐?"

김사철이 대답했다.

"무릇 수령의 선정비는 백성들이 그가 떠날 때 마음을 담아 세
우는 것인데, 재임 시에 비를 세우니 오직 뒷말만 있습니다."

"그러니 수령이 떠난 뒤에 세우는 게 마땅한 일이다. 그리고 이
른바 수산繡傘이란 것은 없느니만 못하다."[31]

수산은 백성들이 지방 관리의 공덕을 기리기 위해 비단에 사람
들의 이름을 수놓아 선물한 일산日傘(양산)을 말한다. 원래 햇빛 가
리개로, 행렬의 위상을 나타내는 의장儀仗의 하나인데, 19세기 들

어 고을 사람들의 이름을 많이 넣어 '천인산', '만인산'을 만드는 풍조가 생겨났다.

안동 김씨와 풍양 조씨 세도정치 시대에 지방 관직의 거래와 관직을 산 수령의 가렴주구가 늘어났으나, 고종이 재위 10년에 친정을 시작하고 민 왕후의 일가붙이가 권력을 전횡하면서 매관매직이 더 극심해졌다. 민씨 일족은 나라 재정을 함부로 쓰고, 국고가 고갈되자 과거 합격과 품계, 관직까지 공공연히 돈을 받고 팔았다. 핵심 관직은 민 왕후의 출신[32]인 노론에만 맡겼다.

광양의 선비 매천 황현(1855~1910)[33]은 『오하기문梧下記聞』에서 당시 관리 인사의 부패상을 이렇게 기록했다.

'매번 수령을 교체할 때는 임시 직함을 어느 정도 판 다음, 실제 직함을 팔았다. 감사와 유수 자리는 엽전 100만 꾸러미요, 초사初仕(처음 하는 낮은 벼슬)는 5천~1만 꾸러미였다. 과거 급제의 경우 대과는 5만~10만 꾸러미이고, 생원시 같은 소과의 경우 2만~3만 꾸러미로 등급에 따라 가격이 달랐다. 차함借啣(실제로 근무하지 않고 벼슬 이름만 가지던 일) 또한 2만~3만 꾸러미를 호가했고, 증직贈職(죽은 뒤 벼슬을 내려주던 일)과 정려旌閭(충신, 열녀 등으로 마을에 정문을 세워 표창하던 일)는 수천 꾸러미를 호가했다.'

'호남은 재물이 풍부하여 그 욕심을 채워줄 만했다. 무릇 이곳에서 벼슬을 하는 사람들은 백성들을 양이나 돼지처럼 여기면서 마음대로 묶고 빼앗았으며 일생 동안 종과 북을 치면서 사방에서 빼앗았다. 이리하여 서울에서는 "아들을 낳아 호남에서 벼슬을 사게 하는 것이 소원이다"라는 말이 떠돌 정도였다. 이에 관리는 도

척이 되고 아전은 창귀倀鬼(먹을 것이 있는 곳으로 호랑이를 인도한다
는 나쁜 귀신)가 되어 살을 깎고 뼈를 바르며 거두었고, 그 부정한
축재물을 나누어 가지는 데 참여했다.'

1876년 개항 이후 일본 상인들의 쌀 수집은 이 기회에 한몫 잡
으려는 지방관의 농민 수탈을 부채질했다. 고부의 줄포에는 쌀을
싼값에 사려는 일본 상인들로 북새통을 이뤘다. 조병갑보다 한참
앞서 고부 군수를 지낸 이수은은 1876년 겨울 재해 피해자 구제미
145석을 가로채고, 이듬해 354석을 또 가로챘다.

묵은땅을 개간하라고 조정이 파견한 균전사는 농사를 망친 땅
에 세금을 매기고, 면세를 약속하고 개간한 땅에 곧바로 세금을
매겨 제 뱃속을 채웠으니, 전라우도에서는 김창석이 악명을 떨쳤
다. 세미를 운송하는 일을 감독하는 전운사 조필영도 운송비와 운
송 과정에서 감모분을 명분 삼아 백성을 등쳤다. 조필영은 조병갑
의 친척이다.

고부 군수 조병갑은 영의정을 지낸 조두순의 조카이고, 당시
이조판서 심상훈과는 사돈 간이었다. 함경도·충청도 관찰사를
지낸 조병식34)과는 사촌 간이었다. 막강한 배경을 가진 그는 고부
군수가 되자 닥치는 대로 돈을 거둬들였다.

태인 군수를 지낸 자기 아버지의 비각을 짓는다고 1,000냥을
강제로 거둬들였다. 부유한 사람들에게 불효, 불목不睦(화목하지 못
함), 음행, 잡기 등의 죄목을 씌워 2만 냥을 뜯어냈다.

농민들을 강제 동원해 만석보, 팔왕보 밑에 필요 없는 새 보를
쌓은 뒤, 농사가 잘 되는 논은 1두락당 2말, 농사가 잘 안 되는 논

에는 1말의 수세를 받아 착복한 것이 700석이었다.

1893년(계사년)에는 흉년이 들어 세금을 제대로 걷기 어려웠다. 전주 감영에서 고부 북쪽 4개 면의 땅은 재해를 입은 것으로 인정해 전세를 면제했다. 그러나 조병갑은 북쪽 4개 면의 세금을 남쪽 면의 농민들에게 부담시키고, 북쪽 4개 면 사람들한테도 돈을 뜯어냈다. 그해 가을, 곡식을 다른 지역으로 실어가지 못하게 방곡령防穀令을 내리고 측근으로 하여금 수천 석의 쌀을 사들이게 한 뒤 쌀값이 폭등하자 이를 팔아 큰 이익을 보았다.

11월에 전봉준이 중심이 되어 농민 40여 명이 고부 관아로 몰려가 결세 문제를 진정했으나 옥에 갇혔을 뿐이었다. 고부가 어수선하자 전라 감사 김문현은 조병갑을 11월 30일 자로 익산 군수로 발령했다. 전봉준은 봉기를 미뤘다. 12월에 60여 명의 군민을 이끌고 전주 감영에 호소했지만, 역시 쫓겨났다.

조정이 한달 사이 다섯 명을 후임 고부 군수로 임명했으나, 모두가 이런저런 핑계를 대고 부임하지 않았다. 조병갑이 그 자리에 머물려고 손을 쓰고 있었고, 그런 사실을 다들 알고 있었기 때문이다. 전라 감사가 조병갑의 유임35)을 요청하는 장계를 이조에 보냈다. 이듬해 1월 9일 조병갑을 고부 군수로 계속 일하게 하라는 임금의 교지가 내려졌다.

1894년 1월 10일 밤, 전봉준은 걸군(쌀이나 돈을 걷기 위해 풍물을 치며 돌아다니던 사람들)을 동원해 배들평梨坪 10여 마을 사람들을 중심지인 예동禮洞에 모았다.

"아녀자와 노약자 외에 이곳을 탈출하는 자는 처참하리라."

전봉준은 모여든 사람들에게 조병갑의 학정을 하나하나 설명하고, 폭정으로부터 백성을 구할 것을 역설했다.

전봉준 지휘 아래 말목장터에 모인 봉기군이 두 패로 나뉘어 20여 리 떨어진 고부 읍내로 향했다. 관아를 점령하고 보니, 조병갑은 이미 도망가고 없었다.

백성들은 옥을 열어 사람들을 석방하고, 날이 밝자 말목장터로 나서서 원성이 자자하던 새 만석보를 헐어 버렸다. 전봉준은 사람들을 보내 북쪽 백산白山성을 수리하게 한 뒤, 25일 백산으로 진을 옮겼다.

전봉준은 전라도 각지에 '보국안민輔國安民'을 위한 '창의격문倡義檄文'을 보냈다.

'지방 수령은 백성을 다스리는 도를 알지 못하고 백성을 돈이 나오는 근원으로 바라본다. 더욱이 전운영轉運營을 창설하여 많은 폐단이 심하게 생기니, 백성들이 도탄에 빠지고 나라는 위태롭게 되었다. 우리들은 비록 초야의 유민遺民이지만, 차마 나라의 위기를 앉아서 볼 수가 없다. 각 읍의 군자들은 한 목소리로 의기를 내어 나라를 해치는 적을 제거하여 위로는 종사를 돕고, 아래로는 백성을 편안케 하기를 바란다.'

전봉준은 함열 조창으로 가서 전운영을 부수는 등 봉기를 확대하려 했다. 그러나 '고을 경계를 넘어서면 역모가 된다'며 반대하는 사람들이 많았다. 다들 마다하는 고부 군수 자리를 자원해 2월에 내려온 박원명의 설득에 따라 3월 4일 상당수 백성이 흩어지고 동학교도를 중심으로 300여 명만 남았다.

3월 13일 전봉준은 소수의 농민군만 이끌고 손화중이 있는 무장으로 갔다. 각지에서 농민군이 속속 모여들어 3월 20일 무렵에는 무장현 동음치冬音峙(고창군 공음면)에 모여든 이가 4천 명[36]으로 불어났다. 농민군은 죽창을 만들고, 민가에서 농기구를 징발해 무기로 삼았다.

고부에서는 안핵사로 온 이용태(장흥 부사)가 주모자를 색출한다는 명목으로 사람들을 마구 붙잡아다 매를 치며 돈을 후려냈다.

'(이용태는) 박원명의 처분을 모두 뒤엎고 백성들을 역적죄로 몰아 조사 치죄하며, 부자들은 난리에 가담하였다고 얽어 많은 뇌물을 긁어내고, 감사 김문현과 공모하여 감영의 옥사로 이송하는 죄인이 줄을 잇게 되니, 백성들이 분노하여 다시 난리를 일으켰다.'(『매천야록』) 전봉준은 무장에서 창의문(무장 포고문)을 발표하고, 고창, 흥덕을 거쳐 고부로 들어가 3월 23일 관아를 다시 점령했다. 그리고 25일 백산으로 본진을 옮겼다. 전라우도 고을들에서 농민들이 몰려와 수가 크게 불어났다.

전봉준이 대장을 맡고, 무장의 손화중과 태인의 김개남이 총관령, 김덕명(금구)과 오지영이 참모, 최경선(태인)이 영솔장, 송희옥과 정백현이 비서를 맡았다. 정읍의 차치구, 손여옥, 흥덕의 고영숙 등이 농민군을 이끌었다. 전봉준은 백산에 '호남 창의대장소'를 설치하고 동도대장東徒大將이라 쓴 대장기에 '보국안민輔國安民' 네 글자를 써 넣었다. 그리고 각지에 격문을 보냈다.

'우리가 의義를 들어 여기에 이른 것은 그 본의가 결코 다른 데 있지 아니하고 창생을 도탄의 속에서 건지고 국가를 반석 위에다 두고자 함이다. 안으로는 탐학한 관리의 머리를 베고 밖으로는 횡포한 강적의 무리를 몰아내고자 함이다. 양반과 부호 앞에서 고통을 받는 민중들과 방백과 수령의 밑에 굴욕을 받는 소리小吏들은 우리와 같이 원한이 깊은 자이다. 조금도 주저하지 말고 이 시각으로 일어서라. 만일 기회를 잃으면 후회하여도 돌이키지 못하리라.'

농민군은 전주 점령을 목표로 북상하여 4월 1일 금구 원평에 진을 쳤다.

전봉준은 관군 1만 명이 내려온다는 소문을 듣고 전주로 가려던 길을 거꾸로 돌렸다. 농민군[37]은 남하해 4월 6일 고부 두승산 동쪽 황토산에 이르렀다. 뒤를 쫓던 관군, 보부상 부대가 맞은편에 진을 쳤다. 관군은 밤에 기습 공격했다. 야습을 예측하고 반격을 준비하고 있던 농민군이 역습해 대승을 거뒀다. 농민군의 사기가 올라갔다.

황토현에서 승리를 거둔 농민군은 곧바로 정읍현 관아를 점령해 죄수를 풀어주고 무기를 거두고는, 세력을 키우기 위해 다시 남하해 흥덕, 고창, 무장, 영광, 함평을 점령하고, 4월 21일 장성에 이르렀다.

"장성에 도착한 즉 군중이 수만에 달하였다. 이에 군오를 편성할 때 진법은 삼삼오오를 단위로 하여 하늘에 가득한 별을 모방하였고, 깃발은 청·황·적·백·흑 오색으로 각 부대를 표명하게 하고, (부친상 중이던) 전봉준 자신은 머리에 흰 갓과 몸에 흰옷을 입고 손에 백오염주를 들고 입으로 주문을 외우며 부하 장사들에게 어깨에 궁을^{弓乙} 두 자를 표하고 몸에 '동심의맹'^{同心義盟} 네 글자를 써 붙였고, 깃발에는 오백년수운^{五百年受運}이라 썼으니, 실로 전에 없었고 앞으로도 없을, 어찌 변할지 모르는 이상한 군대였다."[38]

호남초토사로 임명된 홍계훈이 이끄는 경군 800명이 6일 군산포에 상륙했다. 경군은 농민군이 황토현에서 첫 승리를 거둔 8일 전주에 입성했다. 경군은 전주에 머물다 농민군의 뒤를 따라 장성으로 왔다. 4월 23일 장성 황룡촌에서 경군 선발대 300여 명과 농민군 사이에 전투가 벌어졌다. 처음엔 경군의 압도적 화력으로 농민군의 희생이 컸다. 농민군은 대나무로 만든 커다란 장태[39]를 굴리며 이를 엄폐물로 삼아 경군을 공격했다.

"(전봉준이) 함평에 있을 때 대나무를 베어다 '장태^{土時}'를 만들었다. 하나의 둘레가 몇 아름이며 길이가 몇십 발이나 되는 장태를 여러 개 만들었다. 나주로 들어오려다 장성으로 나가 경군과 싸우게 되었다. 전봉준은 군중에 영을 내려 '청을^{靑乙} 자를 써서 등에 붙일 것이며, 수건으로 머리를 싸매고, 앞 옷깃을 풀고 엎드려서 장태를 굴려 나가는데 옆을 돌아보지 말 것이니, 이렇게 하면 포환이 들어오지 못할 것이다' 하였다."[40]

농민군이 결국 경군을 물리쳤다. 농민군은 빠른 걸음으로 전주로 향해, 4월 27일 전주성에 무혈 입성했다.

'동학당은 주색을 탐하지 않고 담배를 피우지 않는 등의 규율이 있고, 당원들은 능히 그것을 지켜 조금도 농민을 해하는 일이 없었다. 묻는 자가 있으면, 정부의 잘못된 정치를 고치고, 재류한

외국인을 추방하여 국민의 만복을 도모한다고 하였다. 그리고 말한 대로 행했으니, 일찍이 고부에서 전주로 진격할 때 구경꾼들이 산을 이루어 논밭 도로들이 다 밟혀 엉망이 되는 것을 보고, 단지 농작물을 해치게 될 것을 경계하여 공포를 쏘아 논밭에서 물러나게 한 것도 그 한 예다. 그들이 올 때에는 잡다한 물건들도 그에 상당하는 현금으로 매매하여 상업상 약간의 이익도 주어서, 위해危害의 걱정만 없다면 어리석은 백성들 사이에서는 자못 평판이 좋았다.'(동경일일신문, 1894년 5월 26일)

일본 신문은 농민군의 규율이 이렇게 엄격했다고 보도했다. 농민군을 '도적'이라 부른 유학자 황현은 『오하기문』에 그 무렵 백성들의 반응을 이렇게 썼다.

'동학이 난을 일으켰을 때 백성을 괴롭히는 모든 폐해를 없앤다는 헛소문이 떠돌았다. 이 때문에 여러 성과 읍이 잇달아 함락되고 사방에서 소동이 일어났지만 백성들은 도리어 기뻐하며 얼굴에 화색이 돌았다. 어쩌다 동학이 패했다는 소문이 전해져도 백성의 대부분은 사실로 받아들이지 않았고 절대 그럴 리가 없다면서 오로지 관군이 패한 것만 이야기할 뿐이었다.'

전봉준을 중심으로 고부, 무장에서 일어난 봉기와 별개로, 다른 고을에서도 독립적인 농민 봉기가 일어났다.

전봉준이 고부에서 무장의 손화중에게 가기 하루 전날인 3월 12일 전라도 금산(지금은 충청도에 속함)에서 농민 수천 명이 흰 수건을 머리에 쓰고, 몽둥이들 들고 이서들의 집을 불태웠다. 군수

민영숙은 3월 23일 동학교도 1천여 명이 통문을 발하고 읍내로 몰려가 폐단을 시정하라고 요구했다고 전라 감사에게 보고했다.

동학 대접주인 부안의 김낙필, 임실의 최승우도 봉기를 일으켰으나, 전봉준이 이끄는 농민군에 합류하지 않고 관아에 도소를 설치해 별도로 움직였다. 임실 현감 민충식은 나중에 전봉준이 전주성을 점령할 때 수행하며 협력했다.

4월 3일에는 전라도 진산(현 충청도 금산) 방축리와 옆 고을인 충청도 옥천 서화면에서 농민 수천 명이 모여 읍내로 향하다 보부상인들과 충돌해 100여 명이 죽임을 당했다.

동학 2대 교주 최시형은 1871년 교조 신원을 위해 이른바 '이필제의 난'(영해 병란)에 가담한 적이 있다. 이때 적잖은 수의 교도가 희생되는 쓰라린 경험을 한 터라 무장 저항에는 부정적이었다. 그러나 1894년 봄 부안 대접주 김낙필의 동생 김낙봉이 전봉준의 봉기 소식을 전하자 "이것 또한 시운이니 금하기 어렵다"고 했다.[41]

충청도의 동학교도들은 4월 초 청산현(현 옥천)에 모여, 8일 회덕현을 공격해 무기를 뺏고, 9일 진잠읍(현 대전 유성)으로 향했다. 농민군은 옥천, 회덕, 진잠, 문의, 청산, 보은 일대에서 토호들과 충돌했다. 괴산, 연풍에서도 농민들이 봉기했다. 일부는 무리를 지어 호남지방으로 내려가 합세했다.

경상도에서는 예천, 김산, 상주, 진주에서 농민들이 전라도 봉기에 호응해 봉기했다.

동학교도들은 1892년부터 집회를 열어 사형을 당한 교조 최제우의 신원을 적극적으로 요구했다. 그해 10월과 11월 동학교단 지도 세력들이 충청도 공주와 전라도 삼례에서 각각 집회를 열어, 교조 신원과 탐관오리의 수탈 금지를 요청하는 청원서를 충청 감사 조병식과 전라 감사 이경직에게 보냈다. 이듬해엔 2월 11~14일 박광호를 비롯한 40여 명의 교도들이 교조 신원을 요청하는 상소문을 정부에 제출하고 광화문 앞에 엎드려 밤낮으로 호소했으나, 탄압만 받았다. 복합 상소도 실패하자, 최시형崔時亨(1827~1898)을 비롯한 동학 지도부는 1893년 3월 충청도 보은에서 2만 명이 참가한 대규모 집회를 개최했다. 보은 집회에 앞서 전라도 금구 원평에서도 집회를 열었다. 이들은 교조 신원을 주장하는 한편 '척왜양창의斥倭洋倡義'라는 정치적 기치를 전면에 내걸었다.

긴장한 조정이 3월 25일 대책회의를 열었다. 동학교도들이 서울로 올라올 경우 저지할 방법에 관하여, 고종과 정승들이 토론했다. 경군은 한성 수비용으로 남겨둬야 한다는 점을 고려해, 고종이 말했다.

"일찍이 중국이 (태평천국의 난 때) 영국 병력을 차용한 적이 있다."

우의정 정범조가 반박했다.

"어찌 중국을 본뜰 수 있겠습니까?"

임금이 다시 말했다.

"여러 나라 군대를 빌리려는 것이 아니다. 청나라 군대는 빌릴 수 있기 때문에 말하는 것이다."[42]

고종은 청나라 군대를 빌리는 일을 가볍게 생각했다.

1년 뒤인 1894년 4월 27일 농민군이 전주를 점령하자, 조선 조정은 보은 집회 때보다 훨씬 심각한 위협을 느꼈다. 4월 29일, 조선 조정은 청나라에 파병을 요청하는 문서를 보냈다. [43]

청은 5월 2일부터 9일까지 2,400명을 충청도 아산만에 보냈다. 그 뒤 추가 파병해 청일 간 충돌 직전 3,880명까지 늘렸다.

일본은 사상 처음으로 참모본부에 대본영을 설치해 전쟁 준비에 들어갔다. 청군이 조선에 파병하면 일본도 8,000명을 보내기로 결정했다. 조선이 파병을 요청하지 않았음에도, 일본은 제물포조약에 따라 일본 공사관과 일본인을 보호한다는 명분을 들어, 일본에서 서울로 돌아가는 오토리 게이스케 공사에게 먼저 400명을 딸려 보내고, 이어 5월 8일 주력군을 인천항에 상륙시켰다.

'일본군 1만여 명이 인천에 정박한 군함에서 육지에 내렸다. 먼저 3천여 명으로 곧장 도성에 들어와서 일본 상인을 보호한다고 말하고 일본공사관 앞에 머물러 진을 쳤다. 그리고 인천에서 서울로 이르는 길에 간간히 머물렀는데, 진陣을 친 곳이 연이었다. 군량을 끊임없이 이송해 만리창萬里倉에 쌓아두었다.'(『갑오실기』, 5월 8일)

5월 20일, 일찍이 청병을 반대했던 영돈령부사 김병시가 고종 임금에게 말했다.

"지금 다른 나라의 군사를 요청하는 것은 우리나라 백성을 모두 죽이는 것이니 어찌 이런 일이 있을 수 있습니까? 사신史臣이 이것을 기록하여 후세가 보게 될 텐데 무엇이라고 하겠습니까?"[44]

임금이 말했다.

"참으로 그렇구려!"

일본은 내정에 깊숙이 개입해 왔다. 6월 9일 김병시가 다시 임금에게 말했다.

"금일 전하께는 신하도 없고 백성도 없는 것입니다. 조정에 만일 사람이 있다면 저들이 어찌 감히 이렇게까지 기탄없을 수 있단 말입니까? 만약 우리나라가 무단으로 군대를 거느리고 일본의 도성에 갑자기 들어가면 저들도 한마디 말이 없겠습니까? 그러므로 신하가 없다고 말하는 것입니다. 호남의 백성을 살육한 것 때문에 본도의 백성뿐만 아니라 팔도의 백성이 모두 마음이 떠났습니다. 임금께서 이미 적자赤子(임금이 백성을 일컫는 말)로 대하지 않았으니, 백성들이 (임금에 대해) 부모를 섬기는 것과 같은 성심誠心이 있겠습니까? 그러므로 백성이 없다고 말한 것입니다. 신하가 없고 백성이 없는데 전하가 홀로 어떻게 나라를 운영하겠습니까?"45)

농민군이 전주성을 점령한 다음날 홍계훈이 이끄는 경군이 전주성 밖 용두현에 진을 쳤다. 경군은 성을 에워싸고 대포를 쏘아 공격했다. 농민군이 성 밖으로 나와 공격하다 적잖은 희생자를 냈다. 5월 3일까지 벌어진 전투에서 농민군은 큰 피해를 입었다. 사기가 떨어지고 내부에서 동요도 일었다. 전봉준은 27개조의 폐정개혁안을 조정에 보고해 달라고 요구했다. 홍계훈은 거부했다.

청나라와 일본의 군대가 조선에 들어오고 있었다. 홍계훈과 전봉준은 5월 7일 '농민군이 전주성에서 철수하고, 홍계훈은 이들의 신변을 보장하고 폐정개혁안을 (임금에게) 상주한다'는 데 합의했다. 이른바 '전주화약'이다. 27개 폐정개혁안46)가운데 14가지47)가 전봉준 판결 선고서에 기록돼 남아 있다. 탐관오리를 파면하고,

가렴주구를 없애라는 것이 주된 내용이다.

일본 공사 오토리는 6월 18일 조선 정부에 청국과 모든 조약을 파기하고 청나라 군대를 철퇴시킴으로써 조선이 자주독립국임을 사흘 안에 실증하라고 요구했다. 조선은 개혁은 자주적으로 할 것이라며, 농민 봉기가 수습됐으니 청일 양국 모두 군대를 철수하라고 요구했다.

그러자 6월 21일 새벽 오시마 요시마사大島義昌48) 지휘 아래 있는 일본군이 경복궁 영추문 쪽에서 사다리를 타고 궁궐 담장을 넘었고, 동소문에 불을 질러 돌진하여 자물쇠를 부수고 침입해 임금을 집경당에 연금했다.

'일본 공사가 무장을 해제한다는 어명을 받아내니, 모든 조선군 진영은 울부짖고 들끓어 칼을 뽑아 돌을 찍고 산이 무너지도록 크게 통곡하며 해산하고, 군영의 모든 병기는 왜인의 소유가 되었다.'(『매천야록』) 일본은 김홍집을 수반으로 하는 정권을 세우고 내정에 간섭했다. 조선 정부는 일본의 강요로 청나라와 맺은 통상무역장정을 폐기한다고 발표했다. 일본은 '군국기무처'라는 기구를 만들어 내정개혁안 20개조를 시행했다.

일본군은 조선 정부의 요청을 받은 것처럼 위장하여, 6월 23일 새벽 아산만 서쪽 풍도 앞바다에 주둔 중인 청나라 함대를 선제공격했다.

이날 임금이 전교했다.

"동학 무리들이 아직도 양호兩湖(충청도와 전라도)에서 더욱 소요를 일으키고 있다. 생업에 안착하려 하였지만 거의 다 생업을 잃었고, 귀순하였다고는 하지만 도리어 교화에 순종하지 않고 있다. 그들도 떳떳한 성품을 함께 가지고 있으니, 어찌 혹시라도 어리석고 몽매하여 깨달을 줄을 모르겠는가? 그것은 틀림없이 곤궁하여 의탁할 데가 없어서 그러는 것이다."[49)

잘 달래라는 말이었다.

일본과 청나라는 6월 27일 충청도 천원의 성환에서 첫 육상 전투를 벌였다. 청군이 큰 타격을 받았다. 양국은 7월 1일 정식으로 선전포고했다.

조선에서 청일전쟁이 벌어지자, 김학준과 전봉준은 7월 6일 전주에서 만나 '관민이 화합官民相和'하여 전라도 안의 안정과 질서를 바로잡기로 약속했다. 군현 단위로 집강소를 설치해 운영하기로 했다. 전봉준이 직접 지휘한 전주와 금구, 태인, 김개남이 장악한 남원과 임실에서는 사실상 농민군이 통치권을 행사했다. 고부, 무장, 고창, 흥덕, 정읍, 익산, 함열도 비슷했다. 무주, 진안, 장수, 용담, 운봉 등지는 농민군의 세력이 거의 미치지 못했다.

전봉준은 일본군이 경복궁을 점령했다는 소식을 7월에 남원에서 들었다. 8월 25일 전봉준, 김개남 등이 남원에 모여 재봉기를 논의했다.

"귀국(일본)이 개화라 칭하고, 민간에 한마디 말도 없이, 격서도 없이 군사를 거느리고 우리 도성에 들어와 밤중에 왕궁을 점령하고 임금을 협박해 움직이게 했다. 그래서 초야의 선비와 백성이 충군애국하는 마음으로 분노를 이기지 못해 의로운 뜻을 모아 일본과 접전하여 그 이유를 물어보고자 하였다."

나중에 붙잡혀 심문을 받을 때, 전봉준은 2차 봉기의 이유를 이렇게 말했다. 전봉준은 9월 10일께 전라도 삼례에 대도소를 설치하고 무기와 식량 확보에 들어갔다.

조정은 정예부대인 장위영, 경리청, 통위영에 속한 경군을 진압 부대로 내려 보냈다. 일본은 8월 17일 평양 전투에서 청나라 군대를 격파한 뒤, 동학 농민군을 토벌하기 위해 병력을 증파했다.

9월 중순 삼례에 농민군 4,000여 명이 집결했다. 전봉준은 김개남에게 후방 지원을 부탁했다. 손화중과 최경선은 일본군과 반농민군의 후방 공격에 대비해 나주와 광주에 남겼다. 전봉준은 벼가 익기를 기다렸다가, 9월 말 공주를 향해 북상했다.

9월 18일 최시형은 교도들에게 기포령을 내렸다.

그 무렵 최시형을 찾아갔던 백범 김구는 해월이 "호랑이가 물려 들어오면 가만히 앉아서 죽을까! 참나무 몽둥이라도 들고 나가서 싸우자"라고 말하는 것을 들었다고 훗날 『백범일지』에 기록했다.

황해도에서도 동학군이 움직이기 시작했다. 천주교가 전래되고 서양 함선이 정박하는 등 외부와 접촉이 잦은 장연에서 동학군이 9월에 관아를 점령하고 세력을 키워 나갔다. 황해도 서쪽 각지의 농민군들은 10월 초부터 해주성 서쪽 취야시에 집결하기 시작했다. 캐나다인 선교사 매켄지는 장연에서 출정하는 농민군의 모습을 이렇게 기록했다.

'일단의 무명옷을 입은 용사들이 모두들 황해도의 수도(해주)를 향해서 가는 모습을 목격하고 아주 놀랐다. 그들은 그다지 대단찮은 차림새였다. 그들의 유일한 장비는 어깨에 걸친 열흘치의 식량과 보통의 놋숟가락을 넣은 조그마한 가방뿐이었다. 자기들 마을에서 그렇게 많은 사람들이 참가한 것을 보고는 모두들 놀랐다."[50)

수만 명의 농민군이 10월 25일 해주 감영이 있는 해주성을 점령했다. 김구도 700여 명의 병력을 이끌고 참가했다.[51)

농민군은 무기와 식량을 확보하고, 민폐의 근원인 각종 행정문서를 불태웠다. 사흘 뒤엔 해주 수영도 점령했다. 농민군은 일본군이 동학군을 본격적으로 공격하기 시작하자, 점령한 지 9일 만에 부대를 둘로 나누어 성을 빠져나왔다. 그 뒤 각지를 돌며 폐정개혁에 나섰다. 스즈키 소위의 일본군 70여 명이 11월 10일 해주감영으로 들어왔다.

황해도 각지의 농민군은 세력을 총동원해 11월 27일 해주성을 다시 공격했다. '척왜척양'의 기치를 들어 올렸지만, 일본군의 화력에 밀려 퇴각했다. 황해도 농민군은 점차 세력이 쇠퇴했으나, 1896년 말까지도 각지에서 크고 작은 항쟁을 계속했다.

최시형의 기포령에 따라, 손병희가 이끄는 충청도 북동부 지역 농민군이 전봉준과 연합하기 위해 논산으로 이동했다. 10월 중순 이들이 합류하니, 농민군의 수가 1만여 명으로 불어났다.

전봉준은 공주를 점령해 진지로 삼을 예정이었으나, 관군과 일본군이 먼저 점령하고 있었다. 일전을 피할 수 없었다. 농민군은 10월 23일 웅치에서 총공격을 했다. 작은 승리도 있었지만, 힘의 열세가 뚜렷했다. 우금치에서 며칠간 수십 차례의 격전이 벌어졌다. 사거리가 100보에 불과한 화승총이나 죽창을 들고 가슴에 부적을 붙인 농민군이 훈련된 관군을 당해낼 수는 없었다. 게다가 사거리가 600보에 이르는 신식 총과 기관총, 대포를 보유한 일본군의 화력은 더욱 당해낼 수 없었다. 농민군은 큰 피해를 입고 논산으로 후퇴했다. 이어 전주, 금구를 거쳐 태인으로 패퇴를 거듭했다. 전봉준은 11월 27일 태인 전투 이후 농민군을 해산했다.

동학 농민군의 전주 점령 이후 김개남은 남원에 머물면서 전라좌도의 농민군을 지휘하며, 전봉준과는 별개로 움직였다. 2차 봉기 때는 후원부대의 역을 맡았다. 김개남은 10월에 청주를 향해 진군했다. 11월 10일 청주성을 공격하다 패한 김개남은 태인으로 내려와 매부의 집에 숨어 있었다. 향리 출신으로 김개남의 이웃 마을에 살던 임병찬(1861~1916)이 사람을 시켜 더 안전한 곳이라며 오라고 김개남을 유인한 뒤, 전라도 관찰사 이도재에게 몰래 알렸다. 이도재는 12월 1일 새벽 김개남을 붙잡았다. 서울로 보내기엔 위험하다고 여기고, 3일 전주에서 참수했다.

전봉준은 몇몇 부하만 데리고 잠행에 들어갔다. 조정은 현상금으로 1천 냥과 군수 자리를 내걸었다. 전봉준은 농부 옷차림을 하고 29일 입암산성으로 들어갔다. 추격대가 온다는 이야기를 듣고는 측근 셋만 데리고 순창의 산골 마을 피노리로 갔다. 거기에 옛 부하인 김경천이 살고 있었다. 김경천은 현상금을 노리고 이웃 사람에게 몰래 알려, 함께 전봉준을 붙잡았다.

전봉준은 일본군에 넘겨져 나주의 일본 순사청 감옥에 한 달여 갇혀 있다가 1월 5일 서울로 압송됐다. 전봉준은 붙잡힐 때 심하게 다친 몸을 치료하기 위해 죽력(구운 대나무 진액)과 인삼을 구해 치료하는 등 매사에 두려움이 없었고, 당당했다고 한다.

전봉준은 일본 영사관에서 억류된 채 다섯 차례 심문을 받았다.

문: 너의 이름이 무엇이냐?
답: 전봉준이오.
문: 나이는 몇 살이냐?
답: 마흔 하나요.
문: 생업은 무엇이냐?
답: 선비로 생업을 삼고 있소.[52]

문: 너는 (조병갑의 횡포로) 피해가 없느냐?
답: 없소.
문: 그 지역 인민이 강제로 빼앗긴 해를 다 입었는데 너 홀로 없다는 것은 무슨 까닭이냐?
답: 학구(學究)로 업을 삼아 전답이라 하는 것이 3두락밖에 없는 까닭이오. 아침에 밥을 먹고 저녁에 죽을 먹을 뿐이니 강제로 빼앗길 게 뭐 있겠소.
문: 너는 해를 입은 게 없는데 소요를 일으킨 건 무슨 까닭이냐?
답: 일신의 해 때문에 소요를 일으키는 게 어찌 사내의 일이 되리오. 많은 백성이 원통해 하고 한탄하는 까닭에, 백성을 위해 해를 제거하고자 함이었소.
문: 전라 한 도의 탐학하는 관리만 제거하자 기포(起包)하였더냐?

답: 전라 한 도의 탐학을 제거하고, 매작(賣爵)하는 권신(權臣)을 모
　　조리 쫓아내면 팔도가 자연 일체가 될 터이오.

문: 내직으로서, 매관하는 자는 누구인고?

답: 민영준, 민영환, 고영근 등이오. 이밖에도 허다하오.

문: 일본 병사들이 대궐을 침범하였기 때문에 재차 거사하였다는데,
　　재차 거사한 뒤에는 일본 병사에게 무슨 조처를 행하려 하였느냐?

답: 대궐을 침범한 연유를 따져 묻고자 했소.

문: 그렇다면 일본 병사와 경성에 머무는 각국 사람을 쫓아내려 하느냐?

답: 각국 사람들은 단지 통상만 하는데 일본 사람들은 병사를 거느
　　리고 경성에 진을 치고 군영에 머무르는 연고로, 우리 국토를 침
　　략하려는 것 아닌지 의아하오.

전봉준은 3월 29일 사형을 선고받고 교수형에 처해졌다. '가족
에게 할 말이 있으면 하라'고 하자, 이렇게 말했다.

"나는 다른 말은 없다. 나를 죽일진대 종로 네거리에서 목을 베
어 오고가는 사람들에게 내 피를 뿌려주는 게 옳거늘 어찌 컴컴한
적굴 속에서 암연히 죽이느냐?"

손화중도 이날 함께 교수형에 처해졌다. 무장에서 농민군이 본
격 봉기할 때 전체 농민군의 절반은 손화중이 이끌던 이들이었다.
손화중은 끝까지 전봉준과 운명을 함께했다. 갑오년에 나이 서른
네 살이었다.

사발통문에 이름을 올린 사람 가운데는 전봉준 외에 송두호,

김도삼, 송두옥, 황홍모, 황찬오, 김덕칠, 황채오, 손여옥, 최경선 등 9명이 나주, 전주, 서울에서 사형에 처해졌다.

고부 군수 조병갑은 파직되어 고금도로 유배당했으나 1년 만에 사면을 받았다. 1898년에 4품 법무 민사국장에 임명되고, 고등재판소 판사도 맡는다. 판사직을 맡은 지 한 달 뒤인 1898년 5월 29일, 대한제국 고등법원은 동학의 2대 교주 최시형을 대명률大明律의 '사술邪術' 죄로 교수형에 처한다고 평결했다. 최종심이었다. 재판장은 조병직이었고, 전 고부 군수 조병갑이 2명의 배석 판사 가운데 한 명이었다. 6월 2일 교수형이 집행됐다.

일본은 8월 26일 조선 정부에 맹약 체결을 강요해, 청나라와 전쟁에 양국이 함께 임하기로 하고, 조선이 일본군의 주둔과 식량 조달을 위해 최대한 편의를 제공하기로 했다.

10월 25일 이노우에 가오루가 새 공사로 부임했다. 이노우에는 이틀 뒤 히로시마 대본영의 이토 히로부미 총리에게 긴급 전보를 보내, 이미 서울 수비를 위해 파견을 요청한 3개 중대 병력과 함께, 농민군 토벌을 전문으로 하는 2개 중대 병력의 추가 파견을 요청했다. 대본영에서는 토벌 부대로 3개 중대를 준비되는 대로 보내겠다고 답했다.

실제 파견된 부대는 미나미 고시로 소좌가 이끄는 후비後備 제19대대였다. 그는 야마구치현 출신으로 막부 말기 조슈 번의 존황양이尊王攘夷 운동에 이노우에 가오루 공사와 함께 참여한 이였다.

일본은 농민군이 북동부 러시아 국경지대에 진출하면, 러시아가 이를 구실로 개입할 가능성이 있다고 보고, 이를 확실히 차단하려고 서울에서 요청한 것보다 1개 중대 병력을 늘려 보내기로 했다.[53] 이런 훈령을 내렸다.

'동로(대구, 1중대), 중로(청주, 3중대), 서로(공주, 2중대)를 따라 각각 내려가서, 무리를 격파하고 화근을 섬멸하여, 재기할 수 없게 후환을 남기지 말 것.'

11월 12일 3개 중대 600여 명이 일제히 남하했다. 미나미 소좌는 중로를 따라 남하했다. 이노우에는 후비 제18대대 제1중대로 하여금 동로로 가는 부대를 지원하게 했다. 작전 기간은 29일로 잡았다.

일본군은 총신 내부에 나선형 강선을 판 라이플총을 갖고 있었다. 사정거리가 길고, 명중률과 살상력이 매우 높았다. 농민군은 화력에서 압도적 열세였지만, 일본군이 진격하면 농민으로 위장한 뒤 모습을 감추고, 후퇴하면 다시 나타나는 방식으로 일본군을 괴롭혔다.

미나미 소좌가 이끄는 중대는 12월 10일 연산에서 전봉준의 부관 김순갑이 이끄는 부대를 마주했다. 공주전투에서 패하고 후퇴한 남북접 연합 별동대였다. 일본군이 선 채로 점심을 먹으며 전진하려는 순간, 사방의 언덕과 성벽, 산이 흰옷으로 뒤덮였다. 미나미는 숫자를 3만 명으로 추산했다. 관아의 정면에 있는 황성산으로 1소대가 전진하려는 순간 병사 하나가 총에 맞아 사망했다. 미나미는 관아에 들어가, 현감 이병제를 잡아 기둥에 묶고 관아를 거점으로 삼았다. 현감의 아들이 농민군에 가담했기 때문이었다.

나중에 보니, 전라도 지방관들은 대부분 농민군에 협력하고, 일본군에는 비협조적이었다. 연산전투에서 일본군은 1,400발의 탄환을 소비했다. 일본군의 희생은 1명, 농민군은 50명이 죽었다. 농민군은 사망자의 시신을 신속히 수습했기 때문에 사망자는 더 나왔을 수도 있다. 부상자의 수는 확인하기 어려웠다.

연산전투 다음날 인천의 병참사령부는 19대대에 전라도 서남부를 향해 곧바로 전진하라는 명령을 내렸다. 전주, 무주, 거창으로 이어지는 포위망을 만들어 농민군을 서남해안으로 몰아넣은 뒤 토벌하라는 지시였다. 부산에서 후비 제10연대 제1대대가 남해안을 따라 동진하며 지원했다. 또 농민군이 전라도 섬으로 숨어드는 것을 막기 위해 군함 2척을 서해에 파견했다. 19대대는 1895년 1월 4일 나주에 집결해, 작전본부를 설치하고 섬멸작전을 본격화했다.

1월 5일 영암, 강진, 장흥, 보성, 능주 등지에서 농민군이 일제히 봉기했다. 일본군은 농민군을 붙잡는 즉시 살해했다. 미나미는 해남 부근 250명, 강진 부근 320명, 장흥 부근 300명, 나주 부근 230명을 살해했다고 기록했고, 함평, 무안, 영암, 광주, 능주, 담양, 순창, 운보, 장성, 영광, 무장에서도 50~300명씩 처형했다고 기록했다.

제19대대 제1중대 소속으로 토벌전에 참가한 도쿠시마현 출신의 병사가 쓴 진중일기에 당시 전황이 기록돼 있다. 1895년 1월 8일부터 10일까지 장흥에서 전투가 벌어졌다. 일본군은 산 위에 진을 쳤고, 농민군이 산을 타고 올라 접근했다.

'우리 분대는 서남쪽으로 적을 쫓아 48명을 사살했다. 부상 뒤 생포자는 10명이었다. 해가 지자 주둔지로 돌아와 생포자는 고문한 뒤 불에 태워 죽였다.'

1월 31일 해남에서는 생포한 농민군 7명을 밭에 일렬로 세워놓고 호령에 따라 일제히 총검으로 살해했다. 이 장면을 민간인과 조선군 병사(통영병)들로 하여금 보게 했다.

'나주에 도착했더니, 나주성 남문에서 400미터쯤 떨어진 곳에 작은 산이 있는데, 시체가 몇 겹으로 쌓여 산을 이루고 있었다. 민병이거나 우리 부대에 붙잡혀 조사를 받은 뒤 중죄인으로 판명난 사람을 죽인 게 하루 12명에서 103명에 이르렀다. 이곳에 버린 시신이 608구다. 악취가 심하고, 시신에서 흘러나온 기름이 얼어붙어 땅이 은색을 띠고 있었다.'[54]

일본은 청나라와의 전쟁에서 이기고, 1895년 4월 청나라와 시모노세키조약下關條約을 체결했다. 청나라는 1년 예산의 2.5배에 이르는 배상금을 주고, 랴오둥(요동)반도, 타이완, 펑후섬을 일본에 할양했다. 러시아가 일본의 대륙 진출을 우려해 프랑스와 독일을 끌어들여 랴요둥반도 할양은 철회시켰다.

청일전쟁에서 일본인 희생자는 2만, 청나라 희생자는 3만 명에 이르렀다. 일본군에 의한 농민군 섬멸전에서 사망한 조선인은 최소 3만, 부상으로 나중에 사망한 사람을 포함하면 약 5만 명에 이르는 것으로 추산된다. 토벌에 참가한 일본군은 2천~4천 명으로, 19대대에서는 36명이 죽었다. 대부분 역병으로 인한 사망이었다.

일본의 강압 아래 내정개혁을 추진하던 조선 정부는, 러시아 공사 베베르와 손잡고 친일세력을 밀어냈다. 왕후가 주도했다. 왕은 친러파를 기용해 일본의 강압에 따라 제정한 신제도를 구제도로 복구하고, 일본인 교관이 훈련시킨 2개 대대의 훈련대도 해산하고자 하였다.

이노우에 대신 주한일본공사로 온 무인 출신 미우라는 10월 8일 낭인들을 데리고 궁궐에 침입해 왕후를 시해하고, 시신을 불태우는 만행을 저질렀다.

이 사건에 격분해 지방의 유생들이 의병을 일으켰다. 김홍집金弘集 내각이 11월에 성년 남자의 상투를 자르라는 명(단발령)을 내리자, 1896년 1월 경기 · 충청 · 강원도 등지에서 본격적으로 의병이 일어났고, 2월 상순에는 경상도 북부와 강원도 북부, 그리고 함경도 북부까지 확대되었다.

일본군의 무자비함에 신변의 위협을 느낀 고종은 왕세자와 함께 1896년 2월 11일 러시아 공사관으로 거처를 옮겼다.

고종은 공사관에 오자마자 을미사적(총리대신 김홍집, 내부대신 유길준, 농상공부대신 정병하, 군부대신 조희연)과 법부대신 장박을 역적으로 선포했다.

"손가락, 발가락, 머리카락으로도 그들이 저지른 죄를 일일이 다 헤아릴 수 없다."

유길준, 조희연, 장박 등이 살 길을 찾아 일본으로 망명했다. 김홍집은 임금을 만나러 러시아 공사관으로 가다가 군중들에게 붙잡혀 맞아 죽었다. 농상공부대신 정병하도 함께 끌려가 죽임을 당했다. 분노한 사람들이 이들의 시신을 거리에서 끌고 다녔다.

고종은 1년 만에 러시아 공관에서 나왔다. 1897년 9월에 의정부 의정 심순택이 문무 관리들을 거느리고 황제로 칭호를 올릴 것을 청했다. 왕이 17일 백악산 남쪽 천지에서 제사를 지내고 황제의 지위에 올랐다. 나라 이름을 대한大韓으로 정하고 광무光武라는 연호年號를 사용하였다. 황제는 민 왕후를 '명성황후'로 추존하고, 이틀 뒤인 10월 15일 장례 일정을 확정했다. 발인은 11월 21일로 잡았다. 사상 첫 황후의 장례는 성대하기가 이루 말할 수 없었다. 상여를 따르는 수행원만 4,800명에 달했다.[55]

대한제국 황제 치하에서도 백성들의 봉기는 끊이지 않았다. 1898년 11월 흥덕에서 농민 300여 명이 동헌으로 몰려가 군수 임용현을 몰아냈다. 봉기는 이틀 만에 실패로 돌아갔고, 주모자들이 붙잡혔다.

몇 달 지나지 않은 1899년 4월 정읍에서 봉기가 일어났다. 고부 마항리(현 정읍시 이평면)에는 영국인 선교사가 비밀리에 와서 주일마다 선교활동을 하던 임시 교회가 있었는데, 이 교회를 중심으로 농민들이 '영학계英學契'를 조직해 후일을 도모하고 있었다. 갑오농민전쟁에 참여한 최익서가 중심인물이었다. 최익서가 이끄는 농민 300여 명은 4월 18일 정읍 입암면 왕수리에서 '벌왜벌양, 보국안민'의 깃발을 들고 봉기했다. 먼저 고부 군아에서 무기를 탈취해 무장한 뒤 흥덕, 무장을 거쳐, 고창으로 진격했다. 고창을 점령해 무기를 거두고 영암으로 내려가 영암의 봉기군과 합세해 전주 감영을 점령하고, 서울로 진격할 계획이었다.

그러나 22일 밤 고창에서 관군에 밀렸다. 비가 와서 가진 무기를 제대로 쓸 수 없었기 때문이었다. 농민군은 알뫼장터(현 고창군 부안면)로 후퇴해 접전했으나, 적지 않은 사상자를 내고 많은 이들이 체포됐다. 체포당한 사람들의 면면을 보면 정읍 사람이 44명으로 가장 많고, 장성 30명, 고부 27명, 태인 16명, 무장 13명, 흥덕 10명, 김제 8명 등이었다.

1898년 제주와 시흥에서, 1899년에는 용인에서, 1900년에는 경흥에서, 1903년에는 임실, 은진, 연산, 의령, 창령에서 과다한 세금 징수와 흉년 때의 무자비한 납세 독촉에 항의해 백성들이 들고 일어났다. 또 1902년 함흥과 울진에서, 1903년 간성에서 환곡 문제로 민란이 일어났다. 대한제국은 세금제도를 개혁한다며 지방 재정을 전부 중앙 재정에 편입시켜 일원화 했다. 그 결과 지대와 지세가 인상돼 농민 수탈만 가중됐다. 정부는 부족한 재원을 메우려고 각종 잡세를 부과해, 백성의 삶을 더욱 어렵게 했다.

1904년 2월 8일 밤 일본은 뤼순 외항에 있던 러시아 함대를 기습 공격했다. 9일에는 인천 앞바다에 있던 러시아 군함 두 척을 공격해 침몰시켰다. 10일 양국이 정식으로 선전포고를 했다. 일본은 승전을 거듭해 이듬해 1월 뤼순 항을 점령했다. 이어 5월 말 쓰시마 해전에서 러시아 발트 함대를 괴멸시켜 사실상 전쟁에서 승리했다.

영국과 미국은 일본 편에 섰다. 일본은 7월에 미국과 밀약을 맺어 조선을 일본의 보호국으로 만드는 데 동의를 얻고, 8월에는 영국의 동의를 얻었다. 9월 5일, 미국 뉴햄프셔주 포츠머스에서 조인된 러일 강화조약에선 '한국에서 일본의 정치·경제·군사상 우월권을 러시아가 인정하고 이를 방해하지 않는다'고 명시했다.

일본은 먼저 8월 22일 제1차 한일협약(한일 외국인 고문 용빙에 관한 협정서)을 체결해 조선의 재정·외교에 관한 실권을 박탈했다. 이어 11월 10일, 일본 특파대사 이토 히로부미가 '짐이 동양 평화를 유지하기 위하여 대사를 특파하오니 대사의 지휘를 따라 조처하소서'라는 내용의 '천황^{天皇}' 친서를 내밀었다. 이토는 15일에 하야시 곤스케 공사와 함께 와서, 협약문 초안을 제출했다. 일본공사가 한국 정부의 각부 대신들을 일본공사관에 불러 협약 승인을 꾀했으나 결론이 나지 않자, 어전회의를 열었다. 궁궐 주변과 시내 요소에 일본군이 무장 경계를 서고, 곳곳을 돌아다니며 살벌한 분위기를 연출했다. 의정부 참정 한규설은 끝까지 극렬 반대했지만, 외부대신 박제순이 서명했다. 조선의 외교권을 박탈한 이른바 '을사조약'이다. 5개조의 조약은 일본이 도쿄의 외무성을 통해 한국의 외교를 담당하며, 한국 정부는 이후 일본 정부의 중개를 거치지 않고는 어떤 국제 조약도 맺지 않고, 일본국 정부는 대표자로서 1명의 통감^{統監}을 서울에 둔다는 것이 핵심이었다.

한일협약에 서명한 대신들을 처벌하라는 상소가 빗발쳤다. 황성신문은 을사늑약의 전말을 자세히 보도했다. 이토가 크게 노하여 발행인 장지연을 구속하고, 신문을 폐간했다. 전 참판 홍민식이 자결했다. 육군 부장 민영환도 자결했다. 민영환의 자결 소식을 듣고 특진관 조병세가 아편을 삼키고 죽었다. 평양에서 올라온 부대의 상등병 김봉학이 칼을 물고 죽었다. 군인들은 일본군이 조약 체결 하루 전에 총을 모두 거두어 가서 격발장치를 제거하는 바람에 아무 일도 할 수 없었다.

전 참판 민종식이 1906년 봄에 의병을 일으켜 4월 28일 홍주(현 홍성)에 입성했다. 일본은 경찰과 헌병대를 파견하여 홍주성을 여러 차례 공격했으나 대포와 신식 무기를 가진 의병의 저항에 번번이 밀려났다. 일본은 군을 동원했다. 기관총 2정을 갖춘 보병 2중대, 기병 반＊소대로 된 1지대를 편성하여 홍주성으로 보내고, 전주 수비대의 보병 1소대로 하여금 협력케 하였다. 전투 결과 일본군은 '폭도 시체 82, 포로 145, 수괴 민종식 이하 약간 도주' 등의 전과를 얻었다고 보고했다.

민종식은 숨어 떠돌며 다시 의병 봉기를 도모하다가 10월에 붙잡혔다. 부인 이씨가 서울로 걸어 올라가 여종을 데리고 걸식하며 옥바라지를 했는데, 민씨 문중에서는 누구 하나 돌봐주지 않고, 집을 찾아가도 문을 열어주지 않았다.

전 판서 최익현(1833~1906)은 전라도 태인에서 의병을 일으켰다.

파주 사람인 최익현은 흥선대원군의 섭정이 길어지자, 고종 10년(1873) 흥선군 이하응을 권세를 부리는 신하로 지목하여 실각시키는 데 결정적 기여를 했다. 임금은 대원군 추종 세력을 대거 축출하고 조정을 일신했다.

1876년 조정이 강화도조약을 맺었을 때 여론이 들끓었다. 이때 조정에서는 최익현만이 분명하게 조약을 비판했다. 최익현은 도끼를 들고 대궐 앞에 엎드려 잘못되었다고 개진하다가 흑산도로 귀양을 갔다.

1905년 을사조약이 체결되자 최익현은 판서, 참판을 지낸 이들에게 창의문을 보내 의병을 일으키자고 호소했으나 호응하는 사람이 없었다. 실망하고 있던 최익현에게 제자 고석진이 동학농민군 총관령 김개남을 밀고했던 태인 사람 임병찬을 추천해 함께 거병하기를 권했다. 임병찬은 김개남 체포 공로로 임실 군수를 제수받았으나 사양하고, 1889년에 안악 군수를 지냈다. 이때는 부모상을 치르고 시묘살이 중이었는데, 최익현의 거병 제안에 동참하기로 했다.

1906년 4월 13일 태인의 무성서원에서 최익현이 창의하기를 역설하니, 80여 명의 선비가 찬동하고 나섰다. 최익현이 이들을 데리고 태인읍에 들어가 군기고에서 소총을 거둬 무장시켰다. 정읍 내장산을 거쳐, 16일 순창으로 들어갔다. 일제 식민지에서 벗어난 뒤 대한민국의 초대 대법원장이 되는 김병로가 이때 스무 살의 나이로 포수 5~6명을 데리고 고향인 순창에서 의병부대에 합류했는데, 당시 모습을 이렇게 회고했다.

"포군이 6~7명에 지나지 않았고, 그밖에 70~80명의 인사는 아관박대雅冠博帶(높은 관과 넓은 띠를 두른 사대부 차림)한 유생이었다."[56]

최익현이 이끄는 의병부대는 4월 19일 순창읍에 들어갔을 때 900명에 이르렀는데, 이 가운데 총이나 칼 등 무기를 가진 사람은 300명에 불과했다. 의병부대는 관군과 소수 일본군의 총격에 단번에 무너졌다. 중군장 정시해가 전사하고, 나머지는 대부분 달아났다. 최익현, 임병찬 등 14명만이 남았다. 두 사람은 붙잡혀 일본

대마도로 끌려갔다. 최익현은 단식으로 항거하다 11월 17일 일흔
네 살의 나이로 숨을 거뒀다. 임병찬은 이듬해 정월 황태자 가례
특사로 풀려나 귀국했다.

1907년 고종은 네덜란드의 수도 헤이그에서 열린 제2회 만국
평화회의에 이상설, 이준, 이위종을 파견해 일제에 의해 강제 체
결된 을사조약의 불법성을 폭로하고 한국의 주권 회복을 열강에
호소하게 했다. 을사조약으로 대한제국의 외교권을 박탈한 일본
은 이를 구실로 7월 20일 고종을 강제로 퇴위시켰다. 24일에는 정
미칠조약(제3차 한일협약)을 체결하고, 27일에는 언론 탄압을 위한
신문지법을 제정했으며, 29일에는 집회, 결사를 금지하는 보안법
을 공포했다. 그리고 31일 군대해산령을 내려 대한제국을 무력화
시켰다.

전국 각지에서 의병이 일어났다. 해산당한 군인들이 의병에 합
류함에 따라 의병의 조직과 역량이 을미의병(1895년 민 왕후 시해와
단발령에 저항한 의병) 때나 을사의병(1905년 을사조약을 계기로 일어
난 의병) 때에 견주어서 훨씬 강화되었다. 그러나 무장력의 열세로
전투에서는 의병의 희생이 매우 컸다.

'호남과 호서에서도 크게 의병이 일어났다. 의병을 일으킨 사
람들은 가진 무기가 없었으므로 민간의 소를 징발하여 군산항에
서 소 한 마리와 양총 한 자루를 맞바꾸었다. 이에 연산, 노성, 진
산, 금산의 들판에는 소가 없어지게 되었으며, 소 한 마리의 값은
엽전 삼백 냥이었다.'(『매천야록』)

일본 쪽 기록을 보면, 1907년 7월부터 1908년 5월 19일까지 의병 희생자가 1만 3,445명에 이르렀다. 일본 쪽은 수비대 56명, 경찰 55명, 헌병 4명 등 모두 115명이 의병에 의해 사살 당했다.[57) 일본군은 의병을 발견하면 무자비하게 살해했고, 의병들의 거점이나 거점이 될 만한 곳은 촌락과 사찰을 가리지 않고 방화했다. 일본군의 보복 학살전이 벌어지던 이 무렵, 의병 전쟁은 끝이 죽음일 것을 뻔히 알면서도 백성들이 항전을 멈추지 않은 슬픈 전쟁이었다.

일본군의 토벌작전으로 의병의 활동 지역이 지리산 서쪽의 호남지역으로 점차 좁혀져 갔다. 1908년에는 전체 의병 전투의 4분의 1이 전라도에서 일어났고, 1909년 상반기에는 의병 전투의 절반이 전라도에 집중됐다. 당시 호남지역 의병이 의병장 약 50명을 포함해 약 4,000여명이라고 일본은 추산했다.

일본은 전라도 의병 세력을 완전히 진압하기 위해 1909년 9월 1일부터 10월 10일까지 이른바 '남한대토벌작전'에 나섰다. 대구에 있던 한국 임시파견대 사령부가 주도하고, 보병 2개 연대와 관할지역 경찰, 헌병보조원 등 2천여 명의 병력이 합동작전을 벌였다. 해안 봉쇄를 위해 수뢰정 4정을 파견한 토벌작전은 애초 계획보다 20일을 연장해, 10월 30일까지 두 달간 이어졌다. 작전 지역을 이 잡듯 뒤져 의병을 섬멸하는 초토화 작전이었다.

일본은 이 기간에 붙잡은 의병 가운데 '죄질'이 비교적 가벼운 훈방자 600여 명을 지금의 국도 2호선인 해남~하동 간 도로 건설 작업에 투입했다. 이 도로는 1907년에 건설을 시작해 2년간의 공사를 거쳐 1910년에 완공되었다. 1914년에 발간된『목포지木浦誌』에 '해남~하동 간 폭도도로暴徒道路'라는 제목으로 이런 기록이 남아 있다.

'메이지明治 41년(1908) 무렵 우리 전남에서 폭도(의병)가 가장 창궐하던 때를 맞아, 무력으로 진압함과 동시에 이들에게 생업을 주는 것이 지방의 안녕을 영구히 유지하는 유일한 방책이라 하여 이를 열심히 주창했는데, 관헌들도 같은 생각을 갖고 있어서 폭도 가운데 귀순자, 항복자, 체포된 자에게 일을 시키기로 하고, 메이지 42년부터 도로공사에 응용했다. 해남에서 경상남도 하동 방면으로 가는 국도 공사에 종사시켰기에, 세상에선 이 도로를 '폭도도로'라고 한다. 길은 해남을 기점으로 하여 강진, 장흥, 보성, 낙안, 순천, 광양 등 전남의 남해안을 관통한다.'

의병을 모두 진압한 뒤, 일제는 1910년 8월 22일 한일합병조약을 강제로 체결했다. 4년 뒤 군 폐합을 하면서, 일제는 고부군의 18개 면 가운데 거마, 덕림, 백산 3개 면을 부안군에, 나머지 15개 면을 정읍군에 편입하고 고부군을 없애버렸다. 58)

6장 주석

1) 김재호,「한국전통사회의 기근과 대응:1392~1910」, 경제사학 30권, 2001년 6월.『문헌비고』는 1770년에 편찬되고, 1782년부터 증보에 들어갔다. 따라서 1780년대 이후의 기근은 자료에서 누락돼 있을 가능성이 있다고 김재호는 지적한다.

2) 영조실록 8권, 영조 1년 11월 3일 정유 3번째 기사

3)『비변사등록』213책, 순조 25년 11월 21일

4) 취모십일법(取耗什一法)이라 했다.

5) 토지는 1600결로, 한 호당 0.5결에 미치지 못했다.

6) 유의정,『사와선생문집(思窩先生文集)』권2, '사지평소명겸진시폐소(辭陳持平召命時弊疏)'. 정진영,「해기옹 김령, 19세기 한 향촌 지식인의 삶」, 한국인물사연구(24), 2015년 9월, 268쪽에서 재인용.

7) 1862년 전국적으로 일어난 농민항쟁에 대한 기록을 모아 편찬한 책이다. 편찬자는 알 수 없다. 영남·호남·호서·함경도의 4편으로 나누어져 있다.

8) 철종실록 14권, 철종 13년 5월 22일 계묘 4번째 기사

9) 다산 정약용이 강진에 유배당해 있을 때 목격한 일을 두고 쓴 시 '애절양(哀絶陽)'에는 군정의 가혹함이 잘 그려져 있다.
갈밭 마을 젊은 아낙 그칠 줄 모르는 통곡소리 / 관아를 향해 가며 하늘에 울부짖길 / 싸움터에 간 지아비가 못 돌아오는 수는 있어도 / 남자가 그걸 자른 건 들어본 일이 없다네 / 시아버지는 상 나고 애는 아직 물도 안 말랐는데 / 삼대가 다 군적에 실리다니 / 가서 아무리 호소해도 문지기는 호랑이요 / 이정(里正)은 으르렁대며 외양간 소 몰아가고 / 칼을 갈아 방에 들자 자리에는 피가 가득 / 자식 낳아 군액 당한 것 한스러워 그랬다네 / 무슨 죄가 있어서 잠실음형* 당했던가 / 민(閩, 당나라 때 환관을 배출하던 지역) 땅 자식들 거세한 것 그 역시 슬픈 일인데 / 자식 낳고 또 낳음은 하늘이 정한 이치기에 / 하늘 닮아 아들 되고 땅 닮아 딸이 되지 / 불깐 말 불깐 돼지 그도 서럽다 할 것인데 / 대 이어갈 생민들이야 말을 더해 뭣하리오 / 부호들은 일 년 내내 풍류나 즐기면서 / 낟알 한 톨 비단 한 치 바치는 일 없는데 / 똑같은 백성 두고 왜 그리도 차별일까 / 객창에서 거듭거듭 시구(鳲鳩) 편을 외워보네. (*잠실음형: 남자는 거세去勢하고 여인은 음부를 봉함하는 형벌. 바람이 통하지

않는 밀실에 불을 계속 지펴 고온을 유지시키는 방이 잠실蠶室인데, 궁
형宮刑에 처한 자는 그 잠실에 있게 하였다는 데서 유래한 표현이다.)

10) 『1862년 농민항쟁』, 망원한국사연구실 19세기 농민항쟁분과, 동녘,
   1988년

11) 철종실록 14권, 철종 13년 4월 21일 계유 1번째 기사

12) 승정원일기, 철종 13년 4월 22일

13) 함평은 1789년 호구 총수에 인구(노비, 15살 미만 어린이 제외)가 2만
   2,391명, 이 가운데 남자가 9,756명으로 기록돼 있다.

14) 규모가 큰 서당에서 학생의 우두머리를 접장이라 했다. 보부상 무리의
   우두머리도 접장이라 했다.

15) 함평에는 육상궁, 선희궁, 어의궁 등의 궁방전이 있었다. 궁방전 1결의
   세수는 쌀 23두를 초과할 수 없다. 그러나 실제로는 제언과 보 등 수리
   시설을 독점하고 수리세를 징수하는 등 잡세를 징수하는 일이 많았다.

16) 억울한 일을 당한 사람이 궁궐에 난입하거나 국왕이 거동하는 때를 포
   착하여 징·꽹과리·북 등을 쳐서 이목을 집중시킨 다음 자신의 사연
   을 국왕에게 직접 호소하는 일

17) 『용호한록(龍虎閒錄)』 권3 영기(營奇) 73쪽. 신영호, 「1862년 함평 농민
   항쟁에 대한 재검토-권력대립의 분석을 중심으로」, 목포대학교 대학
   원 2005년 석사학위논문 18쪽에서 재인용.

18) 인조실록 31권, 인조 13년 12월 17일 계사 5번째 기사

19) 인조실록 33권, 인조 14년 7월 23일 을축 3번째 기사

20) 호조 참의(戶曹參議) 홍치중(洪致中)을 정사로, 시강원 보덕(侍講院輔
   德) 황선(黃璿)을 부사로, 병조 정랑(兵曹正郞) 이명언(李明彦)을 종사
   관으로 삼았다.

21) 『해유록(海遊錄)』 중 9월27일(병신)

22) 치카마츠 몬자에몬(近松門左衛門)(1653~1724)의 작품이다. 조루리(淨
   瑠璃)는 사미센 반주에 맞춰 이야기를 읊는 일본의 전통 극장음악이다.

23) 일본은 고구려, 백제, 신라 3국을 삼한이라 불렀다.

24) 쓰다 츠토무, 「전후 역사학에서 이야기된 민중 이미지를 지양한다」,
   『임술민란과 19세기 동아시아 민중운동』, 성균관대학교 출판부, 2013년

25) 1871년 10월 류큐왕국에 세금을 실어 보내고 돌아가던 미야코지마(宮古島, 오키나와와 대만 사이에 있는 섬)의 배 1척이 표류해 대만에 66명이 상륙했다가, 이 가운데 54명이 현지 주민에게 살해당한 사건이다. 일본이 청나라 조정에 항의했으나, '원주민은 통치권이 미치지 않는다'는 답을 듣고는 1874년에 출병했다. 일본의 출병이 정당한 행위였음을 청이 인정하게 함으로써, 류큐(오키나와)를 일본 영토로 편입하는 계기가 되었다. 일본 정부는 1879년 내무대승(內務大丞) 마츠다 미치유키(松田道之)를 류큐로 파견해 류큐 번을 폐지하고 오키나와현을 설치했다.

26) 전봉준의 첫 번째 부인이 여산 송씨다. 장인은 송두옥이었다. 전봉준보다 네 살 연상이었으며, 병을 앓다가 결혼한 지 2년 만인 1877년 스물일곱의 나이에 두 딸을 남기고 세상을 떠났다

27) 사발통문 서명자 가운데 한 명인 송두성(송두호의 둘째 아들)의 차남 송재섭이 1954년 쓴 것으로 전해지는『갑오동학혁명난과 전봉준 장군 실기』에 실린 사발통문 필사본에는 서명자가 전봉준, 송두호, 정종혁, 송대화, 김도삼, 송주옥, 송주성, 황홍모, 황찬오, 송인호, 최흥열, 이성하, 최경선, 김응칠, 황채오 15명으로 기록돼 있다. 1868년 송대화의 아들 송후섭의 집 마루 밑에서 발견된 사발통문(필사본)에는 이 15명 외에 임노홍, 손여옥, 송국섭, 이문형, 이봉근 등 5명의 이름이 더 있다.

28)『갑오동학혁명난과 전봉준 장군 실기』에는 여러 격문과 사발통문 내용이 실려 있다.『김용섭의 한국근대농업사연구3』(지식산업사, 2001년)에 입수 경위가 실려 있다. 조광환 정읍동학농민혁명계승사업회 이사장이 2005년 논문「사발통문에 대한 제 고찰」에서 세부 내용을 발표했다. 이 필사본이 공개되기에 앞서 1968년 12월 4일 주산마을 송씨들이 고부면 종암 마을 선산에서 제사를 지내고 송후섭(송대화의 아들) 집에 모여서 문중 이야기를 하던 중 마루 밑 땅 속에 있던 족보 안에서 송기태가 사발통문을 발견했다. 이 사발통문은 서명자의 기명(記名)이 동일인의 필적이라, 진위를 둘러싸고 논란이 벌어졌다. 같은 마을에 살던 임두영씨는 1946년 사발통문 원문을 목격한 적이 있다며, 나중에 발견된 것의 서너 배 크기였고, 원본은 서명자의 글씨체가 다 달랐으며, 박씨가 한 사람 있었다고 생전에 증언한 바 있다.(조광환,『전봉준과 동학혁명』, 살림터, 2014년)

29) 1968년 발견된 사발통문에는 이 부분이 하회가 아니라 기일(期日)로 돼 있다.

30) 동학조직인 포(包)를 중심으로 농민 등이 일으킨 봉기를 뜻한다. 동학조직은 애초 교구를 접(接)이라 하고, 접주를 두었다. 나중에 접과 접

을 통괄하는 교단조직으로서 포제(包)를 두었다. 대개 여러 접주 중에 덕망과 통솔력이 있는 접주가 대접주 또는 도접주(都接主)의 이름으로 포주를 겸하였다. 포와 접에는 교장(教長) · 교수(教授) · 도집(都執) · 집강(執綱) · 대정(大正) · 중정(中正) 등 육임의 직책을 두었다.

31) 승정원일기 3019책 (탈초본 138책) 고종 29년 3월 8일 기사

32) 민 왕후(명성황후)의 아버지 민치록은 숙종의 계비 인현왕후의 아버지 민유중의 5대손이다. 민유중은 서인 노론의 거목인 우암 송시열의 문하생이고, 송준길의 사위였다.

33) 세종 때의 재상 황희의 후손이며, 임진전쟁 때 2차 진주성 전투에서 전사한 황진의 10대손이다. 황현은 조선 말의 중요한 역사적 사건들을 지켜보고 『매천야록』과 『오하기문』을 써 기록으로 남겼다. 한일 강제합병이 이뤄지자, 절명시를 남기고 음독 자결했다.

34) 함경도 관찰사로 원산항을 관할하던 조병식이 1889년 9월 방곡령을 내린 일로 유명하다. 평생 탐관오리였다. 충청도 관찰사 재직 때 동학교도들이 최제우의 신원청원서(伸寃請願書)를 보내 교조 신원 운동을 벌였다. 조병식은 이 요청을 모조리 묵살하고 오히려 더욱 탄압해, 반발을 키웠다. 조정은 그 책임을 물어 1893년 1월 조병식을 파면했다.

35) 임기가 끝난 관리를 그 자리에 계속 두는 것을 잉임(仍任)이라 하였다.

36) 전봉준 공초에 따름. 동학농민혁명 종합지식정보센터(http://www.e-donghak.go.kr/)

37) 농민군의 무장 수준에 대해 동경일일신문(1894년 5월 26일)은 '인원 4천 명 가운데 2천 명은 화승총을 가지고 있고, 기병 100명은 2열을 이루어 수색에 종사하며…'라고 전했다. 그러나 기쿠치 겐조(菊池謙讓, 1870~1953)는 1939년 출간한 『근대조선사』(하권, 동학당의 난)에서 '동학군은 구식 총 30개, 기타 칼 수백 개만 가지고 있었으며 심지어는 죽창으로 대항할 뿐이었다. 두승산 기슭에 도착했을 때는 세력이 2천 명이었다'고 했다.

38) 장봉선, 『전봉준 실기』, 1936년, 『동학농민전쟁연구자료집(1)』, 여강출판사, 1991년

39) 장태는 대나무를 타원형의 큰 항아리 모양으로 엮어 그 안에서 닭과 병아리를 키우는 것이다. 갑오농민전쟁 때 농민군은 커다란 장태 안에 볏짚을 가득 넣고 방어와 공격의 용도로 썼다. 장태를 만든 사람은 장흥 사람 이방언이라는 설과, 담양 사람 이용길이라는 설이 있다. 이용

길은 1894년 4월 23일 장성월평(長城月坪)싸움에서 전사했다. 이장태라고 불린다.

40) 나주 유생 이병도(1855~1941)의 유고 「금성정의록」에 나오는 내용으로 '정읍시사(상)'에서 재인용하였다.

41) '김낙봉 이력'에 있는 내용이다. 박맹수, 『개벽의 꿈, 동아시아를 깨우다』, 도서출판 모시는 사람들, 2012년에서 재인용.

42) 「일성록」 고종 30년(1893년) 3월 25일자. 이태진, 『고종시대의 재조명』 197쪽 번역을 인용함.

43) 황현은 매천야록에서 청나라에 파병을 요청하라는 임금의 지시가 있었을 때, 민영준(민영휘로 개명)이 "지난달 텐진조약에서 청일 양국은 조선에 파병하는 것을 서로 알리도록 했습니다. 청국은 우리를 돕는 데 악의가 없겠지만, 왜국은 오래 전부터 틈을 엿봐 왔으니, 부르지 않아도 조약을 빙자해 달려온다면 편치 않은 일이 될 것입니다. 어찌하면 좋겠습니까?"라고 하자, 중전(민 왕후)이 "못난 것들! 나는 왜놈의 포로가 될지언정 다시는 임오년과 같은 일은 당하지 않을 것이다. 내가 잘못되면 너희들은 멸문을 당한다. 잔말 말아라"라고 꾸짖었다고 썼다. 황현이 들은 이야기를 기록한 것이다. 나중헌 옮김, 『한 권으로 읽는 매천야록』, 206쪽

44) 『갑오실기』 갑오년 5월 20일

45) 『갑오실기』 갑오년 6월 9일

46) 전봉준 대장의 참모를 지낸 오지영의 역사소설 '동학사'에는 '토지는 평균으로 분작케 할 것' 등 12개로 된 폐정개혁안이 담겨 있다. 그러나 이 폐정개혁안은 다른 사료에는 전혀 등장하지 않고, 동학사 초고본과 간행본에 실린 내용도 각기 다른 까닭에 논란이 많다.

47) 12가지는 다음과 같다. ①전운소를 혁파할 것 ②국결(國結, 결세장부에 등록된 논밭)을 더하지 말 것 ③보부상의 작폐를 금지시킬 것 ④도(道) 안의 환전(還錢)은 옛 감사가 이미 거두었으므로 민간에게 다시 징수하지 말 것 ⑤대동미를 바치기 전에는 각 포구에서 잠상(潛商)들의 쌀 매매를 금지시킬 것 ⑥동포전(洞布錢)은 매 호마다 봄·가을 2냥씩으로 정할 것 ⑦탐관오리를 파면시킬 것 ⑧위로 임금의 총명을 가리고 매관매직을 일삼으며 국권을 농락하는 자들은 모두 쫓아낼 것 ⑨관장(官長)이 된 자는 그 관할지역에 묘지를 쓸 수 없게 하며 또한 논도 사지 못하게 할 것 ⑩전세(田稅)는 전례에 따를 것 ⑪집집에 부과하

는 잡역을 줄일 것 ⑫포구의 어염세를 혁파할 것 ⑬보세(洑稅) 및 궁방
전을 폐지할 것 ⑭각 고을의 수령들이 민간 소유의 산지에 와서 늑표
(勒標, 억지로 경계표시를 함)하고 투장(偸葬, 남의 산이나 묏자리에
몰래 자기 집안의 묘를 씀)하지 못하게 할 것

48) 아베 신조 일본 총리의 외고조부다. 오시마의 손녀가 아베의 친할머니다.

49) 고종실록 31권, 고종 31년 6월 23일 무진 1번째 기사

50) 매켄지(William John McKenzie) 선교사의 기록이다. 김희영, 「어느 서
양인의 눈에 비친 소래마을의 동학농민전쟁」, 동학연구 28, 한국동학
학회, 2010년

51) 해주부와 장연부 사이 벽성군 팔봉산 아래 살던 김구는 당시 이름이 김
창수였다. 자신이 지휘하는 팔봉도소에 산포수를 포함하여 총으로 무
장한 대원이 700여 명이나 되었다고 회고했다. 안중근의 부친 안태훈
은 신천군 두라면 청계동에서 아들들과 산포수 300여 명을 거느리고
동학에 반대하는 의려소(義旅所)를 꾸려, 동학군 토벌에 참여했다. 동
학군이 패퇴한 뒤에는 김창수(백범 김구)를 집에 한동안 숨겨주었다.
안중근의 동생 안정근의 딸인 안미생이 백범의 맏며느리가 되었다.

52) 동학농민혁명 종합지식정보센터(http://www.e-donghak.go.kr/) 전봉
준 공초 해제를 발췌 인용함.

53) 나카즈카 아키라·이노우에 가츠오·박맹수, 『東學農民戰爭と日本』,
高文硏, 2013년

54) 나카즈카 아키라 등 앞의 책, 102쪽

55) 1900년 조선의 전체 세입은 583만 원(圓), 이 가운데 4분의 1인 146만
원이 군부에 배정됐는데, 1896년과 1897년 명성왕후의 장례를 위해 임
시비로 배정한 돈이 각각 9만 원과 26만 5천 원, 합계 25만 5천 원이었
다. 미국 감리교회 선교사로 고종과 가깝게 지낸 호머 헐버트 박사는
미국 '샌프란시스코 크로니클' 1898년 1월 9일자에 명성황후의 장례식
참관기를 남겼다. 그는 무덤 조성과 장례 의식의 총비용을 100만 달러
에 가깝다고 추산했다.

56) 김진배, 『가인 김병로』, 가인기념회, 1983년

57) 김상기, 「제14연대 진중일지」를 통해 본 일본군의 의병 탄압, 한국독립
운동사 연구, 2013년4월, 권44, 5~48쪽. 1906년 3월~1911년 6월 사이
토벌대(수비대, 헌병, 경관 포함)에 의한 의병 희생은 사망 1만 7,799

명, 부상 2,706명, 포로 2,139명이다. 일본 쪽 희생은 전사 136명, 부상 277명이다.

58) 지금의 고창군 부안면도 군 폐합 전에는 고부군에 속했다. 옛 고부군 서부면과 남부면을 합쳐 고부면으로 이름만 남겼다.

7장

———

개벽

"후천에는 약한 자가 도움을 얻으며,
병든 자가 일어나며, 천한 자가 높으며,
어리석은 자가 지혜를 얻을 것이오,
강하고 부하고 귀하고 지혜로운 자는
다 스스로 깎일지니라."
　　　　　　　　　－강증산

1921년 9월 24일 신시^{申時}(오후 3시~5시) 경상도 함양 황석산^{黃石}
^山 산비탈이 흰옷을 입은 천여 명의 사람들로 북적거렸다. 수백 평
의 땅을 평평하게 깎은 자리에는 북쪽을 향해¹⁾ 9층짜리 단^壇이 마
련돼 있었다. 단의 높이는 7자 2치, 최하층의 넓이는 사방 15자,
최상층의 넓이는 사방 9자였다. 단 한가운데는 '구천하감지위^{九天下}
^{鑑之位} 천황상제하감지위^{玉皇上帝下鑑之位} 삼태칠성응감지위^{三台七星應鑑之}
^位'라고 각각 쓴 3개의 위목^{位目}을 놓았고, 그 앞에 '수명우천 애민
여자^{受命于天 愛民如子}'(하늘의 명을 받아 백성을 자식같이 사랑한다)라고
새긴 옥패를 내걸었다. 제수는 각 품목의 높이가 1자 9치에 이르
렀다.²⁾ 제수로 쓰인 소가 7마리, 돼지가 23마리나 되는 엄청난 규
모의 제사였다.³⁾ 중차대한 일을 하늘에 고하는 고천제^{告天祭}였다.
　단 앞에는 교단의 핵심 간부인 60방주와 360군의 포장^{布長} 등

수백 명의 간부들이 도열해 있었다. 3층의 단 위에 화려한 의관[4]을 갖춘 차경석(1880~1936)이 안개를 헤치고 모습을 드러냈다. 차경석이 초헌(첫 잔을 올림)을 한 뒤 축문을 읽어 교명을 하늘에 고했다. 보화普化라고 했다. 이어 시時라는 국호를 선포했다. 9헌을 마치고, 폐백을 불살랐다.

차경석은 이날 밤 고천제가 끝났음을 선언하고 자신이 교주가 되는 것을 허락했다. 각 도에 재정 책임자를 1명씩 지정하고 교도들에게 봄에 1원, 가을에 1원씩 빠짐없이 거두라 지시하고, 교리를 설명했다. 그러고는 경찰을 피해 다시 자취를 감췄다. 이 거대한 규모의 고천제는 애초 함양 운곡리에서 열 예정이었다. 그러나 경찰과 밀정들이 수색 작업을 벌임에 따라 덕유산 자락의 산악지대인 황석산으로 옮겨 치렀다.

차경석은 2년 전인 1919년 10월에 함양군 병곡면 덕암리 대황산大篁山에서 첫 번째 고천제를 했다. 이를 계기로 24방주 체제이던 교단조직을 60방주제로 확대하고, 방주 아래 6임을 두었다.

'이때에 64방주 등이 협의하고 교주敎主를 '선생'으로 숭배하고자 했다. 교주께서 불허해 가로대 "나의 양덕凉德(부족한 덕)으로 스승의 자리에 위치하기 부당하니 내가 제군과 더불어 전과 같이 지내다가 차후 우리 중에 도덕이 숭고하야 스승의 자리에 위치할 만한 사람이 있으면 그때 그 사람을 선생으로 숭배함이 가하다" 하시다. 대저 이때에 모든 사람이 교주를 상종함에 다만 주인장主人長이라 칭호하고 언어에 이르러서도 서로 경대하야 상하의 구분이 없이 지내왔음으로 교주께서 이전과 같이 지내자 함이라.'[5]

3.1 독립운동이 실패로 돌아가 민중이 좌절해 있던 시기에 열린 이 첫 번째 고천제 이후 차경석이 새 정부의 천자天子(황제)가 된다는 소문이 퍼져나갔다.

유교 관념에서 보면, 천지에 제사를 지내는 일은 아무나 할 수 없고, 해서도 안 되는 일이다. '교郊(도성 밖)에서 상제에 제사하는 것'은 하늘의 위치를 정하는 일이라, 오직 천자만이 할 수 있는 일이다.[6] 제후는 땅의 은혜에 감사하여 사직에 제사를 지낼 뿐이다. 사직社稷의 '사'는 토지의 신, '직'은 곡식의 신이다.

신라는 당 황제의 종주권, 즉 중국의 천자만이 천명을 주장할 수 있다는 논리를 인정했다. 고려 태조 왕건은 933년(태조 16년)에 후당 명종의 연호를 수용하고 중국의 종주권을 인정했다. 고려 때는 광종(960~963)을 제외하고 모든 왕이 송, 요, 금, 원 황제를 종주권자로 인정해 책봉교서를 받고 그들의 연호를 사용했다. 조선에서는 세종 때 '오례의'를 완성하면서 원구圜丘(하늘에 제사 지내는 일)를 폐지하고 제천의례를 중단했다. 다만 단종에게서 왕위를 찬탈한 세조가 마니산에서 성대하게 하늘에 제사 지냈다. 고종은 국권을 거의 상실한 처지에서 제국帝國(황제가 다스리는 나라)을 선포한 뒤, 제천의식을 행하기 위해 원구단을 서울 소공동 남별궁터에 쌓았다. 그 뒤 조선을 강제 합병한 일본은 1913년 황궁우皇穹宇(천지 신령의 위패를 모신 곳)만 남겨두고 원구단을 헐어버렸다.

차경석의 성대한 2차 고천제는 그가 곧 천자의 자리에 오를 것이라는 풍문을 증폭시켰다.[7] 세간에는 갑자년(1924) 갑자월 갑자일에 차월곡이 충청남도 계룡산 또는 전라도 정읍의 입암산 아래에다 도읍을 정하여 천자로 등극하고, 일제로부터 한국이 독립한 다는 '갑자등극설'이 파다하게 퍼졌다. 사람들은 차경석을 '차천자' 라고 불렀다.

차경석은 1880년 7월 3일 고창군 부안富安면 용산리 일명 연기 동(당시는 고부군에 속했다)에서 태어났다. 본명은 윤홍輪洪, 호는 월 곡月谷이다. 족보에 오른 이름은 관순寬淳이다.

갑오년 동학농민전쟁 때 정읍 농민군을 이끈 차치구 (1851~1894)[8]의 장남이다. 차치구는 정읍 입압면 대흥리에서 태어 났다. 서당 공부도 하지 못했고, 스물아홉 살에야 장가를 들었다. 이때 인근 접지리 지선동의 천석지기 임감역을 따라 고창 연기동 으로 이사했는데, 거기서 장남 경석을 낳았다. 차치구는 거구에 힘이 장사였다고 한다. 전봉준 손화중이 무장에서 기포할 때, 손 여옥과 함께 정읍 농민군 1,200명을 이끌고 합류했고, 전주 입성 때도 함께했다. 농민군이 무너진 뒤 흥덕 군수의 부하에게 붙잡혀 1894년 12월 29일 분살焚殺형에 처해졌다. 차경석이 열다섯 살 때 였다.

차경석은 1890년 1월부터 1901년 1월까지 정읍군 입암면의 안 경현 밑에서 한학을 배웠다. 아버지를 따라 갑오농민전쟁에 참가 했고, 아버지가 분살형에 처해지자 아버지의 시신을 직접 수습해 매장했다고 한다. 1889년(기해년)에는 정읍 농민봉기(영학계 사건) 에 가담했다. 영학계의 봉기가 실패로 돌아간 뒤에는, 1904년부터 1908년 3월까지 일진회[9] 평의원이었다. [10] 차경석은 일진회의 친일 행각에 불만을 품고 다른 길을 모색하던 차에, 1907년 스물여덟 살 때 증산 강일순姜一淳(1871~1909)을 만나면서 삶이 일변했다.

차경석은 송사가 있어 전주에 가던 길이었다. 동생 윤경의 아내가 시집올 때 아버지가 논을 떼어 사위에게 주었는데, 그것이 시비의 발단이 되었다. 1907년 5월17일, 월곡은 전주 가던 길에 금구의 서릿골 주막에 들렀다가 증산을 만났다.

'5월에 상제(강증산을 일컬음)가 형렬(증산의 제자)의 집을 떠나며 말씀하시기를 "이 길이 길행吉行이라 한 사람을 만나려 함이니 장차 네게 알리리라" 하시고, 용암리 물방앗집에 머무르시다가 그 앞 주막에서 정읍 사람 차경석을 만나시니라. 경석은 전주로 가는 길에 이 주막에서 잠깐 쉬더니, 상제 대삿갓에 푸단님(바지에 대님을 차지 않고 그대로 터놓음)으로 김자현 등 두어 사람을 데리고 오니 경석이 그 소탈한 가운데 씩씩한 기운을 띄우신 의표와 순진한 가운데 꾸밈이 없는 언어동지言語動止(말과 행동거지)를 보고 비범하게 여겨 말씀을 청하니 상제 온화하게 대답하시고 술을 마실 때 닭국 한 그릇을 경석에게 권하시니 경석이 받음에 문득 벌 한 마리가 국에 빠지거늘 경석이 수저를 멈추니 상제 말씀하시기를 "벌은 규모 있는 벌레라" 하시더라.'11)

닭과 벌(일벌)은 알을 품고 부화하는 일수가 21일이다. 21일은 3·7일이다. 3은 3태성(삼신)을 의미하며, 7은 북두칠성을 의미한다. 7은 6이 극에 달하면 반복하여 돌아오는 후천後天의 첫 수이다. 하늘의 문호는 칠성에 있으니 칠성줄은 사람이 명과 복을 입고 하늘의 형상을 본받아서 내려오는 탄생의 줄이다. 21은 난생의 생명이 선천先天적 형태를 모두 갖춘 상태에서 각질을 깨고 나와 후천적 운명 아래 서는 탄생 수다. [12] 증산은 벌이 차경석의 닭국에 빠진 게 의미심장한 일임을 말했던 것이다.

차경석이 증산에게 물었다.

"무슨 일을 업으로 하시나이까?"

"의원 노릇을 하노라."

"어느 곳에 머무르시나이까?"

"나는 동쪽에서도 객客이요, 서쪽에서도 객이요, 천지에 집이 없는 객이로다."

"어떻게 하면 인권人權(인망, 세상 사람들의 우러르고 따르는 덕망)을 얻으리이까?"

"폐일언蔽一言하고(한마디로 줄여서), 욕속부달欲速不達이니라(속히 이루고자 하면 뜻을 이루지 못한다)."

"자세한 뜻을 알지 못하겠나이다."

"사람 기르기가 누에 기르기와 같아서 일찍 내이나 늦게 내이나 먹이만 도수度數[13]에 맞게 하면 올릴 때에는 다 같이 오르게 되느니라."

차경석이 소송에 필요한 서류를 내어 보이며, 조언을 구했다. 증산이 답했다.

"이 송사는 그대에게 유리하리라. 그러나 이 송사로 인해 피고의 열한 식구는 살 길을 잃으리니 대인大人으로서 차마 할 일이 아니니라."

차경석은 소송 서류를 즉시 불살랐다. 그러고는 열흘 동안이나 떠나지 않고 따라다니며 증산에게 자기 집으로 함께 가기를 간청하면서 제자로 삼아 달라고 했다. 증산이 말했다.

"네가 나를 따르려면 모든 일을 전폐하고 오직 나의 가르치는 바에만 열심하여야 할지니 이제 돌아가서 모든 일을 정리하고 다시 이곳으로 찾아오라."

그 무렵 증산은 몇몇 제자들과 함께 용암리의 물방앗집에 기거하고 있었는데 "식사와 범절이 너무 조악하여 잠시라도 견디기 어렵더라"고 할 만큼 가난하게 살고 있었다.

차경석이 집으로 돌아가 모든 일을 정리하고 다시 찾아와 정읍의 자기 집으로 갈 것을 간청했다. 증산은 사흘 만에 허락했다. 증산은 일진회가 일어난 이후 써온 대삿갓을 벗고 다시 의관을 정제하고, 차경석을 따라 나섰다. 증산은 일진회가 일어나자 '동학에 대해 가졌던 희망이 사라졌다'며 '세상을 보고 듣지 않겠다'는 뜻으로 삿갓을 썼으나, 동학교도로서 일진회에 가담했던 차경석을 만나고는 동학의 정신을 이어 받겠다는 의지를 나타냈다.

차경석이 고부 솔안[14]에 이르러, 동학교도로서 49일 기도를 하고 있던 친구 박공우朴公又(1876~1940)의 집에 증산을 모셨다. 박공우도 이때부터 증산을 따랐다. 박공우는 훗날 원불교를 창시하는 소태산 박중빈(1891~1943)의 5촌 당숙이다.

증산이 두 사람에게 말했다.

"이제 만날 사람을 만났으니 통정신通情神이 나오노라. 나의 일은 비록 부모, 형제, 처자라도 모르는 일이니 나는 '서천서역 대법국 천계탑 천하대순'이라. 동학 주문에 '시천주조화정侍天主造化定'이라 하였으니 내 일[15]을 두고 하는 말이라. 내가 천지를 개벽하고 조화정부를 열어 인간과 하늘의 혼란을 바로잡으려 하여 삼계三界(천계, 지계, 인계)를 둘러 살피다가 너의 동토에 그쳐 잔피孱疲(쇠하고 약하여 피폐함)에 빠진 민중을 먼저 건지려 함이니 나를 믿는 자는 무궁한 행복을 얻어 선경의 낙을 누리리니 이것이 참 동학이라. 궁을가弓乙歌에 '조선강산명산이라 도통군자 다시 난다' 하였으니, 또한 나의 일을 이름이니라. 동학 신자 간에 '대선생代先生이 갱생하리라'고 전하니 이는 대선생이 다시 나리라는 말이다. 내가 곧 대선생이로다."

증산은 차경석의 집으로 가서 마른하늘에 날벼락을 일으켰다가 거두고는, 경석의 형제들에게 "아버지(차치구)의 죽음에 원한을 품고 복수하려고 생각하느냐"고 물었다. "자식의 도리로 그런 생각을 한다"[16]고 답하자, 이렇게 말했다.

"너희들이 복수할 마음을 품고 있음을 너희 부친이 크게 걱정하여 이제 나에게 고하니 너희들은 마음을 돌리라. 이제는 악을 선으로 갚아야 할 때라, 만일 악을 악으로 갚으면 되풀이 되풀이로 후천에 악의 씨를 뿌리는 것이 되나니 너희들이 나를 따르려면 그 마음을 먼저 버려야 할지니 잘 생각하라."

강증산은 본명이 홍주, 휘가 일순이다. 증산甑山, 즉 시루산은 그의 호다.

1871년 옛 고부군 답내면 서산리 외가에서 태어났다. 도교 수련서인 『참동계주해』를 쓴 청하 권극중이 '책을 산처럼 쌓아놓고'

공부하여 그런 이름이 붙었다는 마을이다. 증산의 양친이 살던 집은 지금의 정읍 덕천면 객망리(손바래기 마을, 현 신월리 신송마을)에 있었다. 객망리의 주산主山이 시루산이다. 아버지(강문회)는 대대로 농사를 짓던 사람이다. 어머니 이름은 권양덕으로 안동 권씨다. 하나 있는 남동생은 1904년 증산보다 먼저 세상을 떠났고, 여동생은 고부 입석리(선돌) 박창국에게 시집갔다.

증산은 정치순(1876년생)과 혼인해, 2남 3녀를 두었다고도 하고 1남 2녀를 두었다고도 하는데, 막내딸 순임(1904~1959)을 빼고는 다들 일찍 죽었다. 증산은 세상을 떠돌며 살아 가정을 잘 돌보지 않았다. 1901년 이후엔 아예 집을 가까이하지 않았다.

증산은 어려서 서당에 다니며 한학을 익혔다. 어려서부터 생명을 중히 여겨 나무 심기를 좋아했으며, 곤충 미물이라도 다치게 하지 않았고, 위태한 지경에 이른 것을 보면 힘을 다해 구원하였다.

증산은 스물네 살 때 금구에 있는 처남 정남기의 집에서 서당을 열었다. 그러나 그해 갑오농민전쟁이 벌어지자 서당 문을 닫았다. 7월에 문득 동학 세력이 겨울이 되면 패망할 것임을 깨닫고 사람들에게 참여를 만류했다.

증산은 스물일곱에 서당을 다시 열고, 세상을 바로잡고자 하는 큰 뜻을 품고 처가에 있는 유불선儒彿仙 음양참위陰陽讖緯의 서적을 읽었다. 그러고는 다시 서당을 닫고 세상을 돌아보러 나섰다.

"(동학) 혁명난 후로 국정은 더욱 부패하여 세속은 날로 악화하고, 관헌은 오직 포악과 토색討索(돈이나 물건을 억지로 뺏음)을 일삼고, 선비는 허례만 숭상하며, 불교는 무민혹세만 힘쓰고, 동학은 혁명 실패 후에 기세를 펴지 못하여 거의 자취를 감추게 되고, 서교는 세력을 신장하기에 진력하니 민중은 고궁에 빠져서 안도할 길을 찾지 못하고…"

증산은 3년간 이곳저곳 돌아다니며 점을 쳐주고 돈을 받아 여비를 마련했다. 산算가지를 이용해 점을 치는 데 뛰어났는데, 공주에서는 명절에 증산에게 소를 잡아 대접할 정도로 그의 운명 감정이 소문이 났으며, 전주에서도 사람들이 그를 신인神人이라 여길 정도였다고 한다. 증산은 경기, 황해, 강원, 평안, 함경, 경상 각지를 돌아보고 1900년 고향에 돌아왔다. 한동안은 본가로 돌아가지 않고 문제 해결을 의뢰하는 사람들의 집에 머물렀다. 그러다가 1901년 점치는 일로는 세상을 구원할 수 없다는 판단에 이르러, 도를 닦기로 결심했다.

증산은 1901년 2월에 모악산 대원사에 들어가, 칠성각에 혼자 있으며 사람의 출입을 금하고 폐문수도했다. 5개월간 전심전력으로 도를 닦은 뒤 마침내 천지대도를 깨달았다고 한다.[17] 이를 성도成道라 했다. 7월 5일의 일이었다.

"예로부터 상통천문上通天文[18]과 하찰지리下察地理[19]는 있었으나, 중통인의中通人義는 없었나니, 내가 비로소 인의를 통하였노라. (…) 나는 사람의 마음을 빼었다 찔렀다 하노라."(『대순전경』 6장 76절)

증산은 지금까지 도를 깨우쳤다는 사람들은 천문과 지리에 통달하는 데 머물렀을 뿐이고, 자신이 마침내 천지의 중심에 있는 인간에 대해 통하는 경지에 이르렀다고 했다. 증산은 자신을 '모든 일을 자유자재로 할 권능'을 가진 상제上帝로 인식했다.

증산은 성도한 그해 겨울부터 천지공사를 시작했다.

"나의 일은 천지를 개벽함이니, 곧 천지공사라."(『증산천사공사기』)

"나는 삼계대권을 주재하여 선천의 도수를 뜯어고치고 후천의 무궁한 운명을 열어 선경을 세우려 함이라. 선천에는 상극相剋이 인간사물을 다스려 두고두고 원통함寃이 쌓이고 세상에 참혹한 재앙이 생기나니, 내가 천지 도수를 정리하고 신명을 조화하여 만고의 원통함을 풀고 상생의 도로써 후천선경後天仙境을 열고 조화정부를 세워 세계민생을 건지려 하노라."(『증산천사공사기』)

증산은 천지공사에 나서면서 가장 먼저 조상의 공명첩(받는 이름이 적혀 있지 않은 백지 임명장)을 불살랐다. 공적과 명예는 대부분 타인에게 원한을 입히고 척지면서 생기는 일이므로 공명첩을 스스로 불사름으로써 한과 원을 없애는 의례를 행한 것이다.

증산이 성도했다는 소식을 듣고 찾아온 오랜 지인 김형렬[20]에게 증산은 말했다.

"이제 말세를 당하여 앞으로 무극대운無極大運이 열리나니, 모든 일에 조심하여 남에게 척지지 말고 죄를 멀리하여 순결한 마음으로 천지공정에 참여하라. 나는 삼계(천계, 지계, 인계) 대권을 주재主宰하여 조화로써 천지를 개벽하고 불로장생의 선경을 열어 고해苦海에 빠진 중생을 건지려 하노라."(『대순전경』 2장 5절)

"내가 상생의 도로써 만민을 교화하여 세상을 평안케 하려 하노니 새 세상을 보기가 어려운 것이 아니요, 마음을 고치기가 어려운 것이라. 이제부터 마음을 잘 고치라, 대인을 공부하는 자는 항상 남 살리기를 생각하여야 하나니 어찌 억조를 멸망케 하고 홀

로 잘 되기를 도모함이 옳으리오."(『대순전경』 2장 42절)

증산은 1902년부터 자신을 찾아오는 사람들의 병을 고쳐주었다. 꾸짖어서 낫게 하기도 했고, 휘파람으로 신명을 불러 낫게 하기도 했고, 자신이나 다른 사람에게 옮겨 치료하기도 했고, 특정한 주문이나 문구를 외우게 하거나 흔히 접할 수 있는 음식물을 먹여 낫게 하기도 했다. 드물게는 약방문을 적어주어 병을 고쳐주기도 했다. 증산은 "병이란 것은 제 믿음과 정성으로 낫는다"고 했다. 증산은 1908년 4월, 전주 우림면 동곡(구릿골, 김제 금산면 청도리)에 약방을 차렸다. 세상을 떠날 때까지 1년 2개월간 증산은 제자들이 만국의원이라고 한 이 약방을 무대로 환자를 치료했다.

증산은 사람의 병을 고치는 데 그치지 않고, 천하의 병을 다스리려 한다고 했다.

"나의 말은 약이라. 말로써 사람의 마음을 위안도 하며, 말로써 병든 자를 일으키기도 하며, 말로써 죄에 걸린 자를 끄르기도 하나니, 이는 나의 말이 곧 약인 까닭이니라. 충언이 귀에 거슬리나 행함에 이로움이 있으니 내 말을 잘 들을지어다."(『대순전경』 5장 43절)

증산은 자신이 일찍이 상제로서 천하에 대순^{大巡}(크게 돌아봄)하다, 김제 금산사 금미륵에 강림해 30년을 머물러 지내고는 수운 최제우에게 제세대도^{濟世大道}를 계시했는데, 최제우가 유교의 문헌을 초월하여 참된 대도를 드러내지 못했기 때문에 직접 세상에 탄강하였다고 말했다.

금산사 미륵불은 8세기 중반 통일신라 경덕왕 때 진표율사(718 ~?)가 조성했다. 진표율사는 세상을 떠난 지 2백 년 뒤에 쓰인 『송고승전』[21]과 5백 년 뒤에 쓰인 『삼국유사』에 꽤 자세한 기록이 전할 정도의 당대 고승이다. 송고승전의 기록은 그가 당대 민중의 열렬한 지지와 존경을 받았음을 전하고 있다.

'진표가 산을 내려올 때 남녀가 머리를 풀어서 진흙을 덮고, 옷을 벗어서 길에 깔고, 방석 담요를 펴놓고 발을 밟게 하고 화려한 자리와 아름다운 요로 구덩이를 메우기도 하였다. 진표는 정성되이 인정에 쫓아서 일일이 밟고 갔다.'(『송고승전』)

삼국유사에는 진표율사가 인간만이 아닌 4생(태생, 난생, 습생, 화생)까지 모두 제도한 고승으로 기록돼 있다.

'율사가 금산사에서 나와 속리산으로 행하는 도중에, 소달구지를 탄 사람을 만났다. 그 소들이 율사의 앞으로 와서 무릎을 꿇고 울었다. 소달구지를 탄 사람이 내려서 묻기를 "무슨 이유로 이 소들이 화상을 보고 웁니까? 그리고 화상은 어디에서 오시는 길입니까?" 하니, 율사가 말하기를 "나는 금산사의 진표라는 중인데 내가 일찍이 변산의 불사의방不思議房에 들어가 지장 미륵의 두 보살 앞에서 친히 계법과 진간을 받아 절을 짓고 오래 수도할 곳을 찾아오는 길입니다. 이 소들은 겉으로는 어리석으나 속으로는 현명하여, 내가 계법을 받은 것을 알고 불법을 중히 여기기 때문에 무릎을 꿇고 우는 것입니다" 하였다.'(『삼국유사』, 발연수석기)

송고승전은 율사를 '백제인'이라고 했다. 완산주 만경현(김제시 만경면)에서 태어났다. 어려서 아버지를 따라 사냥을 가서 개구리를 잡아 버드나무 가지에 꿰어둔 것을 잊어버리고 두고 왔는데, 이듬해 다시 사냥을 갔다가 개구리가 그대로 살아있는 것을 보고 참회하고, 김제 모악산 금산사에서 출가했다고 전한다. 진표율사가 활동하던 시기는 백제가 망하고 부흥운동도 실패하고 난 뒤다.

'그는 처음 일곱 밤을 기약하며 온몸을 돌에 두들겨서 무릎과 팔뚝은 부서지고 바위 벼랑에 피가 쏟아졌으나 보살의 감응이 없는 것 같으므로 몸을 버리기로 결심하고 다시 7일을 더 기약했다. 14일이 되자 지장보살을 뵈어 정계淨戒를 받았다. 그러나 그는 뜻이 미륵에 있었으므로 중지하지 않고 영산사로 옮겨가서 또 처음과 같이 부지런히 하고 용감하게 수행했다. 과연 미륵보살이 나타나 점찰경 2권과 증과證果의 간자簡子(점치는 대쪽) 189개를 주었다. (…) 이 두 간자는 내 손가락뼈이며 그 나머지는 모두 침단목으로 만든 것이므로 모든 번뇌를 비유한 것이다. 너는 이것으로써 세상의 법을 전하여, 남을 구제하는 뗏목으로 삼아라.'(『삼국유사』)

지장보살은 미륵불이 아직 출현하지 않은 시대에, 지옥에서 고통 받는 중생들을 구제하기 위해 지옥에 몸소 들어가 중생을 교화, 구제하는 부처님이다. 석가모니불에게 '지옥이 텅 비지 않으면 성불하지 않겠나이다'라고 서약한 부처님이다. 미륵불은 석가모니불이 열반에 든 뒤 56억 7천만 년이 지나 사바세계에 출현하는 부처님이다. 미륵불이 도래하는 용화세계는 땅이 유리와 같이 평평하고 깨끗하며, 꽃과 향으로 뒤덮여 있고, 수많은 보배가 거리에 즐비하지만 탐내는 사람이 없다. 그런 용화세계는 인간이 가만히 있어도 저절로 도래하는 세상은 아니다. 먼저 인간의 참회가 있어야 한다. '점찰경'에선 참회를 지극한 마음으로 하지 않으면 계를 받더라도 헛것이라고 했다.

진표율사는 금산사에 키가 10m에 이르는 거대한 미륵장육상[22]을 세웠다. 금산사의 미륵금상은 특이하게도 수미좌須彌座[23]가 돌이 아니라 쇠로 돼 있다. 밑바닥이 뚫린 시루 모양이다. 장차 이 세상에 오실 미륵불은 걸어서 오시는 까닭에, 미리 서 계신다.

최제우는 1824년(포덕전 36년) 경주시 현곡면 가정리에서 몰락한 양반인 최옥(1772~1840)의 아들로 태어났다. 본명은 제선, 호는 수운水雲이다. 어머니는 스무 살에 과부가 되어 홀로 지내다 서른 살에 최옥의 세 번째 부인이 되어 최제우를 낳았다. 최옥은 예순세 살이었고, 사별한 두 부인과의 사이에 아들이 없어 양자를 들인 상태였다.

최제우는 어려서 유교 경전과 역사서를 공부했다. 열일곱 살 때 아버지 최옥이 세상을 떠나자 가세가 기울었다. 최제우는 스물한 살 때(1844년)부터 장사를 하며 10년간 전국을 누볐다. 그러는 동안 온 세상이 병들고 인류의 삶이 대전환기를 맞이했음을 깨닫고는 서른한 살 때부터 새로운 삶의 틀을 찾아 구도의 길로 들어섰다.

"이 시대는 '다시 개벽'해야 살 길을 찾는다."

최제우는 그렇게 확신했다.

수운이 서른둘이 되던 1855년, 울산 처가 근처에 머물러 있을 때 비몽사몽간에 금강산 유점사에서 왔다는 늙은 선사로부터 책

한 권을 받는 일종의 종교 체험을 했다. 이를 계기로 이듬해 양산 통도사 내원암 근처에 있는 자연 동굴에 들어가 49일간 기도했다. 그 뒤 오랜 고행 끝에 서른일곱 살 때인 1860년 4월 5일 꿈같기도 하고 깨어 있는 것 같기도 한 상태에서 상제^{上帝}와 문답을 나누고, 상제한테서 주문^{呪文}과 영부^{靈符}를 받는 종교 체험을 했다. 수운은 이를 통해 자신이 얻어낸 도를 무극대도^{無極大道}, 천도^{天道}라 했다.

'뜻밖에도 사월에 마음이 선뜩해지고 몸이 떨려서 무슨 병인지 증세를 알 수도 없고 말로 형상하기도 어려울 즈음에 어떤 신선의 말씀이 있어 문득 귀에 들리므로 놀라 캐어물은 즉, 대답하시기를 "두려워하지 말고 두려워하지 말라. 세상 사람이 나를 상제라 이르거늘 너는 상제를 알지 못하느냐?" 그 까닭을 물으니 대답하시기를 "내 또한 공이 없으므로 너를 세상에 내어 사람에게 이 법을 가르치게 하니 의심하지 말고 의심하지 말라." 묻기를 "그러면 서양의 도^{西道}로써 사람을 가르쳐야 합니까?" 대답하시기를 "그렇지 않다. 나에게 영부 있으니 그 이름은 선약^{仙藥}이요, 그 형상은 태극 이요, 또 형상은 궁궁^{弓弓}이니, 나의 영부를 받아 사람을 질병에서 건지고 나의 주문을 받아 사람을 가르쳐서 나를 위하게 하면 너도 또한 장생하여 덕을 천하에 펴리라" 하였다.(『동경대전』 포덕문)

부인과 자식들은 수운이 미친 줄 알았다.

수운은 종교 체험 뒤 몇 달간의 수련을 거듭한 끝에 상제의 마음과 자신의 마음이 둘이 아님^{吾心卽汝心}을 깨달았다. 이런 신념 체계를 정리하고, 수행법을 만든 뒤 1861년 6월부터 본격적인 포교 활동에 나섰다. 수운이 돌아다니기보다는 선비들이 수운이 살고 있는 경주 용담으로 찾아왔다.

수운은 후천개벽後天開闢의 새 세상이 열릴 것이라며, 사람들이 '시천주조화정 영세불망 만사지侍天主造花定 永世不忘 萬事知'24)라는 열석 자 주문을 외우고, 신경성信敬誠 석 자의 가르침을 열심히 실천하면 모두 한울님을 모실 수 있고, 지상의 군자가 될 수 있다고 가르쳤다. 시천주侍天主란 '온 천지 생명 체계를 압축한 신령스런 한울님의 씨앗이 내 몸안에 있어 내가 있다'는 말이다. 수운은 "하늘 섬기듯 사람을 섬기라事人如天"고 했다.

동학의 이상은 동귀일체同歸一體25)의 사회를 실현해, 국태민안國泰民安을 이루는 것이다. 그런 세상에 다가서기 위해 먼저 보국안민輔國安民(나라의 일을 돕고 인민의 생활을 평안하게 한다)을 이뤄야 한다고 수운은 강조했다. 동학의 보국안민 운동은 안으로는 신분 차별을 철폐하고 관리의 부패를 척결하며, 밖으로는 외세의 침략을 물리치자는 것으로 구체적인 모습을 드러냈다. 외세로는 특히 일본의 침략을 일찌감치 우려하고 있었다.

수운이 지은 가사 '안심가'에는 '개 같은 왜적놈아 너희들의 신명을 돌아보라. 너희들이 우리 땅에 와서 무슨 은덕이라도 베풀었느냐. (…) 나도 또한 한울님에게 옥새를 보존하라는 명을 받았다네. (…) 왜놈들은 또 침략해 올 것이니 그놈들은 역시 우리의 원수로다. (…) 이 몸이 또한 신선 되어 하늘에 올라간다고 하더라도 한울님께 조화를 받아서 개 같은 왜적놈을 하룻밤 사이에 없애버리고서 두 번 다시 쳐들어오지 못하도록 하여 놓고'라는 구절이 있다.

수운은 포교를 시작한 지 5개월 만인 11월에, 포교를 중단해야 했다. 유생들이 동학을 이단으로 몰았고, 문중에서까지 비난하고 나섰다. 수운은 비난과 음해를 피해 전라도 남원 근처에 있는 선국사 은적암으로 들어갔다. 이곳에서 동학[26]사상을 체계화 했다. 그리고 이듬해 7월 경주로 다시 돌아왔다. 삼남 일대에 민란이 퍼진 임술년(1862)의 일이다. 동학은 빠르게 전파됐다. 8월에 제자들에게 포덕을 권유하자, 도인의 수가 더욱 빠르게 늘었다.

유생들이 경상도 각지의 서원에 통문을 돌려 대대적인 동학 탄압에 나섰다. 당시 동학 배척 통문의 내용에, 동학 조직의 특징을 보여주는 이런 대목이 있다.

'귀천이 같고 등위에 차별이 없으니 백정과 술장사들이 모이고, 남녀를 차별하지 아니하고 장막(포교소)을 세우니 과부와 홀아비들이 모여들며, 재물과 돈을 좋아하여 있는 자들과 없는 자들이 서로 도우니有無相資 가난한 자들이 기뻐한다.'

경주진鎭은 동학의 확산에 크게 놀라 9월 29일 수운을 체포했다. 교인 수백 명이 관아에 몰려가 항의하자, 5일 만에 석방했다.

풀려난 뒤 4개월 동안 수운은 용담을 비웠다가 1863년 3월 다시 돌아와 활동을 재개했다. 그로부터 8개월 만인 11월 20일 조정은 정운귀를 선전관으로 임명해 경주로 보내 최제우를 체포해 오게 했다. 11월 25일께 문경새재를 넘어간 뒤의 일을 정운귀는 임금에게 올리는 서계에 이렇게 썼다.

'조령鳥嶺에서 경주까지는 400여 리가 되고 주군州郡이 모두 10여 개나 되는데 어느 하루도 동학에 대한 이야기가 귀에 들어오지 않는 날이 없었습니다. 주막집 여인과 산골 아이들까지 그 글(동학

주문)을 외우지 못하는 자가 없었습니다.'

정운귀는 12월 10일 새벽, 30명을 동원해 최제우와 제자 23명, 박씨 부인과 아들 세정 등 30명을 전격 체포했다. 서울로 끌려간 수운은 철종의 국상(8일) 탓에 대구로 되돌려 보내졌다. 수운은 대구 감영에서 다리가 부러지는 혹독한 고문을 당했다. 조정은 '주자의 가르침을 거슬렀다'는 좌도난정左道亂正의 죄명으로, 1864년 3월 경상 감영이 있는 대구 남문 밖 관덕당 뜰에서 최제우를 참했다. 수운의 나이 마흔한 살 때였다.

관의 탄압이 점차 심해지던 1863년 7월, 수운은 각지의 도인 40~50명을 모은 자리에서 북도중주인北道中主人27)이란 새 직책을 만들어 최경상(해월 최시형)28)에게 그 자리를 맡겼다. 이어 8월 20일에는 해월을 동학의 후계자로 정하고 도통을 전수했다.

"이 도는 유불선 삼도의 가르침이 겸하여 있다." 해월은 이때 서른일곱 살이었다. 수운이 도통한 나이였다.

해월은 1827년 경주에서 태어나, 영일군 신광면에서 자랐다. 어려서 초급 한문을 공부했고, 친척집에서 머슴살이를 하다 열일곱 살에 제지소에서 일했다. 기술을 익혀 생활이 안정되자, 1845년에 결혼했다. 서른셋에 식구를 거느리고 금등골로 가서 화전민 생활을 했다. 서른다섯이 되던 1861년 6월 용담으로 수운을 찾아가 동학에 입교했다. 성실한 자세로 사람을 끄는 힘이 있어, 그를 따르는 도인이 많았다.

수운이 참형을 당한 뒤 1년 동안 동학도인들은 숨어 지냈다.

이듬해 10월 28일 수운의 탄신 기념 재례일에 해월이 사는 금등골로 수십 명의 도인들이 모여들었다. 해월이 강론을 했다.

"사람이 곧 한울님人乃天, 人是天이라. 사람은 모두 평등하여 차별이 없나니 억지로 귀천을 나누는 것은 한울님 뜻에 맞지 않는다. 우리 도인들은 모두 귀천의 차별을 철폐하여, 스승님의 본뜻에 따르도록 하자."

앞으로 동학을 이끌어갈 새 방향을 제시한 것이다.

동학교도들은 신분 차별 철폐를 실천에 옮겼다. 황현은『오하기문』에서 갑오농민전쟁 당시 동학도인들의 행태에 대해 이렇게 썼다.

'양반으로 노비와 함께 적(동학)을 따르는 자들은 서로를 접장이라 하며 동학의 규범에 따랐다. 백정이나 재인才人29)에 속한 자에게도 평민이나 양반과 같이 대등하게 대접해주니 사람(양반)들은 더욱 분하게 여겼다.'

수운이 순교한 뒤, 해월은 관의 눈을 피해 숨어 지내면서 포교했다. 수운이 쓴『동경대전』(1880년)과『용담유사』(1881년)도 간행했다. 1880년대 후반에 이르러 동학은 강원도 충청도를 넘어, 남쪽 지역인 전라도 경상도로 퍼져나갔다. 해월은 1887년 11월 호남지방을 순회했다. 도인들이 급속히 늘어나고, 1892년부터는 혹세무민의 죄로 처형당한 최제우의 억울함을 풀고 포교의 자유를 얻자는 교조 신원 운동이 들불처럼 타올랐다. 1893년 3월 충청도 보은 장내리 집회에는 2만여 명, 전라도 금구 원평 집회에는 1만여 명이 모여들었다. 이들은 척왜양을 외치고, 동학을 공인할 것과 동학교도들에 대한 지방관·토호들의 부당한 주구誅求를 중지시켜 줄 것을 함께 요구했다.

양호도어사 어윤중이 임금에게 보낸 장계에는 이렇게 쓰여 있다.

'지략과 재기가 있으나 뜻을 얻지 못한 사람, 탐관오리들의 횡포를 막아보려는 사람, 오랑캐들이 빼앗는 것을 통절히 여긴 사람, 오리汚吏에게 침탈되고 학대받았으나 호소할 데 없는 사람, 경향에서 억누름을 피할 길이 없는 사람, 죄를 짓고 도망한 사람, 속리屬吏에게 쫓겨난 사람, 곡식이 떨어진 농민과 손해 본 장사꾼, 들어가면 살 수 있다는 풍문을 들은 사람, 빚 독촉을 참지 못한 사람, 상민과 천민에서 몸을 빼려는 사람들이 따랐다.'

갑오년 동학농민봉기는 실패로 끝났다. 조정은 동학을 완전 추방하기 위해 가혹한 탄압을 가했다. 해월은 피난생활을 계속하다 1898년 4월 5일 강원도 원주 송골에서 체포돼 6월 2일에 교수형에 처해졌다. 해월은 체포되기 전날에도 짚으로 새끼를 꼬는 일을 했다.

해월 사후, 의암 손병희(1861~1922)가 동학교단의 최고 지도자가 되었다. 1901년 일본으로 건너간 손병희는 교단을 근대적인 체제로 전환하려고 궁리했다. 러일전쟁 조짐이 뚜렷해지자, 국내 교도들에게 한국이 공동 출전해 한국도 전승국이 되어야 한다고 설득했다. 비밀리에 일본과도 접촉하려고 시도했다. 손병희는 문명개화의 근대주의 노선을 받아들이면서, 친일 연합 노선 쪽으로 기울었다. 국내 동학 지도자들은 진보회를 조직했고, 진보회는 손병희의 심복 이용구가 지도했다. 진보회가 동학교도들에게 단발斷髮을 단행하게 하자, 일본 군부를 등에 업고 일진회를 조직한 송병

준이 통합을 제의했다. 두 단체는 1904년 12월 조직을 합쳐, 합동
일진회로 이름을 바꿨다. 일진회는 을사조약 체결 직전 일진회 회
장 이용구 이름으로 일본의 보호를 요청하는 성명서를 발표했다.
일진회를 비난하는 여론이 격화하자, 손병희는 위기감을 느꼈다.
1906년 9월 이용구 등 일진회원 62명을 동학교단에서 내쫓고, 일
진회로부터 천도교를 분리했다. 천도교에서 쫓겨난 이용구는 시
천교侍天敎를 세웠다.

　손병희가 이끄는 천도교는 1919년 3.1 독립선언을 주도했다.
민족대표 33인 가운데 천도교 쪽 인사가 15명, 개신교(감리회, 장로
회 각 8명)가 16명, 불교계가 2명이었다. 유림의 대표는 한 사람도
없었다.

　증산은 갑오년에 동학농민군에 가담하려는 사람들을 말렸다.
"내가 저들을 미워해서가 아니다, 불리한 앞날을 알기에 한 사람
이라도 화를 면하게 하려는 것이다"고 말했다. 농민 봉기가 처참
한 실패로 끝난 뒤, 증산은 세상을 구하겠다匡救天下는 의지를 굳히
고 구도의 길에 나섰다.

　증산은 나중에 제자 원일에게 이렇게 말했다.

　"천하를 물로 덮어 모든 것을 멸망하게 하고 우리만 살아 있으
면 무슨 복이 되리요. 대저 제생의세濟生醫世(생명을 건지고 세상을 고
침)는 성인의 도요, 재민혁세災民革世(백성들을 재앙에 빠뜨리며 세상을
바꿈)는 웅패雄覇(패권을 추구하는 권력자)의 술術이라. 벌써 천하가
웅패가 끼친 괴로움을 받은 지 오래되었도다. 그러므로 이제 내가

상생相生의 도로써 화민정세化民靖世(백성을 교화하여 세상을 편안케 함) 하리라. 너는 이제부터 마음을 바로잡으라. 대인을 공부하는 자는 항상 호생好生(생명을 살림)의 덕을 쌓아야 하느니라. 어찌 억조창생을 죽이고, 살기를 바라는 것이 합당하리오."[30]

증산은 '뭇 이치를 한데 모아 크게 이루나니, 이른바 개벽'[31]이라며, 자신이 바로 그 구원자라 했다.

"천지 도수를 뜯어고쳐 신도를 바로잡아 만고의 원을 풀고, 상생의 도로써 선경을 열고, 조화정부를 세워 세상을 고치리라."(『대순전경』 5장 4절, 『증산천사공사기』)

증산은 선천先天이 다하고 후천後天이 열린다(개벽한다)고 했다. 선천은 상극의 원리가 세상을 지배하여, 분열하고 투쟁하고 갈등, 반목한다. 남과 경쟁하여 이기는 위엄과 능력을 우선한 세상이다. 그런 세상이니 인간은 죄악을 저지를 수밖에 없었다. 후천은 상생의 원리가 세상을 지배하므로, 협력, 화목, 통합을 통해 완성된다. 증산은 선천 시대의 사람들이 하늘만 중시하고 땅을 무시하는 잘못을 범했다고 평가했다.

"후천에는 약한 자가 도움을 얻으며, 병든 자가 일어나며, 천한 자가 높으며, 어리석은 자가 지혜를 얻을 것이오, 강하고 부하고 귀하고 지혜로운 자는 다 스스로 깎일지니라."

"내가 일체의 아표신餓莩神(굶어 죽은 귀신)을 천상으로 몰아 올렸으니 이후에는 인민이 기아로 인하여 죽는 일은 없으리라."

"사람을 해하는 물건은 후천에는 다 없이 하리라."(『증산천사공사기』)

"길에 흘린 것을 줍는 자가 없게 하고, 산에는 도적이 없게 하리라."(『대순전경』 3장 156절)

증산이 천지공사를 시작한 것은 1901년 신축년부터다. 증산의 천지공사는 '신도神道'를 조화하여 천지의 도수를 정리함으로써, 저절로 기틀이 열려 사람이 하는 일이 제대로 이뤄지게 하기 위한 것이다. 대체로 종이에 글씨를 쓰고 물형物形을 그려서 태우는 방식으로 신명을 부르고 천지 도수를 고쳤다. 증산이 새로운 미래상을 제시하고 앞서 실천하면서 '건설하라, 맞이하라'고 가르치는 일이기도 했다.

하루는 제자 차경석이 논에 내리는 새떼를 굳이 쫓자, 증산은 이렇게 말했다.

"한 무리 새의 배 채움을 용납하지 못하니 어찌 천하 사람의 배 채워주기를 뜻하리오."

증산이 천지공사를 하면서 순회한 곳은 전주, 함열, 태인, 정읍, 고부, 부안, 순창 등 전라북도 7개 고을이다. 증산 스스로 이를 대순大巡32)이라 했다. 증산은 전주 모악산을 어머니 산, 순창 회문산을 아버지 산이라고 했다. 만인함열萬人咸悅(모든 사람이 함께 기뻐함)의 뜻을 취해 함열에도 오래 머물렀다.

제자들은 하루 바삐 세상을 뒤집어서 선경仙境을 건설해주기를, 그리하여 증산을 따르는 사람들이 조롱받지 않기를 바랐다. 증산은 말했다.

"인사는 기회가 있고, 천리는 도수가 있나니 그 기회를 지으며 도수를 짜내는 것이 공사의 규범이라. 이제 그 규범을 버리고 억지로 일을 꾸미면 이는 천하에 재앙을 끼침이요, 억조의 생명을 빼앗음이라. 차마 할 일이 아니니라."(『대순전경』 2장 42절)

증산은 유교가 썩었다고 했다.

"하루는 어느 지방에서 젊은 부인이 남편 상을 당한 뒤에 순절하였다 하거늘, 천사 들으시고 가라사대 악독한 귀신이 무고히 인명을 살해한다 하시고 글을 써서 불사르시니 이러하니라. 충효열국지대강忠孝烈 國之大綱 연然 국망어충國亡於忠 가망어효家亡於孝 신망어열身亡於烈(충과 효와 열은 이 나라가 추구하는 큰 가치다. 그런데 충 때문에 나라가 망하고, 효 때문에 집안이 망하고, 정절 때문에 사람이 죽는구나)."

증산이 유교적 가치를 대신해 내놓은 것이 해원상생解寃相生이다. 증산은 "원한이 맺히고 쌓여 삼계三界에 넘치매, 마침내 살기가 터져 나와 세상의 모든 참혹한 재앙을 일으킨다"고 했다.

"한 사람의 원한이 능히 천지 기운을 막히게 하느니라."

"악을 악으로 갚으면 피로 피를 씻기와 같으니라."

"다른 사람이 만일 나를 치면 그의 손을 만져 위로할지니라."

증산은 요임금의 아들 단주를 원한의 역사의 첫 장에 두었다. 요임금의 아들인 단주는 왕권이 당연히 자신에게 전해지리라 믿고 있었다. 그러나 요는 아들이 현명하지 않음을 알고는 왕위를 순에게 물려주고 아황과 여영이라는 두 딸을 순에게 시집보냈다. 요는 단주에게 바둑을 가르쳐 마음을 닦게 했다. 증산은 순임금이 창오에서 갑자기 죽고, 이어 두 왕비가 소상瀟湘에 빠져 죽은 것은 단주의 원한 때문이라고 보았다.

"단주의 원을 풀어주면 그 이하 수천 년에 쌓여온 원이 다 마디와 코가 풀어지리라."

증산은 천지공사의 현장인 동곡약방에 약장을 만들어, 약장의 가운데 칸에 단주가 명을 받는다는 뜻을 담아 '단주수명丹朱受命'이라 쓰고, 그 속에 목단牧丹 껍질을 넣어두었다.

증산이 회문산의 오선위기五仙圍碁(다섯 신선이 바둑판을 둘러싸고 있는 모양의) 혈穴에서 천지공사를 한 일은 단주의 한을 푸는 동시에, 조선의 국운을 바꾸기 위한 것이었다.

"회문산에 오선위기 혈이 있으니, 이제 바둑의 원조 단주의 해원 도수를 이곳에 붙여서 조선 국운을 돌리려 하노라. 다섯 신선 중에 한 신선은 주인이라 수수방관할 따름이요, 네 신선이 판을 대하여 서로 패를 들쳐 따 먹으려하므로,33) (…) 이제 최수운을 청해 증인으로 세우고 승부를 결정하려 하노니…"(『대순전경』 4장 28절)

"만일 바둑을 마치고 판을 헤치면 바둑은 주인에게 돌리리니, 옛날 한 고조는 말을 타고 세상을 얻었다 하나, 우리나라는 앉아서 득천하得天下 하리라."(『대순전경』 5장 25절) 증산은 사람을 대할 때 신분에 차별을 두지 않았다.

"천사(강증산)께서 비록 지천한 사람을 대할지라도 반드시 존경을 하신지라. 김형렬의 종의 아들奴子 야남식에게도 대할 때마다 존대를 하시거늘 형렬이 가로대, 이 사람은 곧 저의 종이니 존경치 마소서. 천사 가라사대, 이 사람이 곧 너의 종의 아들이니 나에게 관계가 없나니라 하시며, 또 일러 가라사대, 이 향리에서는 어려서부터 버릇이 되어 말을 고치기 어려우나 다른 곳에 가면 누구든 존경하라. 이 뒤로는 적서^{適庶}의 명분과 반상^{班常}의 구별이 없나 니라."(『대순전경』 3장 5절)

증산은 자신의 가르침이 천대받아 원한이 쌓일 수밖에 없는 계층에서부터 확산될 것이라고 했다. "이제는 해원시대라, 천한 사람부터 교를 전하겠다"(『대순전경』 7장 1절)면서, 무당 여섯을 불러 먼저 도를 전했다.

증산은 음양합덕^{陰陽合德}, 즉 음과 양은 동등하게 세상을 이룬다며, "남녀동권시대가 되리라"(『대순전경』 3장 120절)라고 가르쳤다.

"이제는 해원시대라. 몇천 년 동안 깊이깊이 갇혀 있어 남자의 완롱^{玩弄}(놀림) 거리와 사역(일 시킴) 거리에 지나지 못하던 여자의 원을 풀어 정음정양으로 건곤을 짓게 하려니와 이 뒤로는 예법을 바로 꾸며 여자의 말을 듣지 않고는 남자의 권리를 행하지 못하리라."(『대순전경』 6장 134절)

"어찌 남장군만 있으리오, 여장군도 있으리라."(『대순전경』 2장 86절)

대장부^{大丈婦}라는 표현도 썼다.

천지공사를 하면서, 증산은 갑오년 동학농민전쟁을 이렇게 평했다.

"원래 동학은 보국안민을 주창하였으나 때가 아니므로 안으로는 불량하고 겉으로만 꾸며내는 일이 되고 말았나니, 후천 일을 부르짖었음에 지나지 못한 것이라, 마음으로 각기 왕후장상을 바라다가 뜻을 이루지 못하고 그릇 죽은 자가 수만 명이라."(『대순전

경』4장 48절)

그렇다고 봉기를 주도한 전봉준을 비판하거나 비난한 것은 아니다. 증산은 전봉준을 높이 평가했다.

"세상 사람이 전명숙(전봉준)의 힘을 많이 입었나니 한 몫에 팔십 냥 하는 세금을 삼십 냥으로 감하게 한 자는 전명숙이라, 언론言論이라도 그 이름을 해하지 말라."(『대순전경』6장 116절)

증산이 서양을 보는 시각은 '척왜양'을 외친 동학과는 달랐다.

"하늘이 서양 사람에게 기예技藝를 주어 성인聖人의 일에 복무시켰다. 그리고 하늘은 나의 도와 더불어 조화造化로써 서양의 악함을 제어하리라."(『대순전경』 6장 140절)

증산은 '그들(서양)의 기계는 천국을 본뜬 것'이라고 말했다. 서양의 물질문명을 인정하면서, 동양의 조화造化가 그 잘못된 점을 통제하게 될 것이라 한 것이다.

증산은 갑오농민전쟁 때 죽은 사람들의 원한이 하늘에 가득 퍼져 있다며 그 맺힌 한을 푸는 일에 차경석을 앞세웠다.

"그 부친이 동학 두목으로 그릇 죽었고 저도 또한 동학 총대總代(대의원)였으니 오늘부터는 동학 신명들을 전부 그에게 붙여 보냈으니 이 자리에서 왕후장상의 해원이 되리라."(『대순전경』4장 48절) 스스로 상제라 칭했던 증산의 천지공사에는 인민의 고통을 대신 짊어지는 일도 포함돼 있다.

"이때 청주에서 괴질이 창궐하고 나주에서도 크게 성하여 인심이 들끓는지라 상제 말씀하시기를 '남북에서 마주 터지니 장차 무수한 생명을 죽이리라' 하시고, 이에 '칙령괴질신장 호불범제왕장

상지가 범차무고창생지가호勑令怪疾神將 胡不犯帝王將相之家 犯此無辜蒼生之家
乎'[34]라고 써서 불사르라 하시며 말씀하시기를, '내가 이것을 대속
하리라' 하시고 형렬을 명하여 새 옷 다섯 벌을 급히 지어서 한 번
씩 갈아입으시고 설사하여 버리신 뒤에 말씀하시기를 '약한 자가
걸리면 다 죽겠도다' 하시더니 이 뒤로는 괴질이 곧 그치니라."(『대
순전경』2장 117절)

증산은 축지법을 쓰려 하거나, 신선이 되려고 벽곡을 하거나,
병을 치료하려고 부적을 불살라 먹는 행위들을 비판했다. 앞으로
문명이기가 발전할 것이므로 기이한 술법에 관심을 두지 말라고
했다. 그러나 주문은 외웠고, 제자들에게도 외우게 했다. 특히 태
을주太乙呪를 열심히 외우게 했다.

"시천주侍天呪(동학의 주문)는 이미 행세行世되었으니 태을주를 읽
으라."

"훔리치야도래 훔리함리 사바하吽哩哆耶都來 吽哩喊哩 娑婆詞"

태을주는 증산이 도를 찾아 전국을 떠돌 때, 충청도 서천 비인
사람 김경흔이 지었다는 『태을경』에서 얻은 것이다. 김경흔은 선
조 때 사람으로 50년간 도통 공부를 하고도 얻은 바가 없다가, 불
교에서 쓰는 구축병마주驅逐病魔呪를 외워 비로소 개안했다. 여기에
다 신의 계시에 따라 주문의 머리에 태을천상원군太乙天上元君을 붙
여 주창했다. 그럼에도 완전한 도통은 하지 못한 채 죽었다.

증산은 태을주에는 김경흔이 50년 공부를 했어도 도통하지 못
한 원한이 맺혀 있다며, 그 원을 풀어주기 위해 주문 앞머리에 훔치
훔치를 붙여 사용했다. 훔치는 송아지가 어미 배에서 세상에 나올

때 우는 소리를 본뜬 것이다. 송아지는 음陰이다. 후천을 뜻한다.

"이 주문을 문 위에 붙이면 신병神兵이 지나가다가 도가道家라 하여 침범하지 아니하고 물러가리라."

"태을주를 외우면 역률逆律을 범하였을지라도 옥문이 스스로 열리리라."

증산은 1909년 6월 20일 제자들을 불러 모아놓고 공사를 끝마쳤다고 선언했다.

"내가 천지운로를 뜯어고쳐 물샐틈없이 도수를 굳게 짜놓았으니, 제 도수에 돌아 닿는 대로 새 기틀이 열리리라."

증산은 죽기 10여일 전부터 소주만 마시고 음식을 전혀 먹지 않았다. 그리고 생을 마감할 뜻을 내비쳤다.

"내가 장차 어디로 가리니, 나 없으면 잘 믿지 못한 자는 다 잊으리라. (…) 내가 홀로 가서 일을 행하고 돌아오리니 그때까지 믿고 기다리라."

"나를 보려거든 금산사로 오라."

6월 24일 약방에 앉아 꿀물 한 그릇을 달라 하여 마시고, 형렬에게 몸을 기대어 가는 목소리로 태을주를 외다 생을 마감했다. 서른아홉 살이었다.

증산은 묵은 세상을 파괴하는 것이 아니라, 새 세상을 여는 길을 제시했다. '남 살리기'가 바로 그 개벽의 핵심이며, 그런 세상을 보려면 '마음 고치기'가 가장 중요하다고 가르쳤다. 증산은 지상낙원이 이룩되면 다시 한 번 이 땅에 '열석 자'로 올 것이라고 제자들에게 약속했다. 열석 자는 최수운의 시천주 주문이다.

차경석이 증산을 만난 것은 1907년 5월 17일이고, 증산은 1909년 6월 24일에 세상을 떠났으니, 차경석이 증산의 제자로 지낸 기간은 2년 남짓이다. 그 기간 동안 증산은 차경석을 각별하게 대했다.

증산은 차경석의 집으로 거처를 잠시 옮겨 천지공사에 임했다. 차경석의 집을 포정소라고 하였다. [35]

이때부터 대삿갓을 벗고 의관을 다시 갖춰 입었다. 그가 일을 빠르게 잘 처리하자 '병조판서감'이라 하였고, 세상을 떠나기 전에는 자신이 손수 쓴 「현무경」 한 권을 맡겼다.

증산이 오선위기 혈에 천하대세를 붙여 돌리고는 경석에게 "네게 한 기운을 붙이노라" 하였을 때의 이야기다.

'그 집 머슴을 불러 말씀하시기를 "어젯밤에 무슨 본 일이 있느냐" 하시니 머슴이 대하여 말씀드리기를 "어젯밤꿈에 한 노인이 농바위를 열고 갑옷과 투구와 큰 칼을 내주며 이것을 가져다가 주인을 찾아 전하라 하므로 제가 받았다가 이 방에 두었는데 곧 차경석의 앉은 자리나이다" 하였다.'

1907년 어느 날, 증산은 차경석에게 「삼략」에 나오는 글을 외워주며 잘 지키라고 했다.

"무릇 대장부가 갖춰야 할 심법은 영웅의 마음을 사로잡기에 힘쓰고, 공이 있는 자에게 상과 녹을 주는 것은 뭇 사람의 뜻을 통하게 하는 데 있느니라. 백성들과 더불어 같이 좋아하면 이루지 못할 것이 없고, 백성들이 싫어하는 것을 같이 싫어하면 백성들 가운데 마음이 기울어지지 않는 사람이 없게 된다. 나라를 다스리고 집안을 편안하게 하는 것은 사람을 얻는 데 있고, 나라가 망하고 집안이 망하는 것도 사람을 잃는 데 있느니라."[36]

증산은 삼략의 구절을 외워주고는 "내 일은 수부首婦가 들어야 되는 일이니 네가 일을 하려거든 수부를 들여세우라" 했다.[37]

이에 경석이 과부인 이종사촌 누나[38]고판례(1880~1935)를 천거했다. 담양에서 태어났는데, 태어나던 해 부친상을 당하고 어머니와 함께 이모가 사는 정읍 대흥리로 이사했다. 열다섯에 한 마을에 사는 신씨와 결혼했으나 남편이 먼저 죽어 딸 하나와 살고 있었다.

동짓달 초사흗날 증산은 고판례를 만나 종교적인 결혼식을 올렸다.

"내가 너를 만나려고 십오 년 동안 정력을 들였나니 이로부터 천지대업을 네게 맡기리라."(『대순전경』3장 31절)

증산은 '고부인高夫人'을 옆에 끼고, 붉은 책과 누런 책 한 권씩을 앞으로부터 번갈아 깔며 그 책을 밟으며 마당까지 나가 "남쪽 하늘의 별을 바라보고 네 번 절하라" 했다. 그러고는 다시 그 책을 번갈아 깔며 밟아서 방으로 돌아왔다. 그 뒤 증산은 고부인에게 모든 일을 가르치며, 글을 쓸 때도 고부인의 손에 붓을 쥐어주고, 등 뒤에서 부인의 손목을 붙들어 썼다.

'하루는 걸군이 들어와서 굿을 친 뒤에 상제께서 부인으로 하여금 춤을 추게 하시고 친히 장고를 들어 메고 노래를 부르시며 말씀하시기를 "이것이 곧 천지굿이라. 나는 천하 일등 재인才人이요, 너는 천하 일등 무당巫堂이라. 이 당黨 저 당 다 버리고 무당의 집에 가서 빌어야 살리라" 하시고 부인에게 무당 도수를 정하시니

라.'(『대순전경』 4장 65절)

증산이 말한 무당은 태고의 제정일치 시대의 무당이다.

'하루는 상제께서 반듯이 누우신 뒤에 부인으로 하여금 배 위에 걸터앉아 칼로 배를 겨누며 "나를 일등으로 정하여 모든 일을 맡겨주시렵니까"라고 다짐을 받게 하시고 상제께서 허락하여 말씀하시기를 "대인의 말에는 천지가 쩡쩡 울려나가니 오늘의 이 다짐은 털끝만치도 어김이 없으리라" 하시고, 이도삼, 임정준, 차경석 세 사람으로 증인을 세우니라.'(『대순전경』 4장 66절)

1909년 1월 3일에는 고부인과 차경석에게 자신을 대신하여 고사를 지내게 하기도 했다.

증산의 죽음은 제자들에게 큰 충격이었다. 제자들은 혼란에 빠졌다.

증산이 죽고 2년이 지난 1911년 9월 19일, 증산을 직접 모신 몇몇 제자들이 모여 증산의 탄생을 기념해 치성을 올렸다. 다음날 고판례가 마당에 있다가 하늘에서 저울 모양의 것에 쌓인 과일이 쏟아지는 환상을 보고 정신을 잃고 쓰러졌다가 몇 시간 만에 깨어났다. 깨어난 고판례는 갑자기 증산의 음성으로 차경석에게 말을 건넸다. 사람들은 증산의 영혼이 고판례에게 강림했다고 믿었다.

고판례는 약장과 궤, 글씨 등 증산이 남긴 유품을 수집하고, 교단을 창립한다고 선언했다. 증산을 따랐던 제자들을 불러 모으기 시작했다. 조직이 소규모라, 차경석의 집에 모여 함께 주문 수련을 하고, 치성을 올리는 수준이었다.

일제하의 전라북도 경찰국에서 보천교를 비밀리에 조사하여 작성한 「보천교 일반」에는 이렇게 적혀 있다.

'일종의 미신교를 창교하고 그 주문으로 '태을천상원군 훔리치야도래 훔리함리사바하'를 만들어 매일 일천 회를 암송하면 그 효험이 나타나 질병 있는 자는 치유되고 질병 없는 자는 몇 배 강건하게 되며 또 모든 원하는 뜻을 성취할 수 있다고 내세웠다. 이를 통해 포교에 힘써 마을 사람은 물론 마을 인근의 사람들이 바람처럼 따르면서 이에 귀의하여 그 수가 점차 많아지기에 이르렀다.'

태을주 수련을 통해 신비한 체험을 했다거나, 병이 나았다는 사람들이 늘어나면서 증산의 이름이 사람들 사이에 퍼져 나갔다. 차경석의 집을 찾는 사람도 늘어났다. 이로써, 고부인을 중심으로 선도교仙道敎라는 이름의 종교가 시작되었다. 순천 사람 장기동은 1913년 가을에 고수부를 만나고는 건물을 새로 지으라며 돈은 내겠다고 약속했다. 이듬해 정월에 돈 1천 원을 가져와, 도장을 신축했다.

차경석은 1914년께부터 독자적인 세력을 구축하기 시작했다. [39]

'매월 삭망朔望(초하룻날과 보름날)에 창생을 위하사 재계목욕하시고 천지에 치성하시니 이로부터 성명이 원근에 분명하게 나타나다.' [40]

1914년 5월, 헌병대 보조원 신성학과 장성원이 '차경석이 새 정부를 도모하고 있으며, 조선을 독립시켜 황제에 등극한다'고 헌병대에 고변했다. 차경석은 체포돼 심문을 받고 다음날 풀려났다.

1915년에는 금구 사람 김송환이 대흥리로 일가를 이끌고 와서 살았는데 씀씀이가 헤퍼서, 차경석에게 돈을 요구하는 일이 잦았다. 하루는 아버지에게 편지를 들려 차경석에게 돈 천 원을 달라고 요청했다가 거절당하자, 전주 헌병 대장소에 찾아가 '정읍군 입암면 대흥리에 거주하는 차 모袰의 행한 바를 헌병장이 아느냐. 멀지 않아 조선을 독립하여 자기가 황제 된다고 하고, 농촌 우민을 유인하야 금전을 사기하며 음모를 꾀하고 있다'[41]고 고발했다. 헌병대가 차경석의 집을 수색했으나 증거를 찾지 못했다.

나라가 독립하고, 차경석이 천자로 등극할 것이라는 이야기가 교인들 사이에서는 이미 이때부터 나돌고 있었다. 근거는 정감록이었다. 정감록은 증산이 활동하던 시기에도 수많은 풍설을 만들었다. 증산은 "세상에 정씨의 노래가 끊이지 않는다"고 했다. 증산에게도 정감록의 내용에 대해 물은 사람이 많았다.

정감록에는 '진사辰巳년에 임금은 어디로 향해 갈 것인가. 오미午未년의 즐거움이 가득하리라. 푸른 옷을 입고 남쪽으로부터 올 것이니 승려인 듯하나 승려는 아니로다'라는 구절이 있다. 또 '노령蘆嶺 아래 10리 지점에 피난처가 있는데 사답寺畓 7두락이다'라는 구절도 있다. 당시 민간에는 '진목眞木(참나무)에 꽃이 피면 만 가지 나무에 꽃이 피고, 정해井海에서 솟은 물이 흘러 사방 바닷물의 근원이 된다'는 이야기가 널리 퍼져 있었다. 차경석이 살던 곳은 애초 연안 차씨 다섯 가구가 살던 진목 마을이다. '남쪽(호남), 노령 아래, 정井, 진목'에 사는 차월곡이 천자로 등극한다는 정감록 해석은 그럴듯하게 퍼져 나갔다.

차경석은 1916년 11월 28일 교단 조직을 갖추기 시작했다. 교인 가운데 24명을 선정해 천지에 이름을 고해 서약하고, 24방方 이름으로 인장을 하사했다. 우선 12명을 택해 수화목금(교정 4명), 동서남북, 춘하추동(교령 8명) 방주로 배치했다. 차경석은 조직을 드러내지 않고 비밀리에 포교를 했다. 차경석은 고판례를 찾아오는 사람들을 통제했다. 고부인이 거처하는 방을 예문禮門이라 부르고, 자신의 승낙과 안내 없이는 예문에 출입하지 못하도록 조처했다. 허수아비 교주로 전락한 고판례는 1916년 대흥리를 떠나려다가 차경석의 방해로 실패했다. 결국 1918년 7월 강응칠 등 교인 일부를 데리고 김제군 백산면 조종리에 교당을 세우고 '태을교'로 독립해 나갔다.

1917년 4월 24일 차경석은 국권 회복을 표방했다는 사유로 갑종 요시찰인에 편입되었다. 차경석은 그해 10월 4일 집을 떠나 강원도 경상도의 산간지대에 숨어 지내면서 비밀 포교를 계속했다.

차경석은 조선이 독립할 것이며, 그러면 정전법井田法이 시행돼 토지가 골고루 분배될 것이라고 말했다고 한다. 정전법의 시행은 경자유전耕者有田의 원칙 아래, 토지개혁을 실시할 것이라는 말이었다.

일제의 기록인 「보천교 일반」에 차경석 교단의 포교 방법에 대해 이런 설명이 있다.

'현재 모습을 숨긴 차경석은 모년 모월 나타나 새로운 대시국大時國을 건설하여 현재의 제도 일체를 파기하고 정전법을 두어 개인 소유 토지 모두를 몰수하여 평등하게 분배할 것이다. 때문에 모든 토지 소유자는 지금 빨리 토지를 매각하여 보천교에 봉납하면 신

국가가 건설될 때 고위고관에 임해져 생활의 안정을 얻는다.'

치병治病(병 고침)도 포교에서 중요한 부분을 차지했다.

1919년 10월 함양 대황산에서 첫 번째 천제를 할 때 차경석은 "내년에 악질이 유행하므로 태을주를 적어 문에 붙이고 모과를 먹으면 이 재액을 면한다"고 했다. 이에 따라 교단에서 모과를 대량 구매해 교인들에게 나눠줬다.

차경석은 1919년 교단 조직으로 60방위제를 창설하여, 1920년 말에 조직을 완성했다. 교주 바로 밑에 방주 60명을 두고, 방주 밑에는 6임을 두고, 6임 밑에 12임, 그 밑에 다시 8임을 두며, 8임은 각각 40명의 신도를 모집하는 사람으로 충당했다. 8임 밑엔 15임을 두었다. 8임 이상의 간부가 4만 2,560명, 15임 이상의 간부는 모두 55만 7,700명에 이르렀다. 1923년에는 여방주 제도도 두었다.

대황산 고천제에서 차경석은 60방주의 임명을 세 차례에 나누어 하늘에 고했다. 교주 밑 최고 간부인 교정敎正 4명은 수水 방주에 문정삼, 화火 방주에 채규일, 금金 방주에 채선묵, 목木방주에 김홍규였다. 김홍규에게는 자금 관리를 맡겼다. 김홍규의 아들 금택이 훗날의 탄허呑虛 스님[42]이다.

60방주는 대부분 한학에 능통한 양반 출신의 사람들이었고, 경제적으로도 먹고사는 데 큰 곤란을 겪지 않는 사람들이었다. 차경석은 60방주에게 각 방면을 새긴 상아 인장과 교주의 직인을 찍은 교첩을 주었다.

차경석은 토土 방주라 했다. 5행 가운데 토는 방위로는 중앙, 색깔로는 황색, 정치적 지위로는 황제를 뜻한다. 월곡은 교첩에

토[±] 자를 가운데 두고 그 주위에 '무기일월^{戊己日月}'의 네 글자가 새겨진 중앙 인장을 사용했다. 일월은 24절기의 기강이고, 무기는 24방위의 중앙으로, 이 인장은 후천시대의 새로운 통솔자를 뜻했다.

교단의 조직은 증산의 사상에 기반해 차경석을 천자로 한 새 정부를 조직하는 것과 같았고, 교첩은 관직의 임명장 같은 것이었다.[43] 교인의 수는 급격히 불었다. 『보천교 연혁사』에선 1920년에 '지금에 교도가 번창하여 방주 1인 하에 만여 명이 수종하게 되었다'고 했다. 1921년 기록엔 '교도가 전 조선에 두루 가득하여 수백만에 달한다'고 하였다. 1922년 기록엔 '6백만 대중을 품은 종교'라는 표현이 있다. 교단 안에서도 정확한 숫자를 가늠하지 못해, 수백만, 3백만, 6백만 등 여러 숫자를 들었다. 당시 조선 인구가 1,700만 명이었으니, 600만이란 말은 심한 과장일 것이다.[44] 조선총독부 경무국은 3·1운동 이후 천도교가 약화된 틈을 타, '보천교가 세력을 확장해 한때 교도 100만 명을 불러 모으기에 이르렀다'고 기록했다. 이강오(1920~1996)(전 전북대 교수)는 1860년대 이후 한국에서 출현한 신흥종교 340여 개를 13개 계통으로 분류해 정리한 『한국신흥종교총감』(1992)에서 전성기 보천교 신도 수를 200만 명으로 봤다.

교인은 대부분 농민이었다. 경상북도에 가장 많았고, 그 다음이 강원, 전북, 전남, 경남, 평북 순이었다. 1934년 경북경찰부가 발간한 「고등경찰요사」의 기록에는 '경북도 내 종교인 중 47% 정도가 보천교인이고, 70% 정도가 증산계(보천교+무극대도교)'라고 했다.[45]

차경석 교단의 세력이 커가면서, 대흥리 주변으로 교인들이 모여들었다. 애초 진목의 옆 마을인 중흥, 신평을 합해 모두 15가구에 불과했던 마을이 크게 흥大興하여 700가구가 사는 큰 마을로 변했다. 교단에 전 재산을 바치고殫竭, 대흥리로 와서 사는 사람도 적잖이 있었다.

1918년 9월 제주도에서 법정사 주지 김연일이 신도와 주민을 이끌고 국권 회복과 일본인의 추방을 외쳤다. 700명이 들고 일어나 전선을 절단하고, 중문리 경찰관 주재소를 불태웠다. 보천교도인 박주석도 항쟁을 이끈 중심인물 가운데 하나였다. 총독부는 차월곡을 항쟁의 주모자로 몰았다.

일본 경찰이 이 사건을 조사하는 가운데, 제주 교인 문인택, 강대거 등이 교인들에게 거둔 성금 7만 원46)을 면화 포대 속에 감추어 배에 실어 나오다 목포항에서 붙잡혔다. 경찰은 이들을 고문해 돈이 차경석 교단의 교금임을 알아냈다. 경찰은 교인 박종하를 고문해 교단 조직이 24방주제로 구성돼 있음을 파악하고, 채규일 등 19명을 체포했다. 고판례와 차경석의 동생 윤칠도 포함됐다. 채규일은 심한 고문으로 부상을 입었다. 교인 김문진이 풀려난 뒤 형독으로 사망했고, 차윤칠도 이듬해 6월 20일 목포경찰서에서 형독으로 사망했다. 차경석은 소재불명으로 기소중지 처분을 받았다.

이듬해인 1919년 3월 1일부터 만세 시위가 전국을 휩쓸었다. 전국 218개 군 가운데 211개 군에서 연인원 200만 명이 참가해 1,500여 차례 '독립 만세' 시위를 벌였다. 일제는 무력으로 탄압했다. 7,500여 명이 죽고, 1만 6천여 명이 부상을 입었다. 체포된 사람도 4만 7천여 명에 이르렀다.

그해 10월 대황산 고천제 이후 경상북도의 청송과 안동 등지에서 보천교의 비밀 조직이 빠르게 확산됐다. 일제는 이를 종교를 위장한 독립운동단체라고 규정하고, 교인들을 대거 검거하기 시작했다.

'경남 합천에서는 이영조가 잡혔다. 진주지방법원 거창 지청에서 8개월을 구형한데 불복해 대구 복심(항소심) 법원에 공소하여 4개월이 감형됐다. 안동 재판소에서는 신법을 제정해 방주는 6년, 6임은 4년, 12임은 2년, 8임은 1년 징역으로 결정했다.'(『보천교 연혁사』)

1920년 1월 청송에서 방주 권태호에 의해 60방주의 조직이 누설됐다. 경찰은 기미독립운동을 다시 일으키려는 음모를 꾸미는 단체로 규정하고, 조선총독부 제령 7호(조선민사령) 위반 혐의로 교인을 검거해 222명을 기소해 처벌했다.

'청송군에서는 고문으로 인하여 교도 수인이 사망하였다.'

'강원도 교인 700여 명이 잡혀 그중 김중식은 경성 복심(항소심) 법원까지 공소하야 끝내 6개월을 복역하고…'

'2월 10일에 (황해도) 채선묵 (평안도) 김홍규 2인이 도의 교단 책임자(정리) 부임차 평양역에 하차하다가 관리에게 포착되어 감옥에 구금되다.'(이상 『보천교 연혁사』)

차월곡은 경찰의 검거망을 계속 빠져나갔다. 체포 직전에 이른 적도 여러 번이지만 그때마다 자취를 감췄다. 교인들과 일반 민중의 기억에는 그가 신통묘술을 부리는 사람으로 새겨졌다.

총독부는 교단 재정에도 적잖은 타격을 입혔다. 1918년 제주도 교인들의 치성금 7만 원을 압수했다. 김홍규가 평양에서 구금되자 그가 갖고 있던 돈 11만 3,730원을 김영두가 훔쳐갔는데 그 가운데 쓰지 않고 감춰둔 4만 3,730원도 경찰이 압수해갔다. 차경석이 평안도로 보내기 전 김홍규에게 "가족 친부자 간도 알지 못하도록 타지에 옮겨 밀봉해두라"고 재삼 친히 부탁했던 돈이다.

총독부는 8월에 검거한 교단 간부 이상호를 10월에 차경석에게 보내 교단을 공개하면 탄압하지 않을 뜻을 내비치며 회유했다. 차경석은 처음엔 응하지 않다가, 머지않아 교단 공개를 승인했다.

1921년 11월 17일 차경석의 모친 밀양 박씨가 세상을 떠났다. 차경석은 부음을 들었지만, 집으로 돌아가지 않았다.

1922년 이상호가 4대 강령(일심, 상생, 해원, 후천선경)을 천명하고 교명을 '보천교'로 관에 등록했다. 이상호는 2월 1일 서울 창신동에 보천교 진정원眞正院 간판을 내걸었다. 비밀조직으로 움직이던 교단 조직을 마침내 공개한 것이다. 그러나 일제는 탄압의 끈을 놓지 않았다.

2차 고천제에서 차경석이 밝힌 교의 명칭은 보화교였다. 그러나 이상호는 관의 의심을 받을까 두려워 고천제에서 이름한 보화교의 '보'와 천주교, 천도교의 '천'을 따서 '보천교'로 하였다고 기록에 남겼다.

보천교단에서는 중국 고전 시경에 나오는 보천솔토普天率土(하늘 아래 모든 곳이 왕의 땅 아님이 없으며, 땅의 모든 물가에 이르기까지 왕의 신하 아닌 사람이 없다)⁴⁷⁾에서 딴 말이라고 설명하기도 한다.

선조 때의 고승 정관 일선은 불가에 입문해 자신을 시봉하며 가르침을 받은 조카에게 보천이란 이름을 주고, 이렇게 해석해준 일이 있다.

"보普는 두루 시방세계에 펼쳐져 있음을 말하며, 천天은 만물을 덮어 길러준다는 뜻이다. 이는 자기를 이루고 자기를 이롭게 해서 다른 사람에게 (그 영향을) 미치는 것을 두고 하는 말이지, 초심初心 학자를 말하는 것이 아니다. 이것이야말로 유가에서 말하는 겸선 천하兼善天下요, 도가에서 말하는 행불언지교行不言之敎요, 불가에서 말하는 광도중생廣度衆生이라는 것이니, 이는 모두 자기를 이롭게 해서 남들도 이롭게 하는 것을 말한다."

교장과 교기도 제정했다. 우물 정井자로 된 교장의 정井은 수원水源을 의미한다. 물은 만물을 생성자육하는 것으로서 보천교의 덕화가 수원과 같음을 뜻하고, 보천교 중심지인 정읍을 뜻하기도 했다. 깃발은 적색 바탕에 황색의 정井 자를 새긴 것으로 보천교의 7대 치성일과 기념일에 게양했다.

차경석은 1922년 3월에 임실의 산중에 산막을 치고 49일 기도를 한 뒤, 정읍 대흥리로 돌아갔다. 7월 20일에 모친 장례식을 했다. 모인 신도가 10만 명에 이르렀다. 차경석은 5월에 건축한 현성전에 이어, 각 방주의 집무실이 될 건물을 짓기로 했다. 이를 위해 교인들에게 자신이 낼 성금을 적게 하고, 5등급으로 된 포성장襃誠狀을 인쇄해 발급했다.

1923년 1월에는 진정원을 주요 도시에 설치하라는 교령을 내렸다. 출판사인 보광사를 설립해, 10월에 월간지 「보광^{普光}」을 창간했다. 천도교의 잡지 「개벽^{開闢}」에 대응하기 위해서였다.

일제는 보천교가 한국의 독립을 기도하고, 교금을 독립운동 자금으로 유용했다고 하여 탄압했다. 비밀리에 했겠지만, 드러나거나 밝혀진 것이 여러 건이다.

전북 익산 금마 출신으로 3·1운동 때 48인 중 한 명인 임규는 보천교단에서 5만 원을 받아 나용균에게 전달했다. 처음엔 장덕수를 통해 자금을 상해 임시정부에 전달하려 했으나, 장덕수가 하와이로 간다 하여 나용균을 통해 임시정부에 보냈다고 한다. 이 이야기는 임규와 고향이 같은 신흥종교 연구가 이강오, 전북일보 편집국장을 지낸 최공엽이 각각 임규에게 직접 들었다고 한다. 나용균이 돈을 받은 직후 영국 옥스퍼드대학으로 유학을 떠난 까닭에, 임시정부에 실제 돈이 전달됐는지는 불분명하다.

동아일보 1922년 2월 22일자에는 전주에서 상해 임시정부로 보내려던 보천교 자금 11만 원을 압수했다는 기사가 실려 있다.

'강일순이 죽을 때 유언하기를 "내가 죽은 지 몇 해 후에 계룡산에 재림하겠다"고 말했다는 풍설이 있고, 또 차경석이 천자가 된다는 풍설도 유행하여 교도의 검거가 심하던 터에, 작년 봄에 전주에 모아 놓았던 돈 11만 원이 압수되는 동시에 당국에서는 크게 놀라 상해 임시정부로 보내려는 군자금으로 인정하고 크게 검거를 행하여, 강원도 일대와 삼남 지방에 수천의 교도가 검거되었고…'

1921년 보천교는 고려공산당이 이듬해 모스크바에서 열리는 세계약소민족회의에 김규식, 여운형, 나용균, 장덕진 등을 파견하기로 하고, 보천교 서울청년회 소속의 최팔용과 장덕수를 차경석에게 보내 여비 지원을 요청하자, 1만 원을 지원했다. 전북 부안 출신으로 고려공산당 상하이파 대표원이던 김철수가『친필유고』[48]에 기록을 남겼다.

대한민국 임시정부의 활로를 모색하기 위해 1923년 국민대표회의가 북경에서 열렸다. 이 회의에 강일과 배치문(배동지)이 보천교 대표로 참석했다.

일제의 기록에는 김좌진이 보천교에서 2만 엔円 가량의 돈을 지원받아, 그 돈으로 무장대를 편성했다고 돼 있다. 일제의 관동청関東廳 경무국은 1924년 11월 26일 일본 외무성 아세아국, 척식사무국, 조선 경무국, 평안북도 등을 수신처로 하여 '김좌진 군자금 확보' 건을 보고한다.

'근년 김좌진은 자금이 부족하여 부하를 해산하고 모든 활동이 불능한 상태가 되어 금번 봄 조선 내 보천교 교주 차경석과 연락하여 만주별동대로서 행동하는 일로 지난 10월 초순 교주 대표 모씨가 영고탑에 와서 2만여 엔의 군자금을 제공함으로써 김은 이 돈으로 옛 부하들을 소집하여 삼분구에 근거를 두고 포교와 무장대 편성을 계획하고 동지를 거느려 동녕현으로 들어왔다.'[49]

관동청 경무국은 '보천교를 배경으로 행동하는 그의 장래는 상당한 주의를 요하는 것으로 인정됨'이라고 덧붙였다.

경기도 경찰부의 도경부보는 1925년 11월 16일 도 경찰부장에게 보낸 수사보고서에서 '권총을 휴대한 불령선인 일단이 보천교 간부와 제휴하고 조선독립군자금을 모집 중이니 용의자를 수사하라는 명령을 받아 남선 방면에 출장 중, 전라북도 정읍군 입암면 대흥리 173번지의 보천교 북방 방주 한규숙 집에 앞서 기술한 용의자 일단이 숨어 있음을 탐지했'고 보고했다.

불령선인은 중국 남만주 지역의 독립운동단체 정의부의 요원들이었다.

이 일이 있기에 앞서 평양 출신의 독립운동가 조만식은 보천교에서 독립운동 자금을 얻으려고 1925년 4월에 한규숙을 만났다. 다음 달에는 부하 이춘배와 함께 한규숙을 만나 구체적인 제휴 방법에 합의했다.

'보천교가 재외독립단 원조를 위해 만주개척 사업비로 30만 원을 제공해 사업을 경영하고, 여기서 생긴 이익금을 독립운동 자금으로 쓴다. 조만식과 이춘배가 재외독립단과 연락 책임을 맡으며, 보천교 쪽에서도 두 사람이 유력한 독립단과 연락해 확증을 얻으면 돈을 제공한다. 독립단에서 무장군인 수 명을 조선에 특파하여 사기 독립단이 아님을 입증한다.'

이춘배는 봉천에 가서, 조만식과 가까운 동지 정찬규에게 사정을 설명하고 권총 2자루와 실탄을 받아 돌아와서는 조만식과 합류해 9월에 경상도 진주에서 한규숙을 만났다. 이들은 자산가들로부터 돈을 강탈할 준비를 갖추어 11월 7일 정읍 대흥리에 와 있다가 일본 경찰에 체포됐다.

1924년은 갑자년이다. '천자가 등극한다'던 바로 그해다.

그해 3월 31일 최남선은 「시대일보」를 창간했다. 동아일보 창간에 참여한 진학문이 편집국장을 맡고, 안세홍이 논설반과 정치부장, 염상섭이 사회부장을 맡은 시대일보는 1면을 정치 기사 대신 사회 기사로 채우고, 대형 만화를 연재하는 등의 파격으로 곧 인기가 치솟았다. 발행부수 2만 부로 「동아일보」에 육박했다.

그러나 창간 직후부터 자금 압박을 받고 있었고, 결국 7월 10일 정간에 이르게 됐다. 시대일보의 일부 발기인이 보천교에 출자를 요청했다. 보천교가 돈을 출자해, 발행권 경영권 편집권을 모두 가져가기로 했다. 교단 간부 이상호가 이를 주도했다. 보천교단은 보천교에 대한 비판 기사를 쏟아내는 동아일보에 맞서기 위해 시대일보가 필요했다.

그러나 종교단체의 신문사 인수를 두고 시대일보 안에서 반발이 컸다. 여론도 좋지 않았다. 천도교 쪽에서는 최남선과 진학문을 집중 공격했다. 동아일보도 비판 여론을 주도했다. 시대일보 사우회는 사우회 지분을 인정하라고 요구했다. 이상호는 9월 3일 신문을 속간했지만, 교단의 반대를 묵살하고 지분 배분에서 독단적인 결정을 했다가 파면됐다. 시대일보는 그 뒤에도 경영이 불안정한 상태를 이어가다, 1926년 8월 발행을 중단했다.

이상호는 가회동 창신동에 있던 보천교의 진정원 건물과 대지를 자신의 명의로 옮겨버렸다. 차경석은 이상호의 방주 인장을 회수하고, '이상호 토죄문'을 전 교도에게 보냈다. 이상호는 자신을 '보천교 혁신인'이라 자처하며, 월곡과 교단에 맞섰다. 그러다가 동생 이성영[50]이 보광사 인쇄기와 활자를 판 돈을 갖고 형제가 함께 중국으로 떠났다.

이상호는 1925년에 귀국하여 증산의 수제자인 김형렬의 미륵교에 가담했다가, 동화교를 창립해 교주가 되었다. 1926년 증산의 행적을 최초로 기록한 『증산천사공사기』를 썼다. 그 뒤 1929년 내용을 보완하여 『대순전경大巡典經』으로 편찬했다.

『대순전경』에는 차경석을 깎아내리고, 차경석이 꾀하는 일이 헛될 것임을 증산이 이미 예견했다는 내용이 여러 곳에 있다.

우선 '경석은 모든 행동에 위엄을 내며 양반의 기습氣習(풍습)을 본떴다'고 했다. 증산의 가르침과는 달랐다는 것이다. 증산이 하루는 경석에게 소원을 물으니 경석이 열지裂地(황제가 왕에게 분할해주는 땅)를 원했다고도 썼다.

『대순전경』에는 증산이 차경석의 집을 처음 방문한 날 '천고춘추아방궁 만방일월동작대千古春秋阿房宮 萬方日月銅雀臺'라고 써서 벽에 붙이고, 차경석에게 깊이 간직하여 잊지 말라 하였다고 쓰여 있다. 이 구절은 진나라 시황제가 아방궁을 지었으나 15년을 못 가 초패왕에 의해 타버렸고, 위나라 왕 조조가 지은 동작대는 45년을 못 가 사마염에게 빼앗긴 일을 언급한 것이다.

또 증산이 세상을 떠난 날의 일을 『대순전경』에서는 이렇게 기록하고 있다.

'아침에 형렬에게 명하여 꿀물 한 그릇을 가져오라 하여 마시시고 사시巳時(오전 9시 반~11시 반)에 모든 종도들은 문 밖으로 물러가고 경석이 들어오거늘 흘겨보시며 가라사대 "정가鄭哥 정가鄭哥

글도 무식하고 똑똑치도 못한 것이 무슨 정가냐" 하시고 곧 화천하시니.'(『대순전경』 9장 30절)

'무슨 정가냐'라고 한 것은 차경석이 정감록에서 거론한 진인 정씨가 아님에도 그런 일을 꿈꾼다고 힐난한 것이다.

동학농민전쟁에서 희생된 이들의 한을 풀어주기 위해 증산이 차경석으로 하여금 보천교를 일으키게 했다고 암시하는 대목도 있다. 증산이 경석을 동학 신명들의 두령으로 정하고는 "동학 신명이 전부 이 자리에서 해원되리니, 뒷날 두고 보라. 금전도 무수히 소비할 것이요, 사람의 수도 갑오년보다 훨씬 많게 되리니 이렇게 풀어놓아야 후천에 아무 일도 없느니라"라고 말했다는 것이다.

차경석은 자신이 천자가 된다는 이야기를 한 적이 없고, 재물에도 별다른 욕심이 없었다. 그는 여름과 겨울 각 2벌의 옷으로 더위와 추위를 견디는 검소한 생활을 했다. 천도교 잡지 「개벽」 1923년 8월호(38호)에는 자신을 비봉선인이라고만 밝힌 사람이 그해 4월에 정읍에 가서 차경석을 만났던 이야기를 쓴 것이 나온다.

'장래 조선이 독립되고 보면 무슨 정체政體를 쓰는 것이 좋으냐고 (내가) 물었다. 차씨는 무엇을 생각하는 듯이 있다가 말하기를 "그것은 그때 일반 인심을 관찰하여야 할 것"이라 한다. (…) 세상 사람은 차씨를 일개 미신가요 또한 무식자로서 다만 우민을 유혹하여 금전을 사취하는 자라 한다. 그러나 내가 보기에는 그는 그렇게 무식한 이가 아니다. 비록 현시대의 지식은 결여했다 하더라도 구시대의 지식은 상당한 소양이 있다. (…) 그를 차천자라 하는 것은 결코 그가 자청한 것이 아니요 몽매한 교인과 비소鼻笑(코웃

음)하는 세인이 칭호한 것이지마는 그의 여러 가지 용사用事를 보면 제왕 될 야심이 만만한 것을 추측하겠다.'

차경석은 1925년 1월 16일부터 대흥리에 성전 건축을 시작했다. 1929년까지 2만 평의 터에 십일전十一殿을 비롯하여 40여 동의 건물로 이뤄진 성전을 지었다. 전체 건축비가 150만 원이 들었다. 보천교 본소라고 불렸다.

먼저 1925년 3월 15일에 교종敎鍾을 만들어, 종각에 매달았다. 각세종覺世鍾이라 이름 붙인 이 놋쇠 종은 교인들에게 '수저 1개씩'의 정성을 거두어 만들었다. 직경이 8자, 높이가 12자에 무게 1만 8천 근이었다. 매일 첫 새벽, 정오, 저녁 뒤 등 세 차례, 한 번 칠 때마다 72번을 쳤다.

십일전은 성전의 중심 건물이다. 후천시대에 맞춰 북향으로 지었다. 십十과 일一은 음의 끝, 양의 시작을 나타내는 숫자로서 음양을 순환하여 천지만물을 생성하는 태극을 뜻한다. 즉 십일전은 태극전의 다른 이름이다. 오행에서 가운데를 뜻하는 흙 토± 자의 파자이기도 하다.

앞면 7칸, 옆면 4칸짜리 십일전 건물은 정면의 길이가 100자(30m), 측면 56자(17m)에 이르렀다. 8m나 되는 아름드리나무 기둥 34개를 세우고, 팔작지붕(지붕의 옆면이 한자의 八자 모양)을 이었다. 조선의 정궁인 경복궁의 근정전(정면 30m, 측면 21m)에 거의 필적하는 규모다. 대들보로 쓸 나무를 조선에서는 구할 수 없어, 노령 만주계에 있는 양증산養甑山에서 구해 3년 걸려 운반해 왔다.

십일전 공사비는 11만 3천 원이 들었다고 하는데, 50만 원 들었다는(정읍군지, 1936년) 기록도 있다.

건물 안쪽에 성탑을 배치하고, 중앙에 입암산, 왼편에 삼성봉, 오른편에 방장산을 그렸다. 산 위에는 해, 달, 칠성을 그린 벽화를 배치했다. 성탑은 높이가 30척, 둘레가 80척에 이르는 크기로, 계단 양쪽에는 용을 조각하고, 성탑 기둥에도 나무로 새긴 용을 도금 처리했다. 십일전 양 측면에는 사악한 관리를 보면 달려들어 물어뜯는다는 해태상을 놓았다.

부속 건물로는 정화당, 팔정헌, 육화헌, 삼진헌, 태화헌, 수정사, 기정실, 근성사, 동락재, 공수실, 존감소 등이 있었다.

바깥문은 북쪽에 정문인 보화문, 남쪽에 대화문, 동쪽에 대흥문, 서쪽에 평성문이 있었고, 남쪽 후문으로 영생문이 있었다. 내부에는 3층 지붕으로 된 정문인 삼광문이 있었고, 승평문, 함평문, 중화문이 있었다. 2층으로 된 정문 보화문으로 들어갔다가 다시 나올 때까지 1시간이 걸린다고 했다.

본소 건물은 1929년 완공됐지만, 일제의 탄압으로 제대로 사용할 수 없었다.

1922년 보천 교단의 공개 이후 혹세무민의 종교라고 보천교를 성토하는 지식인들의 목소리가 갈수록 커갔다. 갑자년 천자등극이 무위로 돌아가면서, 교인들이 등을 돌리기도 했다. 이상호 형제를 출교한 이후, 교단 내분도 심화됐다. 보천교단은 국내외 독립운동 단체와 소통을 시도하는 한편으로, 간부들을 일본에 보내 일본의 유력 정치인들을 만나게 했다. 하지만 돈만 많이 쓰고 소득은 없었다.

1924년 7월 4일 부임한 시모오카 츄지下岡忠治 정무총감은 교단 간부를 통해 "내가 보천교를 원조하고자 하되 아직 뿌리가 얕고 확실한 종교가 돼 있지 않아 특별한 원조를 할 수 없으니, 귀교에서 별도의 기관을 설립하면 극력으로 원조하겠다"며 "시국광구단時局匡救團을 설립 조직하라"고 요구했다. 차경석은 잘못된 것을 바로잡는다는 뜻의 광구단이라고 자칭하는 것은 우리 동양 도덕상 너무 무례하다면서도, 단체를 조직할 뜻을 밝혔다.

"오늘의 대세가 대동大同 아니면 평화할 수 없고 더구나 서양의 세력이 점차 동양을 침노하니 이때를 당하여 동양 황인종은 상호간 대동단결로써 세력을 공고하지 아니하면 백인종의 화를 면하기 어렵다."

차경석은 시국대동단을 조직하라고 지시했다. 친일단체로 지목된 11개 단체에서 40여 명이 떨어져 나와 각파유지연맹을 조직했으나, 조직 취지가 공명을 얻지 못하고 재정적으로도 궁핍해 활동이 어려웠다. 이들이 보천교와 손을 잡았다.

시국대동단의 조직은 차경석과 보천교에 치명타를 가했다. 곧 전국을 돌며 강연회를 열었는데, 11개 단체 연맹에서 나온 어용인사들은 강연에서 동양 삼국이 대동단결하여 잘 살자는 취지의 말을 했다. 강연을 들은 사람들이 보천교를 친일파라 비난하고, 모욕하고, 간판을 부수고 교인을 구타하기도 했다.

'1924년 12월에 부산 국제관에서 시국대동단의 취지를 강연할 때 강연을 듣던 청년 수백 명이 폭동하여 강사에게 모욕의 말을 발설하고 거리에서 교기까지 찢었다.'(『보천교 연혁사』)

경찰은 조선인들끼리 충돌하는 것을 방치했다.

1926년 1월, 사이토 마코토 조선 총독이 정읍 보천교 본소를 방문해 월곡을 만났다. 회견 내용은 비밀에 부쳐졌다. 월곡에 대한 체포령과 교인 검거령은 이로써 사실상 해제됐지만, 보천교가 친일 세력이라는 세간의 인식을 더욱 강화했다.

간부들 가운데서도 배교자가 속출했다. 1926년 10월에 경성 진정원장 이달호가 월곡의 장남을 꼬드겨 주색에 탐닉했다고 논죄를 당하자, 이듬해 1월 10일 사람들을 동원해 보천교 본소를 습격하기도 했다.

1928년(무진년) 1월 4일 차경석은 교도 수백 명을 모아놓고 아침부터 저녁까지 사흘 연속으로 설법을 했다. 훗날 보천교인들은 이날의 설법을 '무진훈사' 또는 '무진설법'이라고 부른다.

"보천교는 포교 이래 혹자의 전도 오류로 인하여 허령미신虛靈迷信의 설에 기울어지는 폐단이 있었는데, 이제부터는 동양 도덕의 정종正宗이 되는 원리를 전 세계에 잘 알려야 할 것이다."

차경석은 이상호가 교단 등록 때 제시한 일심, 상생, 해원, 후천선경이라고 한 교리를 부인했다. 일본의 민속학자 무라야마 지준村山智順이 보천교의 정당한 교리에 대해 묻자 이렇게 대답했다.

"교리는 인의仁義요, 교강敎綱(교의 강령)은 경천敬天 명덕明德 정륜正倫 애인愛人입니다."

보천교의 주의는 상생相生, 목적은 대동大同이라 했다.

차경석은 주문을 외우는 수련을 금했다. 유교식으로 정좌수심定座修心 하라 했다. 교단 간부와 교인들에게는 유교식으로 집지례執贄禮(제자가 스승에게 폐백을 올리고 배움을 청하는 의식)를 행했다.

차경석의 이런 신로信路 변경을 두고, 유학으로 돌아갔다는 말이 나왔다.

1936년 3월 10일, 교단 조직이 흔들리는 가운데 차경석은 쉰일곱의 나이로 갑작스레 사망했다. 일제는 보천교를 뿌리 뽑기 위해 총력을 기울였다. 먼저 전주경찰부와 정읍경찰서 형사 70여 명을 보내 더는 치성금을 못 걷게 하고, 본소 건물들을 수색했다. 일제는 건물들을 사실상 압류하고, 경매를 통해 신속히 처분했다. 이듬해엔 유사종교 해산령을 내렸다.

십일전은 정읍군 유지들이 합자 매수하여 학교나 병원을 짓기로 의견을 모았다. 그러나 경찰이 철거할 사람에게만 낙찰하겠다고 단호하게 나오자 손을 놓을 수밖에 없었다. 십일전 건물은 단돈 500원에 일본인의 손에 넘어갔다. 이것을 불교계가 한국 불교 총본산을 짓기 위해 10만 원에 사들였다.

불교계는 1937년 3월 26일부터 십일전 철거에 들어가 5월 5일에 철거를 끝냈다. 해체한 목재와 석재 등 건축자재는 정읍역으로 실어다가 기차 편으로 서울역으로 보냈다. 그 재료로 옛 각황사 옆 보성중학교 자리에 지금의 조계사 대웅전을 지었다. 십일전을 옮겨 짓는 데는 연인원 6만 5천 명이 동원됐다. 건물은 보천교 십일전과는 정반대로 자좌오향子坐午向, 즉 남향으로 배치했다. 애초 사찰명은 태고사[51]였는데, 1954년 태고종과의 분규를 계기로 조계사로 이름을 바꿨다.

보천교 본소의 다른 건물들도 이리저리 흩어져 지금은 행방을 알 수 있는 것이 몇 개 되지 않는다. 2층으로 된 누각이던 성전의 정문 보화문은 경매로 부안의 부자 김상기에게 넘어가 있다가, 광복 뒤인 1958년 정읍의 내장사가 쌀 50가마를 주고 사들여 1층만 남겨 대웅전으로 복원했다. 그래서 국내 사찰 가운데 유일하게 석조 기둥 건축물이었는데, 2012년 10월 마지막 날 새벽 화재로 전소했다.

송도군宋道君(1900~1962)은 새로운 천 년이 시작되는 1900년 8월 경상도 성주에서 태어났다. 열세 살에 여呂씨와 혼인했다. 처가는 금수면 광산동으로 가야산 산자락에서 십 리쯤 떨어진 곳이었다.

송도군은 어려서부터 도道를 찾았다. 열여덟 되던 해 어느 날, 처가의 집안사람 중에 여 처사라는 이가 도가 깊다는 말을 듣고 그를 만나려고 가야산을 올랐다. 날이 어두워져 인가를 찾던 중 산중턱에서 무슨 짐승을 잡아놓고 치성을 드리는 두 사람을 발견했다. 증산의 가르침을 따르는 사람들이었다.

"참으로 공부를 할라카면 상도(전라도)로 가야제. 하도(경상도)에서는 큰 공부가 안 되는기라."[52]

송도군은 여 처사를 만나지 못하고, 도꾼들과 일주일을 함께 보냈다. 그들에게 태을주 수련을 배웠다. 송도군은 증산의 친지들을 만나고 싶었다.

1917년 봄보리가 익을 무렵, 송도군은 "전라도에 가 사모님을 모셔오겠다"고 할아버지에게 말했다. 사모님이란 증산의 천지공사를 시중든 수부 고판례를 말한다.

송도군은 금구 원평에서 엿장수 일을 하는 증산의 제자 송찬오를 찾아가, 그를 통해 정읍 대흥리의 차경석 집을 방문했다. 고판례는 만나지 못하고 스무 살 연상의 차경석만 만났다.

송도군이 물었다.

"어떻게 하는 것이 천하 창생을 위한 천하 대사입니까?"

"미경사未經事(아직 세상 경험이 없는) 소년이 말만 웅통스럽군!"

송도군은 고판례를 만나지 못하고 물러 나와서는, 증산이 살던 손바래기 마을을 찾아갔다. 증산이 살던 집에는 증산의 부모와 딸 순임, 증산의 여동생인 선돌댁이 살고 있었다. 선돌댁은 고부 입석(선돌)리 박창국에게 시집갔다가 자식을 낳지 못하자 친정으로 돌아와 살고 있었다.

송도군은 치성에 공력이 깊어 보이는 선돌댁을 데리고 고향으로 갔다. 선돌댁 주도로 석 달간 치성에 들어갔다. 치성을 들이는 동안 송도군이 한 번도 본 적이 없는 장모의 인상을 말하고, 아내 여씨의 지병이 싹 낫는 등의 이적을 보았다.

송도군은 9월에 논 서 마지기 판 돈을 갖고 선돌댁과 함께 다시 전라도로 갔다. 송도군은 손바래기 마을과 엿장수를 하는 송찬오의 집을 거점으로, 정읍 김제 고창 장성 등지의 이름난 도꾼들을 찾아다녔다.

송도군은 대흥리에 가서 며칠을 묵은 끝에 '사모님'을 결국 만났다. 마침 아들을 찾아 정읍에 온 송도군의 아버지에게 고부인은 이렇게 말했다.

"제발 댁의 아들 좀 데리고 가소, 내가 머리가 지끈지끈 아파 당체 못 살겠소."

송도군으로선 별 소득이 없었다.

시루봉 아래 손바래기 마을에 있을 때, 증산의 딸 순임은 송도군을 오빠라고 부르며 따랐다. 어느 날 순임이 그를 증산이 살아 있을 때 서재처럼 쓰던 별실로 데리고 가서는 종이로 땜질하듯 발라놓은 천장을 가리키며 말했다.

"선친께서 저기에 책 한 권을 넣고 바르시고는, 훗날 이 책의 주인이 와서 찾아갈 것이라 했는데, 오빠가 뜯어보면 좋겠어요."

책 한 권이 있었다. 『정심요결^{正心要訣}』이라고 제목이 쓰여 있었다.

증산이 애초 이 책을 손에 넣은 경위가 『대순전경』에 실려 있다.

'스물다섯 되시던 을미년(1895년) 봄에 고부지방 유생들이 평란⁵³⁾ 되었음을 축하하는 뜻으로 두승산에 모여 시회를 열 때 상제께서도 참여하였더니, 한 노인이 상제를 조용한 곳으로 청하여 작은 책 한 권을 전하거늘 상제 그 책을 통독하시니라.'(『대순전경』1장 24절)

송도군이 펼쳐본 책에는 '도문소자 옥포^{道門小子 玉圃}'가 썼다고 돼 있었다.

이옥포⁵⁴⁾는 부안 사람으로 1900년대 초까지 살았던 도인이다. 『정심요결』은 이옥포가 애초 『영보국정정편』이란 제목으로 쓴 책으로 중국 송말 원초 정소남^{鄭所南}(1241~1318)의 『태극제련내법의학』

이란 책에서 축약 발췌하고, 중용의 가르침을 더해 새로운 수련법 문으로 만든 것이다.[55] 증산은 이 책을 받고 6년 뒤 성도成道했다.

송도군은 책을 손에 넣고, 증산이 성도한 대원사로 발걸음을 옮겼다.[56]

박진섭朴鎭燮(1891~1943)은 갑오농민전쟁이 일어나기 3년 전, 영광군 백수읍 길룡리의 궁벽 산촌에서 부잣집 조씨네 마름 박성삼의 셋째 아들로 태어났다.

열한 살 때부터 산신을 만나려고 구수산에 올라 치성을 드렸다. 몸가짐을 정갈하게 하고 마음에 욕심을 지우고, 제단을 만들고 산에서 과일을 따 상을 차리고 기도했다. 그러나 만나고 싶던 산신은 끝내 만나지 못했다. 열다섯 살 때(1905년) 근처 마을의 양씨 처녀와 혼인했다.

그는 자를 처화處化라 했다. 처화는 '산신은 만나기 어려우나 도인은 현실에 있을 수 있겠다' 여기고 '신통한' 사람을 찾아다녔다. 을미의병이 일어나 시국이 어수선하고, 증산은 생애 마지막을 천지공사에 쏟아 붓고 있던 무렵이다. 1910년 경술국치가 있던 해 부친상을 당한 뒤, 처화는 생계를 위해 주막을 열고, 잠시 장사를 하기도 했다. 그러나 곧 손을 떼고는 깨달음을 얻는 데 집중했다.

'어릴 때에 발심하여 성심으로 도는 구하였으나 가히 물을 곳이 없고 가히 지도 받을 곳이 없으므로, 홀로 생각을 일어내어 난행難行 고행苦行을 하지 아니함이 없었나니, 혹은 산에 들어가서 밤을 지내기도 하고, 혹은 길에 앉아서 날을 보내기도 하고, 혹은 방에 앉아 뜬눈으로 밤을 새우기도 하고, 혹은 얼음물에 목욕도 하며, 혹은 절식絶食도 하고, 혹은 찬 방에 거처도 하여, 필경 의식意識을 다 잊는 경계에까지 들었다.'(『대종경』수행품 47장)

박처화가 증산이 살아 있을 때 만났다는 기록은 없다. 그러나 증산이 세상을 떠나고 난 뒤, 증산 제자들의 수련에는 잠시 합류했다는 기록이 있다.

'을묘년(1915년)에 김형렬이 신안이 열려 신명을 부리고 풍운조화를 짓거늘 상제님을 모시던 다른 성도들도 신력神力을 통하고 싶은 마음이 일어나 통사동 영모재57)에 모여 도통 공부에 들어가니 이때 참석한 사람은 박공우, 김경학, 김광찬, 문공신 등 스무 명이더라.'

'성도들이 영모재에서 도통 공부를 시작한 지 얼마 후 박중빈(박진섭이 개명한 이름)도 그 자리에 참석하거늘, 중빈은 일찍이 태인과 정읍 등지를 돌아다니며 엿장수 생활을 하다가 당숙인 박공우로부터 상제님의 말씀을 여러 차례 전해 듣고, 태모님의 대흥리 도장 시절부터 상제님을 돈독하게 신앙하고 금산사 미륵전을 오가며 참배하니라.'(『증산도 도전』11편 36장)

이 공부 모임은 김광찬이 도중에 돌연 광기가 발동하여 주먹을 휘두르는 일이 벌어지는 바람에 곧 파했다.

박처화는 종질 박공우에게 간청해 이 공부 모임에 참석했으나, 뜻을 이루지 못하고 돌아갔다고 증산도의 도전은 전한다. 그리고 이듬해(1916년) 홀연, 대각을 했다.

박처화는 깨달은 바를 이렇게 요약했다.

"만유萬有(우주 안에 존재하는 모든 것)가 한 체성體性이며 만법萬法
이 한 근원이로다. 이 가운데 생멸 없는 도道와 인과보응되는 이치
가 서로 바탕하여 한 두렷한 기틀을 지었도다."(『대종경』서품 1)

박처화는 이름을 중빈重彬으로 고쳤다. 뒤늦게 읽기 시작한 유불
선의 경서들은 대충 훑어보기만 해도 뜻을 쉽게 파악할 수 있었다.

"내가 아는 바를 옛 어른들이 이미 간파했노라." 특히 불갑사
에서 빌려온 금강경을 읽고는 "석가모니는 성인 중의 성인이다"라
고 하였다.

박중빈은 근방의 8인을 제자로 삼고, 교단의 경제적 기반을 마
련하기 위해 구룡리 앞바다에서 간척사업을 시작했다. 향후 시방十
方(8방과 상하)에 맞춰 1명의 단장과 9명의 각장角長으로 수위단首位團
을 이루고, 9명의 각장 아래 81명의 항장亢長을 두고, 그 아래 또
729명의 저장氐長을 두는 방식으로 조직을 키워가기로 했다. 처음
에는 수위단 8명에게 8방위를 맡기고, '중앙' 자리를 비워뒀다.

박중빈은 1918년 4월, 정읍 화해리의 김해운 집에 머물며 수행
중이던 송도군을 찾아가 이틀을 함께 지냈다. 그리고 두 달 뒤 사
람을 보내 송도군을 데려왔다. 박중빈은 열아홉 살 청년을 '중앙'
을 맡는 각장에 임명하고 모든 사무를 대행하게 했다. 한 달 뒤
규奎라는 새 이름을 지어주었다. 박중빈은 송규를 백학명 선사가
있는 변산 월명암으로 보내, 머리를 깎게 했다. 자신은 모악산 금
산사로 갔다.

자신을 보고 증산의 재림이라고 하는 사람들에게 박중빈은 말
했다.

"나는 시루가 아니라, 솥이오. 솥에서 산 사람이란 말이오."

소태산少太山 박중빈은 1924년 4월 29일 익산 보광사普光寺에서 각 지역 대표들을 모아 '불법연구회'를 창립했다. 1943년 자신의 가르침을 집대성하여 『불교정전』을 완성하여 인쇄에 붙이고 열반에 들었다. 소태산 대종사에 이어, 제 2대 종법사가 된 정산鼎山종사 송규는 1948년 교명을 '원불교'로 바꿨다. '정산鼎山'은 '솥의 산'과 같은 뜻이다. 시루는 잔치에 쓰는 떡을 만드는 도구요, 솥은 늘상 먹는 밥을 짓는 도구다.

7장 주석

1) 오좌자향(午坐子向)이라고 한다. 정남쪽인 오(午) 방향을 등지고 정북인
   자(子) 방향을 향한 것이다. 이런 자리 배치는 자좌오향(子坐午向) 하던
   선천의 시대가 지나고, 오좌자향(午坐子向)의 후천 세상으로 전환됨을
   상징한 것이다.

2) 보천교 총정원이 편찬한 『보천교 연혁사』(1958년)에 고천제를 하는 광경
   이 자세히 묘사돼있다.

3) 박문기, 『본주』(상) 49쪽

4) 일제하 전라북도 경찰국이 작성한 비밀보고서인 「보천교 일반」에는 구
   한국 황제의 의관속대를 했다고 쓰여 있다.

5) 보천교 총정원, 『보천교 연혁사』, 1958년

6) 예기에 '천자는 천지(天地)에 제사 지내고, 사방(四方)에 제사 지내고,
   산천(山川)에 제사 지내고, 오사(五祀)에 제사를 지내되 해마다 두루 다
   제사 지낸다. 제후는 자기 영토의 사방에 제사 지내고, 산천에 제사 지
   내고, 오사에 제사 지내되 해마다 모두 다 제사 지낸다'고 하였다.

7) 일본이 조선의 국권을 침탈한 뒤 일어난 한말의 의병 세력 가운데는 제
   천의식을 행하는 조직도 있었다. 1907년 9월 12일, 정재 이석용(靜齋 李
   錫庸)(1878~1914)이 500여 명의 동지들과 진안 마이산 아래 용바위에
   제단을 쌓고, 창의고천제를 올렸다. 전라북도 항일 의병활동의 시작이
   었다. 11월 6일 익산 관동에서 출병한 이규홍의 의병부대도, 진안 운장
   산에서 고천제를 지냈다. 나라를 되찾겠다는 각오를 다지고, 승리하게
   해 달라고 하늘에 비는 의례였다.

8) 오지영은 『동학사』(간행본)에서 백산에 모인 동학군 8천 명의 지역별 인
   솔 장수와 인원을 이렇게 설명하였다. '(3일 만에) 수를 점고하여 보니
   손화중포로 고창두령 오하영, 오시영, 임형노, 임천서 등 영솔 하에
   1,500명이 오고, 무장두령 송경찬, 강경중 등 영솔 하에 1,300명이 모여
   오고, 흥덕두령 고영숙 영솔 하에 700명이 모여오고, 정읍두령 손여옥,
   차치구 등 영솔 하에 1,200명이 모여 오고, 김개남포로 태인두령 김낙
   삼, 김문행 영솔 하에 1,300명이 모여 오고, 김덕명포로 태인두령 최경
   선과 김제두령 김봉년과 금구두령 김사엽, 김봉득, 유한필 등 영솔 하에
   2,000명이 모여 왔다.' 오지영은 1868년 몰락 양반 출신으로 태어나
   1894년 농민전쟁 때 익산 대접주 김방서 휘하에서 중견간부로 활약했
   다. 만주로 이주했던 1926년 이후 초고본을 썼고, 1936년 10월 귀국한

뒤 1940년에 초고본을 수정하여 간행본을 냈다.

9) 일진회는 송병준과 독립협회 출신 윤시병, 유학주 등이 1904년 8월 창립했다. 동학교단의 혁신 운동단체인 진보회는 손병희가 러일전쟁 전 동학 재건 등을 위해 조직해 1904년 9월 설립한 동학 계통의 혁신 운동 단체다. 1904년 12월 일진회(회장 윤시병)가 진보회(회장 이용구)를 흡수해 통합했다. 1905년 11월 17일 을사조약이 체결되기 10여 일 전 일진회는 한국이 일본의 보호를 받아야 한다는 내용의 일진회 선언서를 발표했다. 손병희는 이를 계기로 12월 1일 동학 조직을 천도교로 바꿨다. 이용구는 시천교로 갈라져 나갔다. 일진회는 일본의 재정 지원을 받았고, 의병 탄압, 한일합병 청원 등 친일행각을 벌였다.

10) 「보천교 일반」의 기록이다. 『대순전경』에선 일진회 전라북도 총대였다고 한다.

11) 『대순전경』 제3장 16. 대순전경은 보천교 고위 간부를 지낸 이상호가 1926년 『증산천사공사기』를 최초로 정리한 뒤, 이를 경전 형태로 재구성해 1929년 발간한 책이다. 1965년 이상호에 의해 6판이 발행되었다. 후대에 발행된 증산 관련 경전의 원형이다.

12) 장재진 역해, 『대순전경 해의』, 장신원, 2009년

13) 증산은 도수를 '우주 자연의 원리나 법칙'의 뜻으로 쓰기도 했고, '그 원리나 법칙이 변해가는 과정 또는 순서나 단계'를 의미하는 말로 쓰기도 했다. 여기서는 '하늘에서 운명적으로 정해놓은 계획'으로 해석하는 게 적합한 것 같다.

14) 정읍시 정우면 장순리

15) 내가 바로 그 '천주'라는 뜻이다.

16) 공자는 "원한을 덕으로 갚으라는 말에 대해 어떻게 생각하십니까?"라는 물음에 "어째서 덕을 가지고 갚는단 말인가? 원한은 원한으로 갚고, 덕은 덕으로 갚아야지"라고 대답했다.(『논어』 헌문憲問편) 다만 자신에게는 준엄하고 남에게는 관대하면 남의 원한을 사는 일은 없다고 했다. 차경석이 말한 '자식의 도리'는 이런 유교적 사고방식에 따른 것이다.

17) 이상호, 『증산천사공사기』, 1926년

18) '천문에 통했다'는 것은 음양의 순환에 따른 사계절의 이치를 안다는 뜻이다.

19) '지리를 살펴 안다'는 것은 온갖 곡식을 풍성하게 하는 이치를 안다는 뜻이다.

20) 증산의 첫 제자이자 수제자다. 갑오년 농민전쟁에 참가하다 증산을 만났다. 둘째딸로 하여금 수발을 들게 했다. 증산이 『중화경』을 저술해 김형렬에게 맡겼다.

21) 중국 송나라 때 고승인 찬녕(贊寧)(919~1002)이 쓴 것이다.

22) 키가 주척(周尺)(약 20cm)으로 1장 6척, 즉 16척인 불상이 장육불이다. 보통 사람의 키 8척의 갑절로 만든 불상이다. 현재 금산사 미륵전의 미륵불은 1934년 금산사 화재로 소실된 것을 복원한 것인데, 키가 11.82m다. 처음 조성할 때는 33척이었고, 철불에 금칠을 했다. 정유재란 때 소실돼 목(木)불로 복원했다가, 1934년 화재 뒤 이듬해 흙(土)불로 만들어 세웠다.

23) 불상이나 보살을 안치하는 자리를 대좌(臺座)라 하는데, 우주 중심의 상징인 수미산을 닮았다고 하여 수미좌(須彌座)라고도 한다.

24) '시(侍)라는 것은 몸 안에는 신령이 있고 몸 밖에는 기운의 조화 작용이 있어서 이것을 온 세상 사람들이 각각 알아서 옮기지 않고 한 데 같이 있는 것이요, 주(主)라는 것은 한울님을 높이 존칭하여 부모 섬기는 것과 같이 효도로 섬겨야 하는 분을 말하는 것이요, 조화(造化)라는 것은 사람이나 누가 그렇게 되도록 하는 자가 없으나 자연한 가운데 화하여 되어지는 것이요, 정(定)이라는 것은 한울님의 덕과 한울님의 마음을 알고 사사로운 생각을 버려 내 덕을 한울님 덕에 합하고 내 마음을 한울님 마음으로 정하는 것이요. 영세라는 것은 사람의 한평생을 말하는 것이요, 불망이란 것은 잊지 않고 늘 생각한다는 것이요, 만사라는 것은 모든 일을 말하는 것이요, 지라는 것은 한울님의 도를 알고 한울님의 가르침과 지혜를 받는다는 것이니라. 그러므로 밝은 한울님의 덕을 밝혀서 생각하고 또 생각하여 잊지 않으면, 지기(至氣)와 지극히 화해서 지극한 성인에 이르게 되는 것이니라.' 이영노, 『동경대전·용담유사 해의』, 천법출판사, 1990년
동학의 주문은 처음에는 선생주문과 제자주문으로 나뉘어 있었다. 선생주문은 강령주문이 지금지기사월래(至氣今至四月來), 본주문이 시천주 아장생무궁무궁만사지(侍天主 我長生無窮無窮萬事知)이고, 제자주문은 입도 후 3개월 가량 읽는 초학 주문이 위천주고아정영세불망만사의(爲天主顧我情永世不忘萬事宜), 강령주문이 지기금지원위대강(至氣今至願爲大降), 본주문이 시천주조화정영세불망만사지(侍天主造化定永世不忘萬事知)였다. 이선영, 「천도교 수행의 실제 주문수련을 중

심으로」, 신종교연구 14, 2006년

25) 동학사상은 하늘과 땅 그리고 사람이 근원적으로 하나의 생명으로 연결되어 있다고 본다. 그 통합의 실체를 지기(至氣)라 한다. 동귀일체는 '한울의 뜻을 자신의 뜻으로 삼아 한울과 한 마음으로 돌아간다'는 뜻이다. 지공무사(至公無私)한 한울의 마음을 지닌 사람들의 공동체를 뜻하기도 한다.

26) 학(學)은 '도를 바로 알고 배워 몸에 익히고 실천하는 것'을 말한다. 도는 천지의 근원적인 이치인 천도와 사람으로서 마땅히 행해야 할 당위를 뜻하는 인도를 아울러 이르는 말이다.

27) 북도중이란 경주 북쪽을 뜻한다. 수운은 경주 남쪽은 직접 관할하고, 북쪽을 해월에게 분담하여 포교하게 했다. 후에 '북접주인'이라고 불렀다.

28) 1875년에 이름을 시형으로 고쳤다.

29) 전라도 무당의 남편인 무부의 별칭이다.

30) 『대순전경』 2장 42절, 대순진리회 『전경』 교운 1장 16절

31) 『대순전경』 5장 14절

32) 서경(書經) 태서하(泰誓下)에 나오는 말이다.

33) 대순전경 5장 25절에는 '두 신선은 판을 대하고, 두 신선은 훈수하고, 한 신선은 주인'이라고 하였다.

34) '괴질신장에게 내리는 칙령이라. 어찌 제왕과 장상의 집은 범하지 않고 이같이 무고한 창생들의 집을 범하느냐'라는 뜻이다.

35) 『대순전경』 4장 115절

36) 장재진, 『대순전경 해의』 156쪽의 번역을 그대로 옮겼다.

37) 증산은 차경석을 만나기 전인 1904년 제자들에게 수부를 천거하라 하였고, 이에 김형렬이 둘째 딸로 하여금 수종들게 하였다(『대순전경』 4장 13절)고 한다.그러나 대순전경에서 김형렬의 딸을 수부라고 표현한 기록은 없다.

38) 고판례는 1880년 3월 26일생, 차경석은 7월생이다.

39) 증산 사후 제자들이 여러 교단을 형성했다. 김형렬은 미륵불교, 박공우는 태을교를 일으켰고, 안내성은 증산대도교, 이치복은 제화교, 문

공신은 고부파, 김광찬은 도리원파 등의 교단을 형성했다.

40)『보천교 연혁사』, 포교 6년 갑인년(1914년) 기사

41)『보천교 연혁사』, 포교 7년 을묘년(1915년) 기사

42) 1913년 김제 만경에서 김홍규의 둘째 아들로 태어났다. 유학자 이극종에게 유학과 도교학을 배웠다. 열일곱 살에 혼인했다. 오대산 상원사 방한암 스님의 명성을 듣고 3년간 서신을 교류하다 스물한 살 때 입산해 승려가 되었다. 한암 스님의 유촉을 받들어 1961년부터 10년에 걸쳐『화엄경』80권을 집필했고, 화엄론을 우리말로 번역했다. 1983년에 입적했다.

43) 박종렬,『차천자의 꿈』, 장문산, 2002년, 100쪽

44) 보천교가 발행한「보광」창간호에서는 2쪽에 수백 만, 5쪽에 6백 만, 9쪽에 3백 만이라고 하였다.

45) 김철수,『잃어버린 역사 보천교』, 상생출판, 2017년, 139쪽

46) 1924년 창덕궁 대조전 공사 때 쌀 한 가마가 5원 30전이었다. 이를 근거로 당시 돈 가치를 계산해보면, 당시 1원은 오늘날의 2~4만 원 정도로 셈할 수 있다.

47) 普天之下 莫非王土 率土之濱 莫非王臣.『시경(詩經)』소아(小雅) 북산(北山)에 나오는 표현이다.

48) 김철수,『김철수 친필 유고』, 이균영 편,「역사비평」5, 역사문제연구소, 1989년, 354쪽

49) 김철수,『잃어버린 역사 보천교』, 상생출판, 2017년, 97쪽에서 재인용

50) 나중에 이정립으로 이름을 바꿨다.

51) 한국 조계종의 창시자 태고 보우국사를 모시던 태고사를 이어 받겠다는 뜻으로, 삼각산에 있던 태고사를 이전하는 형식을 취했다. 1941년 조선의 사찰 및 승려를 통할하는 '조선불교 조계종 총본사 태고사법'이 인가를 얻어 조선 불교 조계종이 발족됐다.

52) 박용덕,『정산종사 성적을 따라』, 원불교출판사, 2003년

53) 갑오농민봉기를 진압한 것을 말한다.

54) 이옥포는 이치복과 김형국을 가르쳤다. 두 사람은 보성 사람 허욱을 지도했다. 허욱은 1914년 수련한 지 7일 만에 통령(通靈)하였고, 1920년

삼덕교를 창립했다. 『영보국정정편』은 삼덕교의 수련서 가운데 하나로 전해져왔다. 수심정경8장 가운데 1~5장이 그 내용을 담고 있다. 이옥 포는 두 제자에게 '장차 출세할 강(姜) 성인을 찾아가 배우라' 했다고 한다.

55) 박용덕, 앞의 책, 60쪽

56) 송도군(정산종사 송규)은 이 책을 원불교 대종사 박중빈에게 바치고, 대종사는 이 책에 4종의 선서(仙書)를 더해 이춘풍에게 번역하게 하여 '정정요론'이라는 제목을 붙여, 1927년 『수양연구요론』이라는 번역 교 재를 간행했다. 원불교 최초의 교서다. 정산종사는 나중에 정정요론을 수정 보완해 『수심정경』을 펴냈다. 정정요론이 그 저본이었음은 1970 년에 밝혔다.

57) 정읍 감곡면 통사동(通士洞)에 있는 이씨 재실(李氏齋室) 영모재(永慕齋)를 말한다. 정읍 진산동에 같은 이름의 죽산 안씨 옛 사당이 있다.

8장
———
밥

1년 내내 피땀 흘린 결과의 대부분은
농장으로 넘어가고, 소작인에게는 많아야
겨우 1~2개월치 양식이 남거나 말거나 하는
상태가 매년 이어지고 있다.
반면, 겨우 수천 원의 돈을 가지고
이곳에 들어온 지주는 3천 정보의 대지주가 되고
6백만 원의 부를 축적하여,
30년 만에 '광야의 왕'이 되었다.

장성의 하서 김인후는 1796년(정조 20년) 문묘에 배향됨으로써, 호남을 대표하는 유학자로 확고히 자리를 잡았다. 장성의 필암서원, 옥과의 영귀서원은 그를 숭앙하기 위해 세운 곳이다. 필암서원은 흥선대원군이 대대적인 서원 철폐를 단행할 때도 무사했다.

　그러나 후손들이 점차 관직에 오르지 못하면서, 조선 후기에 와서는 장성 울산 김씨 가의 살림살이도 어려워졌다. 하서의 11세손인 김명환은 '청렴한 선비로 평생을 가난하게 살았다'고 한다.[1] 그의 셋째 아들이 김요협(1833~1909)이다.

　고부군 부안富安[2]면 인촌리에 살던 정계량에겐 외동딸이 있었다. 정계량은 사윗감을 찾다가 김요협이 뛰어나다는 이야기를 듣고 연줄을 놓았다. 연일 정씨인 정계량은 세종 대에 병조판서를 지낸 정연의 후손이다. 당시 '만석꾼'萬石君[3]소리를 듣던 큰 부자였다.

김요협은 정계량의 사위가 되어, 처가가 있는 인촌리에 자리를 잡았다. 인촌리는 변산반도에서 볼 때 줄포만의 건너편에 있다. 김요협은 가난한 양반가의 셋째 아들이라 부모에게 물려받은 것은 많지 않았을 것이나, 외동딸을 시집보낸 부잣집 처가에서 어느 정도 땅을 내주었을 것이다. 정씨 부인은 매우 검소하게 생활하며, 집안 살림을 꾸렸다.

김요협은 과거에 급제하지 않고도 마흔 살에 첫 벼슬자리를 얻었다. 승진도 초고속이었다. 1872년(고종 9년) 궁궐 보수나 토목공사를 담당하던 선공감의 종9품 감역으로 관직에 나가 참봉, 봉사, 도사都事, 별제, 주부注簿 등을 지내고, 1888년부터 화순, 진안, 군위의 수령을 지냈다. 1898년 중추원 의관에 임명되고, 종2품 가선대부까지 올라 1906년 대한제국 시종원[4] 부경에 임명됐다.

김요협은 정씨 부인과의 사이에 아들을 둘 두었다. 큰 아들이 원파[5] 김기중(1859~1933), 작은 아들이 지산 김경중(1863~1945)이다.

두 아들도 벼슬을 했다. 김기중은 1885년 진사[6]가 되어 의령원 참봉을 지내고, 1904년 용담(현 진안) 군수를 시작으로 평택, 동복(현 화순)의 수령을 지내고 1907년 은퇴했다. 김경중은 1898년부터 경릉 참봉에 임명돼 몇 군데 능관을 지내다가 1904년 정3품으로 고속 승진해 비서원승[7]을 거쳐, 1905년 진산(현 금산) 군수로 임명됐다. 하지만 곧 군수직을 사임하고 낙향했다.

김기중은 벼슬에서 물러나 낙향한 1907년 봄 인촌리를 떠나 줄포만 건너편에 있는 부안군 건선면 줄포리로 이사했다. 줄포는 저습지에 줄풀이 많아 줄래茁萊, 줄래포茁萊浦라 불리다가 줄포로 이름이 굳었다.

그 무렵 전라도에서도 의병들이 곳곳에서 일본군과 싸우고 있었다. 을사조약에 항거해 1906년 충청도 홍주(홍성)에서 거병한 민종식 의병부대가 홍주성에서 패한 뒤 일부 잔존 세력이 배를 타고 줄포로 와서 곳곳에서 유격전을 벌였다.[8] 일본 헌병대는 의병에 호응하는 백성들에게 잔혹한 폭력을 휘둘렀다. 통치자들과 유착한 것으로 간주되던 지주들은 종종 의병의 공격 대상이 됐다. 이런 어수선한 시국에 김기중은 헌병 분견대가 있는 줄포로 이사를 했다.[9] 동생 김경중도 1909년에 한 울타리 안으로 이사했다.

김요협은 1909년에 사망했다. 큰 아들에게는 1천 석의 땅을, 작은 아들에게는 2백 석의 땅을 물려줬다.

수리시설이 제대로 갖춰지지 않아, 비가 제때 오지 않으면 밭으로 쓸 수밖에 없는 천수답反畓(번답)이 조선엔 많았다. 서유구(1764~1845)는 1824년 완성한 농업 전문서 『임원경제지』에서 조선 논의 30%는 번답이라고 했다.

18세기에서 20세기까지 서울의 강수량을 조사한 기상학자들은 1884년부터 1907년 사이 25년간을 극심한 건조기로 분류한다.[10] 실제로 그 무렵 한반도에 가뭄이 심했다. 흉작은 가난한 자들의 목부터 조른다. 가난한 자들의 땅을 뺏어 부자들에게 넘겨준다. 김요협이 벼슬을 하면서 1,200석의 땅 부자가 된 것이 바로 그 무렵이다.

일본이 강화도조약을 강제로 체결하여 부산항을 연 1876년(병자년), 가뭄이 들고 서리가 일찍 내려 혹심한 흉년이 들었다. 이듬 해(정축년)에는 흉년에 전염병까지 돌았다. 전라도가 특히 피해가 심했다. 이돈상 전라 감사는 '부안현이 팔도에서 제일 심하였는데 지금 조세를 재촉하면 형세상 장차 백성들이 없어지게 될 것'이라고 했다. 그는 또 사람들이 고향을 등지고 떠나는 바람에 '부안현에 버려진 땅만 772결에 이른다'고 보고했다.

1888년에도 흉작이었다. 호남지방의 기나긴 가뭄은 병자년보다 심했다. 부안을 중심으로 35개 고을이 특히 피해가 컸다. 전라도에서 재해를 입어 전세를 면제받는 토지인 재결災結이 11만 4천 결이나 됐다. 그래서 1889년 1월 일본 쌀 3만 석을 사들여 삼남지방의 시장에 풀었다.

개항 뒤 1888년까지는 외국으로 실려 나간 쌀보다 외국 쌀을 들여온 게 대체로 더 많았다. 일본 상인들은 쌀보다는 콩을 대량으로 사 갔다. 일본은 값싸고 품질 좋은 조선산 콩을 수입하고, 콩을 심던 밭에는 뽕을 심었다. 그쪽이 소득이 더 많았기 때문이다.

부산(1876), 원산(1880), 인천(1883)에 이어 1897년 진남포와 목포, 1898년 평양, 1899년 군산, 마산포, 성진이 개항하면서 개항장을 통한 곡물 유출이 더 많아졌다. 부산항을 통한 곡물 유출이 늘어나면서, 경상도 동해안과 관동지방에 곡물 유통망이 연결돼 있던 함경도에서는 특히 식량 부족이 심했다. 살 길을 찾아 만주로 넘어가는 사람이 늘어났다.

1889년 일본에 심한 흉년이 들었다. 전년에 2엔 하던 쌀값이 3엔 64전으로 뛰었다. 1890년 봄보리 농사도 흉작이었다. 일본 상인들이 앞 다퉈 조선에서 곡식을 대량으로 사 갔다.

1889년 9월 원산을 관할하던 함경도 관찰사 조병식은 10월 24일부터 1년간 대두(콩)의 유출을 금하는 방곡령을 내렸다.

'일본 상인에 부화뇌동하는 조선인으로 말미암아 원산의 객주들이 조직한 상회소가 폐관할 지경에 이르렀다. 일본인에게 고용되어 대두를 유출시키는 선주와 뱃사공 곁군은 목을 베거나梟警, 형배刑配(매를 쳐서 귀양 보냄)할 것이다.'

조병식은 일본 공사에게 한 달 전 통지해야 한다는 규정에 따라 9월 25일 통지를 했다. 그러나 통지가 일본 영사에게 닿은 것은 시행 13일 전이었다. 곤도 신스케近藤真鋤 주한 일본 대리공사는 함경도의 재해 상황을 듣지 못했다며 시행 연기를 요청했으나, 조병식은 강행했다. 일본은 거세게 항의하고 조병식의 처벌을 요구했다. 일본은 함경도 방곡령은 조선 상인을 보호하는 데 목적이 있다고 보고 강하게 나왔다.

조정은 방곡령 해제를 약속했지만, 조병식은 더 엄격하게 유출을 통제했다. 결국 조정이 방곡령을 해제하고, 조병식을 강원도 감사로 전출시켰다.[11] 일본 상인들은 1891년 12월 14만 7천 원에 이르는 거액의 손해배상을 조선 정부에 요구했다. 조선 조정은 6만 원을 배상하는 것으로 무마하려 했으나 일본 상인들이 거부했다. 황해도의 일본 상인들도 7만 원의 손해배상을 요구했다. 조선 조정은 조병식의 방곡령을 비롯해 이런저런 방곡령에 대한 배상으로 1893년 일본 쪽에 합계 11만 원을 물어줬다. 배상금 가운데 3만 원은 조병식에게 내게 했다.

1890년 조선에서는 가을 농사가 흉작이었으나 그해 쌀 수출량은 43만 석, 이듬해에는 47만 석에 이르렀다. 일본 상인들이 비싼 값에 쌀을 사 들인 까닭이다.

일본으로 쌀이 대량 유출되자 국내 쌀값도 지속적으로 올라갔다. 1890년 한 되에 120~130문ㄝ(100문=1냥) 하던 것이, 1891년에는 250문, 1892년 3월에는 350문으로 올랐다. 쌀의 유출로 인한 공급 부족과 화폐 남발에 따른 화폐 가치 하락이 겹친 탓이었다.[12] 개항 때 일본의 3분의 1 가량이던 조선의 쌀값이 점차 일본과 비슷해져 갔다.

1892년 12월 전라 감사는 부안 등 14개 읍에 방곡령을 내렸다. 서울 쌀값이 2년 전에 비해 3배로 뛰자 조정에서 곡창인 전라도 곡물의 유출을 막아 쌀값을 안정시키려고 취한 조처였다. 일본의 항의로 곧 조처를 완화했다.

일본 상인들은 객주나 중매인을 통하거나, 아니면 직접 농민에게 돈을 미리 주고 수확기에 곡물을 거둬들였다. 빈농들은 수확 전 전대받은 자금으로 식량을 해결했다.

세금을 돈으로 거둬들이면서 옛날 같았으면 직접 서울로 보내 관고에 쌓일 곡식이 개항장으로 가서 일본으로 보내졌다. 지방관 가운데는 거둔 세금으로 백성들에게 강제로 쌀을 사들인 뒤 비싼 값에 일본 상인에 팔아 이문을 남기는 자도 있었다. 고부 군수 조병갑이 1893년 방곡령을 내리고 쌀을 싼값에 사들였다가, 이듬해 쌀값이 크게 오르자 사둔 쌀을 팔아 돈을 번 것이 대표적인 사례다.

쌀 수출은 1896~1897년, 1900~1903년에 크게 늘었다.

조정은 청나라 쌀과 동남아산 안남미를 수입했다. 1898년 4월 16일 「독립신문」에는 이런 내용의 기사가 실렸다.

'청나라에서 쌀 5만 석이 우리나라 서울로 오는데, 우선 얼마가 서울에 당도한다니 서울 인민들이 이제는 쾌히들 살아나겠다. 각 군 군수와 어사, 시찰관들이 외국인들한테 돈 빌려 곡식을 몰아서 사들여貿穀 감춰 두고 쌀값을 올리려 했는데, 이제는 곡식 값이 떨어져 큰 낭패가 될 듯하여, 밤에 몰래 빼 돌려 시골 각 포구로 가만히 내어 보낸다더라.'

1899년 12월 2일에는 이런 내용의 기사도 실렸다.

'올해는 딱히 흉년이 든 것도 아니건만 각국 상인들이 은진군의 논산과 강경 양 포구에서 쌀을 엄청 사 들이는 까닭으로 쌀값이 무한히 올라, 그곳에선 쌀 한 되에 엽전 한 냥 여섯 돈 오 푼씩 하고 콩 한 되에 엽전 여덟 돈 오 푼씩 해도 오히려 곡식이 없어서 매매를 못한다. 각국 사람들이 각 동리로 다니면서 쌀과 콩 값들을 미리 먼저 나눠주고 한편으로 쌀과 콩을 배로 실어 내보낸다더라.'

1901년 삼남지방에 흉년이 들었다. 조정은 8월에서 11월까지 쌀 수출을 금하는 방곡령을 전국에 내렸다. 식량난이 심해지자, 내장원경內藏院卿 이용익 주도하에 베트남에서 안남미 30만 석을 수입해 시장에 풀었다.

주한미국공사 알렌H. N. Allen은 1902년 2월 미국에서 휴가를 마치고 대한제국으로 돌아오는 길에 샌프란시스코에서 하와이 사탕수수농장주협회 어윈W. C. Irwin을 만났다. 서울에 온 알렌은 고종 황제를 알현해 하와이 사탕수수 농장에 노동자를 보내라고 건의했다.

그해 12월 2일 121명의 조선인을 태운 겐카이마루玄海丸가 월미도에서 출항했다. 사람들은 나가사키에서 겔릭Gaelic 호로 갈아타고 1903년 1월 13일 하와이에 도착했다.

1903년 12월 영광 외간(군남면 동간)에 사는 허순홍이 김사형에게 밭 두 마지기를 20냥에 팔았다. 그해 흉년이 들어 수확이 적었다. 세금을 내고 당장 먹고살 식량을 마련하기 위해선 땅을 파는 수밖에 길이 없었다. 그렇다고 농사를 그만둘 수는 없었다. 허순홍은 그 자리에서 소작 계약을 맺었다. 풍년이든 흉년이든 소작료로 8말을 주기로 했다.

1905년 4월 영마면에 사는 박선명이 관산면에 있는 논 1마지기를 35냥에 김사형에게 팔았다. 박선명도 매년 정액으로 12말의 도조를 내는 소작 계약을 그 자리에서 맺었다.

영광의 연안김씨 종손 김사형(1830~1909)이 1891년에서 1900년까지 10년간 사들인 전답은 487두락이다. 그 뒤 1901년부터 10년간 사들인 전답은 그 4배인 2,136두락에 이른다. 9할 이상이 논이었다. '쌀'을 생산할 수 있는 논이 밭보다 중요했다.

연안김씨 종가가 소유한 소작지는 2,700마지기쯤 됐다. 한 해 소작료가 1천 석에 이르렀다. 김사형은 1907년 손자 종관에게 대략 100석락(2,000마지기)에 이르는 토지를 상속했다.

한 번의 거래에서 사 들인 토지의 면적을 보면, 5두락 이하가 전체의 절반을 차지하고, 10두락 이하를 포함하면 77.3%다.[13] 대체로 소규모 자작농들이 땅을 팔고 소작인이 된 것임을 짐작할 수 있다.

연안김씨 문중은 여러 개의 계를 운영했다. 김사형이 땅을 크게 늘린 1902년에서 1909년 사이 매년 100~200여 명에게 1,500냥~3,700냥을 빌려줬다. 대개 논 한 마지기 값이었다. 이자는 5~7개월에 20~30%였다. 연리로 50% 가량이니 한 번 빌리면 갚기가 쉽지 않았다. [14]

당시 일본에서는 한국 사정을 소개하는 여러 책에서 '한국에서 토지를 담보로 잡고 고리로 돈을 빌려주는 대부업을 하여, 돈을 못 갚는 사람의 땅을 회사 소유로 만드는 것'을 가장 유망한 사업으로 꼽았다.

요시쿠라 본노吉倉凡農는 이렇게 썼다.

'원래 저당해야 할 만큼 빈곤한 한국인이므로 한 번 저당한 이상 이것을 반환받는 일은 도저히 생각할 수 없는 일이다. 열에 여덟아홉은 저당물에 대한 권리를 잃는다. 대다수 전당업자도 이를 얘기하고 미리 매도증서를 써 받은 뒤에 실제 가격의 3분의 1 정도를 빌려준다. 대부 기간은 대개 6개월이나 때로는 3개월로 한다. 이자율은 부산 주변에서 소액을 빌리면 월 5푼, 좀 많이 빌리면 월 3푼이며, 심한 경우 5일마다 2푼을 받기도 한다.' [15]

1888년에 이어, 1890년에도 가뭄이 심했다. 전라도에서는 김제를 중심으로 14개 고을의 피해가 커서, 세금을 매길 수 없는 재결이 3만 결에 이르렀다. 그해 마지막 날, 조정에서는 묵은땅 개간을 독려하기 위해 전라도에 균전사를 파견하기로 했다.

김제 등 11개 고을의 버려진 땅을 개간하기로 했다. 국고에서 개간에 필요한 돈을 얻기가 힘들자, 균전사는 명례궁에서 돈을 대고, 개간한 땅을 왕실 소유로 하기로 했다. 처음에는 균전均田이 되면 전세를 영원히 면제하고 3년 후부터 매우 싼 지대를 받기로 약속했다. 그러자 새로 개간한 땅만이 아니라 이미 개간한 땅과 부유한 농민이 소유하고 있는 좋은 땅도 자진해서 균전 양안(토지대장)에 올리는 일이 있었다. 그래 놓고 막상 세금을 거둘 때가 되자 지세를 징수하고, 지대도 1년만 면제한 뒤 일반 민전의 수준에 육박할 정도로 계속 올렸다. 균전사는 소출이 없는 땅에도 마구 세금을 물렸다. 이에 농민들이 거세게 저항했다. 1893년 전주민란이 일어났다. 1894년 갑오농민전쟁 때는 농민군이 균전사의 처단을 요구했다.

조정은 균전 사업을 중단했다. 그러나 이미 균전 양안에 편입된 땅은 3천 석락石落16)으로 연간 각종 명목의 지대가 1만 석에 이르렀다.17)

세금을 조금 깎아주고 넘어가려는 왕실과 균전의 혁파를 요구하는 농민의 대립은 계속됐다. 균전 농민들은 최후 수단으로 균전을 팔아 치우는 길을 선택했다.

당시 외국인의 토지 소유는 개항장에서 10리 이내의 지역에 국한돼 있었다. 외국인에게 토지 매도가 허용된 지역에서도 반드시 일정한 수속을 거치도록 했다. 법을 어기고 외국인에게 부동산을 팔거나 명의를 빌려주면 사형에 처한다고 규정하고 있었다. 1899년 군산항 개항 때 조정은 전라 관찰사에게 이 규정이 잘 지켜지도록 하라는 훈령을 내렸다. 훈령은 1900년, 1903년에도 내렸다. 그러나 내륙의 농민들은 정부 훈령과 지방관의 단속을 무시하고, 외국인에게 비밀리에 토지를 팔았다. 특히 균전 농민들이 토지를 일본인들에게 매각하고 있었다. 왕실의 균전 경영에 항거하는 최후의 방법이었다.

일본인들은 이민법이 개정돼 한반도에 자유롭게 넘어갈 수 있게 된 1901년부터 군산항을 중심으로 땅을 사들이기 시작했다. 거간꾼을 두고 농민들에게 시세보다 좋은 값을 제시해 유혹했다. 지방관이 이런 불법 매매를 알아채고 조정에 보고한 것은 1904년의 일이다. 전라도 관찰사 이용식이 태인 군수를 시켜 전라도 북쪽 11개 고을의 실태를 조사해보니, 외국인에게 팔거나 저당 잡힌 토지가 775석락이나 됐다. 이 가운데 3분의 2인 489석락이 문제의 균전이었다. 땅을 팔았거나 저당 잡힌 농민은 1,300여 명이고, 사들인 사람은 일본인이 39명, 서양인이 1명이었다. 도쿄 재벌 오쿠라 기하치로大倉喜八郎의 고용인인 나카니시 죠이치中西讓一가 300석락 넘게 사들였고, 미야자키 게이타로宮崎佳太郎도 100석락 넘게 사들인 것으로 조사됐다.[18] 균전이 있는 곳 가운데 임피, 옥구, 전주, 김제는 조사했지만 부안, 태인, 금구는 빠져 있었으니 일본인이 사 들인 균전은 더 많았을 것이다.

일본인들은 토지 매입을 계속했다. 일본인들이 보기에 땅값은 싼데 비해 소작료가 비싸서 전답을 사면 투자 수익률이 높았다. 땅값은 일본에 비해 10분의 1, 낮게는 30분의 1에 불과했다. 전라북도처럼 소출이 좋은 지역에 논을 사면 연간 투자 수익률이 적어도 16%를 넘겼다.

미야자키 게이타로는 1890년 조선에 건너와 인삼 거래로 큰돈을 벌었다. 1902년부터 군산 지방의 토지를 매입해 1929년 소유면적이 500정보에 이르렀다.

오쿠라 기하치로는 1876년 한국 시장 개척 임무를 띠고 잡화를 실은 배를 타고 한국에 건너온 뒤, 청일전쟁과 러일전쟁 때 군수품 무역으로 부를 쌓았다. 그는 군산을 거점으로 하여 조선의 토지 매입이 불법일 때부터 옥구, 김제, 익산 등지의 땅을 공격적으로 사들여 1903년 오쿠라 농장을 설립했다. 1907년 소유 농지가 2,844정보에 이르렀다.

구마모토 리헤이熊本梨平는 1901년에 한국에 와서 전북 지역의 땅값이 매우 싼 것에 주목했다. 오사카 아사히신문에 '한국의 농업은 전도가 유망하다'는 글을 실어, 이 글을 본 후원자의 지원으로 토지 매입을 시작했다. 1903년부터 땅을 사 들이고 투자가들의 돈을 받아 산 땅을 관리했다. 1910년 세계 불황으로 자금 융통이 어려워진 투자가들이 땅을 팔자 자신이 사서 2,470정보의 대지주가 되고, 1930년대에는 땅을 더 사 들여 3,500정보에 이르는 대농장으로 키웠다.

후지이 간타로藤井寬太郎는 후지모토합명회사에 투자해 1904년부터 땅을 사 들이기 시작했다. 고리대금업을 하면서 저당 잡은 토지를 장악하는 방식으로 땅을 늘렸다. 1914년 후지코교不二興業주식회사를 설립해 독립했다. 옥구군의 옥구농장 1,000정보 등 1,298정보의 토지를 소유했다. 후지이는 '2억 원이면 조선의 모든 토지를 살 수 있다'고 했다.

'(조선에서는) 최소한 토지로부터 연 2할의 이익이 있으며, 개량하면 3, 4할도 가능하다. (…) 수억의 군자금을 소비하고 수만의 국민을 희생하여 전쟁을 치르기보다, 2억 원으로 조선 전토를 매수하면 이것보다 확실한 병략은 없다.'[19]

호소카와 모리타츠細川護立는 히후구마모토肥後熊本 번의 옛 번주인 호소카와 가의 16대 당주다. 메이지 유신 수립 뒤 후작 작위를 받았으나 주류에서 소외되자 1904년 한국에 진출해 토지를 사 들였다. 전주 평야 3개 군의 100개 마을에 걸쳐 1,397정보의 대농장을 설립했다. 일본 79대 총리(1993. 8~1994. 4)를 지낸 호소카와 모리히로細川護熙의 할아버지다.

1895년에서 1904년까지 한반도에서 창업하여 30정보 이상의 땅을 소유한 일본인 농장은 19개[20]다. 그 가운데 13개가 전라도에, 그중 9개는 전라북도에 있었다. 13개 농장이 1929년 7월 전라도에 소유한 토지 면적은 1만 2천 정보에 이르렀다. 1924년 수당 김연수 부자가 소유한 전답 면적의 10배 정도이다.

러일전쟁에서 승리한 일본은 대한제국 정부에 외국인의 토지 소유권을 인정하는 규정을 마련하게 했다. 1907년 12월 조정은 균전을 혁파했다. 전라도에서 균전을 사 들인 일본인들의 소유권 불안이 해소됐다. 1912년부터는 6년간에 걸친 토지조사 사업을 벌여, 하나의 토지에 경작권을 배제하고 하나의 소유권만 인정하는 제도를 확립했다.

「개벽」 1925년 12월호는 차상찬 특파원의 전라북도 답사기를 실었다. 여기에 당시 전라북도의 일본인 토지 소유 현황이 적혀 있다.

'전라북도의 경지 총면적은 23만 3,434.5정보인데, 그 71%인 16만 8,900정보가 논이요, 29%인 6만 7,767정보가 밭이다. (…) 지주의 수는 1.3%, 자작농은 6%, 소작농 겸 자작이 26.8%, 소작인이 65.8%를 차지한다. 일본인 지주는 동양척식주식회사를 포함하여 1천 정보 이상을 가진 사람만 9명으로 3만 8,549정보에 달한다.'

1천 정보 이상 소유한 일본인 9명의 경지 소유 면적은 전체 전라북도 경지 면적의 12%에 이르렀다.

벼농사에는 무엇보다 물관리가 중요하다. 이 무렵 전라도 지주들은 수리조합을 만들어 물을 효율적으로 관리하고자 했다. 1909년에서 1911년 사이 만경강 북쪽 유역에서는 옥구서부수리조합을 시작으로 임익臨益, 전익全益, 임익남부, 옥구 등 5개의 수리조합이 설립됐다. 일본인들이 가장 먼저 대규모로 농지를 사 들인 곳이다.

이 가운데 황등제(요교제)를 수원으로 한 임익수리조합이 가장 컸다. 조합원이 800명이었고, 조합의 물관리 대상에 포함된 농지 면적이 3천 정보에 이르렀다. 이 일대는 조선 초에 황등제가 폐제되면서 '갈대밭이 백리에 뻗어 있다蘆花百里'고 할 정도로 묵은땅이 많았다.

옛 황등제를 되살려 주된 수원으로 하는 임익수리조합을 구상한 사람은 후지이 간타로다. 그는 수리시설만 제대로 확보하면 큰 이익을 볼 것이라고 생각하고, 1904~1906년 사이 '폭도가 출몰하는 가운데, 일본도와 권총을 차고 조선 말을 타고 다니며' 강경, 임피, 익산, 옥구 등지에서 하등지 1,500정보의 땅을 싸게 사 들였다. 그는 대한제국 재정 고문을 찾아가 수리조합 설립이 필요함을 설득하고, 관련 법을 제정하게 했다. 이어 수리조합을 만들어 옛 황등제 자리에 요교제 축조를 추진했다. 조합에 편입된 자신의 땅은 800정보였다. 요교제를 축조하게 되면, 제방 위쪽 600정보의 우량답의 수몰이 불가피했다. 소유주 대부분은 조선인이었다. 이들이 거세게 반발했지만, 토지수용령을 발동해 사업을 강행했다.

만경강 중하류의 임익남부수리조합(2,540정보)에 편입된 땅의 상당 부분은 간조 때 바닷물이 들어와 농사에 부적합한 땅이었다. 게다가 이렇다 할 수원이 없었다. 임옥수리조합(2,780정보)의 땅은 더 해안가에 있었고, 마땅한 수원이 없었다. 두 조합은 1919년 익옥수리조합(9,640정보, 조합원 2천 명)으로 합병했다. 후지이 간타로가 초대 조합장을 맡았다. 익옥수리조합은 '조선 최대의 공사'로 불린 대아댐 건설에 나섰다. 1920년 2월 10일 시작해 3년 4개월 만에 공사를 마쳤다. 애초 2년으로 생각한 공사가 길어지면서 막대한 사업비가 들어갔다.[21] 옥구 저수지까지 인공 도수로를 만들어 물을 끌어왔다.

옥구서부수리조합은 미제米堤와 선제船堤를, 전익수리조합은 독주항보라는 재래 제언을 수원으로 삼았다.

일본인들은 처음엔 옛 벽골제, 눌제를 되살리는 방안을 고려했다. 그러나 기술적 문제 등을 고려해 포기했다. 임익수리조합이 되살린 황등제도 1937년 만경강 상류(고산천)에 경천저수지가 신설되면서 영구 폐쇄했다.

동진강 유역에서는 1913년 고부수리조합[22]이 만들어졌다. 고부천 일대의 농지를 편입한 고부수리조합은 옛 눌제訥堤의 상류 4km 지점에 흥덕제(동림저수지)를 만들어 수원을 확보했다. 1918년 준공된 흥덕제는 평지형 저수지로서, 담수 면적이 전라북도에서 가장 넓다. 당시 조선총독 하세가와 요시미츠長谷川 好道가 준공 기념비에 글씨를 썼다. 고부수리조합은 고부천의 옛 게보 자리에 갑문을 설치해 겨울에 물을 가둬 두었다가 모내기철에 쓰는 대규모 저수답을 만들었다. [23]

김요협의 큰아들 김기중에게는 오래도록 아들이 없었다. 동생 김경중은 셋째 아들 성수(1891~1955)를 세 살 때 형님 댁에 양자로 보냈다. 나중에 김기중의 후처 공주 김씨(김영희)가 아들(재수)을 낳았다.

김기중은 아버지에게 1907년 1천 석의 땅을 물려받았는데, 얼마 지나지 않아 소유지를 큰 폭으로 늘렸다. 1918년 삼부자가 소유한 토지는 1만 1,707두락에 이르렀다. 748정보에 이르는 규모다.[24] 그 무렵 평년작으로 1정보에서 10석의 소작료를 거둘 수 있었으니, 삼부자의 땅은 7천 석에 해당한다. 약 10년 사이 7배로 불어난 것이다.

이때는 간척사업을 하지 않던 때라, 불어난 토지는 대부분 매입한 것이라고 볼 수 있다. 삼부자가 소유한 땅은 그 뒤에도 더 불어나, 1924년에는 1만 3,606두락, 870정보에 이르게 된다. 소작료 수입으로 토지를 계속 사 들였을 가능성이 크다.

땅은 애초 김기중이 아버지 대부터 살던 옛 고부군 부안면, 1907년에 이사한 부안군 건선면을 중심으로 부채꼴 모양으로 고창군, 부안군, 정읍군, 논산군, 옥구군, 김제군, 장성군, 화순군 등지에 걸쳐 있었다.

대부분의 땅은 소작인이 농사를 지었다. 1924년 김성수 가의 소작인은 1,978명이었다. 소작 면적은 5마지기가 안 되는 경우가 열에 여섯이고, 열 마지기 이하가 85%였다. 소작인이 바뀌는 일은 흔했다. 6년 동안 소작인이 바뀌지 않은 땅은 41%뿐이었다. 소작인 가운데는 '김 의관'이라고 부르는 사람도 있었다. 과거 중추원 의관을 지낸 사람인 듯하다. 이 소작인에게는 소작료가 체납되면 면제해주기도 하고, 특별히 곡식을 주기도 했다.

관리인, 또는 옛날식으로 마름舍音이나 농감農監이라 부르는 사람을 38명 두고 땅을 관리했다. 이들은 소작료의 10%를 보수로 받다가 나중에는 8%를 받았다. 관리인도 자주 바뀌었다.[25]

1918년 김성수 가의 소작료 총수입은 7,216석이었다.

김요협의 둘째 아들 김경중은 셋째 아들 성수를 큰집에 양자로 보낸 뒤, 두 아들이 모두 세상을 등졌다. 부인이 불공을 들이는 등 정성을 쏟아 뒤늦게 아들 연수(1896~1979)를 낳았다.

김경중은 아버지가 형에게 물려준 땅의 5분의 1인 200두락을 물려받았다. 그런데, 이를 불려 1만 5천 석의 땅으로 불렸다.

1924년 삼수사를 설립할 무렵 당시 수당 집안의 토지는 논이 900여 정보, 밭이 380여 정보였다.[26]

합해서 1,280정보다. 단위 면적당 소작료 수입이 김성수 가의 토지와 같다면 김연수 가의 소작료 수입은 대략 1만 3천 석이 된다.

김경중의 글을 모은 『지산유고』의 서문에 국문학자 이희승은 자신이 직접 본 바라며 이렇게 썼다.

'1차 세계대전 중(1914.7~1918.11) 일반 물가가 등귀하여 쌀값이 특히 좋은 시세를 보였다. 그리하여 우리 농촌도 일시나마 매우 윤택한 상태에 있었다. 이때 선생은 이미 수천 석의 추수를 가지시고 이것을 팔아 다시 토지를 구입하는 것이 아니라 건실한 은행에 장기 저축으로 예치시키곤 했다. 주위의 사람들이 그것으로 토지를 매입하기를 권고 내지 간청하였으나 선생은 끝끝내 중론을 물리치고 저축만을 몇 해 계속하셨다.

그러나 1918년 말경, 세계대전이 종결을 고하게 되매 경제계에는 세계적으로 일대 공황이 급습하여 물가가 급전직하로 하락하는 바람에 수많은 거상들이 일시에 문을 닫는 파산지경에 빠지고 말았다. 이리하여 곡가는 물론 지가도 급격히 하락하였던 것이다.

선생께서는 지가가 떨어진 다음에 비로소 토지 구입에 착수하였다. 그리하여 곡가 등귀 시에 살 수 있었던 토지의 서너 배, 네댓 배의 많은 농지를 구입할 수 있었으니 이것은 세상 물정을 살필 줄 아는 선생의 명철한 달관이라 아니할 수 없다.'[27]

이희승의 글에는 사실과 반대되는 내용이 담겨 있다. 그의 설명과 달리, 제1차 세계대전 직후인 1914~1916년은 쌀값이 폭락한 시기다. 전쟁 전에 쌀값이 크게 올라 거품이 있었고, 1913년과 1914년 일본에서 쌀이 대풍이었던 영향이 컸다. 또 세계대전이 끝날 무렵인 1918년부터 1919년까지는 쌀값과 논 값이 폭등했다.[28]

이희승은 김경중이 1914년 이전에 '이미 수천 석의 추수를 갖고 있었다'고 했다. 어떻게 그 많은 땅을 갖게 됐는지는 설명하지 않았다. 1911년 「시사신보」 조사에서 김경중은 형 김기중과 함께 50만 원 이상의 자산을 가진 우리나라 사람 32명 가운데 한 명으로 꼽혔다. 아버지에게 200석지기 땅을 물려받은 지 겨우 4년이 지난 그때, 이미 왕족, 세도가들과 어깨를 나란히 할 정도였다.

김연수는 1924년 10월 한국 최초의 기업형 농장회사인 삼수사(1931년 삼양사로 바꿈)를 설립했다. 삼수사는 김연수 가의 토지를 일본인이 경영하는 것과 같은 근대적 농장으로 재편했다. 맨 처음 장성농장을 개설하고 줄포농장, 고창농장, 신태인농장, 명고농장, 법성농장, 영광농장, 함평손불농장, 해리농장을 개설했다. 농장에서는 소작인에게 2정보 이상씩 소작지를 분배해, 전속 소작인으로 삼았다. 그 과정에서 많은 소작인이 소작지를 분배받지 못하고 떠났다. 손불농장(400정보)과 해리농장(730정보)은 정부의 권유와 자금 지원을 받아 간척사업으로 만든 곳이다.

성수·연수 형제는 줄포항에 줄포정미소를 차리고, 소작인들에게 정미소로 소작료를 실어오게 했다. 이 일대에서 생산된 쌀이 이곳에 모이면서, 줄포는 번성했다. 1923년에 경찰서가 세워지는 등 여러 공공기관이 이곳으로 들어왔다. 1935년에는 줄포항에서 군산항을 거치지 않고, 직접 쌀을 일본으로 실어갈 수 있게 됐다.

줄포는 한때 인구가 2만 명까지 늘어났다. 김씨 가는 1937년과 1940년 자체 수송선 줄포환 1호와 2호를 사서 운영했다.

1930년대에 줄포는 칠산 어장의 생선들이 집결되는 어항으로, 특히 '부안 굴비'의 생산지로도 유명했다.[29] 그러나 토사가 쌓여 수심이 얕아지면서 점차 기능을 잃어갔다. 1938년 연동-범섬-곰섬-작도를 연결한 곰소항을 축조함에 따라, 줄포항의 기능을 곰소항이 대신했다. 곰소항을 만드느라 바다를 막은 곳에는 염전이 들어섰다. 1960년대 초 줄포항은 폐쇄되었다.[30]

1876년 강화도 조약을 맺어 개항을 이끌어낸 일본은 서해안에서 새로운 개항지를 물색했다. 이듬해 10월 전라 감사 이돈상은 '일본 사신이 무안에 와서 수심을 재고 갔다'고 조정에 보고했다.

그로부터 20년이 지난 1897년 7월 4일, 조선 정부는 10월 1일을 기해 목포와 진남포 두 항구를 외국에 개방하고, 외국인 거주를 허가한다는 칙령을 각국 공관에 통보했다.

목포는 개항 직전 40가구가 사는 한촌이었다. 2년이 지나자 228가구로 늘어났다. 개항과 함께 일본 상인들이 모여들었다. 거주 일본인은 1902년 1,045명, 1910년에는 3,612명으로 불어났다.

목포항에서 일본으로 가는 주요 수출품은 쌀과 콩, 소가죽이었다. 쌀 가운데서는 전라북도산 동진미가 가장 많았고 다음은 금강미, 나주미 순이었다.

1899년, 전라북도의 군산항도 열었다.

개항 직전 군산도 150여 가구만 사는 한적한 곳이었다. 개항과 함께 57만여 평에 걸쳐 외국인 거류지가 설치됐다. 1910년에는 조선인이 3,830명, 일본인이 3,448명으로 군산에 사는 사람의 거의 절반이 일본인이었다.

군산은 쌀 수출항으로는 부산에 이어 두 번째로 큰 항구가 되었다. 1910년 군산항의 쌀 수출량이 24만 석에 육박했다.

정부는 1907년 5월에 전주 군산 사이 46.4km의 도로 확장공사를 시작해, 1908년 10월에 완공했다. 당나귀나 다니던 길이 폭 7m의 2차선 도로로 바뀌었다.[31] 전군도로(전군가도)는 우리나라 최초의 포장도로였다. 호남선 철도는 1911년 10월 착공해 1914년 1월 11일 전 구간을 개통했다.

일본에서는 1914년 제1차 세계대전 개전 뒤 예상 밖으로 하락했던 쌀값이 1918년 중반부터 급격히 오르기 시작했다. 도시 노동자의 급증 탓이었다. 1918년 1월 1석에 15엔이던 것이 6월엔 20엔으로 뛰고, 7월엔 30엔을 넘겼다. 각지의 쌀거래소에서 거래중지가 이어졌고, 지방에서 쌀 출하가 급감해 8월 7일에는 쌀 소매가가 1되에 50전(1석에 50엔)까지 치솟았다. 백성들이 쌀값 인하를 요구하며 쌀가게, 부잣집, 경찰서를 습격했다. 도야마현 오우즈漁津에서 시작된 시위가 전국으로 퍼져나가 군대를 동원해 진압해야 할 지경에 이르렀다.

일본은 조선에서 식량 생산을 늘려 대처하기로 했다. 간척사업과 수리시설 정비, 토지개량을 통해 식량 생산을 크게 늘리기 위한 산미증식계획을 세워 실행에 옮겼다.

'섬진강 지형을 이용해 임실군 옥천리 부근에 제언을 만들고 운암면 운암리 부근 산중턱에 터널을 뚫어 섬진강의 물을 동진강 유역으로 끌어들이는 관개공사를 실시한다. 동시에 낙수차를 이용해 수력발전을 한다.'

1921년 조선총독부가 섬진강 상류에 운암댐을 세운다는 계획을 마련했다. 1917년에 동진강 유역의 물 부족 문제를 해결하려고 처음 마련한 것인데, 수몰 예정지역 주민들의 반대로 무산됐던 일을 다시 추진하기로 한 것이다.

1924년 김제를 중심으로 전라북도 지역에 심한 가뭄이 든 일을 계기로 동진수리조합 창립위원회가 만들어졌다. 운암제는 1928년 12월 준공했다. 750m짜리 터널을 뚫어 태인천 상류로 물길을 돌려 정읍, 김제, 부안 지역에 농업용수를 공급했다. 남은 수자원으로 1931년 10월 정읍시 산외면 운정리에 운암발전소를 준공했다. [32)]

일본인 아베 이치타로阿部 市太郎는 1913년 김제 요촌리에 사무소를 세우고 1916년까지 700여 정보의 땅을 사들였다. 1924년 동진수리조합이 설립되자, 아베는 총독부로부터 면허를 받아 간척사업에 나섰다. 1925년부터 1932년 3월까지 1,400여 정보를 만들었다. 동진수리조합 구역 내 100정보 이상 토지 소유자는 17명이었는데, 모두가 일본인이었다. [33)]

1920년 시작된 산미증식계획은 계획만큼 성공적이지 못했지만, 일본은 증산한 것보다 훨씬 많은 양의 조선 쌀을 수입해 갔다. 조선의 쌀 생산은 1922년에서 1932년 사이 대략 240만 석이 늘어났는데, 같은 기간 일본으로 수출한 물량은 430만 석이나 증가했다. 이 기간 동안 일본인의 1인당 평균 쌀 소비량은 연간 1.1석으로 별 변화가 없었다. 그러나 한국인의 소비량은 1915~1918년 0.7석에서 1931~1934년 0.44석으로 줄었다.

전라북도의 쌀 유출량은 1916년 23만 4천 석에서 1927년 89만 4천 석으로 불어났다. 1927년의 유출 물량은 전라북도 전체 쌀 생산량의 58.2%에 이르는 것이었다. [34]

1924년 삼남지방에 심한 가뭄이 들었다. 4월 이후 비다운 비가 내리지 않았다. 7월 중순에 이르자, 앞으로 1주일 안에 비가 내리지 않으면 농사를 전폐할 처지가 됐다. 곳곳에서 기우제를 지냈다. 그러나 비는 내리지 않았다.

'전라북도 정읍군에는 지난 7월 17일경에 약간의 비가 와서 거의 말라 죽어가던 곡식은 다시 회생하여 일반 농민은 뒷날만 기다리는데, 요사이 일기는 불순할 뿐 아니라 온도는 100도(화씨, 섭씨로는 37.8도) 이상에 달하며, 논에 물은 나날이 줄어들어 벼는 노랗게 말라 죽고 먼지가 날리는 논둑에는 남녀 주민들이 엎드려 탄식하는 참담한 상황이 벌어졌는데, 앞으로 칠팔일 안에 비가 오지 않으면 채소나 심어 먹을 길밖에 없다더라.'(동아일보, 1924년 8월 22일치 '복지통곡')

동아일보는 이날치 신문에서 경상남북도와 충청북도엔 '그저께 오후부터 어제 아침까지 한 평에 대략 닷 말씩 비가 왔다'고 전했다. 그해 재해로 인한 면세지는 전라북도가 가장 넓었다. 9월에 익산에서는 초근목피를 캐느라고 학교에 나오지 않는 학생이 많았고, 전주 시장에는 먹을 것 없는 사람 300여 명이 모여들어 거적을 펴고 지냈다.

'전북 고창군에서 올해 가뭄으로 인한 최근의 각 면 기근 상태를 조사한 바에 따르면, 빈궁에 신음하는 집은 남녀노소 할 것 없이 새벽부터 날이 밝도록 해변에서 해초 뜯는 사람이 인해를 이루었고, 산에는 쑥과 도토리 버섯 따는 사람이 만산을 이루어 이같이 참혹한 생활을 하는 사람이 2천 명에 이르러 그 참상을 말할 수 없더라.'(동아일보, 1924년 10월 3일치)

전라북도청은 1925년 1월 갑종 긴급 구제가 필요한 주민이 9,988명이고, 을종 긴급구제가 필요한 주민이 3만 7,193명이라고 밝혔다. 김성수 일가의 소작료 수입은 1923년에 8,327석이었던 것이 대흉작이던 1924년엔 4,801석으로 줄었다.

4월에 김제에서 한 여자가 죽으면서 유언을 남겼다.

'지금 죽더라도 쌀밥 한 그릇과 고깃국 한 그릇만 먹었으면 눈을 감겠다.'(동아일보, 1924년 4월 12일, 지방 단평)

궁핍을 견디지 못한 농민들은 만주로, 일본으로 살 길을 찾아 떠났다.

조선은 한때 노비가 전체 인구의 30~40%에 이르렀다. 조정은 군역이 면제되는 노비의 수를 줄이고 양역을 질 사람을 늘려야 했다. 임진전쟁, 병자전쟁을 거치면서 50~100석의 곡식을 바친 노비를 양인으로 해방했다. 궁중 나인의 아들로 태어난 영조는 1669년 양인 여자와 남자 종 사이에서 난 자식은 양인 신분을 갖게 했다. 정조는 노비 추쇄를 엄격히 하고, 중죄인의 가족을 모조리 노비로 만들어버리는 연좌제를 폐지했다.

1686년을 전후해 노비의 거래 가격이 100냥 수준에서 10~20냥으로 폭락했다.[35]

노비들이 몸값을 바치고 천인 신분의 족쇄를 벗어나기가 한결 쉬워졌다. 순조는 왕실과 중앙 각사에 속한 공노비를 해방했다. 양반들은 노비 대신 토지를 재산으로 삼았다. 19세기 중반에 이르러 노비는 거의 사라졌다.

개항 이후 일제 강점기 초기에 걸쳐 토지가 소수 대지주에게 집중되자, 농민의 대부분은 이제 소작인이 되었다. 일제 강점기 조선에서 지주의 비율은 전체 농민의 3~4%였다. 자경농의 비율은 20%를 넘지 못했다. 소작인 비율은 계속 늘어 1939년 52.4%에 이르렀다. 나머지는 약간의 땅을 갖고 남의 땅도 빌려 농사를 짓는 반자작농(반소작농)이었다.

일본 식민지 조선에서 소작인의 지위는 매우 열악했다. 일본학자 사와무라 야스시澤村 康는 '조선의 소작제도는 세계 어느 지역에서도 비슷한 사례를 찾기 어려울 만큼 불합리한 것'이라며, '조선은 소작료 수준에서 세계 으뜸이고 소작인의 경작권이 불안정한 점도 세계적이다'고 했다.[36]

1922년 12월 8일치 동아일보에 '지주의 횡포와 소작인의 반항'이란 제목의 기사가 실렸다.

'광주光州군 극락면 치평리라는 마을 안 들에는 동지가 며칠이 남지 못한 이때까지 추수하는 일꾼을 만나지 못하야 엄한 서리 모진 바람에 알곡식은 거의 떨어져버리고 쭉정이만 몇 알씩 붙은 벼가 광막한 빈들에 서 있어서 오고가는 사람의 이상한 느낌과 무지한 욕설을 자아내는 논이 오십여 두락이나 있다.' 기자는 '논의 지주는 광주에 있는 어느 일본인과 조선인 모某라 하며 소작인은 채동순 등 5명이라는데 이와 같이 추수를 아니하는 원인은 지난여름에 홍수가 난 까닭에 농사가 아주 잘못되었는데 소작료는 한 마지기에 열한 말씩이나 되므로 그 벼를 추수할지라도 소작료가 되지 못할 모양이므로 지주에게 절반으로 깎아 달라 하였으나 듣지 아니하므로 추수도 아니하고 그대로 둔 것'이라 전했다.

지주와 소작인은 한 해 수확에서 종자값과 지세를 제외한 나머지를 나눴다. 지주가 소작료를 받는 방법은 크게 두 가지가 있다.

동아일보가 보도한 사례처럼 '한 마지기에 열한 말' 식으로 미리 정해두고 받는 정액제元定가 있다. 정액제는 수리시설이 잘 갖춰져서 기후에 관계없이 수확이 많은 땅에 주로 적용됐다. 김성수가는 1918년 흥덕제가 만들어지자, 주변 토지의 소작료를 정액제로 바꾸면서 큰 폭으로 올렸다. 정액제도 농사의 풍흉에 따라 어느 한쪽이 소작료 조정을 요구하는 일이 있었다.

작물의 성숙기에 지주와 소작인이 함께, 혹은 지주 단독이나 제3자가 농작 상태를 살펴보고 분배율을 결정하는 방식이 있는데, 이를 집조執租라 했다. 1920년대 전라도의 소작료 결정 방식은 집조가 우세했다.

'전라남도에서는 종래 원칙적으로 소작료는 수확고의 3분의 1로 하며, 조세는 소작인이 부담하지만 지주납세제(지세 납부 책임은 지주가 지도록 함)로 된 이래 납세 의무 관념이 엷어져 소작인은 늘 체납하여 지주에게 누를 끼치므로, 조세는 지주의 부담으로 하고 소작료를 2분의 1로 인상시키는 경향이 생겨난다.'

중추원 조사 자료(1913년)[37]에 기록된 내용이다. 지주와 소작인 간 갈등의 씨앗이었다. 논 소작료 비율은 19세기 초중반까지는 50% 선이었으나, 지세 부담의 증가에 따라 30~40%로 내려갔다. 그러던 것이 다시 상승해 5할에 이르자, 소작농민들의 반발이 커졌다. 1920~1921년에 걸쳐 일본에서는 소작료 인하를 요구하는 소작농 운동이 벌어져 '3할 소작료'가 퍼져 갔다. 그 소식이 유학생들을 통해 조선에 전해졌다.

소작인들은 1920년대 초부터 소작료 인하를 요구하는 집단행동에 나섰다. 순천에서는 '4할 소작료' 요구가 처음 제기됐다.

'전남 순천군 서면에서는 금년 이래로 지주의 소작료 남봉濫捧(함부로 더 받음)이 심하여 소작인의 생활이 극도로 곤란함에도 불구하고 무도한 지주들이 토지세까지 부담시키게 되어 일반 소작인은 더욱 살 수가 없게 되었으므로 지주와 소작인 사이에 분쟁되는 문제를 군 당국에 진정하기 위해 소작인 1천 6백여 명은 일시에 분개하여, 13일 오전 10시경에 해당 면사무소와 주재소 부근에 회집하였다.'(동아일보 1922년 12월 18일)

1922년 12월 13일, 순천 서면 소작인들은 지주에 요구하는 것을 담은 결의안을 채택해 당국에 진정했다.

1. 소작료는 수확의 40% 이내로 할 것

2. 지세 공과금은 지주가 부담할 것

3. 말(斗)은 공평하게 하기 위하여 사각으로 된 것을 쓰지 말 것

4. 소작권은 무리하게 이동하지 말 것

5. 마름은 공평한 사람을 쓸 것

6. 소작료의 운반은 수십 리를 지나지 않게 할 것

7. 천재지변에 드는 비용은 지주가 부담할 것

8. 지주는 소작인에게 무상노동을 요구하지 말 것

9. 지주는 친선을 도모하여 소작인을 무시하지 말 것[38]

서면 소작인들의 이런 요구에 곧바로 주변 면의 소작인들도 같은 요구사항을 채택해 당국을 압박했다. 순천군청이 1923년 1월 6일 각 면 대표 50여 명을 군청에 모아 토의했다. 면 대표들은 요구사항을 서면의 소작인들이 제시한 것으로 통일하기로 했다. '4할 소작료' 요구는 1925년까지 전남 지역을 넘어 전라북도와 충청도, 황해도 지역으로 확산됐다.

당시 순천농민연합회 집행위원이던 동아일보 이영민 기자는 소작료의 정당성에 강한 의문을 제기했다.

'소위 대지주라 하면 토지는 대부분 20~30년 전에 취득한 것일 게다. 그 무렵에는 1두락의 논이 7~8원에 불과했고, 20년 전쯤에는 10~20원에 불과하였다. 이런 싼값의 토지를 취득한 뒤에 20~30년간 충분한 소작료를 받아 왔다. 다시 말하면 소작료로 거둬들인 이익이 논 값의 몇 배를 넘었을 것이다. 20~30년 전의 논 값을 소작인에게 빌려줬다고(빌려줘 논을 사게 했다고) 생각하면,

소작인들은 이미 그 빚의 원리금을 오늘 다 갚지 않았겠는가. 지주들은 오늘날 소작료가 4할이어도 공것이요, 3할이라도 공것이다.'(동아일보 2023년 11월 23일, '소작료 사할과 소작 기한 연장')

지주들은 소작인들의 요구를 받아들였다. 전남 나주, 무안, 목포, 광주, 장성, 광양, 영암, 전북 군산, 순창 등 전라도에서 '4할 소작료'가 먼저 도입됐고, 경북 인동, 용궁, 현풍에서도 관행이 되었다.

암태도巖泰島(신안군 암태면)는 목포에서 서쪽으로 28.5㎞ 떨어진 곳에 있는 면적 40㎢의 섬이다. 일제 초기에는 육지에서 뱃길로 6시간이 걸려야 가는 곳이었다. 돌이 많고 바위가 병풍처럼 섬을 둘러싸고 있어 그런 이름이 붙었지만, 농경지가 비교적 많은 섬이다.

섬 거주자는 김해 김씨가 대부분이었고, 땅은 문씨 가와 천씨 가[39)가 많이 갖고 있었다. 남평 문씨 가의 문재철은 목표에 살면서 암태도를 비롯한 전남 각지에 608정보(논은 377정보)의 땅을 가진 대지주였다. 문씨 가는 문재철의 선대 때부터 간석지가 넓게 발달된 암태도의 지형을 이용한 염전 경영으로 재산을 불리고 땅을 늘렸다. 문재철의 아버지 문태현은 구한말 암태도의 토지가 운현궁에 속해 있을 때 창고지기를 지냈다. 지주 가로 성장하는 데 유리했을 것이다. 아들 문재철은 개항 이후 목포로 나가 객주로 활동하면서 고리대금업으로 돈을 벌어 땅을 늘렸다.

문재철은 암태도에 논 29만 평, 밭 11만 평, 염전 2만여 평을 소유하고(1925년) 있었다. 논밭을 합치면 약 133정보였다. 소작농들은 대개 1천 평 미만의 땅을 빌려 소작하고 있었다. 소작료는 수확에서 지세와 종잣값 등 경비를 제외하고 지주와 소작인이 반분하는 전통적인 타조打租제로 거뒀다. 그런데 1920년대 들어서는 소작료를 올려, 지주가 6할을 가져갔다. 암태도와 자은도에서는 추수 전에 마름과 소작인이 입회하여 예상 수확량을 파악하고 소작료를 정하는 집조執租제를 쓰기도 했는데 이 경우도 실제 소작료가 6할이었다. 극히 일부지만, 소작료율이 7~8할에 이른 경우도 있었다. 그래서 소작인들의 불만이 쌓여갔다.

1923년 12월 2일 암태도 소작인들이 암태보통학교에 모여 소작인회 발기인 모임을 열었다. 암태소작인회(위원장 서창석)는 소작료를 논 4할, 밭 3할로 낮추라고 요구하고, 소작료 인하에 불응하는 지주들에게는 그해 정산해야 할 소작료를 내지 않기로 결의했다. 또 새해 2월 25일까지 소작료 문제가 해결되지 않으면, 모두 파작을 하기로 결의했다.

김씨 가의 지주들과 목포에 거주하는 몇몇 일본인 지주들은 소작인회의 요구를 받아들였다. 그러나 암태도 최대 지주인 문재철은 거부했다.

1924년 3월 27일 암태 면민대회에 400여 명이 모였다. 면민들은 소작료를 내려달라고 한 번 더 요구하고, 만약 응하지 않으면 1916년 면민들이 세워준 문태현 송덕비를 파괴하기로 결정했다. 문씨 일가는 수십 명을 동원해, 송덕비 주변을 지키고 있었다. 마침 목포에서 돌아오던 청년회 간부 서태석 등이 이곳을 지나가게 됐다. 문씨 일가는 이들이 송덕비를 파괴하려고 온 줄 알고 붙잡아 구타했다. 소식을 듣고 면민들이 달려왔다. 양쪽 사이에 충돌이 벌어졌다. 군중이 문태현 송덕비를 무너뜨려버렸다. 소작인회와 지주 쪽이 서로 상대방을 고소했다. 경찰은 소작인회 간부 13명을 구속했다. 간부들이 구속되자 소작인회는 '작년치 소작료를 내지 않을 것'이며, '무슨 일이 생기면 회원 1,300명 전부가 총출동하여 사생死生을 가리기로' 하는 등 강경 대응을 천명했다. 실제로 문재철 쪽이 사람을 동원해, 한 시골 마을에서 소작료를 강제 징수하려던 것을 막기도 했다.

소작회는 6월 4일, 남녀 400여 명이 범선 7척에 나누어 타고 목포에 가서 간부들을 석방하라고 시위를 벌였다. 이튿날 100명이 더 건너와서, 법원에서 농성을 시작했다. 소작인들은 목포형무소로 몰려가기도 하고, 법원으로 가서 예심 판사에게 구속된 이들을 석방하라고 요구하기도 했다. 소작인들은 8일 오후 늦게야 배를 타고 암태도로 돌아갔다. 이들의 소식이 신문에 크게 보도되면서 전국 각지에서 지원 움직임이 잇따랐다.

구속된 소작인회 간부들이 예심에서 석방되지 않고 재판에 회부되자, 암태도 소작인들은 7월 7일 500여 명이 다시 목포로 건너갔다. 이들은 목포지청으로 가서 노천 단식투쟁餓死同盟에 들어갔다. 일행 가운데는 노인과 여자가 2백 명 가량 됐는데, 사람들은 '하늘을 이불 삼고, 대지를 요로 삼아' 그 자리에서 밤을 새겠다고 고집했다. 일부가 탈진해 병원으로 실려 갔다. 목포 시내 청년들이 죽을 끓여왔으나, 일부 노약자만 입에 대고 나머지는 단식농성을 계속했다. 12일 밤 비가 내리자 사람들은 목화 창고에 들어가

비를 피했다. 13일 일부 대표가 문재철을 만났다. 문재철은 "작년의 소작료는 4할 5푼으로 하고, 금년부터는 대세에 따라서 하겠다"며 '소작료 4할' 요구를 사실상 거부했다. 소작인들이 문재철의 집으로 몰려가자 경찰이 강제해산에 나서, 반항하는 사람들을 잡아갔다. 소작인들은 더 많은 사람이 잡혀가는 것은 피하려고, 6박 7일간의 단식투쟁을 마치고 섬으로 돌아갔다. 전국 각지에서 이들에게 지원금을 보냈다. 암태도 소작인들의 '4할 소작료' 요구는 무안 지역의 여러 섬으로 퍼져 나갔다.

7월 15일 당국이 목포형무소에 수감 중이던 소작회 간부들을 광주형무소로 이송했다. 암태도 사람들은 광주로 몰려가 수감된 이들과 죽음을 함께하기로 결의했다. 목포경찰서장이 소작인회와 문재철 사이에서 급히 중재에 나섰다. 핵심은 '소작료를 4할로 하고, 1할은 농업장려자금으로 걷어 소작회에서 관리한다'는 것이었다. 양쪽은 그렇게 하기로 합의했다. 농업장려금은 지주와 소작인에게 반씩 분배되었다. 기나긴 싸움 끝에 소작료가 4할 5푼으로 떨어진 것이다.[40]

재판은 계속됐다. 나중에 초대 대법원장이 되는 순창 사람 가인 김병로가 소작인회 간부들을 변호하며, 지주 쪽 주장의 약점을 파고들었다. 그러나 유죄를 피할 수는 없었다. 9월 18일 광주지방법원은 소요죄와 상해죄를 적용해, 서태석은 징역 2년, 서창석은 징역 1년, 김연태·손학진은 징역 8개월, 박필선·김문철·김운재는 징역 8개월에 집행유예 2년, 서동수·박병완·서민석·박홍언·박용산·박응언은 징역 6월에 집행유예 2년을 선고했다. 지주 쪽의 문명호에게는 징역 10월, 문민순은 징역 8월에 집행유예 2년을 선고했다.

구마모토 리헤이의 농장은 전라북도에 모여든 여러 일본인 지주의 농장 가운데서도 가장 컸다. 구마모토는 1910년께 한국과 일본의 경기 침체로 일본인 투자가들이 땅을 매물로 내놓았을 때 이를 사 들여 대지주가 되었다. 구마모토는 전 소유자들의 은행 빚을 떠안거나 새로 구입한 농지를 담보로 은행에서 돈을 빌려 농장을 인수했다. 1930년대 세계를 휩쓴 대공황 때도 농지를 늘렸다. 오쿠라 농장이 경매에 나오자, 은행에서 돈을 빌려 580정보의 농장을 인수했다. 이로써 구마모토 농장은 3,518정보로 늘어나고, 구마모토는 이 일대 개인 최대 지주가 되었다. 구마모토는 도쿄에 거주하면서, 농장은 관리인에게 맡기고 1년에 서너 차례만 농장을 찾았다.

구마모토의 농장은 정읍, 김제, 옥구, 익산, 부안 등 5개 군의 26개 면에 걸쳐 있었다. 옥구 개정면에 개정 본장을 두고, 대야 지장(군산 대야면), 지경 지장(대야면 지경리)을 통해 1,600여 정보에 이르는 금강과 만경강 사이의 토지를 관리했다. 또 화호 지장(정읍 화호리)이 동진강 하류의 1,600여 정보를 관리했다. 모두 수리조합 사업을 거쳐 생산력이 높은 토지였고, 군산항으로 가는 철도 교통의 요지에 있었다. 소작농은 대개 1.5정보의 땅을 소작했다. 3.3정보(1만 평) 이상의 소작은 금했다. 많을 때는 50여 명의 관리인을 두었다. 이들은 농림학교 출신의 전문적인 농업 기술자였다.

구마모토는 1927년 소학교 교장 출신의 동향인 시바야마 가나에柴山鼎를 본장의 지배인으로 영입했다. 시바야마는 '구태의연한 자연 그대로'이던 농장을 정비했다. 낮은 수확고를 '농업자의 수치'라고 말하며, 새 품종을 도입하고, 경지 정리 공사도 했다. 시바야마는 단보(300평, 1,000㎡)당 수확고를 갑절로 늘리는 것이 불가능하지 않다며 토지개량과 농사개량을 지도했다. 우수 소작인을 뽑아 표창하고, 더 많은 소작지를 내주었다. 일본의 개량 농법은 깊이갈이를 하고, 퇴비를 많이 넣고, 사람의 노동력을 적극 투입해 생산량을 늘리는 집약 농법이다. 퇴비를 만들어 쌓게 하고, 녹비 작물인 자운영을 심게 했다. 구마모토농장은 소작인의 부담으로 농사개량을 추진하기 위해 소작인에게 필요할 때 영농자금을 빌려줬다가 추수 뒤에 거둬들였다.[41]

구마모토 농장의 단보당 수확량은 1927년 단보당 2석 9두에서 1935년 5석 9두로 늘어났다. 하지만 소작인의 생활까지 나아진 것은 아니었다. 증산 목표치를 정해 소작료를 올렸고, 증산 목표치를 달성하면 또 목표치를 올리고 소작료도 올렸기 때문이다.

1934년 5월 24일 조선총독부 기관지 「매일신보」에는 유광렬 기자가 쓴 '농촌순례기 전북편'이 실려 있다. 신문은 '광야의 왕'인 옥구 개정면의 구마모토 농장의 작인들이 '소년소녀가 짠 가마니로 연명한다'며 이렇게 보도했다.

'1년 내 피땀血汗 흘린 결정의 대부분은 농장의 손으로 넘어가고, 소작인에게는 많아야 겨우 1~2개월치 양식이 남거나 말거나 하는 상태가 매년 이어지고 있다. (…) 주민 대부분의 남녀노소가 가마니를 짜서 연명하여 살아 나간다. 반면, 겨우 수천 원의 돈을 가지고 이곳에 들어온 지주는 이 부근만으로도 3천 정보의 대지주가 되고, 6백만 원의 부를 축적하여 30년 만에 '광야의 왕'이 사실상으로 실현되고 마니라.'

구마모토 농장의 소작료율은 60%로 일대에서 가장 높았다. 1935년 일본인 신문인 「군산일보」도 '다작하여 다취하는 주의이지만, 다취가 심하다'고 썼다.

소작인들은 이모작으로 겨울 보리를 재배해 식량을 마련하고자 했으나, 농장주들은 보리 재배 면적을 극도로 제한했다. 땅심이 떨어진다는 이유에서였다.[42]

구마모토 농장에서는 1933년 가을 개정 본장의 소작인 200여 명이 소작료 인상에 항의해 쟁의를 일으켰다. 1934년 가을에는 김제 부량면 화호 지장 소작인 345명이 '소작료가 사실상 6, 7할이다, 대부한 비료의 가격이 원가에 비해 너무 비싸다, 소작인에 대한 대우가 우마牛馬보다도 못하여 농장 지휘에 조금이라도 불응하거나 성적이 다소 불량하면 구타 욕설하기 예사다'라고 항의하며 소작료 불납동맹을 결성했다. 이 쟁의는 1937년까지도 해결되지 않았다.

구마모토 농장은 진료소를 만들어 소작인을 무료 진료하는 등의 조처로 여론을 유리하게 만들려고 노력했다. 1935년 4월 개정 본장에 '자혜의료소'를 설치하고 세브란스 의전 출신으로 교토제국대학에서 박사 학위를 받은 이영춘을 전속의로 초빙했다.

일제 식민지 시기에 전라북도 지역에서 100정보 이상의 토지를 소유한 대지주는 1926년에 78명, 1930년에 78명, 1938년에는 91명이었다. 대지주 가운데 1930년대 토지 소유 규모에서 압도적인 1위를 차지한 사람이 백인기(1882~1942)다.

1926년 8월 조사에서는 김연수(1,131정보)와 아버지 김경중(819정보)이 최대 땅 부자였다. 같은 김씨 가의 김성수도 824정보를 소유했다. 백인기의 소유지는 1,250정보였다.

그런데 1930년 조사에선 백인기가 2,696정보로 김연수(731정보)를 압도적으로 누르고 전라도에서 조선인 최대 땅 부자로 명부에 이름을 올렸다. [43]

백인기는 백남신(1858~1920)의 아들이다.

백남신은 아전 집안 출신으로 1893년에 무과에 급제했다. 1897년 8월에 궁내부 영선사 주사가 되어 대궐에서 쓸 물품의 구입을 담당했다. 물품을 먼저 구입해 궁에 상납하고, 그 대가로 전라도 각 군에서 결세전(토지세)으로 지급 받았다. 그해 12월 전주 진위대의 향관을 겸하여 군량 및 군수물자를 조달하였다. 그는 군량미로 지급 받은 돈을 돈벌이에 투자했다가 자금 융통이 제때 이뤄지지 않아, 군졸들의 월급을 연체한 일도 있다. 이 때문에 중근신의 처분을 받았다. 하지만 이후에도 그런 처분을 감수하고 군졸 월급을 제때 안 주면서 돈벌이를 했다. 1902년에는 궁내부 내장원의 전라도 검세관에 임명돼, 내장원이 지방 수령에게 넘겨받은 전결세로 쌀 등을 사서 서울로 운송하는 일을 맡았다. 이때 개인적인 상업 활동을 겸해 막대한 부를 축적했다. [44] 품계도 1902년 9월 종2품

가선대부에 올랐다.

그는 흉년에도 무리하게 쌀을 마구 수집했고, 시세보다 헐값에 수집하다 백성의 원성을 샀다. 이 때문에 1904년 3월 말 체포되고, 6월에 검세관직에서 해임됐다. 하지만 머지않아 석방되고, 12월에 다시 전라북도 독쇄관에 임명됐다.[45]

백남신은 1905년 말 독쇄관에서 해임됐다. 이때부터는 지주로서 농업 경영에 주력했다. 하지만 1908년까지도 연초에 고종에게서 1만 원을 미리 받고 부채 3만 개를 진상하는 일은 계속 담당했다. 그가 사 들인 토지는 전라남북도 경계를 넘어 경북, 충남, 강원, 황해도에 걸쳐 있었다. 그는 마름들에게 소작료의 1~2할을 떼어주는 것을 줄이려고 농장 형태의 효율적 관리 방법을 모색했다. 화성華星농장을 설립하고, 일본인들을 관리인으로 영입했다. 전주에서 쌀장사를 했고, 지역 간 쌀 무역도 했다.

1911년 「시사신보」가 '재산 50만 원 이상 자산가'를 조사했다. 전국에 1,018명이 있었고, 그 가운데 조선인은 32명이었다. 백남신이 그 가운데 한 명이었다.[46] 이희(흥선대원군의 장남) 이강(고종의 아들 의친왕) 등 왕족, 이재완(흥선대원군의 형 이최응의 아들), 박영효(철종의 사위), 이완용, 송병준, 민영휘, 민영달 등의 세도가, 한성의 종로 거상 박윤수 등과 어깨를 나란히 했다. 전라도 사람으로는 백남신과 함께 부안의 김기중, 김경중 형제가 32명 안에 들었다.

그는 대한제국이 망하자, 조선총독부에 적극 협력했다. 백남신은 1918년에 일본이 시베리아로 출병할 때 벼 4천 석을 군용미로 헌납하여 조선총독부로부터 6등 훈장을 받았다.

백남신의 아들 백인기는 열일곱 열여덟 살 때부터 아버지를 보좌하여 사업을 시작했다. 객주업으로 일을 시작해, '조선인의 독자적인 은행'이던 한일은행 전무로서 경영 실권을 휘둘렀고 최대 주주가 되기도 했다. 조선농업, 호남철도, 대한권농, 고려요업, 조선화재해상보험, 고성흥업, 조선물산, 전북기업 등에 중역으로 참가했다. 그러다가 1929년 약속어음 30만 원을 부도냈다. 그는 주주총회에 참석한다는 핑계를 대고 '조선에서 가장 돈을 시원시원하게 쓴다'고 소문난 아들(백명곤)[47]을 데리고 일본으로 건너가 몇 달간 도피생활을 했다. 곧 대공황이 닥쳐 부도 수습이 쉽지 않자, 소유 주식을 처분하고 기업 경영에서 손을 뗐다.[48]

1930년대에 백인기는 기업 활동을 정리하고 아버지가 하던 농업 경영으로 돌아갔다. 국유 임야를 대부받아 조림한 뒤 불하받거나, 국유 임야를 매수하는 등의 방식으로 땅을 늘려갔다. 1930년 말 백인기가 소유한 토지는 논이 2,099정보, 밭이 197정보, 임야 등이 400정보다. 논만으로 2만석꾼이었다.

백인기의 농장에서도 소작쟁의가 일어났다. 1927년 4월 말 소작인 오영만은 70여 명의 소작인을 대표해 소작료 인하와 분납을 강력히 요구했다. 그러나 백인기는 이에 불응하고 일본 경찰을 매수하여 소작인 대표를 연행하게 했다. 오영만은 고문을 당하여 사경을 헤맸다. 이 소식을 전해들은 소작인들이 백인기의 집을 습격하고 10여 일간 항쟁했다. 이들 역시 전원 경찰에 연행되고 갖은 고문 끝에 반신 불수된 소작인이 여럿이었다.[49]

고부 김씨 가의 김연수와 김성수, 암태도의 문재철, 익산 화성 농장의 백남신 외에 전라남북도에서 1930년 말 현재 500정보 이상의 토지를 소유한 사람으로는 전라북도에 박기순(전주 918정보) · 박제현(정읍 540정보) · 홍종철(고창 아산 585정보) · 김병순(익산 함라, 555정보) · 장영규(옥구 임피 680정보)가 있었고, 전라남도에 국채웅(담양 653정보) · 정용준(담양 631정보) · 김종익(순천 월등 1,127정보) · 김상형(고흥 632정보) · 현준호(영암 713정보) · 김충식(강진 1,215정보) · 고성운(화순 도곡 511정보) · 이항용(해남 황산 2,530정보, 논 529정보)이 있었다. 화엄사, 송광사, 선암사는 1,500정보 안팎의 임야를 소유했다.

조선 개국 시기의 정도전은 경자유전에 기반한 토지 개혁을 '계민수전'이란 말로 표현했다. '경내의 토지를 모두 몰수하여 국가에 귀속시키고, 인구를 헤아려서 토지를 나눠주어計民授田 옛날의 올바른 토지제도를 회복시키려는 것'인데, '당시의 구가 세족들이 자기들에게 불편한 까닭으로 입을 모아 비방하고 원망하면서 여러 가지로 방해하여, 백성들로 하여금 지극한 정치의 혜택을 입지 못하게 하였다'고 아쉬워했다. [50] 그 뒤 조선 후기에 여러 사상가들이 토지제도 개혁을 거론했으나, 정치적 쟁점으로까지 부각된 적은 없다.

일제 식민지 시절 지주-소작제 아래 백성의 대부분을 차지하는 소작농의 참혹한 실상은 토지제도를 뿌리부터 돌아보게 했다.

1920년대 보천교가 세력을 크게 확장할 때, '새 국가를 건설해

현재의 제도 일체를 혁파하고 정전법을 두어 개인 소유 토지를 모두 몰수하여 평등하게 분배할 것이다'고 포교했다는 일제의 기록이 있다. 그러나 보천교 교단이 직접 이런 정책을 표방한 적은 없다.

그 무렵 중소 농민을 육성하는 토지 분배 정책을 주장한 사람이 일본에서 경제학을 공부한 젊은 경제학자 이순탁[51]이다. 그는 관유지와 주인 없는 땅, 미간지 등을 유감없이 처분해 노동 능력이 있는 농민에게 불하하고, 지나치게 많은 토지를 소유한 사람에게 토지를 관官이 매수해 적절히 분배하는 점진적 토지개혁론을 제시했다.[52] 1921년의 일이다.

일제하 사회주의 세력의 방침은 명확했다. 조선공산당은 1926년 '선언'에서 '일본 제국주의의 압박으로부터 조선을 절대로 해방한다'는 것을 앞세운 뒤, 농업 문제에 대해 이렇게 기본 방향과 기본 목표, 그리고 당면과제를 제시했다.

1. 대토지 소유자 및 회사, 은행이 점유한 토지를 몰수해 국가의 토지와 더불어 농민에게 교부한다.
2. 소작료를 폐지한다.
3. 수리시설을 지방 소유로 하여 농민에게 무료로 사용하게 한다.

1. 소작료를 3할 이내로 할 것
2. 소작인은 토지 소유자에 대해 소작료 외에는 아무것도 제공하지 않을 것

조선일보는 1925년 1월부터 8월까지 크게 세 차례에 걸쳐 농촌 정책과 관련한 사설을 연재했다. 조선일보는 소작 계약을 매년 갱신하는 것이 아니라 영구적인 것처럼 길게 하고, 토지개량 비용은 지주의 부담으로 하며, 수확 분배는 소작인의 투자와 노임을 계산하여 순이익을 분배한다, 마름을 없애고 소작조합을 설치한다, 지주가 소작조합의 단체교섭권을 인정하고 이를 입법화한다, 일본 농민의 이민을 중단한다 등의 방안을 제안했다. 조선일보는 공평한 소작료율에 대해서는 '지주가 3할 또는 4할을 받는 것이 합리적'이라는 농업경제학자 이훈구의 글을 신문에 실었다. 소작제 개혁론이다.

전라도의 대지주 인촌 김성수가 설립한 동아일보는 1932년 농촌구제책을 현상모집했다. 동아일보는 한 논문을 개혁 방안으로 채택하고 9월 28일부터 10월 11일까지 신문에 나누어 실었다. 당선 논문을 쓴 사람은 스무 살 청년 김성칠[53]이었다. 그는 1913년 경북 영천 출생으로, 1928년에 대구고보 2학년 재학 중 독서회 사건으로 검거돼 1년간 미결수로 복역한 뒤 학교에서 퇴학당하고 집에서 독학으로 공부했다.

김성칠은 지주의 양보를 통해 소작인을 보호하는 온정적인 소작제를 제시했다. 지주-소작제를 부정하거나, 근본적인 변화를 요구하지는 않은 것이다. 그는 지주-소작제를 개선하기 위해 소작법을 서둘러 제정하되, 다음 사항에 특별히 유의해야 한다고 주장했다.

1. 소작지 겸병(兼倂, 남의 토지를 합쳐 가지는 것)을 금하고, 소작지를 가급적 균등 분배하도록 할 것

2. 소작권을 다른 사람에게 함부로 넘기는 것을 금할 것

3. 마름의 농민 탈취 폐해를 제거할 것

4. 소작료는 원칙적으로 4할로 하되, 노력이 많이 들지만 수입이 적은 곳(惡畓)은 3할로 할 것

5. 지세는 절대로 지주가 부담하게 할 것

6. 소작료를 1리 이상 운반하게 하려면 운임을 따로 줄 것

7. 지주나 마름의 사적인 일에 소작인을 부리는 것을 금할 것

8. 위반자에 대한 엄중한 제재 규정을 마련할 것

대한민국 임시정부는 중경 시절인 1941년 신국가 건설 계획을 담아 '건국강령'을 발표했다. 건국강령은 정치적, 경제적, 교육적 균등을 추구하는 삼균제도[54]를 국가 건설 개념으로 채택했다. 건국강령은 토지제도를 '국유로 확정할 것임'이라고 밝히고, '토지의 상속, 매매 등의 금지', '토지는 자력 자경인에게 분급함을 원칙으로 하되 원래의 고용농, 자작농, 소지주농, 중지주농 등 농인 지위를 보아, 저급으로부터 우선권을 줌'이라고 명시했다.

일본이 연합국에 항복하고, 조선에서 물러났다. 미국과 소련이 38선을 경계로 하여 한반도를 분할 점령했다.

미군정청은 1945년 10월 5일 미군정법령 제9호로서 소작료 최고한도를 결정해 공포했다. 소작료는 총액의 3분의 1을 초과하지

못하도록 했다.

미군정이 통치하는 해방 공간에서 백성의 삶은 여전히 가시밭
길의 연속이었다.

물가가 폭등했다. 1946년 물가는 전년도에 견줘 5.35배 올랐
고, 1947년에는 또 3배가 뛰었다. 1945년 10월 미군정의 양곡시장
자유화 이후 쌀을 구하기 어려워진 서울 시민들이 1946년 1월 8일
시청 앞에서 시위를 벌였다.

미군정은 1월 26일 '미곡수집령'을 공포해 농촌의 곡식을 강제
로 수집했다. 5월엔 하곡수집령을 내려 보리부터 공출을 시작했
다. 쌀은 가능한 최대량을 수집하기로 하고, 자유 유통을 금지했
다. 농민들이 거세게 반발했다. 비료 등 원자재 가격이 급등한 상
황에서 쌀 공출 가격이 시장가격의 20~30%에 불과했기 때문이
다. 친일 관리가 그대로 포진한 행정관료 조직을 동원해 힘으로
공출을 강행한 데 따른 반발도 컸다. 1947년 1월까지 1년 동안 공
출供出을 기피해 구속된 농민이 1천여 명에 달했다. 폐농, 이농이
속출했다. 1949년 3월 정부가 집계한 실업자 수 89만 5천여 명 가
운데 절반을 넘는 46만여 명이 농촌을 떠난 사람들이었다. [55]

최대 관심사는 농지개혁 방안이었다.

당시 남한 총 경지 면적의 63.2%는 소작지였다. 전체 206만여
가구 가운데 완전 소작농이 100만 9천여 가구로 거의 절반을 차지
했다. 자작농의 수는 28만 4천여 가구에 불과했고, 71만 6천여 호
가 반소작 상태였다.

해방일인 8월 15일 여운형의 주도로 발족한 건국준비위원회는

8월 25일 정강정책을 발표해, '일본인 소유의 토지를 몰수하여 소작인에게 무상 분배할 것'을 천명했다.

건준에서 일부 우익세력이 탈퇴한 뒤 좌파 정치세력은 전국인민대표대회를 열고 9월 6일 인민공화국을 선포했다. 인공은 '일본 제국주의뿐 아니라 민족 반역자의 토지도 몰수해 무상분배한다'고 시정 방침을 밝혔다.

조선공산당은 일제 소유 토지를 몰수하고, 토착지주의 토지는 자기 경작지 외의 토지를 몰수하여, 인구수에 비례하여 재분배한다고 했다.

지주와 자본가의 이익을 대변한 우파 정당 한국민주당(한민당)은 '유상 몰수, 유상 분배'의 원칙을 정했다. 9월 16일 창당하고 이틀 뒤 열린 대의원대회에서 '몰수한 토지와 정부가 지주에게 배상을 하고 사 들인 토지를 자작자농 원칙에 의해 분배하고, 매상 가격은 국가에서 정하고, 재분배한 토지에 대한 보상은 장기간에 걸쳐 나눠서 정부에 납부하게 한다'는 세부 정책을 결정했다.

임시정부 세력을 주축으로 한 한국독립당(한독당)은 중경 임시정부의 건국 강령에 따라 '토지를 국유로 하고', '토지는 인민에게 분배하고 극빈한 농민에게 우선권을 준다'고 기본 강령에서 밝혔다.

소련 점령 아래 있던 북한에서는 1946년 3월 5일 무상몰수, 무상분배 원칙에 의한 토지개혁법령을 공포했다. 7일부터 법령 해설을 시작하고, 불과 20여 일 만에 몰수한 토지의 분배 계획을 확정했다. 북한은 전체 경작 면적의 거의 절반에 이르는 100만 325정보를 몰수했다. 4%만 일본 국가와 일본인, 종교단체의 소유였고,

나머지는 지주, 민족반역자, 소작 주는 사람의 것이었다. 40만 5천여 가구가 토지를 몰수당했다. 몰수한 토지는 토지가 없거나 적은 농민에게 분배했다. 98만여 정보를 72만 4천여 가구에 나눠줬다. 가구당 평균 1.21정보를 받아, 분배 이후 가구당 토지 면적이 1.63정보가 됐다. 44만여 가구가 무상으로 새 토지를 받았다.[56]

북한은 농업현물세제를 실시했다. 처음에는 총 수확량의 25%를 징수하도록 했으나, 알곡에 대해서는 27%, 다른 것은 23%로 고쳤다. 그러나 여기에 덧붙여 애국미, 성출 등의 잡세가 적잖았다.[57] 국가가 새로 지주가 된 것과 마찬가지였다. 쌀의 유통은 애초 공약했던 것과 달리 금지됐다. 북한의 토지개혁은 농민의 토지 소유권을 배제하고, 향후 사회주의적인 협동농장 제도로 전환하기 위한 것이었다.

미군정은 점령지 일본에서 '공산주의를 막기 위해' 재벌 개혁을 실시하고, 농지개혁을 단행했다.

한국에서는 1948년 사실상 1차 농지개혁이라 할 수 있는 귀속 농지(광복 전 일본인이나 기관이 소유하던 농지) 불하를 실시했다. 애초 북한이 토지개혁을 단행한 지 이틀 만인 1946년 3월 7일 일본인 소유 토지에 대한 매각 결정을 발표했으나 시행을 보류했다. 그 뒤 과도입법의원을 통해 토지개혁을 실시하려 했으나 무산되자, 결국 귀속농지만 먼저 농지개혁을 단행한 것이다.

귀속농지의 관리를 맡은 신한공사는 당시 남한 경지 면적의 13.4%를 관리하고 있었다. 쌀 생산량으로는 25%를 차지했다. 소작농의 27%가 신한공사가 관리하는 경지를 경작했다.

미군정은 최대 2정보를 넘지 않도록 분배하고, 토지 가격은 주 산물 생산량의 3배에 해당하는 양을 15년에 걸쳐 나눠서 현물로 내도록 했다. 10년 이내, 그리고 토지 대금을 전액 지불하기 전에 는 처분권을 제한했다.

5·10 총선거를 통해 구성한 제헌국회는 신속히 헌법을 제정 했다.

헌법 제 86조에 농지개혁 조항을 담았다.

'농지는 농민에게 분배하며 그 분배의 방법, 소유의 한도, 소유 권의 내용과 한계는 법률로써 정한다.'

농지개혁을 한다는 것만 담았을 뿐, 구체적인 내용은 법률에 맡긴 내용이다.

국회 헌법기초위원회에 넘겨진 헌법 초안은 헌법학자 유진오(고 려대학교 교수)가 먼저 작성안 초안(유진오 안)을 법전편찬위원회에 넘기고, 유진오와 행정연구회가 협의해 '공동안'을 새로 만들었다.

유진오는 한민당을 이끌고 있던 김성수가 직접 고려대학교로 찾아와서 '한민당을 위해 헌법 초안을 마련해 달라고 부탁했다'고 기록에 남겼다. 유진오는 헌법 초안이 완성되기 전에 김성수를 찾 아가 몇 가지 기본 원칙을 설명했다.

'김성수 씨는 양원제, 내각책임제에는 곧 찬성하였으나 농지개 혁에는 약간 망설이는 빛을 보였다. 자신이 지주이고 또 지주 출 신자들이 많이 결집된 정당의 대표자이니, 나로서는 처음부터 예 상했던 반응이었다. 나는 (…) 제1차 세계대전 후 동구제국이 농지 개혁을 단행한 이야기를 하고, 그것 없이는 농민이 공산당으로 쏠리는 것을 막을 길이 없음을 역설하였다. (…) 김성수 씨는 "그것도 그렇겠다" 하면서 결국 농지개혁에도 찬성했다.'(유진오, 『헌법 기초 회고록』)

유진오가 낸 헌법 초안의 농지개혁 조항은 국회 공동안을 만들면서 조금 손질된다. 애초 안은 이랬다.

'토지는 농민에게 분배함을 원칙으로 하며, 그 분배의 방법, 토지 소유의 한도, 토지 소유권의 내용과 한계는 법률로써 정한다.'

가장 큰 차이는 '토지'가 '농지'로 바뀐 것이다. 이는 염전이나 과수원, 임야 등은 개혁 대상에서 제외된다는 뜻이다. 도시의 토지도 제외된다.

국회는 헌법 심의 과정에서 '분배함을 원칙으로 하며'란 구절을 '분배하며'로 고쳤다. 예외를 인정해선 안 된다는 지적이 많았던 까닭이다.

이승만 대통령은 초대 농림부 장관에 무소속 조봉암 의원을 기용했다. 조봉암 의원은 공산주의자였다가 전향한 사람이다.

농림부 차관에는 민주주의민족전선(민전) 농업문제연구위원회 총책임위원을 역임한 농업경제학자 강정택을 임명했다. 농지개혁 실무 책임을 맡을 농지국장에는 조봉암을 적극 지지하는 강진국이 임명됐다.

이승만은 기획처장에 좌우 합작 노선을 따르던 경제학자 이순탁을 임명했다. 점진적 토지개혁을 주장했고, 1946년 10월 미군정이 설립한 남조선과도입법의원의 관선 의원이 되어 토지개혁법 제정을 적극 추진했던 사람이다.

정부 출범 직후인 1948년 9월 4일 조봉암[58], 강정택, 강진국, 이순탁 4인으로 농지개혁법 기초위원회를 구성했다. 위원회는 2개월간 농촌 조사를 거쳐 초안을 만들어 발표하고, 각 도청 소재지에서 공청회를 열어 의견을 수렴한 뒤, 1949년 1월 24일 농림부안을 발표했다.

농림부안은 헌법 제86조 농지개혁 규정보다, 헌법 제15조를 앞세웠다.

'재산권은 보장된다. 그 내용과 한계는 법률로써 정한다. 재산권의 행사는 공공복리에 적합하도록 하여야 한다. 공공 필요에 의하여 국민의 재산권을 수용, 사용 또는 제한함은 법률이 정하는 바에 의하여 상당한 보상을 지급함으로써 행한다.'

농림부는 2정보를 넘겨 소유한 농지를 분배 대상 농지로 삼고, 땅 주인에게 평년작 생산액의 1.5배를 지가로 보상하며, 농지를 분배받는 사람은 생산액의 1.2배를 3년 거치한 뒤 10년에 걸쳐 균등 분할 상환하는 안을 마련했다.

농지의 시장가격이 평년작의 3배(해방 전에는 5배)였으므로 소작인에게 매우 싼값에 농지를 넘겨주는 안이었다.

조봉암은 2월에 농림장관직에서 물러났는데, 그 뒤 국회심의 과정에서 이렇게 말했다.

"무상으로 (분배)한다면 세금을 부과하지 않는다는 조건이어야 좋아할 것으로되, 그렇지 아니한 이상 1.5배 이상으로 올라가서는 절대로 시행되지 않는 법이라는 걸 우리가 기억해야…"

이승만 대통령은 농림부안에 반대했다. 농지를 분배받는 사람이 내는 돈이 땅주인이 보상받는 돈보다 적어서 정부 재정에 악영향을 끼치는 까닭이었다. 그래서 보상 지가와 상환 지가를 똑같이 평년작 생산액의 2배로 하는 기획처의 안을 정부안으로 국회에 제출했다.

국회는 한민당과 민국당 의원들이 주축이 되어 지주 보상액을 평년작의 3배로 하는 국회 산업위원회 안을 바탕으로 소장파 의원들의 의견을 들어 독자적인 농지개혁 법안을 마련해 의결했다. 지주의 농지 가운데 3정보가 넘는 것을 분배 대상으로 하고, 상환 지가를 평년작의 1.25배로 하여 5년에 걸쳐 균등 분할 상환한다는 내용이었다. 영세농에 대해선 30%를 정부가 보조하도록 했다.

정부는 법을 공포한 뒤에도 계속 수정 요청을 했다. 결국 상환액을 평년작의 1.5배로 올린 개정법이 1950년 2월 국회를 통과해 3월 10일 공포됐다. 25일 시행령을 공포했고, 6월 23일 농지 분배에 관한 세부 규정과 요령을 담은 농지분배 점수제 규정이 공포됐다.

그러나 농지개혁은 법이 완전히 갖춰지기 전에 이미 시행되고 있었다. 농지의 매수와 분배 작업은 1949년 6월에 착수해 1950년 3월에서 5월 사이에 대부분 완료됐다. 정부가 분배한 농지는 귀속 농지 26만 8천 정보를 포함해 58만 5천 정보였다. 1945년 경지 면적의 25.5%, 소작지 면적의 40.4%였다. 농지개혁이 단행되기 전 지주들은 71만 3천 정보를 임의 처분했다. 농지개혁 시행 뒤 자작지 비중은 96%로 높아졌다. '경자유전耕者有田'이 이뤄진 것이다.

그렇다고 농촌의 가난이 사라진 것은 아니었다. 시인 황금찬이

에베레스트 산보다 높다고 한 '코리아의 보릿고개'는 오랫동안 사라지지 않았다. 정부가 보릿고개가 사라졌다고 선언하고, 1963년부터 금지한 쌀막걸리 생산을 다시 허용한 것은 1977년 12월 8일의 일이다.

농지개혁으로 지주들은 땅을 내놓고, 지가증권을 받았다. 전라도 거주자로 100정보 이상을 분배 대상으로 내놓은 사람(기관 포함)은 전북 21명, 전남이 8명이다.[59]

가장 많은 농지를 내놓은 사람은 암태도 대지주 문재철(문태중학교 대표)로 771.4정보였다. 백인기의 손자 백윤승은 서울 지역 피분배 지주 명부에서 326.5정보, 전라북도 피분배 지주 명부에서 269.4정보(2곳)가 분배 대상이었다고 기록돼 있다.

지주들이 세운 학교 법인이나 법인 소유자의 대규모 농지도 100정보 이상 분배 대상에 들어 있다. 백인기의 부인 이윤성이 남편의 유지에 따라 땅을 희사해 설립한 이리 남성중고등학교의 운영재단인 화성학원 284.7정보, 정읍 호남학원(박명규) 187.7정보, 배영학원 김화섭 이사장 137.3정보, 신태인중학교 강갑수 165.8정보 등이다.

고부 김씨 가의 많은 땅도 분배 대상이 됐다. 김성수(서울 거주)의 땅은 435.5정보, 동생 김재수의 땅은 148.6정보였다. 김연수는 248.7정보가 정부의 매수 대상이었다. 자식들에게 명의가 이전된 땅도 농지개혁 대상이 됐다.

『수당 김연수 선생 일대기』에는 이렇게 적혀 있다.

'농지개혁에 따라 삼양사는 장성농장, 줄포농장, 고창농장, 영광농장, 법성농장, 손불농장 등 연간 수확량이 15만 석에 이르는 소유 농지 전부를 정부에 넘겨주어야만 했다. 그러나 그 대가로 받은 지가증권의 액수는 모두 합쳐서 불과 10만 석 미만에 불과했다.'

김연수는 1946년 6월 12일 해리 간척지 730정보 가운데 380정보[60]를 염전으로 전용해, 소금 제조 허가를 얻었다. 김연수 일가는 암태도에 염전을 가진 문재철 일가와 친분이 있었다. 문재철은 김성수가 운영하는 보성학원의 이사로도 참여한 적이 있다. 김연수는 문재철을 통해 염전 사업 아이디어를 얻었을 가능성이 크다.

'해방이 되고 삼팔선이 그어지자 국내의 염전이 대부분 북한 쪽에 속해버렸고 남한 쪽 염전에서 생산되는 소금은 연간 13만 톤에 불과했다. 이 때문에 남한의 소금난은 악화일로로 치달았다. 실제로 해방되던 해 말에는 '쌀 한 가마니에 소금 한 가마니로 물물교환이 될 정도로 소금 값이 비쌌다.'(『수당 김연수 선생 일대기』)

염전 축조는 1947년 2월에 시작해 1948년 말 1차로 52.7정보의 축조 공사를 끝내고, 1949년 말까지는 95.2정보를 축조했다. 그해 처음으로 천일염 8,986가마를 생산했다.

해리 농장은 그렇게 염전으로 바뀌어, 농지개혁 대상에서 제외됐다.

1950년 6월 25일 북한의 남침으로 전쟁이 시작됐다. 전쟁은 참혹했다. 묵은 원한을 끄집어내어 갚고, 그것이 또 원한을 쌓아 새로운 보복으로 이어졌다.

해리 염전은 치열한 각축장이었다. 인민군 치하에 있다가 서울을 수복한 이후에는 낮에는 대한민국, 밤에는 인민공화국 치하에 있었다. 그 와중에 132명이 죽었다.

8장 주석

1) 전기편찬위원회, 『한국 근대기업의 선구자 수당 김연수 선생 일대기』, 삼양사, 1996년

2) 현 고창군 부안면 봉암리다. 부안면은 지금은 고창군에 속하지만, 당시에는 고부군에 속했다. 옛 부안향(鄕) 땅이다. 고부에서 서남쪽으로 50리 가량 떨어져 있는데, 흥덕현(군)이 고부에서 독립해 나가면서 흥덕을 지나가야 갈 수 있는 비월지(飛越地, 월경지)가 되었다. 부안면은 1906년 흥덕군에 넘겨졌고, 1914년에 흥덕군이 고창군에 흡수됐다. 부령현과 보안현을 합해 만든 부안(扶安)현(지금의 부안군)과는 다른 곳이다.

3) 연간 만 석을 거두어들일 만큼의 땅을 가진 사람. 땅을 아주 많이 가진 사람을 가리켰다.

4) 1895년에 궁내부 산하에 신설된 기구로, 왕의 시종과 시강 업무를 맡았다. 오늘날의 대통령 비서실에 해당한다.

5) 호를 동복(同福)이라고도 했다. 마지막 벼슬로 동복 현감을 지냈기에 그렇게 불렸다. 시인 미당 서정주의 아버지는 김기중 가의 소작지를 관리하는 농감(農監)이었다. 서정주는 자서전에서 김기중을 '동복 영감'이라고 썼다.

6) 황현은 『매천야록』에서 1885년 을유년 식년과에서 처음으로 매관이 시작되었다고 썼다. '을유년 식년과인 생원과 진사의 회시에서 상감은 합격자 일백 명을 더 선발하여, 이만 냥씩을 받고 팔되, 원래의 정당한 합격자는 공정하게 선발하라는 명을 내렸다. 그러나 심권인인 심이택과 민종묵 등이 뒤섞고 혼탁하게 만들어서 공정하게 선발된 합격자는 단 한 사람도 없게 되었다. (…) 진사를 더 선발하여 드러내놓고 파는 것은 이때부터 시작된 것이다.'(『한 권으로 읽는 매천야록』, 146쪽)

7) 황제의 비서관

8) 한관우, 「새로 쓰는 홍주 의병사, 치열했던 구국항쟁의 진원지 탐사 (16)」, 홍주일보 2016년 9월 25일치. http://www.hjn24.com/news/articleView.html?idxno=25041

9) 전남 영암의 대지주 현기봉(학파농장을 설립한 현준호의 아버지)도 1908년 치안 상태가 나은 목포로 이주했다. 현준호와 김성수는 김성수의 장인인 고정주가 세운 창평 영학숙에서 함께 공부한 사이다. 『수당 김연수 선생 일대기』에서는 출몰하던 화적떼를 피해 이사했다고 쓰고

있다.

10) 정현숙 임규호,「서울 지역 강수량의 시계열에 나타난 시간 변동성 해석」, Asia-Pacific Journal of Atmospheric Sciences, 35(3), 1999년, 354~371쪽

11) 조병식은 조정이 배상금 6만 원을 물기로 하자 이렇게 해명했다. '지난 기축년(1889년)에 함경도에 기근이 들었는데 황두(黃豆) 소출 상황이 더욱 심각하여 약장(約章)에 준해서 외서(外署)에 문의했습니다. 그러자 외서에서는 원산항 감리(監理)에게 공문을 보내 10월 초부터 기한을 정하고 조약대로 방출을 금지토록 하였는데, 저는 함경도 관찰사로서 팔짱만 끼고 있었습니다. 그런데 몇 달이 되지 않아서 돌연 다시 방곡 금지령을 늦췄습니다. 그러니 방출을 금지시킨 것도 외서이고 금지령을 늦춘 것도 외서입니다.' 고종실록 권41, 38년(광무 5년, 1901) 12월 28일

12) 하원호,「개항 후 방곡령 실시의 원인에 관한 연구」, 한국사연구 (49,50,51)

13) 허원영,「조선 말기 전라도 영광 연안김씨 가의 지주경영」, 한국민족문화(56), 2015년 8월, 41~82쪽

14) 대한제국이 1906년 9월 반포한 '법률 제5조 이식규제'는 계약상 이자율이 연 40%를 넘지 못하게 하였다. 당사자 간 계약이 없으면 연 20%로 간주하도록 했다.

15) 문소정,「대한제국기 일본인 대지주의 형성」, 사회와 역사 2권 0호, 1986년 5월 (원문은 吉倉凡農,『企業案內 實利之朝鮮』, 東京, 文香堂, 1904)

16) 1석락(섬지기)은 20두락이다. 1두락을 150평으로 보면 1석락은 3,000평, 1정보(1만㎡)에 해당한다. 1등전 1결의 넓이와 비슷하다.

17) 김용섭,「고종조의 균전수도문제」, 동아문화(8), 1968년 7월, 61~120쪽

18) 김용섭, 앞의 논문

19) 후지이 간타로,『조선토지담』, 오사카, 1911년, 문소정 앞의 논문에서 재인용.

20) 불이흥업주식회사 전북농장의 창립은 1914년 9월이나 토지를 소유한 시기는 대한제국기이므로, 이를 포함했다.

21) 우대형, 「일제하 만경강 유역의 수리조합 연구」, 『일제하 만경강 유역의 사회사-수리조합, 지주제, 지역정치』, 혜안, 2006년

22) 고창, 정읍, 부안 일대 4,300여 정보를 관개하는 대규모 조합으로, 1942년 4월 정읍의 영원수리조합(1930년 설립, 211정보)과 함께 동진수리조합에 합병됐다. 만경강 수계의 수리조합들도 1941년 전북수리조합으로 합병했다.

23) 정읍문화원 편, 「삼한시대의 수리시설 눌제 규명 학술용역 조사보고서」, 국회도서관 전자자료, 2016년

24) 두락당 평균 192평으로 셈하면 약 224만 평이다.

25) 김용섭, 「고부 김씨 가의 지주경영과 자본전환」, 『한국근대농업사연구-한말 일제하의 지주제와 농업문제』, 지식산업사, 2000년

26) 『한국 근대기업의 선구자 수당 김연수 선생 일대기』 53쪽

27) 『한국 근대기업의 선구자 수당 김연수 선생 일대기』 28쪽. 이희승의 설명은 일부 사실과 다른 것이 있다.

28) 조선총독부통계연보집(朝鮮總督府(統計年報)(1910~1923)

29) 동아일보 1936년 1월 31일자(국사편찬위 한국사데이터베이스)에 '부안(扶安) 굴비'라는 제목으로 이런 기사가 실려 있다.
'황해안에 면하여 있는 부안지방은 각종 해산물이 풍부한 중 특히 굴비는 전 조선에서 굴지하는 특산품으로 황해도 연평산이 있으나 양이나 질에 있어서 비(比)가 못 된다고 한다. 이에 숫자적으로 조사한 바에 의하면, 부안 굴비의 원산지는 칠산해로 줄포지방에서 제조한다는데, 연도 수량이 13만 3,190키로구람이며, 연산액 2만 4,030원, 집산액 20만 원이라는 대단한 숫자가 된다는데, 이 업에 종사하는 줄포의 36호 828명 중 여자도 사십오 명이나 된다 하며, 판매로는 전 조선의 방방곡곡 어느 지방이고 가지 않는 데가 없다고 한다. 이와 같이 부안산 굴비가 명성이 높은 것은 생산액도 상당할 뿐 아니라 품질이 연평산에 비하여 우량하야 살이 두터워서 맛이 있고, 거죽이 얇아서 양이 많다고 한다.'

30) 영화 '변산'(이준익 감독)의 시나리오를 쓴 김세겸 작가는 「폐항」이란 시에 '내 고향은 폐항 / 가난해서 보여줄 건 노을밖에 없네'라고 썼다. 이 시에 등장하는 폐항이 줄포항이다.

31) 1975년에 도로를 4차선으로 확장하고 '번영로'라 이름을 붙였다. 이때 일본 관동 지구 전북인회의 지원을 받아 6,374그루의 왕벚나무를 길가

에 심었다.

32) 운암댐 건설은 전북 지역의 가뭄을 극복하려는 계획이었으나, 예상하지 못한 재앙이 일어났다. 1928년에는 이 공사로 인해 늦봄부터 농용수가 고갈되기 시작해 가을에 김제, 익산 등지의 농토가 심한 가뭄 피해를 입었다. 가뭄 피해는 1931년에도 있었다. 정승진, 「호남 지역사회 속의 동진수리조합−장기사적 관점에서의 연구서설」, 대동문화연구 94, 2016년

33) 정승진, 앞의 논문

34) 조승연, 「일제하 농업생산기반의 형성과 일본인 대지주의 농장경영−전북 김제지역의 사례를 중심으로」, 민속학연구 (6), 1999년, 386쪽. (원문은 河合和男, 『朝鮮における産米增殖計画』, 未來社, 1987년, 170쪽)

35) 이영훈, 『한국경제사 1』, 일조각, 2016년

36) 김용섭, 『일제 강점기의 농업문제와 그 타개방안』에서 재인용. (원저는 澤村康, 『農業政策』1932년)

37) 김경태, 「1920년대 전반 소작쟁의의 확산과 '4할 소작료' 요구」, 사림 (성대사림) Vol.55, 2016년

38) '순천의 소작운동', 동아일보 1923년 1월 11일 기사

39) 천씨 가의 천길호는 주로 암태도에 103정보(논 65정보), 천철호는 56정보(논 41정보) 가량을 갖고 있었다.

40) 박찬승, 「1924년 암태도 소작쟁의의 전개과정」, 한국근현대사연구 54, 2010년

41) 홍성찬, 「일제하 전북지역 일본인 농장의 농업경영」, 『일제하 만경강 유역의 사회사−수리조합, 지주제, 지역정치』, 혜안, 2006년

42) 김제 광활면 '동진농업주식회사'에서 소작인 생활을 한 최재순은 이렇게 증언했다. '동진농장의 땅이 기름지기 때문에 보리를 재배하면 잘 됐어요. 그래서 보리를 많이 갈아먹으면 좋을 텐데 땅심이 약해져 나락 농사에 지장을 줄까 봐 보리를 못 갈게 했어요. 다섯 필지씩 농사를 지으니까 두서너 필지만 갈면 먹고살 수 있었을 텐데, 겨우 한 필지밖에 허락을 안 했어요. 그리고 군대식이라 책임자가 말하는 걸 조금이라도 안 듣고 반항하면 때렸어요.' 『8 · 15의 기억』, 한길사, 2005년. 214쪽

43) 한국농촌경제연구원, 『농지개혁시 피분배지주 및 일제하 대지주 명부』, 농지개혁사편찬자료Ⅹ, 1985년 12월

44) 친일 행각을 많이 했다.

45) 『대순전경』에는 이때 강증산과의 인연이 기록돼 있다. '갑진(1904년) 1월에 백남신이 관액에 걸려서 어찌할 바를 알지 못하여 거처를 감추고 김병욱을 통하여 상제(강증산)에게 풀어주시기를 간청하거늘 상제 말씀하시기를 "부자는 돈을 써야 하나니 돈 십만 냥의 증서를 가져오라." 남신이 곧 십만 냥의 증서를 올렸더니 그 뒤로 남신의 관액이 풀리는지라 상제 증서를 불사르시니라.(『대순전경』 2장 21절)
강증산은 1908년 동곡약방을 차릴 때, 백남신한테서 돈 천 냥을 받아다가 김준상의 집에 방 한 칸을 수리하고 약방을 차렸다.

46) 매일신보, 1911년 7월 28일, '조선의 자산가' 기사

47) 우리나라에 무성영화를 처음 들여온 이다. 백명곤을 따라다니며 수발하던 배운성은 1923년 백명곤의 독일 유학에 따라갔다가 고학으로 그림을 공부했다. 한국인 최초로 유럽 미술을 공부했다.

48) 오미일, 「한국자본주의 발전에서 政商의 길―백남신·백인기(白南信·白寅基)의 자본축적과 정치사회 활동」, 『역사와 경계』 57, 2005년

49) 한국학중앙연구원, 한국학 진흥사업 성과 포털, 「전주 백인기 농장 소작쟁의」

50) 『삼봉집』 제13권 「조선경국전 상, 부전, 경리」

51) 전남 해남에서 빈농 아들로 태어나 교토제국대학에서 경제학을 공부했다. 유학시절 김성수의 도움을 받았다. 1920년대 민우회·조선물산장려회·신간회 등 중도 민족주의 노선의 단체에서 주로 활동했고, 1923년 연희전문 상과 교수가 되어 마르크스주의를 전파했다. 해방 뒤에는 좌우합작 노선을 따랐다. 1946년 10월 남조선과도입법위원 관선 의원이 되어 토지개혁법 제정을 적극 추진했다. 초대 내각에서 기획처장으로 발탁됐다. 1948년 9월 발족한 농지개혁법기초위원회에서는 부위원장을 맡았다. 6.25 때 납북됐다.

52) 이순탁, 「조선과 산업」(동아일보 1921년 10월 12일~11월 2일)

53) 『역사 앞에서』(창비)의 저자 소개에 따르면, 그는 농촌구제책 당선 상금으로 일본 규슈로 건너가 도요쿠니 중학을 졸업했다. 1934년에 서울의 경성법학전문학교에 입학하여 1937년에 졸업했다. 1942년에 경성제

국대학 법문학부 사학과에 입학했으나 강제 징용됐다. 1046년에 경성대학을 졸업하고 이듬해 서울대 사학과 전임강사로 부임했다. 한국전쟁 때 쓴 일기가『역사 앞에서』다. 1951년 영천 고향집에서 괴한의 총격을 받아 사망했다.

54) 임시정부 국무위원 겸 외무부장을 지낸 조소앙의 삼균주의에 뿌리를 두고 있다. 건국강령은 총강에서 '보통선거제도를 실시하여 정권을 균(均)하고, 국유제도를 채용하여 이권을 균하고, 공비 교육으로서 학권을 균하며'라고 설명했다.

55) 한국조사기자포럼,『한국현대사건사(1945~1999)』, 2000년

56) 박명림,『한국전쟁의 발발과 기원(Ⅱ)』, 나남, 1996년, 196~197쪽

57) 박명림은 잡세를 포함하여 실제로는 40% 정도를 납부해야 했다고 봤다.『한국전쟁의 발발과 기원(Ⅱ)』, 나남, 1996년, 215쪽

58) 조봉암은 1956년 3월 진보당 전국추진위원대표자대회에서 대통령후보로 지명돼, 5월 15일 제3대 대통령에 입후보해 이승만에 이은 2위로 낙선했다. 이듬해 진보당을 창당했으나, 이승만이 간첩으로 몰아 사형에 처했다.

59) 한국농촌경제연구원,『농지개혁시 피분배지주 및 일제하 대지주 명부』, 농지개혁사편찬자료Ⅹ, 1985년 12월

60) 박석두의「민간소유 대규모 간척농지의 소유 및 이용실태에 관한 조사연구」(한국농촌경제연구원 연구보고서, 1989년)에는 삼양염업소가 염전으로 전용한 면적은 317정보이고, 농지개혁 때 분배에서 제외된 염전 면적은 296정보로 돼 있다.

◇ 당신은 언제나 옳습니다. 그대의 삶을 응원합니다. – 라의눈 출판그룹

나는 전라도 사람이다

초판 1쇄   2018년 10월 15일
  2쇄   2018년 11월 8일

지은이   정남구
펴낸곳   라의눈
펴낸이   설응도

편집주간   안은주
영업팀   민경업
디자인   조은교

출판등록 | 2014년 1월 13일(제2014 – 000011호)
주소 | 서울시 서초중앙로29길 26(반포동) 낙강빌딩 2층
전화번호 | 02 – 466 – 1283
팩스번호 | 02 – 466 – 1301
e-mail | 편집 editor@eyeofra.co.kr
        경영지원 management@eyeofra.co.kr
        영업·마케팅 marketing@eyeofra.co.kr

ISBN 979 – 11 – 88726 – 23 – 3 03910